陕西师范大学优秀学术著作出版基金资助
陕西师范大学史学丛书资助

马驰史学论集

马 驰 〽 著

山西出版传媒集团
山西人民出版社

图书在版编目（CIP）数据

马驰史学论集／马驰著 . —太原：山西人民出版社，
2022.9
ISBN 978-7-203-12249-4

Ⅰ . ①马… Ⅱ . ①马… Ⅲ . ①中国历史—唐代—文集
Ⅳ . ① K242.07-53

中国版本图书馆 CIP 数据核字（2022）第 052983 号

马驰史学论集

著　　者：马　驰
责任编辑：崔人杰
复　　审：李　鑫
终　　审：梁晋华
装帧设计：陈　婷

出 版 者：山西出版传媒集团·山西人民出版社
地　　址：太原市建设南路 21 号
邮　　编：030012
发行营销：0351 - 4922220　4955996　4956039　4922127（传真）
天猫官网：https://sxrmcbs.tmall.com　电话：0351 - 4922159
E — mail：sxskcb@163.com　发行部
　　　　　sxskcb@126.com　总编室
网　　址：www.sxskcb.com

经 销 者：山西出版传媒集团·山西人民出版社
承 印 者：山西出版传媒集团·山西新华印业有限公司

开　　本：787mm×1092mm　　1/16
印　　张：28.25
字　　数：450 千字
版　　次：2022 年 9 月　第 1 版
印　　次：2022 年 9 月　第 1 次印刷
书　　号：ISBN 978-7-203-12249-4
定　　价：98.00 元

如有印装质量问题请与本社联系调换

◀ 与夫人合影

▶ 与夫人在古汉台合影

▲ 在乾陵考察

▲ 与毛汉光先生(右)

▲ 与史念海先生(右)

▲ 与学生刘永连(右)

▲ 主持硕士研究生论文答辩

◀ 在书房思考问题

▶ 左起：周伟洲、黎虎、
马驰

▲ 左起：毛阳光、胡戟、马驰、牛致功、赵文润、葛承雍、方力强

▲ 参加学术会议

▲ 左起：黄寿成、马驰夫妇、王峰涛、史大观

我的学术经历（代序）

马　驰

我很幸运，早在四十年前，就受教于恩师史念海、斯维至、胡锡年、牛致功、孙达人等海内名家。工作后，在如何做学问上，他们又不断地给予帮助和点拨。这些老师们认为：一个人的生命是有限的，但对中国五千年文明史的研究是无限的。以有限的一生去从事无限的研究，是不可能面面俱到的。因此，先从一事一议做起，进而抓史学领域的主要问题、尖端问题做纵深突破，而所有这些研究，必须以"为世所用"作前提。

一、厚积薄发，从一事一议做起

大学毕业后，我先是分配到宝鸡市一所中学作政治教师。在站好五尺讲台和带班主任工作的同时，我无论如何不能忘情于自己研学的专业。当上世纪六七十年代史学界对中国农民战争史进行史无前例的大讨论时，我以《试论窦建德的皇权崇拜》为题，就农民战争的一般规律和总是失败的原因，做了有别于其他学者结论的探讨。虽然在观点上同农民战争史的权威专家孙达人老师相悖，但初稿请他过目时，竟然称赞说："可以自成一议。"后来文章发表，产生了较大的反响，不仅有权威学者南开大学杨志玖教授的评介文章，在1980年的《中国历史年鉴》上发表，日本学者山根幸夫先生亦将拙文介绍给其国人（见80年代初在日本出版的《中国史研究入门》一书）。在《试论窦建德的皇权崇拜》发表后，又接踵发表了《论唐太宗的民族政策》《唐太宗与蕃将》《武则天与蕃将》《李谨行事迹考》《史道德的族属、籍贯及后人》等系列论文。于是由一个名不见经传的小人物，开始在海内外学术界有了一点的名气。

二、遵循"为世所用"的研究方向，不断调整自己的研究课题

在我的学术经历中，早在大学读书时，就有志于从事中国农民战争史和隋唐史的研究，由于"厚积薄发"，所以出现了《试论窦建德的皇权崇拜》的良好效应。为了能给藏学、民族学做出点贡献，于上世纪70年代末，毅然地中断了农民战争史的研究，并由西藏民院历史系主任顾祖成教授和我以及王观荣先生三人牵头，负责《明实录藏族史料》《清实录藏族史料》的辑录编纂工作。我曾带六位教师，在陕西省图书馆工作一年，辑录了300多万字明清两代的藏族史料，并于1981年由西藏人民出版社正式出版。两书凡十余册，在海内外藏学界、史学界引起巨大的反响，并荣获国家教委于1989年颁发的社科著作一等奖。

1988年调来陕西师大后，除先后出版两部专著及主编《中国唐史学会会刊》、《唐史论丛》外，又根据国家和省市关于编撰多卷本《中国通史》《陕西通史》《西安历史地图集》《资治通鉴新注》的社会需要，又涉足于方志学、历史地理学、历史文献学等学术领域，并以较好的学术质量完成了自己分担的任务。如我参与的由白寿彝先生主编《中国通史》（隋唐卷），其隋唐民族篇章由我撰文，学者刘统先生在其书评中（发表于《中国史研究动态》）给予良好的评价。再如，为了给在西安召开的第四届国际都城会议献礼，我积极参加由史念海先生主编的《西安历史地图集》有关唐图的编绘和撰文。该地图集一经出版，即获得国家图书奖和教育部普通高校人文社会科学一等奖。此外，以课题负责人主持国家教委八五课题"中国历史上的民族融合（隋唐篇）"时，围绕课题先后发表数十篇论文和出版专著一部。在参加日本文部省的"汉唐黄土高原的生态环境变迁"的课题中，与史念海先生合撰《汉唐长安与黄土高原》（《中国历史地理论丛》1998年4月增刊），还以《唐长安城的供水及园林化》为题，参加了2000年在日本筑波大学举办的国际学术讨论会。这些年，西安社会科学院上下都在从事"唐诗工程"的课题，这是前任市委书记崔林涛同志和西安社会科学院领导主持的课题，我作为课题组成员和子课题负责人，撰写了《全唐

诗辑录·长安篇名索引》和多篇诗园、诗碑的建议文章，获有关领导肯定和表彰。

总之，为了为世所用，我曾多次地变换自己的研究方向。我认为：史学工作者只有适应社会的需要，才会使自己的研究课题具有强大的生命力，才会得到社会的肯定。

三、问津唐史尖端问题，试作唐史学术突破

在史学界，专攻唐史并卓有成就的当不少千数，仅在册的中国唐史学会会员就多达七百余人，在海内史学工作者总体中，治唐史的可能是最多的。因此，许多课题被人反复研究，重复劳动的现象十分严重。有个名人说："吃别人嚼过的馍没有味道。"由于我不愿意拾人牙慧，所以给自己的研究定了个宗旨：凡是别人研究过的问题，不再关注费心。早在三十年前，我就在考虑一个问题：唐代前期，武功赫赫，开疆拓土，超迈前古，然究以何种兵力成就如此大业？几乎古今所有名家都异口同声地认为得济于府兵制。对此，我曾坚信不疑。可是后来读了《贞观政要》中"府兵不堪攻战"说和王夫之在《读通鉴论》中对府兵制的批评，开始对府兵制的作用产生了怀疑。80年代初，陈寅恪大师的《金明馆丛稿初编》出版，内载《论唐代的蕃将与府兵》一文，该文称："太宗以府兵'不堪攻战'，而以蕃将为其武力的主要部分。"由之，我豁然开朗：原来成就大唐武功者则另有兵种。可是陈文很短，不仅只字未提唐代蕃将的含义、类别等问题，连最起码使用制度都只字未曾涉及。与此同时，史学界更没有一篇文章对唐代蕃将给予评说。这就是说，尽管陈寅恪先生提出问题但并没有解决此问题，表明这是迄今为止唐史研究领域中亟待解决的尖端问题。业已不惑之年的我决心攻克这个难题。当时在西藏民院历史系任教，我的书基本上都堆在教研室内，为了方便向系资料室借书，我干脆以教研室为家，经常忘记吃饭，数不清多少次妻儿将饭送到教研室中。至于通宵达旦地看书，更是家常便饭。就这样，用数年时间读了在当时条件下所能找到的书籍，积累了百余万字的有关唐代蕃将资料，终于于1987年完成了《唐代蕃将》的

书稿。

在这本书稿中，我创建了自己的唐代蕃将研究体系，就唐代蕃将的含义、分类、唐朝重用蕃将原因、入朝蕃将的职守和所统兵种、在蕃蕃将使用制度以及蕃将身份转化、重要地位、汉化问题等，都设以专章，深入探讨。由于唐代蕃将背景、族源、身份、境遇及其变化等皆颇复杂，针对蕃将的定义和分类颇为不易。这一工作前人尚未关注，个别同仁有所尝试但失之于涵盖疏漏和分类繁复。经过反复考察，深思熟虑，本人指出唐代蕃将应该就是在唐朝内地和羁縻府州任职的少数民族将领，而广义的蕃将还可包括唐朝属国的国君、首领等。如此，在分类上即可将蕃将区分为入朝和在蕃两大类型。他们之所以被重用，主要在于唐代"蕃化"与"汉化"交错进行，府兵不堪攻战，蕃将有着深厚的社会基础。他们或在朝分典禁卫，或外出征伐屯防；虽然主统蕃兵，然也兼领汉卒。朝廷"以威惠羁縻之"，对其实行一套册封体制下以官爵世袭为基础的任命和使用制度。这些蕃将前后演变颇多，对此前人只有碎片化的琐碎讨论，不过梳理大量资料概观论之，可以看出唐代蕃将的演变主要体现为三条线索：一是在身份类型上大多由在蕃逐渐过渡到入朝；二是在历史活动上由单纯军事活动过渡到广泛参与朝政；三是在文化心理上由完全的蕃人过渡到深受汉文化熏陶的"华心"。针对以上诸种重大问题的深入探讨和大致解决，算是在唐代蕃将领域确立基本的理论体系和研究方法。为此，这些研究获得海内外广泛重视和肯定。如台湾文化大学尤为教授隔海赐联表扬道：

> 直笔撰成唐蕃将，
> 史才应许马先生。[1]

当然，我的研究并未限于对唐代蕃将群体的宏观和理论性研究，而是在此基础上进一步深入考察和探讨了诸多颇有代表性的蕃将人物及其家族。

---

[1]李德超：《风木楼诗联稿》，台湾里仁书局，1997年。

如李谨行及其父兄子孙、李光弼及其父母、史道德及其家族、契苾何力及其铁勒契苾部、沙吒忠义及其部族等。同时，还涉及参与唐帝国创建的北朝蕃姓余裔、活跃于唐太宗和武则天时期的蕃将，以及羁旅在长安的新罗人等几个群体，由此发明：李唐创业功臣主要来自北朝以降的"五胡"后人，唐朝的统一和繁荣显然吸收了南北朝时期民族大融合的历史成果；唐朝以蕃将为国家武力的主要部分，为帝国开疆拓土，平定叛乱，治理地方，是支撑帝国大厦的强大柱石；属国君长等通过奉唐正朔、受唐遣发、朝贡入质等形式履行其在蕃义务，并在学习中华文明过程中产生属国蕃州化和属国国王蕃将化的倾向。经过多年努力，我将群体研究与个案研究相结合，到2011年出版了可称《唐代蕃将》"繁本"的更新成果。尽管仍有许多不足，觉得唐代蕃将研究肯定还有许多可以拓展的空间，但是这些系统研究最能彰显我的学术特点和优长，总算是对自己一生学术研究一个小小的交代了。

目录

试论唐太宗的民族政策

一

贞观七年（633年）农历十二月十五日，唐太宗陪其老子李渊置酒故汉未央宫。李渊别出心裁，命突厥可汗颉利起舞，又让南蛮酋长冯智戴咏诗。太上皇在得意兴奋之余，对贞观盛世的民族和好景象赞美不已："胡、越一家，自古未有也"！[①]

对此，后人多有褒贬。奇怪的是，明人李贽竟评之曰："卖弄。"[②]

这是不公允的。

纵观数千年中国古代文明史，哪一个朝代能做到"胡、越一家"！哪一个帝王敢于作"自古未有"之如斯卖弄！

唐帝国是一个疆域空前庞大的国家，且看贞观十四年（640年）的版图：

东极于海，西止于焉耆，南尽林邑，北抵大漠，皆为州县，凡东

---

① 《资治通鉴》卷194唐太宗贞观七年十二月条，中华书局，1956年。
② 《史纲评要》卷18，中华书局，2008年。

001

西九千五百一十里，南北一万九百一十八里。①

她还是一个统一的多民族的国家：

> 弱水、流沙，并通辖轩之使。被发左衽，皆为衣冠之域。正朔所
> 班，无远不届。②

在这个大帝国内，唐太宗有着至高无上的权威，并深深地为境内各民族所拥戴，他被尊为"天至尊""天可汗""华夷父母"。有的民族牧马出界，发生纠葛，太宗"亲临断决，然后咸服"；③有的民族派出代表达数千人之多向太宗表示忠诚：子子孙孙永远服从"天至尊"，"死无所恨"；④突厥族阿史那思摩感激太宗的信任，发誓要"世世为国一犬，守吠天子北门"；⑤在中央任高级军职的铁勒族契苾何力回本族探亲，被人扣留，他自称"唐烈士"，"割左耳"以明志不可夺，表现了对太宗的忠贞不贰。⑥贞观二十三年（649年），太宗驾崩，"四夷之人入仕于朝及来朝贡者数百人，闻丧皆恸哭，剪发、黥面，割耳，流血洒地"；⑦深受太宗顾遇之恩的阿史那社尔、契苾何力"请杀身殉葬"；⑧兄弟民族酋长十四人，刻石为像，附于昭陵，石像迄今犹在；⑨吐蕃赞普迅即发出要对新天子李治效忠的信息："天子初即位，臣下有不忠者，当勒兵赴国讨除之。"⑩

兄弟民族中如此动人的表示，足以说明唐太宗民族政策之成功。事实

---

①《资治通鉴》卷195唐太宗贞观十四年八月条。

②《贞观政要》卷5《公平》，中华书局，2009年。

③《旧唐书》卷3《太宗纪下》，中华书局，1975年。

④《资治通鉴》卷198唐太宗贞观二十年八月条。

⑤《新唐书》卷215上《突厥传上》，中华书局，1975年。

⑥《资治通鉴》卷196唐太宗贞观十六年十月条。

⑦《资治通鉴》卷199唐太宗贞观二十三年四月条。

⑧《资治通鉴》卷199唐太宗贞观二十三年八月条。

⑨《关中唐十八陵调查记》，载于《文物参考资料》第三期。

⑩《资治通鉴》卷199唐太宗贞观二十三年十月条。

上，他确曾给少数民族以好处。他曾对一些兄弟民族的首领们讲过：

> "尔来，若鼠得穴、鱼得泉，我为尔深广之"。"我在，天下四夷有不安安之，不乐乐之，如骥尾受苍蝇，可使日千里也"。[1]

他把突厥族降附安置于肥田沃野，过上温饱有余的生活：

> 年谷屡登，众种增多，畜牧蕃息；缯絮无乏，咸弃其毡裘；菽粟有余，靡资于狐兔。[2]

如此的"好皇帝"，难怪各兄弟民族中有那么多的人爱戴他，崇拜他！

"中国伟大"，"在于多民族"，"更在于能团结多民族"。[3]唐太宗民族政策之成功，就在于能团结多民族，实施某种程度上的民族和好政策。

太宗杰出，在于得人心，更在于能"顺地之势"，"顺众人之所欲"，[4]作种种让步，调整各方面的社会关系，从而导演出一部旷古未有的"贞观之治"来！他不仅"任贤""纳谏"，调整了君臣关系；他不仅"薄赋""轻徭"，改善了农民阶级的处境；他还华"夷"无猜，对各兄弟民族，作出了必要的让步，增强了民族间的和好团结，促进了古代中国的空前统一。

但，唐太宗毕竟是唐帝国封建地主阶级的最高代表。他虽然对各族人民采取了不少让步措施，客观上促进了中华民族的融合与进步，可是由于历史的原因、阶级的局限，他的民族政策不可能是完善的，他对各兄弟民族的让步也是极有限度的。

---

[1]《新唐书》卷217下《回鹘传下》。

[2]《册府元龟》卷964《外臣部·册封》，中华书局，1989年。

[3]陈毅：《澜沧江歌》，《人民日报》1964年1月1日。

[4]《资治通鉴》卷198唐太宗贞观二十一年二月条。

二

唐太宗认为：

> 夷狄亦人耳，其情与中夏不殊。人主患德泽不加，不必猜忌异类。盖德泽洽，则四夷可使如一家；猜忌多，则骨肉不免为雠敌。[1]

又尝说：

> 自古皆贵中华，贱夷、狄，朕独爱之如一，故其种落皆依朕如父母。[2]

在那种落后的"非我族类，其心必异"[3]的民族意识占统治地位的时代里，唐太宗能够不太猜忌少数民族，对汉族、"夷狄"一视同仁，迸发出如此光辉的思想，的确是难能可贵，高人一筹。

尤其值得称道的是，唐太宗还几乎以毕生的精力，身体力行这种有助于民族和解的思想。这首先反映在对东突厥降附的妥善安置上。

贞观四年（630年），唐军击败东突厥，生擒颉利可汗，降附达十万口。对这个年年季季犯边，曾危及唐帝国生存的头号敌人，唐太宗在面责颉利"蹂我稼穑，掠我子女"[4]等五大罪状后，不念旧恶，给予极宽大的对待，"乃悉还其家属，馆于太仆，廪食之"。[5]

接着，太宗力排众议，不顾魏徵、颜师古、李百药、杜楚客等群臣的强烈反对，就如何安置降附，既否定了魏徵的斥突厥于漠北的民族隔离主

---

① 《资治通鉴》卷197唐太宗贞观十八年十二月条。
② 《资治通鉴》卷198唐太宗贞观二十一年五月条。
③ 《晋书》卷56《江统传》，中华书局，1974年。
④ 《资治通鉴》卷193唐太宗贞观四年四月条。
⑤ 《新唐书》卷215上《突厥传上》。

张，也不采纳其他大臣的"分其种落，俘之于河南兖、豫之地，散居州县，各使耕织"①的强行同化的意见。断然采用温彦博策。温彦博建议：

> 徙于兖、豫之间，则乖违物性，非所以存养之也。请准汉建武故事，置降匈奴于塞下，全其部落，顺其土俗，以实空虚之地，使为中国捍蔽，策之善者也。②

又说：

> 王者之于万物，天覆地载，靡有所遗。今突厥穷来归我，奈何弃之而不受乎！孔子曰："有教无类。"若救其死亡，授以生业，教之礼义，数年之后，悉为吾民。选其酋长，使入宿卫，畏威怀德，何后患之有！③

温彦博策是一种类似民族"自治"的主张。所谓"全其部落，顺其土俗"，就是不析散东突厥原有的组织形式，尊重其固有的生产方式和生活方式。这样做，既可"救其死亡"，使之"怀德"，又可免除后患，成为国家的"捍蔽"；"一则实空虚之地，二则示无猜心"。④值得注意的是，彦博还主张"教之礼义"，并选其酋长到长安"宿卫"。即用"礼义"来约束其思想，使之不愿犯上作乱；用类似"人质"的手段对其君长牢牢控制，使之有所顾忌。有张有弛，恩威并用，软硬兼施，双管齐下，这正与太宗的"必须抚之以仁义，示之以威信"⑤的治国之道不谋而合。因而为太宗所乐意接受。

---

① 《旧唐书》卷194上《突厥传上》。
② 《资治通鉴》卷193唐太宗贞观四年四月条。
③ 《资治通鉴》卷193唐太宗贞观四年四月条。
④ 《旧唐书》卷194上《突厥传上》。
⑤ 《贞观政要》卷5《仁义》，上海古籍出版社，1984年。

根据温彦博策，太宗主要做了四件事：

（一）设州置府，令东突厥酋帅统之

太宗置东突厥部落于河南朔方之地：东自幽州，西至灵州，分突利可汗（颉利侄）旧地置顺、祐、化、长四州都督府；又分颉利之地为六州，左置定襄都督府，右置云中都督府。册立突利为北平郡王，授右卫大将军，任顺州都督；封东突厥首领阿史那思摩为怀化郡王、右卫大将军、北开州都督，封阿史那苏尼失为怀德郡王、右卫大将军、北宁州都督。

（二）优待颉利

对颉利虽未复其可汗，但在其他方面优礼有加，关怀备至。先是为其"不失物性"，授虢州刺史，"以彼土多麋鹿，纵其畋猎"。[1]旋因颉利不愿去，又改授右卫大将军，并赐以田宅，留在朝内供职。数年后，颉利病卒，又诏其部落，以突厥礼俗葬之。

（三）重用突厥降附

除对颉利、突利等以高官厚禄之外，东突厥其他上层分子，每归附一人，"赐马五匹，袍一领"；[2]"酋帅悉授大官，禄厚位尊"；[3]"皆拜将军，布列朝廷，五品以上百余人，殆于朝士相半"，[4]"入居长安者近万家"；[5]"酋长并带刀宿卫，部落皆袭衣冠"。[6]

（四）恩及死亡

东突厥在降附之前，因战争、灾病，部众大量死亡，"长城以南，暴骨如丘"。[7]太宗命令所司埋葬，"务令周悉。"[8]

如此优抚突厥，可谓悉心周到，"德泽"不算不厚。但当时不少人对此

①《旧唐书》卷194上《突厥传上》。
②《通典》卷197《边防典》，中华书局，1988年。
③《旧唐书》卷62《李大亮传》。
④《通典》卷197《边防典》。
⑤《资治通鉴》卷193唐太宗贞观四年四月条。
⑥《贞观政要》卷1《政体》。
⑦《新唐书》卷215上《突厥传上》。
⑧《唐大诏令集》卷35，中华书局，2008年。

不能理解，不仅太宗周围的许多大臣感到不安，连漠北的薛延陀君长都认为过分："谓宜收（突厥）种落皆为奴婢，以偿唐人。乃养之如子。"①他们哪里知道，这正是太宗的高明之处！唐太宗高瞻远瞩，在做了一系列的安抚东突厥的工作后，曾预言帝国北境五十年无边事。果如是言，开元年间，东突厥芯伽可汗在追述他们的前辈降附后的情况时说，"遂服从唐皇，臣事之者五十年"，"彼等之克国除暴，皆为唐皇出力也"。②唐太宗的民族和好政策，毕竟得到了善报。

太宗以和解的姿态来处理战败的东突厥，无疑是其民族政策成功之范例。但，他的民族和好政策的推行，并非到此就浅尝辄止，为缓和长久以来的民族矛盾，他还做了许多事情。

其一，设羁縻州和都护府。

太宗安抚东突厥后，"西北诸蕃及蛮夷稍稍内属，即其部落列置州县"，③是谓羁縻州。这是太宗在边疆少数民族地区设置的地方行政单位，大的为都督府，次为州，再次为县。自贞观迄天宝，设羁縻府州八百五十六。④其特点有三：一，以少数民族的首领为都督、刺史，皆得世袭。但要受唐册封，奉唐正朔，效忠唐廷；二，贡赋版籍，多不上户部，但要定期向中央作象征性的朝贡，并为唐廷出征、打仗；三，不改变州内民族的社会结构、土俗习惯。

在贞观年间，所谓"北狄""南蛮""西羌""东夷"大小数以百计的部族、部落所在地，均"置府州以安之，以名爵玉帛以恩之"，"以威惠羁縻之"。⑤

为节制各羁縻州，太宗又设置安西、燕然两都护府。安西都护府统安西四镇及葱岭以西的诸羁縻府州，都护府设非世袭的都护之职，"掌抚慰诸

①《新唐书》卷215上《突厥传上》。

②突厥文《阙特勤碑》《突厥集史》下册。转引自《中国通史参考资料》古代部分，第四册182页。

③《新唐书》卷43下《地理志七》。

④《唐会要》卷70《州县分望道》，上海古籍出版社，2006年。

⑤《旧唐书》卷195《回纥传》。

蕃，辑宁外寇，觇候奸谲，征讨携贰"。①都护府实际上是中央与羁縻州之间的纽带：它有效地代表中央行使对边疆地方的主权，管理边防、行政和各族事务；它是防止类似"自治"的羁縻州的离心倾向的一种保证。到武则天时，都护府增加到六个，国家对边疆兄弟民族地区的管理更臻于完善。

羁縻州的统治形式是唐太宗的一大发明创造，由于它较为尊重民族"自治"权利，所以易于被各民族接受。以后各朝代都沿袭它，经千年而不衰，即可知它是安定边疆的一种有效的治理形式。

其二，实行册封制度。

所谓册封制度，本来是古代帝王以封爵赐给宗族、妃嫔（偶尔还有少数民族君长）的一种授受制度；天子（或其代表）通过一定的庄严仪式将册文、印玺授给封人。唐太宗将这种册封对象广泛地扩大到一些少数民族地区，以正式确定太宗同他们的君臣、隶属关系。它与羁縻州互为表里，是类似"自治"制度的近于法律的保证。

早在贞观二年（628年），唐太宗就曾册封过铁勒族薛延陀部的首领夷男为"真珠毗伽可汗"。②对少数民族酋长的册封在唐代成为一种制度，则是在贞观四年（630年）。这一年，太宗应各族酋长的请求，"乃下制，令后玺书赐西域、北荒之君长，皆称皇帝天可汗，诸蕃渠帅有死亡者，必下诏册立其后嗣焉。"③于是，册封少数民族的上层分子就成为一种定例。如：

贞观六年（632年），册封西突厥首领泥孰为奚利邲咄陆可汗。④

贞观九年（635年），册立鲜卑族吐谷浑王子慕容顺为西平郡王、趉胡吕乌甘豆可汗。甘豆可汗死后，又册立其子诺曷钵为河源郡王、乌地也拔勒豆可汗。⑤

贞观十三年（639年），册立东突厥首领阿史那思摩为乙弥泥孰俟利苾

①《旧唐书》卷44《职官志三》。

②《旧唐书》卷199下《北狄·铁勒传》。

③《唐会要》卷100《杂录》。

④《资治通鉴》卷194唐太宗贞观六年七月条。

⑤《旧唐书》卷198《西戎·吐谷浑传》。

可汗。[1]

贞观十五年（641年），册立西突厥莫贺咄乙毗可汗子为乙毗射匮可汗。[2]

少数民族中受册封的史例尚多，不一一赘述。这种册封，绝非权宜之计。事实上，它以后成为密切中央与周边各族关系的一种颇为有效的典章制度。如高宗即位之初，就曾册封吐蕃松赞干布为"西海郡王""宾王"。[3]以后的每代赞普即位，都要例行唐廷册封仪式，方可成为名正言顺的合法君王。直到二百年后唐武宗时，因乞离胡未经册封就被大臣拥立为赞普，国人大为不满，说："且无大唐册命，何名赞普！"[4]由此可见册封制影响之深远。唐后各朝代无不沿袭此一制度，藉以维持中央对各族地方政权在某种程度上的控制。

其三，和亲、联姻。

历史上和亲政策之推行，往往出现在汉族中央政权积弱的时候。唐则不然，太宗在国家昌盛时，却大力贯彻此一政策。因为他对和亲政策的微妙作用有着精辟的见解。他说：

> 北狄风俗，多由内政，亦既生子，则我外孙，不侵中国，断可知矣。以此而言，边境足得三十年来无事。[5]

不难看出，唐太宗把和亲看作是扩大政治实力并求得边境安宁的一种重要手段。所以在贞观年间，皇帝与少数民族君长、贵族和亲、联姻的事例屡见不鲜。

贞观十年（636年），突厥处罗可汗的次子阿史那社尔率部内附，太宗

---

①《资治通鉴》卷195唐太宗贞观十三年七月条。
②《旧唐书》卷194下《突厥传下》。
③《旧唐书》卷196上《吐蕃传上》。
④《资治通鉴》卷246唐武宗会昌二年十二月条。
⑤《贞观政要》卷9《征伐》。

妻以南阳公主（两《唐书》皆作衡阳公主）。[1]并委以显要军职。

贞观十四年（640年），吐谷浑可汗诺曷钵入朝请婚，太宗以弘化公主妻之。[2]

同年，吐蕃松赞干布遣禄东赞到长安请婚，太宗除允以文成公主嫁赞普外，又赐婚禄东赞，妻以琅琊长公主外孙女段氏。次年，文成公主入藏与松赞干布成婚。[3]

太宗还曾应允过西突厥叶护可汗和薛延陀真珠毗伽可汗等的请婚要求。此外，在朝供职的许多少数民族上层分子，也多有和李唐宗室联姻的。如突厥人执失思力尚九江公主；铁勒族契苾何力尚宗女临洮县主；突厥族阿史那忠尚宗女定襄县主，等等。

结亲家总比打仗好。大唐公主及宗女们作为汉族人民的友好使者，给兄弟民族带去了先进的文化，增进了彼此的了解，对于弥合民族间的差异和促进中华各民族的融合以及增强国家的安定团结，作用之大，不容低估。直到今天，藏族兄弟仍对文成公主怀念和颂扬不已，不正说明唐太宗的和亲、联姻政策有着无可估量的深远意义吗！

其四，"拊以恩信"，"爱之如一"。

隋炀帝是很猜忌少数民族的，他不仅滥施淫威，强加兵于许多民族，他还纵臣下诡计"诱而斩之"。[4]以至于到了贞观年间，党项族犹念念不忘"隋人无信，喜暴掠我"。[5]太宗很重视炀帝的反面教员作用，他不敢袭亡隋之弊；所以在他一登上皇帝宝座，就发誓说，"今欲专以仁义诚信为治，望改近代之浇薄也！"[6]

唐太宗对如何取信于少数民族曾下了不少功夫。

贞观初年的唐太宗，很注意对周边各族"拊以恩信"。他绝不轻易加兵

---

① 《资治通鉴》卷194唐太宗贞观十年正月条。

② 《旧唐书》卷198《西戎·吐谷浑传》。

③ 《旧唐书》卷196上《吐蕃传上》，《新唐书》卷216上《吐蕃传上》。

④ 《隋书》卷67《裴矩传》，中华书局，1973年。

⑤ 《资治通鉴》卷194唐太宗贞观九年七月条。

⑥ 《贞观政要》卷5《仁义》。

威于他们，在不得以非用兵不可的时候，亦往往要作数年的准备，并瞅准战机，师出有名，速战取胜。如对屡屡扰边的东突厥、吐谷浑的用兵，对南方各族的抚慰，就是如此。

贞观元年（627年），东突厥由于内乱、天灾，"诸部多叛"，"民大饥"。大臣多劝太宗乘间击之，他断然表示："新与人盟而背之，不信"，"纵使其种落尽叛，六畜无余，朕终不击，必待有罪，然后讨之"。[①]数年后，因颉利可汗首先破坏了盟约，太宗才派遣李靖等出兵突厥。对威胁帝国西境安全的吐谷浑，太宗更是一再退让，直到东突厥问题解决四年后，才进兵吐谷浑。

在贞观早年，常有这样的情形，少数民族中一有骚动，朝中大臣和地方官吏就纷纷请求出兵镇压，太宗每每申饬制止。如都督窦轨曾主张对益州獠族用兵，太宗就不客气地责备窦轨说："当抚以恩信，胁之以兵威，岂为人父母耶？"[②]还有，诸州奏称岭南蛮酋长冯盎、谈殿反。群臣请击之。太宗不许，为示以诚信，仅派一介之使持节慰谕，冯盎感之，派儿子冯智戴入朝，"南方遂定"。[③]

唐太宗还把"任人唯贤"的用人方针贯彻到对少数民族出身的官员的使用上。贞观年间，在朝廷供职的和在地方上任都督、刺史的少数民族上层分子，数以千百计。这些人大都反对过太宗，降附后，太宗不加猜忌，将他们与汉族官员同等看待，对其中的佼佼者，更是寄以心腹。

贞观二十二年（648年），西突厥阿史那贺鲁率众内附，太宗亲率文武大臣隆重地接见他，并"解所服之衣以赐"，[④]寻授左骁卫将军、瑶池都督。高宗时，贺鲁在一度叛离中间，仍不忘"先帝厚我"[⑤]。

---

① 《资治通鉴》卷192唐太宗贞观二年十二月条。

② 《新唐书》卷222下《南蛮·南平獠传》。

③ 《新唐书》卷222下《南蛮·南平獠传》。

④ 《册府元龟》卷109《帝王部·宴享》。

⑤ 《旧唐书》卷194下《突厥传下》。

突厥族阿史那社尔，"以智勇闻"，^①又"廉慎"，^②在一次出征中，太宗以阿史那社尔为行军元帅，地位在诸汉将之上。

突厥族阿史那忠，"资清谨"，^③擢右骁卫大将军，"宿卫四十八年，无纤隙，人比之金日磾。"^④

突厥族执失思力敢于逆龙鳞，多次向太宗提出尖锐批评，"帝异其言"，^⑤大加信任，妻以公主，拜驸马都尉，封安国公。

西突厥人史大奈，早在太原起兵时，就追随李渊，立战功许多。贞观初，擢右武卫大将军，封窦国公，食邑三百户。^⑥

铁勒族契苾何力，对唐廷竭尽忠诚，"心如铁石"，又不居功傲人，顾全大局。太宗对其十分器重，拜右骁卫大将军。在一次出征中，何力被刺创重，太宗亲为敷药。^⑦

东突厥族阿史那思摩，太宗"嘉其忠"，^⑧让他统领颉利旧部，后又册立为可汗。在一次作战中，思摩为流矢所中，"太宗亲为吮血"。^⑨

靺鞨族李谨行"勇冠军中"，^⑩贞观初，拜右卫将军。

阿史那社尔、契苾何力等生前受太宗恩宠眷顾，死后陪葬昭陵，仍荣耀之极。

朝廷大员中，除贞观年间归附的许多兄弟民族酋帅外，还有汉化极深的鲜卑族出身之人。如司空、赵国公、国舅长孙无忌，如中书令、郢国公宇文士及，如太子左庶子于志宁等都是汉化鲜卑人。此外，英姿飒爽的右武候大将军、鄂国公尉迟敬德，其祖先源于西域于阗。李世民就是靠长孙

①《新唐书》卷110《阿史那社尔传》。
②《旧唐书》卷109《阿史那社尔传》。
③《新唐书》卷110《阿史那社尔传》。
④《新唐书》卷110《阿史那社尔传》。
⑤《新唐书》卷110《执失思力传》。
⑥《新唐书》卷110《史大奈传》。
⑦《资治通鉴》卷198唐太宗贞观十九年六月条。
⑧《旧唐书》卷194上《突厥传上》。
⑨《旧唐书》卷194上《突厥传上》。
⑩《新唐书》卷110《李谨行传》。

无忌、尉迟敬德等人的拥戴才当上皇帝的。

唐太宗在处理"蕃"、汉关系时，更具体地说，在对各族上层分子的看待上，确实一般地做到了"抚以恩信"，"爱之如一"。

其五，选贤任能，治理边疆。

太宗认为"安天下者，惟在用得贤才"。[1]他很重视地方官员的人选，他把州郡刺史的名字写在屏风上，记其功过，坐卧观之。他尤其重视直接治理边疆的官吏的选拔。他委用的进驻兄弟民族地区的官员，大都廉洁奉公，而且是兼有军事、行政经验的干材。这些官员为治下的民族做了不少好事。

贞观元年（627年），太宗任用"文武兼才"[2]的李大亮为凉州都督、西北道安抚大使。大亮对散在伊吾的突厥余部和其他部族，"绥集之，多所降附"。[3]他"立志方直，竭节至公"，"至性忠谨"；[4]为边疆大吏多年，两袖清风，死后家中仅余"米五斛，布三十匹"。[5]

李世勣任并州大都督十六年，"令行禁止，号为称职"，"塞垣安静"，"民夷怀服"。太宗倚之为国家"长城"。[6]

张俭在做朔州刺史时，待治内思结族宽厚至诚，对民族内部的彼此交往，从不横加干预，听任大漠南北的思结族人"私相往还"。[7]后来张俭迁任他处，州司奏称思结族将要反叛，朝议发兵镇压，派张俭觇其动向，俭单马入其部落，推心置腹，说服思结迁徙代州，"卒无叛者"。"俭因劝之营田，岁大稔"，又"奏请和籴以充边储"，"部落喜，营田转力，而边备实焉"。[8]

①《贞观政要》卷3《择官》。
②《旧唐书》卷62《李大亮传》。
③《旧唐书》卷62《李大亮传》。
④《旧唐书》卷62《李大亮传》。
⑤《资治通鉴》卷197唐太宗贞观十八年月十二条。
⑥《旧唐书》卷67《李勣传》。
⑦《旧唐书》卷88《张俭传》。
⑧《旧唐书》卷62《李大亮传》。

贞观十六年（642年），太宗以"少有奇节"①的郭孝恪为安西都护、西州刺史。郭在任所对边疆民族"推诚抚御，咸得其欢心"。②

贞观二十一年（647年），太宗置燕然都护府，以早在武德年间就以执法知名的李素立为都护。他帮助兄弟民族"建立廨舍，开置屯田"。③一些部族感戴，馈礼厚报，"共率马牛为献，素立唯受其酒一杯，余悉还之"。④

太宗大量任用德才兼备的能员治边，这是多民族的唐帝国强大、安定、团结、繁荣的一个极重大的因素。

其六，赈济穷乏，赎还被掠部人。

贞观四年（630年），太宗诏李大亮抚辑散落在伊吾的西突厥部族，"于碛口贮粮，来者赈给，使者招慰，相望于道"。⑤

薛延陀瓦解后，太宗于贞观二十一年（647年）遣使到燕然等州，会同羁縻州官员访求被薛延陀掠夺为奴的室韦、乌罗护、靺鞨等部族人，由官府赎还为平民。⑥

战俘中，亦有被太宗赎还自由的。如贞观十九年（645年），辽东战役，俘获四千口，太宗"愍其父子夫妇离散，命有司平其值，悉以钱布赎为民，欢呼之声，三日不息。"⑦

以上表明，太宗不仅对各民族中的上层分子广为笼络，对下层群众也多少做了些安抚工作。虽然不过是些极有限的小恩小惠，可是却赢得了人心、民族之心。如太宗在一次北边巡行中，少数民族中数千人赶来向太宗致敬意，"捧戴歌舞，宛转尘中"。⑧情景如此动人，正说明了唐太宗在一定程度上得到了各族人民的真诚拥护。繁荣昌盛的大唐帝国正是建立在如此

①《新唐书》卷111《郭孝恪传》。
②《资治通鉴》卷196唐太宗贞观十六年九月条。
③《册府元龟》卷692《牧守部·招辑》。
④《资治通鉴》卷198唐太宗贞观二十一年四月条。
⑤《资治通鉴》卷193唐太宗贞观四年七月条。
⑥《资治通鉴》卷198唐太宗贞观二十一年六月条。
⑦《资治通鉴》卷198唐太宗贞观二十年十月条。
⑧《资治通鉴》卷198唐太宗贞观二十一年正月条。

的社会基础之上。

其七，玉帛恩之，赐予无算。

帝国境内的各族君长，曾通过各种形式和渠道得到了太宗的大量赏赐。如唐蕃联姻，太宗曾为文成公主准备了丰盛的令人眼花缭乱的嫁奁。这些珍贵的赐予，给西藏经济文化的发展以极其深远的影响。《吐蕃王朝世系明鉴》中列数说：

> 唐王以释迦佛像，珍宝，金玉书橱，三百六十卷经典，各种金玉饰物作为〔文成〕公主的嫁奁。又给与多种烹饪的食物，各种饮料，金鞍玉辔，狮子、凤凰、树木、宝器等花纹的锦缎垫帔，卜筮经典三百种，识别善恶的明鉴，营造与工技著作六十种，治四百零四种病的医方百种，诊断法五种，医疗器械六种，〔医学〕论著四种。……又携带芜菁种子，以车载释迦佛像，以大队骡马载珍宝、绸帛、衣服及日常必须用具入吐蕃。①

史籍中关于太宗赏赐其他各族君长的事例，也多有记载。如：

贞观三年（629年），党项羌酋长步赖到长安，"宴赐甚厚"。②

贞观十四年（640年），太宗以弘化公主嫁吐谷浑可汗，"资送甚厚"。③

贞观二十一年（647年），太宗以铁勒族十多部的酋长为都督、刺史，④"亲赉以绯黄瑞锦及标领袍"。⑤同年，漠北骨利干族遣使贡马，太宗"厚礼其使"。⑥

赐予之多，大概耗去了国库中不少财货，竟至于连李大亮都惊呼，"疲

---

① 《吐蕃王朝世系明鉴》，转引自《西藏地方历史资料选辑》第6页。

② 《旧唐书》卷198《西戎·党项羌传》。

③ 《旧唐书》卷198《西戎·吐谷浑传》。

④ 《旧唐书》卷199下《北狄·铁勒传》。

⑤ 《唐会要》卷96《铁勒》。

⑥ 《新唐书》卷217下《回鹘传下》。

中国以奉四夷，犹拔本根以益枝叶也"！主张应"施虚惠而收实利"。①李大亮等哪里知道唐太宗这样做，才真是一本万利；且不说对兄弟民族地区的经济文化的发展有着巨大的促进作用，在政治上，对于李唐帝国统治的巩固与加强，该起着如何巨大的影响啊！

其八，开碛道，设互市。

互通有无，互利互惠，保障边疆与内地的商旅畅通，正常往来，这不仅是各族人民的共同愿望，也是太宗所极为关注的问题。

开碛道。贞观初年，由于西突厥劫掠商旅，丝绸之路一度壅塞，西北各族人民极感不便。贞观六年（632年），焉耆就曾请求"开大碛道以便行人"。②后来，当西突厥表示臣服，太宗认为"商旅可行"时，"诸胡大悦"。③由之可见西域各族人民是何等地关心丝绸之路的重开！此外，北方各族也迫切希望开辟一条沟通南北的大道。贞观二十一年（647年），太宗应铁勒诸部的请求，于回纥以南、突厥以北开"参天可汗道"，"量置邮驿总六十八所，各有群马酒肉以供过使。"④丝绸之路的畅通，"参天可汗道"的新辟，不仅加强了中央对西北边疆的控制，并且空前地便利了西北与内地的经济文化的交流。

设互市。早在武德年间，就和突厥等互市。到贞观时期，汉族同兄弟民族之间的贸易往来就更加频繁。贞观十五年（641年）太宗遣使去西突厥册封叶护可汗，令"多赍金帛"，"市良马"。⑤可见太宗对互市十分重视。由于碛道的开辟，为各族间的贸易往来，更提供了交通的方便。内地的丝织品、茶、铁、金银器、开元钱、农作物种子、文具、生产工具等物资源源不绝地流向边疆甚或域外；兄弟民族地区的马、驼、貂裘、白氎（棉布）、玉、农作物种子，亦大量地传到中原。这不仅使中华各民族间的经济

---

①《资治通鉴》卷193唐太宗贞观四年七月条。
②《新唐书》卷221上《西域·焉耆传上》。
③《新唐书》卷221下《西域·康传下》。
④《册府元龟》卷170《帝王部·来远》。
⑤《资治通鉴》卷196唐太宗贞观十五年五月条。

得到了互相补充，连唐太宗本人也领受了许多好处：他的著名的"十骥"，是帝国北境骨利干族贡献而来；他亲自酿造成的"芳香酷烈，味兼醍醐"的葡萄酒，其酿造法得之于高昌。①

"林深则鸟栖，水广则鱼游，仁义积则物自归之"。②由于太宗不过分歧视少数民族，较多地尊重一些兄弟民族"自治"权利，而且能多少关心各族下层群众的痛痒，理所当然地受到了少数民族的信赖和崇敬，因而必然促进国家的统一和民族的团结。连以谏诤为己任，从不爱面谀太宗的魏徵，都认为"今四夷宾服，天下无事，诚旷古所未有"。③足见唐太宗的民族和好政策之成功。

三

唐太宗的一生中，最关心的莫过于如何使自己的统治长治久安，让子孙后代长守富贵。

善于以古为鉴的太宗，从历史教训中清楚地知道，民族问题解决得好坏，是关系社稷安危的一个十分重要的方面。他从秦皇、汉武、隋炀等帝王那里汲取了许多有益的教训：他畏惧"昔秦皇威振胡、越，二世而亡"④的结局；他感叹"武帝穷兵三十余年""所获无几"⑤的末路；他亲睹"炀帝威加夷、夏"，⑥却迅即身死国亡的下场。由之，得出结论："自古帝王虽平定中夏，不能服戎、狄。"⑦他以自己同秦皇、汉武比较，觉得在平定天下，拓定边方上并不亚于他们，但二帝的"末途皆不能自保，由是每自惧危亡"。⑧居安思危，他不敢袭过去帝王的老路。因为"自古御戎无上策"，

①《南部新书》卷丙，中华书局，2002年。
②《贞观政要》卷5《仁义》。
③《贞观政要》卷10《慎终》。
④《资治通鉴》卷194唐太宗贞观十年十二月条。
⑤《资治通鉴》卷198唐太宗贞观二十二年正月条。
⑥《资治通鉴》卷194唐太宗贞观六年六月条。
⑦《资治通鉴》卷198唐太宗贞观二十一年五月条。
⑧《贞观政要》卷8《贡赋》。

他必须由自己来制定出"上策"来。由于他幼时生长民间，青年时期又处于动乱的岁月，尖锐的阶级斗争、民族矛盾给他的阅历打上深深的烙印。他感到自己犹如一叶孤舟，漂浮在各族人民的汪洋大海里，稍有不慎就有覆没的危险。为了使"水"永远"载舟"，就必须懂得水性；为了长治久安，就必须揣摩"人心""人欲"。当然，他不可能发现阶级斗争、民族斗争的某些规律，也不可能从根本上处理好错综复杂的各种社会关系。但他朦胧地意识到：对待各族人民，不可袭秦皇式的暴虐，不应学汉武帝的骄奢，更不能像隋炀帝那样"大忌胡人"。[①]这对于一个封建帝王来说，是极难做到的，但太宗试图克制自己。为了得人心、民族之心，使社稷永在，他得"因人之心"，"顺众人之所欲"。这就是说，他总得多少地满足各族人民的反剥削、压迫、歧视的强烈愿望，作出某种妥协、一定的让步。这就是唐太宗的民族政策的思想基础。因为让步为这一政策的出发点，所以，我们不妨把它叫作民族让步政策。又鉴于让步有助于民族和好，我们又不妨把它叫作民族和好政策。

但，这种让步是有条件的，极有限度的，而和好其实不过是寓于压迫之中。范文澜同志说得好："剥削阶级统治下的民族和国家，各民族和国家之间，完全依靠力量的对抗，大小强弱之间，根本不存在和平共处、平等联合这一类概念。"[②]唐太宗对各族的让步政策之实施，正是以对各族力量大小强弱的估量为先决条件；让或不让，让的幅度大小多少，视对方实力的强弱而定。

得到的让步最大，受到的实惠最多的是东突厥。这是因为，东突厥较之其他少数民族实力最强——至少在唐太宗看来是如此。

首先，从东突厥的过去看，给唐的威胁最大，教训最深。隋末时的东突厥，是个庞然大物：

> 其族强盛，东自契丹、室韦，西尽吐谷浑、高昌诸国，皆臣属焉，

---

①《贞观政要》卷8《慎所好》。
②范文澜：《中国历史上的民族斗争与联合》，《历史研究》1980年第1期。

控弦百余万，北狄之盛，未之有也，高视阴山，有轻中夏之志。①

大业十一年（615年）秋，隋炀帝北巡时，被突厥始毕可汗数十万大军包围于雁门，本来骄横不可一世的炀帝，这时却丧魂落魄，痛哭流涕，一筹莫展。彼时，年仅十六岁的李世民曾经应募勤王，他亲眼看到了突厥的厉害。时隔一年，突厥兵又大举南下，进逼李渊的老巢太原。老谋深算的李渊不敢交兵，只好孤注一掷，用"空城计"退敌。当时，不仅中原等地的地主割据势力如薛举、王世充、刘武周、梁师都、李轨、高开道之流"俱北面称臣"于突厥，连农民领袖窦建德等也"受其可汗之号"。②突厥俨然以中原的太上皇自居。

李渊太原起兵时，卑辞厚礼向突厥称臣借兵。李渊为"假突厥之名，以恐喝河东、关中，而遥以震惊李密"，③曾无耻地向突厥保证："征伐所得，子女玉帛皆可汗所有之。"④

高祖武德年间，东突厥不时内侵，唐廷"赠赉不赀"，仍是"不厌无涯之求"。⑤高祖不胜其扰，曾一度打算迁都到樊邓去。武德九年（626年），颉利亲率骑兵十万袭武功，兵锋达到长安城郊，"京师戒严"。⑥李世民此际，即位未久，立足不稳，只好"啖以玉帛"，⑦"倾府库赂以求和"。⑧

东突厥危及唐帝国的生存，为"志灭匈奴"，太宗"坐不安席，食不甘味"。⑨经过三年多的认真准备，才趁东突厥天灾人祸、势穷力蹙的时候，将其击败。

①《旧唐书》卷194上《突厥传上》。
②《通典》卷197《边防典》。
③《读通鉴论》卷20《隋炀帝》，中华书局，2013年。
④《大唐创业起居注》卷1，上海古籍出版社，1983年。
⑤《新唐书》卷215上《突厥传上》。
⑥《新唐书》卷215上《突厥传上》。
⑦《旧唐书》卷194上《突厥传上》。
⑧《隋唐嘉话》卷上，中华书局，1979年。
⑨《贞观政要》卷2《任贤》。

再从东突厥战败后的实力来看，依然不可小觑。其部众且不算散逸在西突厥等处的数字，仅来归的就有十余万人。这么多人既不能逐之漠北，也不能置于中原强行同化，更不能随意杀掉。总之，善后事宜稍有不周，就可能铸成大错。一旦东突厥东山再起，帝国的最大的不安定因素就会再次出现。

妥筹善后事宜，的确是个非同小可之事。为慎重起见，太宗召集群臣，让大家各抒己见。鉴于温彦博策中包含着对东突厥较多的让步主张，为笼络人心，消弭后患，太宗果断地采纳了温彦博的建议。

对吐谷浑、吐蕃、铁勒诸部等，太宗也采取了许多安抚让步措施。

对吐谷浑封其王、复其国并赐其婚。

吐谷浑处青海高原，地数千里。建唐初期，常常犯边，"大掠鄯州"，"寇兰、廓二州"，[1]是唐帝国遇到的第二个大的威胁。太宗在灭掉东突厥后，又用了数年准备，于贞观八年（634年）冬，派李靖等进兵吐谷浑。经过半年战争，吐谷浑大败，可汗慕容伏允在败逃中自尽，王子慕容顺举国投降。太宗一反贞观四年对东突厥采取的不立可汗、不复其国的做法，慨然册立慕容顺为西平郡王、趉胡吕乌甘豆可汗，又派李大亮率精兵数千"为其声援"。[2]后顺为其臣下所杀，太宗又封其子诺曷钵为可汗，并赐婚弘化公主。

对吐谷浑的让步可谓大矣。之所以作这样多的让步，原因有三：一是吐谷浑幅员辽阔，实力雄厚，且国内政局不稳，唐廷不宜直接统治。二是慕容顺曾入质隋朝多年，"长自中土，丰慕华风"，[3]基本上是汉化了的鲜卑人。因久质于隋，国人不附，只有借助唐廷的力量才可维系自己的统治。立其为可汗，既用不着担心他反叛，又可利用其内部矛盾，凌驾其上。三是因安抚东突厥劳费太大，遭致群臣非议。立其可汗，复其国家，以"夷"制"夷"，可免"疲弊中国"，收"施虚惠而受实利"之效。

①《旧唐书》卷198《西戎·吐谷浑传》。
②《旧唐书》卷198《西戎·吐谷浑传》。
③《旧唐书》卷198《西戎·吐谷浑传》。

太宗对吐谷浑的让步，效果颇为理想。以后吐谷浑尽管内乱（丞相专权）、外患（吐蕃入侵）频仍，但其可汗对中央始终忠诚不渝。

对吐蕃和亲。

吐蕃赞普松赞干布于贞观八年（634年）奉表请婚，"太宗未之许"。[①]为什么不答应？原来，吐蕃虽然强大，但唐、蕃之间隔着诸羌，周隋以来，未通中原。故太宗对其实力不清楚，所以不愿轻易让步。（皇帝嫁女边庭，是生离死别，太宗岂愿随便做如此之大的牺牲！）松赞干布也真乖巧，迅即向太宗示威：先重创吐谷浑，诺曷钵被迫遁于青海湖上；继又横扫党项及白兰诸羌，率众二十万进攻松州，小试锋芒，败唐都督韩威。至此，太宗不得不对吐蕃刮目看待。再度求婚，太宗立即爽快答应。为"抚以厚恩"，[②]连求婚使节禄东赞都授为右卫大将军，且赐以妻室。恩格斯指出："结婚是一种政治的行为，是一种借新的联姻来扩大自己实力的机会。"[③]唐太宗的前倨而后恭，再清楚不过地表明其和亲政策之实质是一种让步，也说明了他把联姻看作扩大自己的实力、换取边境安谧的机会。

对薛延陀的让步与反攻倒算。

薛延陀原属铁勒十一部中的一个部族，本来臣服于东突厥。贞观初年，薛延陀崛起于漠北，引起了唐太宗的重视。贞观二年（628年），为了与薛延陀夹击东突厥，太宗册立其首领夷男为可汗。颉利被擒后，薛延陀的力量更加膨胀。为保证北边"三十年安静"，[④]太宗被迫同意薛延陀请婚要求，允以新兴公主妻之，给薛延陀以很大的让步。可是后来看到薛延陀内讧，实力衰败，又看到铁勒回纥部突起，有取代薛延陀之势，太宗很快改变初衷，找借口下诏绝婚。为此，朝议哗然，一些大臣提醒他，"不可失信戎狄"。[⑤]他也毫不在乎，依然我行我素。一贯标榜要以"信义"服"戎狄"

---

① 《旧唐书》卷196上《吐蕃传上》。

② 《资治通鉴》卷196唐太宗贞观十五年正月条。

③ 恩格斯：《家庭、私有制和国家的起源》，人民出版社，2003年。

④ 《旧唐书》卷199下《北狄·铁勒传》。

⑤ 《资治通鉴》卷197唐太宗贞观十七年闰月条。

的太宗，竟如此出尔反尔，发人深思。先让步后又反攻倒算，就把唐太宗葫芦里卖的是什么药，昭然揭示于人。这证明了唐太宗对各民族的让步是有很大局限性的，随着各民族力量的消长，他也在不断地变换自己的策略。

还有不作丝毫让步的。

贞观十四年（640年），唐太宗遣侯君集等灭掉高昌。魏徵、褚遂良等建议"抚其人，立其子"，"召首领悉还本土"。①他又一次不顾大臣们的反对，决定："置立州县，同之诸夏"。②

对高昌，为什么不立其王，不复其国，不羁縻统治呢？原来高昌是西陲的一个特区，"高昌之地，虽居塞表，编户之甿，咸出中国"，③"风俗政令"与中原无异；那里的政权，为汉族地主麴氏所建，虽然蕃、汉杂处，但汉族显然是其主体。高昌人民厌恶割据，对统一于中原，有着殷切的要求，这从他们中间早已流传的童谣中有着真实的反映："高昌兵马如霜雪，汉家兵马如日月。日月照霜雪，回手自消灭。"④童谣表达了高昌人民鄙视割据势力，向往统一的急切心情。人心向背，高昌王不过是孤家寡人！一与唐军接战，高昌政权立即冰消瓦解。善于洞察"人心"的太宗，看透了麴氏政权并没有真实力量，所以对其毫不让步。同时，高昌地处东西交通要衢，具有战略地位，设州置县，东可以作中原的屏障，西可以威慑西域诸国，高昌地区置于大唐的直接统治之下，对帝国的安全，有着特殊的意义。说明一点，唐太宗从实力地位出发不对高昌王室让步，不等于不对那里的人民进行抚慰。高昌一灭亡，唐太宗就立即下诏曲赦那里的罪囚，又徙内地的人充实彼处的户口，还一如中原，在彼推行均田制度。⑤不过，这不完全属于民族让步政策的范畴。

①《新唐书》卷221上《西域·高昌传上》。
②《文馆词林·贞观年中巡抚高昌诏》卷664，影印日本唐写本十八呑残本版。转引自《历史教学》1979年第8期，第48—49页。
③《文馆词林·贞观年中巡抚高昌诏》卷664，影印日本唐写本十八呑残本版。转引自《历史教学》1979年第8期，第48—49页。
④《旧唐书》卷198《西戎·高昌传》。
⑤《吐鲁番文书》《历史教学》1980年第5期。

如上述，唐太宗对各兄弟民族的和好、让步是极不彻底的。这种不彻底性，随着时间的推移，愈往太宗晚年，就愈暴露得充分。

贞观十六年（642年），唐太宗同群臣讨论什么是国家的当务之急。有的说"养百姓最急"；有的讲"抚四夷急"；还有人则认为"礼义为急"。太宗觉得都未说到点子上。最后，谏议大夫褚遂良说：定太子、诸王名分"此最当今日之急"。太宗马上表示赞同。①这时的唐太宗，对百姓的疾苦，"四夷"的冷暖，什么对农民的让步政策，什么对各民族的安抚措施，统统没有考虑的必要，他最最关心的事，莫过于确定太子，选好接班人。

为了不给子孙贻留"后患"，他频繁地对兄弟民族发动战争。贞观初年，他曾认为"好战者亡"。②所以，对周边各族慎于用兵，尽量不做劳民伤财的事情。可是到了太宗临终前的两年，竟同时四面出击：东征高丽，西击龟兹，南剿"松外诸蕃"，北攻薛延陀余部。尤其让人遗憾的是：太宗侵略高丽，被阻于安市，不得已下令班师，为挽回面子，就拿无辜的突厥车鼻可汗出气，悍然移师进击车鼻。史家对此不平："车鼻本无罪，帝因安市班师，欲立奇功以雪耻耳！"③这说明唐太宗的晚年，不大讲民族和好了，很少对兄弟民族让步了，一步步地走向自己的反面了。

……

"判断历史的功绩，不是根据历史活动家没有提供现代所要求的东西，而是根据比他们的前辈提供了新的东西"。④由于历史的阶级的局限，唐太宗没有也不可能做到各民族的平等的联合，他对各民族让步没有也不可能达到如一，他的民族和好政策没有也不可能全面彻底。但他敢于向"自古皆贵中华，贱夷狄"的传统的大汉族意识挑战，敢于对少数民族多多少少地实行一些让步措施，这有助于中华各民族的融合、和好与团结，这有助于国家的统一、昌盛和繁荣。他确实创造了前无古人的事业，"比功校德，

①《贞观政要》卷4《太子诸王定分》。
②《资治通鉴》卷193唐太宗贞观四年五月条。
③《唐会要》卷84《北突厥》。
④列宁：《评经济浪漫主义》，《列宁选集》第二卷，人民出版社，1972年。

万倍前王"，① "千载可称，一人而已"！②

（原载《西藏民族学院学报·哲学社会科学版》1981年第3期。）

---

①《贞观政要》卷9《征伐第三十五》。
②《旧唐书》卷3《太宗纪下》。

唐代羁縻府州与中央关系初探

　　唐代的羁縻府州，《新唐书·地理志·羁縻州》条下曾有明确记载："唐兴，初未暇于四夷，自太宗平突厥，西北诸蕃及蛮夷稍稍内属，即其部落列置州县……今录招降开置之数，以见其盛……突厥、回纥、党项、吐谷浑隶关内道者，为府二十九，州九十；突厥之别部及奚、契丹、降胡、高丽隶河北者，为府十四，州四十六；突厥、回纥、党项、吐谷浑之别部及龟兹、于阗、焉耆、疏勒、河西内属诸胡、西域十六国隶陇右者，为府五十二，州百九十八；蛮隶剑南者，为州二百六十一；蛮隶江南者，为州五十一，隶岭南者，为州九十二；又有党项州二十四，不知其隶属。大凡府州八百五十六，号为羁縻云。"①由此，唐代羁縻府州之规模、数量、地域分布等状况已大略清楚。相比之下，中央直控内地府州又如何呢？《新唐书》又言："至〔贞观〕十三年定簿，凡州府三百五十八……开元二十八年户部帐，凡郡府三百二十有八。"②《旧唐书》卷38《地理志》文同，且有"羁縻州郡，不在此数"之言，可知所载仅为内地府州数。单就数量而言，羁縻府州是内地府州的2.4倍左右。而羁縻府州的分布范围也远远大于内地

①《新唐书》卷43下《地理志·羁縻州》。
②《新唐书》卷37《地理志》。

府州。由此可见，羁縻府州的大量设置是唐代政治生活中的一件重大事情，探讨其与中央政府之间的关系无疑具有重要的意义。本文拟就这个问题略加探讨，望得指教。

一、关于羁縻府州都督、刺史官爵的世袭

此类官爵的实例在两《唐书》诸蕃将列传中比比皆是。仆固歌滥拔延于贞观二十年率铁勒族仆固部落内附，唐太宗授其为右武卫大将军、金微府都督，其后他的儿子和孙子至少有三代人袭任此一官职。[①]铁勒浑阿贪支（亦称浑潭）于贞观末年率浑部内附，太宗任命他为右领军卫大将军、皋兰都督府都督。传至四代孙浑释之，五代人中有七人世袭皋兰都督府都督一职。[②]"本河曲部落稽阿跌之族"的李光进，自曾祖父阿跌贺之贞观末率部内附被太宗拜为"鸡田州刺史，充定塞军使"之后，其子丰、其孙良臣相继袭任此一职位，历时达百余年之久。[③]天宝元年（742年）天下有"羁縻之州八百"，其都督、刺史皆得世袭。[④]可见，都督、刺史官爵世袭确实是羁縻府州中的普遍状况。

然而羁縻府州毕竟为唐帝国之领土，其都督、刺史的世袭不是绝对的，它还必须得经中央的册封认可。贞观四年（630年）三月，唐太宗在被尊称为天可汗的同时，发布诏书说："令后玺书赐西域、北荒之君长，皆称皇帝天可汗。诸蕃渠帅有死亡者，必下诏册立其后嗣焉。"[⑤]这样就对羁縻府州原都督、刺史死后其后嗣继袭其位作出了必须经得中央册封认可的原则规定。事实证明，这条原则规定在以后得到了较好的贯彻执行。回纥大俟利发吐迷度率部内附后被太宗任命为瀚海府都督。贞观二十二年（648年）吐迷度被侄子乌纥杀死，唐先擒杀乌纥，然后派兵部尚书崔敦礼"特节临

---

①《旧唐书》卷121《仆固怀恩传》。
②《新唐书》卷75下《宰相世系五下》,《新唐书》卷155《浑瑊传》。
③《全唐文》卷714李宗闵《李良臣碑》,上海古籍出版社,1990年。
④《新唐书》卷43下《地理志·羁縻州》。
⑤《唐会要》卷100《杂录》。

抚"，册立吐迷度嗣子、前入朝蕃将左屯卫大将军婆闰为左骁卫大将军、大俟利发，使持节回纥部落诸军事，袭瀚海府都督。[1]其后，婆闰的侄子比粟毒及比粟毒的子孙独解支、伏帝匐、承宗、伏帝难等，"皆继为酋长，皆受都督号以统蕃州"。[2]其他羁縻府州都督、刺史官爵世袭须经中央册封认可的情况大体类同于回纥，此不赘举。值得指出的是，羁縻府州在臣顺于中央、维护中央正统统治情况下，其都督、刺史世袭一般会顺利地得到中央的同意；如果羁縻府州与朝廷对抗叛乱，天子就会剥夺官爵职位，甚至不惜兴兵征讨。以契丹为例，阿卜固袭任松漠府都督后"与奚连叛"，结果其都督官职很快被诏夺而另授于李尽忠，并于显庆五年（660年）被定襄府都督阿史德枢宾擒归东都。李尽忠于万岁通天元年（696年）又起兵叛乱，武则天大怒，诏夺其官爵，并派大军出讨。这种"一为不宾，随辄夷缚"[3]之状况无疑表明羁縻府州是帝国之辖域。

羁縻府州都督、刺史在册封世袭体制下被中央所赐官爵的称号比较复杂，基本可分为两大类。一是中央对羁縻府州都督、刺史所赐封的汉官爵号，即"以唐官官之"。这里又可分为好几种。①表示实际职责权任的行政职官号，都督、刺史即是。这是所有赐封官号中最重要的一种。②由于羁縻府州都督、刺史还要统领兵将，中央还加授以诸卫员外将军、行军总管和诸军使等职事武官之号，如仆固歌滥拔延被授予右武卫大将军，[4]浑阿贪支被授予右领军卫大将军，[5]阿跌贺之被授予定塞军使等，[6]皆是此类。③职事官称之上还常赐加以文武散官官阶。如瀚海府都督吐迷度武散官阶为正三品上怀化大将军，黑水府都督李献诚武散官阶为从三品上云麾将军，[7]

①《旧唐书》卷195《回纥传》。

②《册府元龟》卷967《外臣部·继袭二》。

③《新唐书》卷219《北狄传赞》。

④《旧唐书》卷121《仆固怀恩传》。

⑤《新唐书》卷155《浑瑊传》。

⑥《全唐文》卷714李宗闵《李良臣碑》。

⑦马驰：《唐代蕃将》，三秦出版社，1990年。

新罗国王、鸡林州都督金兴光文散官阶为从一品开府仪同三司。①④对地位特异者，复加以爵王之号。这种封侯范围较宽，包括从郡王到开国县男等多种品级。李窟哥为都督时封无极县男，其后继者枯莫离封归顺郡王，李失活、李婆固、李郁于、李吐于也先后封袭为松漠郡王，到李邵固封广德郡王，李过折封北平郡王，等等，皆是此类。⑤羁縻府州都督、刺史死后，中央一般追加以高于死者生前官职的"赠官"。贞观二十二年（648年）回纥瀚海府都督吐迷度死后，太宗追赠以左卫大将军，赗物及衣服设祭甚厚。②中央在"以唐官官之"的同时，认识到羁縻府州与内地府州之不同，为照顾蕃风胡俗，以有效推行"以蕃治蕃"措施，还常同时授予蕃族官号。如阿史那思摩汉官封号有化州都督、右武候大将军、怀化郡王，后又被依其族俗册封为乙弥泥孰侯利可汗；阿史那弥射汉官封号有昆陵都护、右卫大将军等，同时又被依其族俗册封为兴昔亡可汗；阿史那步真汉官封号有濛池都护、右卫大将军等，又有继往绝可汗之俗封。③羁縻府州都督、刺史被赐予汉官爵号，同时又依族俗封以蕃族官号，这表明羁縻府州都督、刺史一方面是唐王朝整个官僚体系中不可分割之有机组成，一方面又不等同于内地官员，具有自己的特点。

以上所言，羁縻府州之都督、刺史官爵可以世袭，但须终得中央的册封认可。这表明羁縻府州都督、刺史既属于唐代官僚体系的有机组成，又不等同于内地府州官员，有较宽松自主的特点；同时也反映了羁縻府州既是唐帝国行政体制中不可分割的一部分，又不完全等同于内地府州，受唐中央控制较松。

二、唐代羁縻府州有着高度的自治性

《新唐书》曰其："都督、刺史，皆得世袭，贡赋版籍，多不上户

---

①《册府元龟》卷964《外臣部·封册二》
②《旧唐书》卷195《回纥传》。
③《唐代蕃将》，第61页。

部。"①概而言之，羁縻府州之高度自治性主要表现在有其土地、部民、军队、独立赋税和独立的设官用人等权力方面。

在具有高度自治性的同时，羁縻府州尊重唐中央的正统地位和领导。首先，接受边州都督、都护押领，"声教所暨，皆边州都督、都护所领，著于令式。"②唐代羁縻府州接受边州都督、都护押领的基本情况是：关内道以突厥、回纥、党项、吐谷浑所置一百一十九个羁縻府州分统于夏、灵、庆、延四州都督和安北、单于二都护府都护；河北道以突厥部及奚、契丹、降胡、高丽所置六十个羁縻府州分统于幽、营二州都督和安东都护府都护；陇右道以突厥、回纥、党项、吐谷浑之别部及龟兹、于阗、焉耆、疏勒、河西内属诸胡、西域十六国所置二百四十九个羁縻府州分统于凉、秦、临、洮、松诸州都督和燕然、北庭、安西等都护府都护；剑南道以羌、蛮所置二百六十一个羁縻州分统于松、茂、雅、黎、戎、姚、泸八州都督；江南道以蛮所置五十一个羁縻州统隶于黔州都督；岭南道以蛮所置九十二个羁縻州分统于桂、邕、峰三州都督和安南都护府都护。③玄宗时为了备防边疆，于沿边诸地分置安西、北庭、河西、朔方、河东、范阳、平卢、陇右、剑南、岭南十道节度使或经略使以统御诸羁縻府州。这些都督、都护、节度使、经略使作为中央代表，平时有抚宁、防制诸羁縻府州的重任，战时则统率屯防兵和羁縻府州蕃兵蕃将出征，对于某些不甘臣服之羁縻府州，"一为不宾，随辄夷缚"。④其次，中央直接派汉官入羁縻府州参治。如高宗显庆五年唐军征破百济后以其地置熊津、马韩、东明等五都督府和若干州县，"立其酋渠为都督、刺史及县令"，同时命汉官右卫郎将王文度为熊津都督，"参与治理"，总兵以镇之。王文度死后，中央又派汉官刘仁轨"代文度统众"，参与治政。⑤再次，"奉唐正朔"。唐朝历法，以每年正月一日

①《新唐书》卷43下《地理志·羁縻州》。
②《新唐书》卷43下《地理志·羁縻州》。
③《新唐书》卷43下《地理志·羁縻州》。
④《新唐书》卷219《北狄传赞》。
⑤《旧唐书》卷84《刘仁轨传》。

为岁首，谓之正朔。根据此传统制度，每年太史令预造来年历法，"颁于天下"，羁縻府州则推行之。在中央给羁縻府州长官的诏令中，经常可以见到讲述他们"远秉正朔""早秉正朔""情颁历行年号""情颁正朔"等记载，足以证明这一点。值得指出的是，奉唐正朔的意义不仅仅在于接受推行唐中央之历法，还深喻着以下含义：羁縻府州尊重并接受唐中央正统领导，是唐帝国不可分割的组成部分。其四，"混一车书"。这里又包括"书同文""车同轨"两方面。"书同文"指羁縻府州以唐中央的语言文字为其官方语言文字。当时唐中央为了确保这点曾采取了许多措施，如应其长官请求派汉族文人代为表疏，接纳蕃州贵族子弟入国学学习，把大量经史等书籍赐予诸蕃君长等。新疆吐鲁番、若羌等地发现有大量用汉文字书写的手实、籍帐、过所、市券、差科簿、契券、书信等文书以及《诗经》《文选》《典言》等书籍的残页，《全唐文》载有许多全部用汉文字书写的羁縻府州都督、刺史的奏章，如《谢婚表》《贺正表》《献皇帝书》《请发兵救援表》等等（《全唐文》卷999—1000），就充分表明汉语言文字确实是羁縻府州官方语言文字。与奉唐正朔类似，这也不仅仅是语言文字功用的简单问题，它深喻着羁縻府州尊重和接受中央正统领导，是唐帝国不可分割之地方行政组织。所谓"车同轨"，是指中央十分重视内地与羁縻府州之间的道路交通建设，以加强对其控制。唐代有七条入羁縻蕃区大道：一曰营州入安东道，二曰登州海行入高丽、渤海道，三曰夏州塞外通大同云中道，四曰中受降城入回纥道，五曰安西入西域道，六曰安南通天竺道，七曰广州通海夷道。这只是入四夷之路与关戍走集最要者之官设大道，其他小道捷径当更多。[1]入蕃大道主要用来方便过往使人，沟通和密切羁縻府州与中央交往联系，中央由此而加强对羁縻府州的控制和管理。

羁縻府州一方面具有高度的自治性，另一方面又要尊重和接受唐中央正统领导，中央通过边州都督和都护的押领，汉官参治，采取"奉唐正朔""混一车书"等措施，来实现对羁縻府州的控制管理。

---

①《新唐书》卷43下《地理志·羁縻州》。

三、朝廷优其礼遇和蕃州（即羁縻府州）向中央履行诸多封建义务

首先，中央对羁縻府州都督、刺史诸长官实施联姻、赐姓名、陪陵诸措施，以笼络团结之。联姻，唐代嫁公主于羁縻府州都督、刺史的情况很普遍，如贞观十三年弘化公主嫁吐谷浑王、河源郡王慕容诺曷钵，开元二十五年永乐公主嫁契丹松漠府都督李失活，开元五年固安公主嫁奚饶乐府都督李大酺等。有唐一代这种联姻达数十例。① "结婚是一种政治的行为，是一种借新的联姻来扩大自己实力的机会"，唐中央与羁縻府州之间的联姻亦不例外。对朝廷而言，以女嫁之，亦既生子，则我外孙，不侵中国，断可知矣！以此而言，边境足得三十年来无事。②对羁縻府州而言，尚主则可"自恃大国之婿"，号令本部和他部，造成一种"杂姓谁敢不服"的有利政治优势。③赐姓。武德七年八月东突厥夹毕特勤阿史那思摩入见高祖，被宠以赐姓。④

其次，羁縻府州要向中央纳贡、入觐、充质，战时为国征讨，这实际上就是羁縻府州向中央履行封建义务。其一，纳贡。羁縻府州"贡赋版籍，多不上户部"，⑤有自己独立的赋税体系，一般不向中央上税，但须向中央"朝贡"或"进奉"，以体现或履行对中央的封建义务。唐前期对纳贡的管理状况基本如下：关内道"控北蕃、突厥之朝贡"，河南道"控海东新罗等之贡献"，河北道"控契丹、奚、室韦之贡献"，陇右道"控西域、胡戎之贡献"，江南道"控五溪之蛮之贡献"，剑南道"控西洱河群蛮之贡献"，岭南道"控百越及林邑、扶南之贡献"。⑥羁縻府州纳贡物品的多少好坏并无定准，但大体是其境内所产而内地稀有的土特产。对于羁縻府州之贡纳，

①《唐代蕃将》，第81—97页。

②《贞观政要》卷9《征伐第三十五》。

③《资治通鉴》卷197唐太宗贞观十七年闰月。

④《资治通鉴》卷191唐高祖武德七年八月。

⑤《新唐书》卷43下《地理志·羁縻州》。

⑥《唐六典》卷3《尚书户部》。

中央一般出于"怀柔远人，义在羁縻"之考虑，①常有"却贡献"之举，且例有"计价""报赠"之传统。如开元五年康国、安国、突骑施等贡纳"多是珍异"，玄宗只百中留一，"余并却还"，对于留下的贡品还"计价酬答，务以优厚"，②以赏赐形式报赠以礼品。可以说，中央与羁縻府州之间的这种纳贡、报赠关系，首先应当是羁縻府州以臣属身份对中央履行封建义务之表现，同时又带有经济贸易交往的性质，并且由于中央"计价酬答，务以优厚"，吸引了大量羁縻府州积极主动向中央纳贡。其二，入觐。自太宗贞观四年开启统制"四夷"时代后，诸羁縻府州都督、刺史及其代表便争先恐后地入觐天子。到太宗晚年："四夷大小君长争遣使入献见，道路不绝，每元正朝贺，常数百千人。"③如奚饶乐府都督李鲁苏之父右武卫员外大将军李缀、弱水州刺史李高、大首领李日越、契丹松漠府镇军大将军熟苏、县令右领军员外大将军属固家等皆曾以朝集使身份入觐。羁縻府州都督、刺史亲自入觐者亦非少数，奚饶乐府都督李大酺、李婆固、李鲁苏，契丹松漠府都督李失活、李郁于、李吐于等皆曾亲自入觐天子。到玄宗时，入觐天子规模达到空前程度："两蕃君长，越绳桥而竞款玉关；北狄酋渠，捐毳幕而争趋雁塞。"④羁縻府州入觐天子的事宜由鸿胪寺主持，入觐者所用"食料""程粮""边牒"等皆由中央主客郎中等提供。羁縻府州朝集使入觐天子时，中央礼部视品给以衣冠、褶，还蕃前，天子一般都给予赏赐，典客令、丞则佐其首领教拜谢之节。⑤对羁縻府州而言，入觐是其对中央履行封建义务的表现，但由于可以从中获得并非所有羁縻府州可以得到的莫大好处，因此皆乐而为之，以至于中央一度因入觐者太多而明令禁限。其三，充质。羁縻府州都督、刺史为邀取中央信任或慑于中央威力常派遣子弟入质京师。这些入质者因有侍卫天子之责，又称"宿卫"。贞观初东突厥

---

①《册府元龟》卷170《帝王部·来远》。

②《册府元龟》卷168《帝王部·却贡献》。

③《资治通鉴》卷198唐太宗贞观二十二年正月条。

④《旧唐书》卷9《玄宗本纪下·史臣曰》。

⑤《新唐书》卷46《百官志一》、卷48《百官志三》。

降附，其"蕃望子弟"近百人入质京师，且"多授以侍卫之官"。[①]此后，羁縻府州派遣子弟入质之风大开。到开元二年，由于京师这种宿卫质子太多，中央不得不"命所司勘会诸蕃充质宿卫子弟等量放还国"，并对正拟入质的契丹诸蕃子弟诏令"并即停追"。[②]由于入质宿卫者还担负着侍卫天子之任务，往往被加授以禁卫军郎将、将军、大将军等职，如南诏王蒙归义之嫡长孙凤迦异充质于朝期间被授任"知兵马大将"。[③]值得注意的是，除焉耆王龙突骑支、龟兹王白诃黎布失毕等个别人因反叛被擒留于朝为质之外，绝大多数入质者是中央应羁縻府州之请求而同意的，较少有武力强制的色彩。玄宗开元二年中央因京师宿卫质子太多而不得不诏令清简，[④]一些羁縻府州子弟为质期满后"固请留宿卫"，[⑤]都说明了这点。其四，受唐遣发，为国征讨。如贞观八年李靖率唐军"并突厥、契苾之众击吐谷浑"。[⑥]陈寅恪先生曾云："太宗以府兵'不堪攻战'，而以蕃将为其武力之主要部分。"[⑦]其他史家如王夫之、岑仲勉等亦有类同之见解。可见，羁縻府州的蕃将蕃兵受朝廷遣发不仅是其对中央履行封建义务的一种表现，而且是雄唐武功强盛之重要原因之一。

总上所言，羁縻府州作为唐代政治生活中的一种重要现象，它与中央之间的相互关系可概括为：都督、刺史可世袭，但须得中央的册封认可；在土地、民众、军队、赋税、用人诸方面高度自主，同时又接受边州都督和都护押领、汉官参治、奉唐正朔、混一车书等，尊重和接受唐中央之正统领导；唐中央对羁縻府州都督、刺史等以联姻、赐姓名、死后准其陪陵、结拜香火兄弟、义父（母）子关系等方式来笼络团结之，羁縻府州则向中

①《册府元龟》卷170《帝王部·来远》。

②《全唐文》卷26唐玄宗《放还诸蕃宿卫子弟诏》，中华书局，1983年。

③《全唐文》卷999郑回《诏德化碑》。

④《全唐文》卷26唐玄宗《放还诸蕃宿卫子弟诏》。

⑤《新唐书》卷110《尉迟胜传》。

⑥《资治通鉴》卷194唐太宗贞观八年十二月条。

⑦陈寅恪：《隋唐制度渊源略论稿》六《兵制》，上海古籍出版社，1982年。

央履行纳贡、入觐、充质、征讨、捍边等封建义务。这种关系表明羁縻府州与内地府州有很大不同，带有浓厚的边域民族自治色彩，但从根本上言，羁縻府州是唐之属地，是唐帝国不可分割之有机组成。两者之间的这种微妙关系对后世的民族地区与中央之关系都有着重要的影响和借鉴意义。

（原载《陕西师范大学学报·哲学社会科学版》1997年第1期。）

试论唐代蕃州的管理体制

蕃州，即羁縻府州的简称。有唐一代，"大凡府州八百五十六，号为羁縻云。"①对这些相当于内地正州数三倍的羁縻府州，朝廷对它实行"内、外三级"管理体制："内三级"是指蕃州内部的府、州、县三级隶属关系；"外三级"则谓朝廷册立蕃州官长以确定二者臣隶关系，蕃州都督、刺史接受边州都督、都护、节度使的监护以保证蕃州的秩序，蕃州官长要履行对国家的诸多封建义务以起到蕃部为国"扞蔽"的作用。

一

蕃州内三级管理体制，是基于唐代蕃区有着羁縻府、州、县三级行政建置。《新唐书·地理志·羁縻州叙》云：

> 唐兴，初未暇于四夷，自太宗平突厥，西北诸蕃及蛮夷稍稍内属，即其部落列置州县。其大者为都督府，以其首领为都督、刺史，皆得世袭。

①《新唐书》卷43下《地理志七下》，按：唐代蕃州数，远多于《新唐书》所载，拙文第二部分有粗略统计数字。

上引唐代蕃区内部的府州县三级行政建置至少曾在一些大的民族中推行过。

东突厥。贞观四年（630年），东突厥汗国破灭，唐于朔方之地，东自幽州（治今北京），西至灵州（治今宁夏灵武西南），"置顺、祐、化、长四州都督府，又分颉利之地六州，左置定襄都督府，右置云中都督府，以统其部众。"①虽然这些突厥州下大都缺置县的记载，但从顺州管下有以思农部置燕然县，以思结部置怀化县，后来顺州侨治幽州城，又辖有宾义县，②可知其他突厥府州亦应隶有县级行政建置。③

西突厥。显庆二年（657年），西突厥可汗阿史那贺鲁叛乱平定，朝廷"分其种落，列置州县"。原为西突厥所役属的诸胡国，亦并置府、州、县。如仅在吐火罗道的于阗（今新疆和田）以西、波斯（今伊朗）以东十六国，就"分置都督府及州八十、县一百一十、军府一百二十六"。④

铁勒。贞观二十年（646年），薛延陀破灭，唐太宗亲至灵州慰抚。"请吏内属"的铁勒十一部酋长，并"剖其地为州县，北荒遂平"，⑤凡置瀚海、金微、燕然、幽陵、龟林、庐山、皋兰、高阙、鸡鹿、鸡田、榆溪、蹛林、寘颜等十三府州，置县阙载。⑥

两蕃。游牧于唐东北地区的契丹和奚，史称"两蕃"。贞观二十二年（648年），契丹酋长窟哥、奚酋长可度者并率众内属。太宗遂以契丹为松漠府，以窟哥为都督，又以其别帅达稽等部为峭落等九州，以奚为饶乐府，以可度者为都督。又以其别帅阿会等部为弱水等五州。⑦两蕃羁縻府州初置

---

①《旧唐书》卷194上《突厥传上》。

②《新唐书》卷43下《地理志七下》。

③如据《旧唐书·地理志》载：德静县隶于化州；长泽县隶于长州。

④《唐会要》卷73《安西都护府》。

⑤《新唐书》卷217下《回鹘·薛延陀传》。

⑥《资治通鉴》卷198唐太宗贞观二十一年正月条。

⑦《资治通鉴》卷199唐太宗贞观二十二年十一月条。

时虽缺置县记载，但以后的史籍中不乏天子赐物于两蕃县令的记述，[①]可证唐朝在两蕃内部确实推行羁縻府、州、县三级行政管理制度。此外，据《新唐书·地理志·羁縻州》载，侨治于幽州境的两蕃蕃州，几乎都隶有羁縻县，表明即使两蕃侨州，亦仍有蕃县设置。

党项羌。唐初，党项羌分布于今青海东南和四川以西地区。贞观三年（629年），酋长细封步赖内附，太宗以其地置轨州，并置通川、玉城、金原、俄彻四县以领之。其后诸酋长相率内属，"皆裂其地置州县"。[②]五年（631年），又开党项地置州十六，县四十七。不久，党项最大部落酋长拓拔赤辞等亦归顺朝廷，太宗于其地置三十二州，擢赤辞为西戎州都督。于是自积石山（在今青海东南）以东，皆为唐土。[③]后来，因吐蕃侵逼，党项诸部内徙于灵（治今宁夏灵武西南）、庆（治今甘肃庆阳）、夏（治今陕西靖边白城子）一带地区，朝廷为置羁縻府十五、州五十一，[④]县数不详。

诸蛮。唐代的剑南、江南、岭南等道分布以东谢蛮、南谢蛮、西谢蛮、牂柯蛮、西赵蛮、五溪蛮、乌蛮、白蛮、昆明蛮、松外蛮、西原蛮、獠、俚等为名号的数以百计的蛮族部落。自唐高祖武德年间始，唐朝先后以诸蛮部落列置蛮州、蛮县，其中隶剑南道的蛮州二百七十四、蛮县当远大于州数，隶江南道蛮州五十三、蛮县二百多个，隶岭南道蛮州一百二十五、蛮县三百多个。[⑤]

以上说明，除蛮区因部落分散、所处闭塞，主要存在州、县二级行政建置，其他蕃区大都采取府、州、县三级内部管理体制。而事实上，即便是南方蛮族部落，亦有置府的记载。这里分三种情况：其一，置有名副其实的羁縻都督府。唐高祖武德中，就曾在西爨蛮分布地置南宁州都督府

①《册府元龟》卷975《外臣部·褒异第三》。
②《新唐书》卷43下《地理志七下》。
③《新唐书》卷221上《西域·党项传》。
④灵、夏间的党项府州，大都为侨治，即保留原置于陇右、剑南道的府州名。
⑤不少蛮州属县名数史籍阙载，拙文诸道蛮县数，据《新唐书·地理志》有记载的蛮州属县平均数估计。

（治今云南曲靖县西），并以爨蛮酋长爨归王为都督。①这个蛮府最盛时，领有蛮州十六个。②虽然不久即罢都督，更名郎州，升为正州，但到玄宗时，又复故名，并复降为羁縻府，诏以归王之子守隅为都督。③又，黔州（治今四川彭水）本边州，黔州都督府督庄、牂等十六个羁縻州。贞观十一年（637年），罢黔州都督，置庄州都督。④按，庄州（初名南寿州，治贵州贵阳市南青岩附近），系贞观三年（629年）以南谢蛮部落置，以首领谢强为世袭刺史，后既置都督府，则应以谢强或其族人为都督。⑤庄州府直至景龙四年（710年）始罢，改以播州（治今贵州遵义市）为都督。⑥再，高宗初年，参与镇压琰州（治今贵州镇宁）獠民造反的官军中有"梓〔牂〕州都督谢万岁"。⑦可知贞观三年（629年）以牂柯蛮所置牂州，亦曾有都督府建置。这种在蛮区的府、州、县三级设置，当不是孤立现象。其二，某些边州都督府具有羁縻府性质。如天宝至宝应元年（742—762年）间的黔府都督赵国珍，⑧牂柯之苗裔也。当中原战乱频仍，"唯黔中封境无虞"。⑨时黔府押"皆羁縻，寄治山谷"的五十九个蛮州，能在天下大乱之时无事，当与朝廷视黔府"若羁縻"，采取以蛮治蛮的政策有关。其三，岭南道某些府州，虽无羁縻之名，却有蛮府、蛮州之实。如唐初岭南俚、越首领冯盎，"克平五岭二十余州"，拥有"奴婢万余人"，"所居地方二千里"，⑩为当地第一大"蛮夷"势力。武德五年（622年），盎降唐后，高祖析其地置高（治今广东高州）、罗（治今广东廉江）、春（治今广东阳春）、白（治今广西博白）、崖（治今海南琼山）、象（治今广西象州县）、林（治今广西玉林

---

①《新唐书》卷222下《南蛮·两爨蛮传》。

②《旧唐书》卷41《地理志四·剑南道》。

③《新唐书》卷222下《南蛮·两爨蛮传》。

④《旧唐书》卷41《地理志三·江南道》。

⑤《资治通鉴》卷193唐太宗贞观三年闰月条。

⑥《旧唐书》卷41《地理志三·江南道》。

⑦《新唐书》卷222下《南蛮·两爨蛮传》。

⑧《旧唐书》卷115《赵国珍传》。

⑨《旧唐书》卷41《地理志四·岭南道》。

⑩《旧唐书》卷109《冯盎传》。

北）、振（治今海南崖县）八州三十七县，授盎高州总管。按，总管于武德七年（624年）改称都督，高州总管府即为以后的高州都督府。是岭南蛮越大首领冯盎的领地，则亦推行府、州、县三级管理体制。值得注意的是，贞观二十三年（649年）废高州都督府，置恩州，[①]时冯盎已卒，而任恩州刺史者则为盎子智玳。[②]这就是说，在岭南这一地带的权力更替中，存在着明显的长官世袭制。史称，盎子三十人，其中不少人即为高州府管辖的诸州刺史。[③]高等诸州，虽名曰正州，实质上则同于羁縻府州。直到武周时代，女皇才初步改变了此一地区蛮族的半割据自治状态，冯氏家族由是遭受一次沉重的打击，以至于冯盎的曾孙冯元一（即高力士）被净身入宫做了小太监。[④]在岭南蛮人望族中，还有南平獠首领宁长真家族。武德五年（622年），宁长真以宁越、郁林之地（今两广湛江、玉林地区）降唐后，朝廷即以长真为钦州（治今广西钦州东北）总管，其族人宁纯为廉州（治今广西合浦东北）刺史、宁道明为南越州刺史。不久，长真卒，子据袭钦州刺史。[⑤]这一地区，实际上则是俚獠冯、宁氏家族的世袭领地，同蛮府、蛮州、蛮县没有多大差异。

蕃州内部管理体制，具有如下一些特征。

其一，府、州、县的建置取决于部落的大小。

《新唐书·地理志》谓蕃州是对内属诸蕃蛮夷"即其部落列置"；"其大者为都督府"。这就是说，次大置州，小部落置县。府、州、县之间构成一种以大统小、以小事大的隶属与被隶属关系。

其二，蕃州官员以"部落大小、位望高下"为初授原则。

高宗显庆二年（657年），西突厥阿史那贺鲁叛乱平定，朝廷"列其地为州县，以处诸部"；[⑥]并根据诸酋长的"部落大小"和酋长本人的"位望

①《旧唐书》卷41《地理志四·岭南道》。
②《全唐文》卷231《赠潘州刺史冯君墓志》。
③王兴瑞：《冼夫人与冯氏家族》，中华书局，1984年；《广东通志·职官表》。
④《高力士残碑》，载《考古与文物》1983年第2期。
⑤《新唐书》卷222下《南蛮·南平獠传》。
⑥《新唐书》卷215下《突厥传下》。

高下"，"授刺史以下官"。①还以西突厥十姓中的最大的六个部落分置匐延、嗢鹿、盐泊、双河、鹰娑、洁山六都督府，各以部落酋长为都督。②

其实这种蕃州官员擢授原则早在太宗时就应已制定，如贞观二十一年（647年），铁勒浑部大俟利发浑汪举部内属，朝廷以其地置皋兰州，本应以浑汪为刺史，但唐太宗因款塞较早的浑阿贪支"于汪属尊"，遂拜蕃望较高的阿贪支为右领军大将军、皋兰州刺史，汪拜云麾将军兼俟利发"为之副"。③既然部落大、蕃望高的酋长为都督，那么部落较小、蕃望较低的首领为刺史、县令者，当然要隶于蕃府都督。

其三，蕃州官员"皆得世袭"。

因为蕃人部落首领盛行世袭制，故朝廷在以汉人官号授予他们时，则尊重他们固有的蕃风蛮俗，所授都督、刺史、县令，"皆得世袭"。④所以，在正史中的一些蕃酋传略中，我们每每可以读到传主"世为××府都督"或"某州刺史"的记述。《旧唐书·仆固怀恩传》称怀恩"世袭都督"，因为自其祖上仆固歌滥拔延于贞观二十一年（647年）拜金微府都督，传至怀恩，至少有三代人任同一官职，《新唐书·浑瑊传》谓瑊"世为皋兰都督"的铁勒浑氏家族苗裔，其五世祖浑阿贪支（碑志称浑潭）自贞观末授任皋兰州刺史（或都督），传袭至瑊父释之，五代人中至少有七人曾任皋兰州刺史（或都督）。⑤

虽然蕃州官员世袭制为普遍推行的原则，但遇到特殊情况，可作某些变通，"其为刺史，父子相继"，若绝子嗣，"即以其党有可者公举之"。⑥

其四，"全其部落，顺其土俗"，蕃州在较大程度上实行自治。

虽然朝廷往往派"长史""司马""录事""参军"一类的"上佐"参与

①《资治通鉴》卷198唐太宗贞观二十一年正月条。

②据《长安志图》等载：乾陵石人像中有鹰娑、洁山、双河、匐延、盐泊等府都督姓名，均为西突厥大首领。

③《新唐书》卷217下《回鹘传下》。

④《新唐书》卷43下《地理志七下》。

⑤并见《新唐书·宰相世系五下》，《全唐文》卷498《浑瑊碑》、卷972《浑仙碑》。

⑥《太平寰宇记》卷79《剑南西道八》，中华书局，2007年。

羁縻府州县治理（即所谓"华官参治"），但蕃州的各级长官——都督、刺史、县令则由蕃部首领渠帅担任。朝廷以蕃部设置蕃州的本意是为了"全其部落，顺其土俗，以实空虚之地，使为中国扞蔽"。[①]这就决定了唐中央对蕃州内部事务采取不大干预的方针，由之蕃州在较大程度上呈现"自治"的状态。其主要表现是：①"贡赋版籍，多不上户部"。[②]同唐后期河北割据藩镇的"以赋税自私"，"以土地传子孙"[③]的情况类似。②都督、刺史、县令都拥有自己的军队。蕃人习俗，集军事、行政、生产、生活为一体，尤其游牧部落，其组织形式，基本上是"全牧皆兵"。所以蕃州都督、刺史、县令不只是行政长官，更是军事长官。尤其是都督，是本蕃诸州县部落兵的统帅，而这种统军权力，朝廷更予以公开承认。如契丹松漠府下置有十州，天子则以都督"为使持节十州诸军事"。[④]这就是说，蕃州官长还都拥有自己的军队，表明蕃州有较大程度的自治。③在遵守国家"令式"（即法规制度）的同时，亦沿袭蕃人固有制度。像贞观末年的回纥酋长吐迷度，在天子既以其部为瀚海府，擢拜其为怀化大将军兼瀚海都督后，吐迷度又"自称可汗，官号皆如突厥故事"。[⑤]这种蕃汉制度并行不悖的现象，亦说明某些蕃州的自治程度之高异乎寻常，更表明蕃州内部三级隶属关系要浓于内地州县。

其五，羁縻府、州、县间关系靠血缘纽带联结。

唐代多数的蕃州部落尚停留在氏族社会解体不久的阶段，因此，盛行贵族世袭统治的宗法制度。其主要反映：①蕃州的内部上下，往往同姓同宗，故"即其部落"所置州称，常以姓氏为名，像东突厥降户所置二十四州，以阿史那、阿〔史〕德、执失、苏农、拔延、舍利、绰、郁射〔施〕、〔多地〕艺失、卑失、贺鲁等突厥姓氏命名者超过半数。[⑥]②府都督统领同

①《资治通鉴》卷193唐太宗贞观四年四月条。

②《新唐书》卷43下《地理志七下》。

③《新唐书》卷210《藩镇魏博传序》。

④《新唐书》卷219《北狄·契丹传》。

⑤《资治通鉴》卷198唐太宗贞观二十一年正月条。

⑥《新唐书》卷43下《地理志七下》。

姓或同族所置州县。如以铁勒浑姓部落所置皋兰府，其都督所领东、西皋兰二州均为浑姓部落设置。[①]再如突厥云中都督府都督舍利元英，则来自云中府下的最大蕃州——舍利州，其所押领五州，均为同姓或同民族部落所置。[②③]府、州、县长官世袭盛行嫡长子继承制。在同一蕃部内，袭府都督者应视为"大宗"，刺史、县令则应为"小宗"，而刺史对县令言，则自视为"大宗"，视彼为"小宗"。这种由父系家长制演变而成的蕃州统治秩序，要严密于内地以地缘政治组合的州县，由于朝廷对蕃州以"全其部落、顺其土俗"为政策前提，所以亦极力维护蕃州宗法制下的政治秩序。

以血缘为纽带的蕃府、州、县的隶属关系具有相对的稳固性，在交通闭塞的蛮州尤其是这样；直到五代北宋时，唐代设置的某些蛮州蛮县犹在正常运作。

上述蕃州内部三级行政管理体制是就一般规律而言，而实际情况却异常复杂：有独置一县，直隶边州都督者，有仅设州县两级者，有有府无州或有州无府者，还有设置羁縻汗国、府、州、县四级者，某些蛮县之下，还有乡级行政建置。形形色色，不一而足。

二

如上所述，蕃州都督、刺史"皆得世袭"，但这种世袭是有条件的，它是建立在册封体制上的蕃州官长世袭制，每一任合法蕃州官长的确立，必须首先通过天子的认可和册封，并由之确定君臣名分、隶属关系。这是国家对蕃州进行外三级管理的最高也是最重要的一个环节。

册封蕃州长官是朝廷对蕃州施加直接影响的最有效的手段。唐代册封制在蕃区正式确立，应始于贞观四年（630年）。是年三月，诸蕃酋长诣阙请太宗为天可汗，天子允其所请，并发布制书，作出"统制四夷"的原则性规定：

①《新唐书》卷217下《回鹘传下》。
②《旧唐书》卷194上《突厥传上》，卷38《地理志一》。

令后玺书赐西域、北荒之酋长，皆称皇帝天可汗。诸蕃渠帅有死亡者，必下诏册立其后嗣焉。①

是时，东突厥破亡，其酋帅接踵率部来降，唐太宗遂为之设州置府，并大行册封授官事宜。如册立突利可汗为北平郡王、顺州都督，夹毕特勒阿史那思摩为怀化郡王、北开州都督，沙钵罗设阿史那苏尼失为怀德郡王、北宁州都督，突厥重臣中昭武九姓胡出身的史善应为北抚州都督，康苏密为北安州都督。此后，党项、铁勒、两蕃（即奚、契丹）、西突厥等亦相继内属，太宗无不"置州府以安之，以名爵玉帛以恩之"，"而以威惠羁縻之"。②从而确立了册封体制下的蕃州官长世袭制。

册封的程序一般为：蕃州都督、刺史或羁縻国君长一旦谢世，边州都督、都护或拟嗣立的已故蕃长的子弟即派人向中央告哀，鸿胪寺则"辨其嫡庶，详其可否，以上尚书"。③尚书省礼部再根据"子孙袭初授官，兄弟子降一品，兄弟子代摄者，年十五还以政"④的既定原则最后审定。然后由鸿胪卿或少卿或天子指派大臣"受册而往"。⑤如贞观二十二年（648年），朝廷接到燕然副都护元礼臣关于回纥瀚海府都督吐迷度已死的报告后，太宗诏"频使突厥""深识蕃情"的兵部尚书崔敦礼"持节临抚"，"赠吐迷度左卫大将军，赙祭备厚"，并册立吐迷度子婆闰袭父瀚海都督⑥。自是由高宗到玄宗，婆闰的侄子比粟毒及比粟毒的子孙独解支、伏帝匐、承宗、伏帝难等"皆继为酋长"，并通过天子册封"皆受都督号以统蕃州"。⑦其他蕃州官长的世袭，亦大体上同于回纥。

关于被册封者的官称爵号。蕃州首领在被擢授都督、刺史的同时，因

①《唐会要》卷100《杂录》。
②《旧唐书》卷195上《回鹘传·史臣曰》。
③《大唐六典》卷18《尚书礼部·鸿胪寺》。
④《新唐书》卷46《百官志一》。
⑤《旧唐书》卷44《职官志三》。
⑥《新唐书》卷217上《回鹘传上》。
⑦《册府元龟》卷967《外臣部·继袭二》，《新唐书》卷217上《回鹘传上》。

要统领本部蕃兵，朝廷又每加授将军、诸军使等职事武官官称。为"优其礼遇"，"复加以侯王之号"。①如契丹酋长李失活，其爵封为松漠郡王，官称为松漠都督府都督、行左金吾卫员外大将军、静析军经略大使。②通常情况下，在职事官衔之外，常冠以文武散官官阶。如靺鞨黑水府都督李献诚为武散阶从三品上之云麾将军，新罗王、鸡林州大都督府都督、宁海军大使金兴光为从一品之文散阶开府仪同三司，③就反映了蕃州官长多有散官头衔的情况。唐代武散官从骠骑大将军到归德执戟长，含初降蕃人武散官官阶，共四十五阶。文散官从开府仪同三司到将仕郎共二十九阶。这些品阶的授予，在蕃州官员中大都可以找到例证。又，蕃州都督、刺史死后，朝廷还常以高于死者生前官职的"赠官"相追加。此外，为酬军功，朝廷亦对蕃州官员授以勋官之号。唐代沿袭隋朝的九等爵封，而对蕃州官长的爵封，最常见的是封以"郡王""县公""县男"。以上所述官号的爵称，同内地汉官并无区别，表明"以唐官官之"，④为唐朝对蕃州推行册封制的一大特征。

唐朝在对蕃州官长进行册封的同时，还把汉官的印信、章服制度一并带入蕃州。

唐天子的八方传国印玺中至少有三方是专为签发对在蕃君长的文书所使用。⑤在许多文书中，最影响蕃酋前途命运的是册命除授文书，盖有朝廷大印的一纸封册和告身，决定着他们将有何等的爵封官位。《册府元龟·外臣部》中不乏天子遣使"持节""备礼""赍册书往册"蕃人君长和动辄赐在蕃"贵人"告身（即委任状）数十通的记载。

与册命文书同等重要的是朝廷颁赐诸蕃州的印玺。印有国印、州印等之分，质有金、银、铜之别，规格最高的是黄金印，只赐予羁縻国的君长。

---

①《册府元龟》卷963《外臣部·册封一·序》。
②《全唐文》卷21《封契丹李失活奠李大酺制》。
③《册府元龟》卷964《外臣部·册封二》。
④《新唐书》卷217上《回鹘传上》。
⑤《唐会要》卷56《符宝郎》。

如德宗对南诏王"赐以金印银窠",印文为"贞元册南诏印"。①诸蕃州部落对朝廷颁赐州印极为重视,如肃宗上元元年(762年)散布于泾(治今甘肃泾川北)、陇(治今陕西陇县)二州的党项部落十余万众降唐,朝廷为置十州以处之。时值安史之乱,国家不遑颁给州印。次年(代宗宝应元年)十二月,其归顺、乾封、归义、顺化、和宁、和义、保善、宁定、罗云、朝凤十州部落并诣山南西道都防御使臧希让"请州印",希让上报朝廷,并获天子许可。②

唐朝实行严格的表示官阶品第的"章服"制度,太宗规定:三品以上官着紫色袍服,四、五品官着绯色(即红色)袍服。以后诸帝又陆续规定五品以上大臣随身佩戴"鱼袋",袋装"明贵贱""防召命之诈"的信物鱼符。在赏赐官员绯、紫袍服时,"例兼鱼袋,谓之章服"。与章服配套的还有金、银、玉腰带等。因"蕃夷惟以袍带为宠",所以在诸蕃州都督、刺史朝集日,天子对他们"视品给以衣冠、袴褶"。③贞观二十一年(647年),太宗在接见铁勒诸府州都督、刺史时,"亲赍以绯黄瑞锦及标领袍",④又赐以"玄金鱼符,黄金为文",⑤铁勒酋长"捧戴拜谢,盘叫于尘埃中"。⑥至玄宗时代,为破格优待蕃州官员,每有官品未至五品者赐"绯袍",未至三品者赐"紫袍"的情况发生。

此外,为征调蕃州和羁縻国军队与方便朝集使入朝,朝廷还给诸蕃区颁发印契、铜鱼。如"西蕃部落所置州府,各给印契,以为征发符信"。⑦又如,"故事:西蕃诸国通唐使处,悉置铜鱼,雄雌相合,各十二支,皆铭其国名,第一至十二,雄者留在内,雌者付本国。"⑧蕃使正月来朝,则带

①《册府元龟》卷965《外臣部·册封三》。
②《册府元龟》卷977《外臣部·降附》。
③《新唐书》卷46《百官志一》。
④《唐会要》卷96《铁勒》。
⑤《新唐书》卷217上《回鹘传上》。
⑥《册府元龟》卷974《外臣部·襃异一》。
⑦《唐会要》卷73《安西都护府》。
⑧《唐会要》卷100《杂录》。

上第一鱼，余月类推。若铜鱼雌雄符合，"乃依常礼待之"；"差谬，则推按奏闻"。[1]铜鱼若散失，由鸿胪卿奏请补发。

与册封制相辅相成的，朝廷还有一套直接参与蕃州事务管理和优容蕃州官员的措施。

其一，"汉官参治"。

为了将国家声教、特别是政令在羁縻区推行和贯彻，许多蕃人君长主动向朝廷"乞置汉官"。[2]当贞观二十一年（647年）铁勒十三府州设置之初，蕃州都督、刺史就深为不通官方语言文字而苦恼，为解决蕃情上达的矛盾，"仍请能属文人，使为表疏"。[3]此外，在蕃州初置时，包括长史、司马，皆以酋领为之。但不久，这些官员有改由朝廷派出者。如突厥定襄都督府，其司马就委以汉人充任。至于蕃州县的"录事参军""司户参军""录事""县丞""县尉"之类的属官，亦多为朝廷所命。[4]这种杂以汉人官佐与蕃人酋帅共治蕃州的现象，谓之"汉（或华）官参治"。其中最典型的事例，是唐对东北地区民族的治理。如总章元年（668年）唐高宗以高丽平定，分其地置九都督府、四十二州、百县，"置安东都护府于平壤以统之，擢其酋帅有功者为都督、刺史、县令，与华人参理"，并以右卫大将军薛仁贵代理安东都护，"总兵二万人以镇抚之"。[5]开元十四年（726年）唐玄宗以黑水靺鞨置黑水都督府，"以其首领为都督，诸部刺史隶属焉"，又遣派汉官为长史，"就其部落监领之"。[6]由是可知，蕃州并非是完全意义上的蕃人"自治"，它不仅有中央委派的大将驻守镇抚，还有朝廷任命的"长史""司马"之类的上佐参治，更有人数众多的掌典蕃州机要的汉人文官幕僚。

其二，废立在我。

蕃州都督、刺史、县令虽然享有世袭权利，但这种特权并不是绝对的，

---

①《唐会要》卷100《杂录》。

②《册府元龟》卷977《外臣部·降附》，卷999《外臣部·请求》。

③《资治通鉴》卷198唐太宗贞观二十一年正月条。

④刘统：《唐代羁縻府州研究》，西北大学出版社，1998年。

⑤《资治通鉴》卷201唐高宗总章元年十二月条。

⑥《旧唐书》卷199下《北狄·靺鞨传下》。

而是有条件的。其条件是忠于职守、忠于朝廷。若违背这两个条件，则要受到朝廷的严厉制裁，乃至剥夺世袭特权，甚至"随辄夷缚"。[①]

如，贞观二十一年（647年）唐太宗以羌首领董和那蓬守松州有功，析松州之通轨县置当州（治今四川黑水县境）。[②]董氏遂世袭刺史近百年，但至玄宗时，有人告发当州刺史"连年纵酒""行事乖疏"，因而被朝廷"停废"。不久，刺史死去。为此，刺史之子当州别驾董惩运上书理论。玄宗不客气地训斥惩运说：当州刺史之所以被罢黜，"皆凭实状，不是冤诬"，"岂可怨诉"！为了惩前毖后，玄宗又云："卿身合承刺史，比来未授，亦则有由"，"卿若能自励，从此改修，父亡子及，终不失旧"。[③]但朝廷为了慎重处理此事，复派内使王承训亲往当州调查虚实，发现这是一桩错案。于是不仅改变了当州刺史"停废"的决定，而且了解到当地悉（治今四川茂汶羌族自治县西北）、柘（治今四川黑水县与理县接境地带）、静（治今茂汶西北）、维（治今理县东北）、翼（治今黑水东南）等州羌部落首领"亦有所望"。玄宗深感过去对这些羌州有"处置不当"的地方，遂遣内使宣敕曰：

> 前者令王承训往宣问事，止当州。比其却来，云诸州亦有所望。州县一也，恩岂不均！卿等祖父已来，为国守境，皆尽忠赤，防捍外蕃，朝廷嘉之，官赏相继，近者处置未当，又得卿表所论，朕皆依行，想皆遂愿。[④]

上引清楚不过地表明，蕃州长官的废立，权在中央。但朝廷在行使废立大权时异常谨慎，发现蕃州官长不忠于职守，就不客气地废黜；及至查无实据，又很快予以纠正。

---

① 《旧唐书》卷219《北狄传赞》。
② 《新唐书》卷42《地理志六》。
③ 《全唐文》卷285《敕当州别驾董惩运书》。
④ 《全唐文》卷285《敕当悉等州羌首领书》。

又如，西突厥叶护阿史那贺鲁内附后，唐太宗于贞观二十三年（649年）二月为置瑶池都督府（在今中亚巴尔喀什湖一带），但不久因贺鲁反叛，高宗遂于永徽四年（653年）"罢瑶池都督府"，[①]并数派大军对其大张挞伐。且于显庆二年（657年）将贺鲁擒拿，押送长安。高丽国王高藏在其国破灭后，被高宗授以辽东都督，"居安东，镇本蕃为主"。但高藏图谋复国，"潜与靺鞨相通谋叛"，因而被天子召还长安，流放邛州（治今四川邛崃）而卒。[②]侨治河西走廊的铁勒回纥、思结、浑、契苾部落所置四州都督，因被王君㚟（凉州都督）诬奏"潜有叛谋"，由是唐玄宗将瀚海大都督回纥承宗、皋兰都督浑大德、贺兰都督契苾承明、庐山都督思结归国等长流蛮荒，并改以他人为都督。乃至后来以上四府废都督之号，代以"都护"官名。[③]高宗时，袭契丹松漠都督的阿卜固"与奚连叛"。显庆五年（660年）阿卜固被生擒之后，朝廷改以其子（或侄）李尽忠为都督。尽忠复于万岁通天中（696年）叛，武则天"怒其叛乱"，下诏改"尽忠为尽灭"，并夺其官封，徙其部落。直到开元四年（716年），李尽忠堂弟李失活"率种落内附"，天子才"复置松漠都督府，封失活为松漠郡王，拜左金吾卫大将军兼松漠都督"。[④]与之同时，奚饶乐府亦因都督反叛被废弃长达半个多世纪。

以上说明，蕃州官长世袭要受诸多条件制约，朝廷视其行为，轻则可以罢免他们的官封，回授他人，重则"一为不宾，随辄夷缚"，甚至废其府州，迁其部落。

其三，优其礼遇。

朝廷对待蕃州的基本方针是"以威惠羁縻之"，所以在威慑的同时，还尽可能对蕃州官员"优其礼遇"，以笼络之。

列属宗籍。像粟末靺鞨酋长燕州总管（即都督）突地稽、黑水靺鞨黑

---

①《新唐书》卷215下《突厥传下》。

②《旧唐书》卷199上《东夷·高丽传》。

③《旧唐书》卷103《王君㚟传》，《资治通鉴》卷218唐玄宗开元十五年九月条。

④《旧唐书》卷199下《北狄·契丹传》。

水府都督倪属利稽、突厥北开州都督阿史那思摩、党项西戎州都督拓拔赤辞、白霫居延州都督李含珠、契丹松漠都督窟哥、奚饶乐都督可度者、沙陀阴山府都督朱耶赤心，等等，均被赐姓李氏，列属宗籍。[①]

联以婚姻。如吐谷浑王慕容诺曷钵（后内徙拜安乐州刺史）尚弘化公主，其长子苏度摸末尚金城县主、次子闼庐换末尚金明县主，[②]其曾孙慕容神威和慕容晞光分尚武周宗室女；[③]松漠都督李失活、李郁于、李邵固、李怀节分尚永乐、燕郡、东光、静乐公主；奚饶乐都督李大酺、李鲁苏、李延宠分尚固安、东光、宜芳公主；[④]南诏王子阳瓜州刺史凤伽异尚宗室女[⑤]；拔汗那国王、休循州都督阿悉烂达干尚和义公主；[⑥]于阗国王、毗沙府都督尉迟胜尚宗室女[⑦]，等等。"结婚是一种政治行为"，对蕃州都督、刺史而言，通过与皇室联姻，则可"自恃大国之婿"号令本蕃和他蕃，造成"杂姓谁敢不服"的于己有利的政治形势。[⑧]故唐代蕃酋求婚皇室者络绎不绝。

宠以结拜。唐太宗早在藩邸时，就曾与后来被擢为北开州都督的突厥特勤阿史那思摩和顺州都督的突利可汗等结异姓兄弟。[⑨]为优崇羁縻国可汗，武则天曾以后突厥默啜可汗为义子[⑩]，唐玄宗时代的后突厥可汗默棘连、登里等都曾拜天子为义父[⑪]。玄宗还对其册立的小勃律王没谨忙以"儿

①《新唐书》卷110《李谨行传》、卷218《沙陀传》、卷219《北狄·黑水靺鞨传》《北狄·契丹传》《北狄·奚传》，卷221上《西域·党项传》；《资治通鉴》卷195唐太宗贞观十三年六月条。

②《新唐书》卷221上《西域·吐谷浑传》。

③《慕容神威墓志铭》《慕容晞光妻武氏墓志铭》（载《唐代墓志汇编》，上海古籍出版社，1992年。）

④《旧唐书》卷219《北狄·契丹传》，《北狄·奚传》。

⑤《南诏野史》。

⑥《新唐书》卷221下《宁远国传》。

⑦《新唐书》卷110《尉迟胜传》。

⑧《资治通鉴》卷197唐太宗贞观十七年六月条。

⑨《资治通鉴》卷191唐高祖武德七年八月条、唐高祖武德九年八月条，《贞观政要》卷6《仁恻第二十》注。

⑩《通典》卷198《边防典十四·突厥中》。

⑪《旧唐书》卷194上《突厥传上》，《全唐文》卷286张九龄《敕突厥可汗书》。

子畜之"，①等等。

荣以陪陵。唐太宗和高宗、武后时代，盛行以诸蕃酋长陪陵和类似于陪陵的蕃酋石像刻名列于玄阙之下的制度。蕃州都督殁后，陪葬昭陵的至少有曾任北开州都督的阿史那思摩、幽陵府都督拔拽、皋兰州都督浑大宁、毗沙府都督尉迟光四人，②陪葬乾陵的有靺鞨燕州都督突地稽子李谨行。③列于昭陵北司马门内蕃州官长石像并刻名的，有顺州都督阿史那什钵苾（即突利可汗）、北开州都督、乙弥泥孰俟利苾可汗阿史那思摩，吐谷浑安乐州刺史慕容诺曷钵，龟兹王白诃黎布失毕，于阗王、毗沙府都督尉迟伏阇信，焉耆王、焉耆府都督龙突骑支等。④乾陵石像则有铁勒仆固部金微府都督仆固乞突、铁勒多滥葛部燕然府大都督葛塞匐、西突厥鼠尼施处半啜鹰娑府都督毒勤德、西突厥千泉府都督小阿悉吉度悉波、西突厥突骑施部洁山府都督施傍靳、铁勒拔悉蜜部颉利府都督拔〔悉〕蜜干蓝羡、西突厥摄舍提暾部双河府都督摄舍提欲护斯、西突厥处木昆部匐延府都督阿史那盎路、石汗那俱兰府都督关傍阿悉首那勒、龟兹府都督白素稽、疏勒府都督裴夷健密施、康居府都督泥涅师师、安乐州刺史慕容诺曷钵、波斯府都督卑路斯、毗沙府都督尉迟琡〔璥〕、坚昆府都督结黧蚕匐肤莫贺咄、盐泊府都督阿史那忠节、本洵府都督昆职、碎叶州刺史安车鼻施，⑤等等。除以上可以确认为蕃州都督、刺史外，还有许多入朝蕃将以及诸羁縻国或邻国的国王、使臣的石像，"他们穿紧身袍，腰束带，足登靴，双手前拱"。⑥从仪态上表现了他们拱卫天子、守护帝陵的蕃臣所特有的气质，也是太宗、高宗生前"统制四夷"、优待蕃酋的生动写照。

赐以"铁券"。蕃州都督等有被赐以"丹书铁券"者。券为铁质，以朱

①《新唐书》卷221下《小勃律国传》。

②《唐会要》卷21《陪陵名位》。

③《新唐书》卷110《李谨行传》。

④孙迟：《略论唐帝陵的制度、规模及文物》，载于1981年《陕西省文博考古科研成果汇报会论文集》。

⑤据《册府元龟》、两《唐书》《长安志图》以及岑仲勉《隋唐史》等。

⑥乾陵博物馆编：《乾陵》，陕西人民美术出版社，1981年。

砂书写，可以"永传子孙"，即所谓与"日月同明，山河齐久"。①这是被赐者得以世代保持优遇和免罪的证书。开元二年（714年），武周时因反叛朝廷闻名的松漠都督李尽忠的从父弟李失活率部归降，玄宗"赐丹书铁券"并复置松漠府，"以失活为都督"。②在玄宗时代，西北诸蕃蕃酋中亦有被赐丹书铁券者。③此外，蕃州属国君长即使犯有"十恶"之罪，亦往往采取刑外施恩的政策。如犯有十恶之首的"谋反"罪的瑶池都督阿史那贺鲁，连其本人都认为必死无疑，可是，高宗仍对他"特免死"。④像松漠府下的契丹别帅李楷固（李光弼外祖父）、李楷洛（李光弼父）等都曾以反叛中坚参与李尽忠营州之乱，在途穷末路时归降，武则天不仅免他们死罪，且委以重任⑤。

其四，"以宾待之"。

蕃州"皆傍塞外"，⑥地处边防要害，因而被打上浓重的军事性质乃至涉外性质的烙印。所以朝廷对它实行特殊的管理，过问蕃州事务的中央机构，主要为尚书省兵部和礼部以及专掌外交和民族事务的鸿胪寺。

兵部设有职方等司，职方司有郎中、员外郎各一人，"掌天下之地图及城隍镇戍烽候之数，辨其邦国都鄙之远近及四夷之归化"。⑦由于蕃州、属国为"四夷之归化"者所在，因而每当这些蕃区的人入朝，就委托负责接待的鸿胪寺询问来人家乡的山川风土，"为图以奏焉，副上于省"，⑧即编制的地图正本上奏天子，副本报给兵部职方司。这就是说，蕃州、属国的"版籍"尽管"多不上户部"，但却在兵部的掌握之中。

礼部则设有主客司（一度改称司蕃），亦置郎中、员外郎各一人，掌

---

① 《全唐文》卷39《赐护密国王子颉吉里匐铁券文》。
② 《新唐书》卷219《北狄·契丹传》。
③ 《全唐文》卷39《赐护密国王子颉吉里匐铁券文》。
④ 《通典》卷199《边防典十五·突厥下》。
⑤ 《全唐文》卷422《李楷洛碑》。
⑥ 《新唐书》卷43下《地理志七下》。
⑦ 《大唐六典》卷5《尚书兵部》。
⑧ 《大唐六典》卷5《尚书兵部》。

"诸蕃朝聘"。①唐代有"五礼之仪",其中之"宾礼",专为属国君长"入觐"或蕃州都督、刺史朝集而设。而礼部主客郎中的主要职责就是掌管蕃长朝见时有关"宾礼"方面的政令。

鸿胪寺以鸿胪卿为之长,其下设典客令等官属。其主要职掌为:①对属国、蕃州君长的朝见和诸蕃贡使的迎送宴享,"皆辨其等位,以宾待之",②即根据来朝者蕃望高低、官位大小以及同朝廷关系的亲疏远近,确定接待的礼仪规格。②蕃人袭官爵者,"皆辨其嫡庶,详其可否,以上尚书",即报于尚书省礼部主客司。若蕃长有"封建礼命"之事,则受册持节入蕃册封。③③诸蕃贡献,先上其数于鸿胪寺,鸿胪寺再会同有关部门估定其价,定出回赐物数量,报于礼部主客司。④在按不同规格安排入朝蕃长食宿的同时,还要负责来人的医疗乃至丧葬"所须"。蕃长受天子赐予时,"则佐其受领,教拜谢之节"。④⑤代兵部询问来人蕃区之山川风土,绘制地图,上奏天子和报于兵部。

综上可知,册封体制下的中央对蕃州管理比较宽松,只要蕃州都督刺史同中央保持臣隶关系,不仅享有官封世袭的特权,而且诸事优容,乃至朝廷以"宾礼"待之。

三

边州都督、都护以及天宝以后节度使对蕃州的管理,主要是在政治上贯彻朝廷的怀柔政策,军事上进行严密的控制。

蕃州隶属诸道边州、都护府的基本情况如下:

关内道。以突厥、铁勒、党项、吐谷浑为府二十九,州一百零六,分隶于夏、庆、灵、延四州都督府和单于、安北二都护府。

河北道。以突厥别部和奚、契丹、靺鞨、降胡、高丽为府二十七,州

---

①《通典》卷23《职官典五》。
②《大唐六典》卷18《鸿胪寺》。
③《大唐六典》卷5《尚书兵部》。
④《新唐书》卷48《百官志三》。

八十三，分隶于幽、营二州都督府和安东都护府。

陇右道。以突厥、回纥、党项、吐谷浑之别部及龟兹、于阗、焉耆、疏勒、河西内属诸胡、西域十六国、昭武九姓国等置府五十七、州二百二十二，分隶于凉、秦、临三州都督府和北庭、安西等都护府。

剑南道。以羌、蛮为州二百七十四，分隶于松、茂、寯、雅、黎、戎、姚、泸八州都督府。

江南道。以蛮为州五十三，隶于黔州都督府。

岭南道。以蛮为州一百二十五，分隶于桂、邕、峰三州都督府和安南都护府。

山南西道。以内徙党项为州二十四，隶梁州。[1]

唐玄宗统治时期，蕃州建置达到高峰，天宝元年（742年），"羁縻之州八百"。[2]为了处理日益增多的蕃州事务，为了增强对诸蕃的政治、军事控制，作为对边州都督、都护体制的补充和发展，朝廷"置十节度、经略使以备边"。[3]这种天下精兵集中于边疆的形势，给唐初以来的边州都督、都护统押蕃州的制度注入了新的内容，由于边州都督、都护隶于本道节度、经略使，而且节度、经略使往往直接插手蕃州事务，说明蕃州外三级管理体制的中间这一级实力的空前膨胀。统领重兵握有专杀大权的节度使，为向朝廷邀功，每每无事生非，在"辑宁外寇""征讨携离"的幌子下挑起边衅，随意对蕃州用兵。如范阳节度使安禄山之挑衅"两蕃"，安西节度使高仙芝之袭击石国，剑南节度使鲜于仲通之征讨南诏，无不给已激化的民族矛盾火上浇油，致使许多蕃州叛离。

唐后期，由于国力极大削弱，河西陇右的蕃州为吐蕃蚕食，关内道北部的蕃州归化于回纥，河北道北部的蕃州只同朝廷维持名义上的臣隶关系，剑南道（尤其是云南境）的蛮州多为南诏和吐蕃所并，但剩下来的蕃州和

---

[1]以上羁縻府州数997，远超过《新唐书·地理志·羁縻州》所载856。据两《唐书》《蛮书》《太平寰宇记》《宋史》《三国史记》等以及碑志资料，并参照刘统《唐代羁縻州研究》。

[2]《资治通鉴》卷215唐玄宗天宝元年正月条。

[3]《资治通鉴》卷215唐玄宗天宝元年正月条。

侨治蕃州的外三级管理体制仍然存在。

羁縻府州既隶于边州都督、都护和间接隶于诸道节度使，边州都督、都护和节度使又怎样履行对蕃州的管理职责？

都督府都督"掌所管都督诸州城隍、兵马、甲仗、食粮、镇戍等"，[①]即统管所领诸州的军政事务。边州都督的主要职责则同于都护府都护，"掌所统诸蕃慰抚、征讨、斥堠、安辑蕃人及诸赏罚，叙录军功，总判府事"。[②]《唐六典》则把都护、副都护的主要执掌归结为"抚慰诸蕃，辑宁外寇，觇候奸谲，征讨携离"四大任务。[③]而边镇节度使则负有"防制""捍御""临制""绥静""抚宁"诸强蕃和蕃州的责任。[④]其职责履行情况，以史例简说于下：

其一，抚慰。

韦仁寿于武德中任揭州都督，高祖以其素有能名，又让兼代南宁州都督，"听政于越嶲（今四川西昌）"。仁寿令诸蛮酋"每岁一至其地，以慰之"。又承制在西洱河（今洱海）地区置八州十七县，"授其豪帅牧宰"，由是诸蛮州县"法令清肃，人怀欢悦"。[⑤]

张俭在任胜州都督期间，时值东突厥破灭不久，境内思结部落"贫穷离散，俭招慰安集之。其未来者，或居碛北，既亲属分住，私相往还，俭并不拘责，但存纲纪，羁縻而已"。及至张俭为代州都督，思结"咸甸匐启颡而至"，"移就代州"。张俭在代州任上组织思结进行农耕，"每年丰熟"又"表请和籴"，"蕃人喜悦"，边军亦"大收其利"。[⑥]按，贞观六年（632年）"分思农部置燕然县，侨治阳曲；分思结部置怀化县，侨治秀容"。[⑦]唐代阳曲在今山西阳曲西南，秀容在今山西忻州市。这两个蕃县当为张俭请

①《通典》卷32《职官典十四》。

②《通典》卷32《职官典十四》。

③《大唐六典》卷33《都护》。

④《资治通鉴》卷215唐玄宗天宝元年正月条。

⑤《册府元龟》卷397《将帅部·怀抚》。

⑥《旧唐书》卷83《张俭传》。

⑦《新唐书》卷43下《地理志七下》。

置并隶于代州都督。

铁勒十三府州既置，燕然都护李素立"抚以恩信，夷落怀之，共率马牛为献；素立唯受其酒一杯，余悉还之"。①

裴行俭于麟德二年（665年）拜安西大都护，"西域诸国多慕义归降"。②

薛仁贵在安东都护任上，"抚孤存老，检制盗贼，随才任职，褒崇节义，高丽士众皆欣然忘亡"。③

韦皋于德宗时任剑南西川节度使，为离间吐蕃同羌蛮的关系，遂以招抚为手段，说令南诏"向化"，东蛮酋渠"相率入朝"，西山诸羌"入贡阙廷"，磨些蛮户"又降"。④由是一些蛮州重建，韦皋处其众于维、霸、保等州，并给以种粮耕牛，诸蛮"咸乐生业"。自此以后，这些羌蛮部落"代袭刺史等官"。⑤

晚唐时的吐谷浑、契苾、沙陀等部落，隶于河东节度使。历任节帅因其"难驯制"，"或与诅盟，质子弟，然寇掠不止"。卢简求继为镇帅后，"归所质，开示至诚，虏惮其恩信，不敢乱"。⑥

对蕃州首领进行抚慰，这是边州都督、都护等的职责，亦是国家的制度。在蕃首领接受朝廷颁赐乃至俸禄时，例自边州边镇处领受。⑦至于边州都督等对蕃州官员慰劳，一般都是按既定季节进行。如姚州都督府管下诸蛮州官长于春、秋季节"则追集赴州"，"每年使司须有优赏"。⑧隶于嶲州都督的诸蛮州部落酋长，"春秋受赏于嶲州"。还有节度使亲至边州向蛮州官员颁赏的。如韦皋在任剑南西川节度使时，令边州（黎、嶲二州）筑馆

①《资治通鉴》卷198唐太宗贞观二十一年四月条。

②《册府元龟》卷397《将帅部·怀抚》。

③《新唐书》卷111《薛仁贵传》。

④《旧唐书》卷140《韦皋传》。

⑤《唐会要》卷99《东女国》。

⑥《新唐书》卷177《卢简求传》。

⑦《全唐文》卷40《赐葛逻禄叶护玺书》；《新唐书》卷222下《南蛮传下》。

⑧《太平寰宇记》卷79《剑南西道八》。

舍以待，"有赐，约酋长自至，授赐而遣之"。"每节度使至，诸部献马，酋长衣虎皮，余皆红巾束发，锦缤袄、半臂。既见，请匹锦、斗酒"，"及还，裹锦植马上而去"。①由于这种优赏已成为制度，所以一些部落对州县若"抚视不至"，就悍然动武，"必合党数千人，持排而战"。②

其二，防范。

为防范诸蕃州叛离，诸边州都督、都护府和边镇节度使都拥有长驻的国家军队。如天宝元年的驻军情况为：

负有"抚宁西域"诸蕃的安西节度使，统四镇，领兵二万四千人。

"防制突骑施、坚昆"等蕃的北庭节度统三军，领兵二万人。其中瀚海军一万二千人，驻北庭府城内；天山军五千人，驻西州（治今吐鲁番东南高昌废城）城内；伊吾军三千人，驻伊州（治今新疆哈密）西北的甘露川。

"断隔吐蕃、突厥"的河西节度，统八军、三守捉，领兵七万三千人，其中赤水军三万五千人，驻凉州城（今甘肃武威）；大斗军七千五百人，屯凉州以西二百里甘（治今甘肃张掖）、肃（治今甘肃酒泉）二州界；建康军五千三百人，亦屯凉州西；宁寇军八千五百人，驻凉州东北千余里；玉门军五千二百人，驻肃州西二百里；墨离军五千人，驻瓜州（治今甘肃安西东南锁阳城）西北千里；豆卢军四千三百人，驻沙州（治今甘肃敦煌）城内；新泉军千人，驻会州（治今甘肃靖远）西北二百里；张掖守捉五百人，驻凉州南二百里；交城守捉千人，在凉州西；白亭守捉一千七百人，驻凉州西北五百里。

"捍御突厥"的朔方节度，统三军、三受降城和安北、单于二都护府，领兵六万四千七百人。其中经略军二万零七百人，驻灵州（治今宁夏灵武西南）城内；丰安军八千人，驻灵州西黄河北；定远军七千人，驻灵州东北黄河北；西受降城七千人，驻丰州（治今内蒙古五原西南黄河北岸）北黄河外；安北都护府（治今内蒙古包头西南）六千人，驻中受降城（即都护府治所在）黄河北岸；东受降城（在今内蒙古托克托西南黄河东岸）七

①《新唐书》卷222下《南蛮·两爨蛮传》。
②《新唐书》卷222下《南蛮·南平獠传》。

千人；单于都护府（治今内蒙古和林格尔西北土城子），城内驻振武军九千人。

"与朔方掎角以御突厥"的河东节度，统四军、云中守捉，领兵五万五千人。其中天兵军三万人，驻太原城内；大同军九千五百人，驻代州（治今山西代县）北三百里；横野军三千人，驻蔚州（治今河北蔚县）东北一千四百里；岢岚军一千人，驻岚州（治今山西岚县北之岚城）北百里。云中守捉七千七百人，驻单于府西北二百七十里；此外，忻（治今山西忻州市）、代、岚三州亦屯驻重兵一万四千八百人。

"临制奚、契丹"的范阳节度，统九军，领兵九万一千四百人。其中经略军三万人，驻幽州（治今北京）城内；威武军万人，驻檀州（治今北京密云）城内；清夷军万人，驻妫州（治今河北怀来县东南）城内；静塞军一万六千人，驻蓟州（治今河北蓟县）城内；恒阳军六千五百人，驻恒州（治今河北正定）城内；北平军六千人，驻定州（治今河北定县）城西；高阳军六千人，驻易州（治今河北易县）城内；唐兴军六千人，驻莫州（治今河北任丘县北鄚州）城内；横海军六千人，驻沧州（治今河北沧州东南）城内。

"镇抚室韦、靺鞨"的平卢节度，统二军、榆关（今河北抚宁检关镇）守捉、安东都护府，领兵三万七千五百人。其中平卢军一万六千人，驻营州（治今辽宁朝阳）城内；卢龙军万人，驻平州（治今河北卢龙）城内；榆关守捉三千人，驻营州城西四百八十里；安东都护府（治今河北卢龙）八千五百人。

"备御吐蕃"的陇右节度，统十军、三守捉，领兵七万五千人。其中临洮军一万五千人，驻鄯州（治今青海乐都）；河源军四千人，驻鄯州西一百三十里；白水军四千人，驻鄯州西北二百三十里；安人军万人，驻鄯州西界；振威军千人，驻鄯州西三百里；威戎军千人，驻鄯州西北三百五十里；漠门军五千五百人，驻洮州（治今甘肃临潭）城内；宁塞军五百人，驻廓州（治今青海尖扎北）城内；积石军七千人，驻廓州西一百八十里；镇西军一万一千人，驻河州（治今甘肃临夏）城内；绥和守捉千人，驻鄯州西南二百五十里；合川守捉千人，驻鄯州南一百八十里；平夷守捉三千人，驻河州西南四十里。

"西抗吐蕃，南抚蛮獠"的剑南节度，统六军，领兵三万零九百人。其中，团结营一万四千人，驻成都府城内；天宝军千人，驻恭州（治今四川马尔康东）东南九十里；平戎军千人，驻恭州南八十里；昆明军五千一百人，驻嶲州（治今四川西昌）南；宁远军三百人，驻嶲州西；澄川守捉二千人，驻姚州（治今云南姚安北）东六百里；南江军三百人，驻地不详；翼（治今四川茂汶北叠溪南）、茂（治今四川茂汶）、维（治今四川理县东北）、柘（治今四川理县与黑水接壤地带）、松（治今四川松潘）、当（在今四川黑水县境）、雅（治今四川雅安）、黎（治今四川汉源北）、姚、悉（治今四川茂汶西北）等州城亦驻有三百到五千兵。

"绥静夷、獠"的岭南五府经略，统二军、四管，领兵一万五千四百人。其中，经略军五千四百人，驻广州城内；清海军二千人，驻恩州（治今广东恩平北）城内；桂府兵千人；容府兵一千一百人；邕府兵一千七百人；安南都护府兵四千二百人。[①]

时全国总有五十七万四千余兵，而以上边兵即有四十九万人，占国家总兵力的4/5，天下精兵几乎全部集中于边州、边镇，某些边兵甚至驻扎在蕃州要害（如安西四镇兵），如此部署兵力，固然有"辑宁外寇"、备御吐蕃和后突厥内侵的因素，但主要目的是为了在军事上对诸蕃州进行强有力的控制，防范其离心倾向，并就近"征讨携离"。

其三，征讨。

此有两层含义：一曰镇压蕃州反叛势力，二曰以朝命率蕃兵对外征讨。

关于镇压蕃州反叛的情况，举史例如下；

贞观九年（635年）初，"党项羌先内属者皆叛归吐谷浑"，利州都督高甑生"击破之"。[②]

贞观二十二年（648年）十月，距回纥瀚海府建立只有年余时间，就发

---

②《册府元龟》卷985《外臣部·征讨四》。

生一桩都督吐迷度兄子乌纥袭杀吐迷度，阴谋夺权叛归东突厥余孽的反叛事件。由于燕然副都护元礼臣当机立断，将乌纥诱而斩之，并请朝廷册立吐迷度子承袭都督，才避免了叛乱事态的扩大。①

贞观二十三年（649年），茂州所领诸蛮州编户獠民"相率而反"，帝遣茂州都督张士贵等镇压。②

永徽二年（651年）八月，郎州都督府所管白水蛮反，都督任怀玉等"率兵讨之"。③十一月，窦州、义州蛮酋李宝诚等反，桂州都督刘伯英"讨平之"。④

西突厥瑶池府都督阿史那贺鲁"闻太宗崩"，即欲"谋取西、庭二州"，庭州刺史骆弘义上表朝廷，揭露其反谋。不久，贺鲁攻陷庭州金岭城和蒲类县，"杀略数千人"。朝廷数遣大军镇压，像燕然都护任雅相、副都护萧嗣业、伊州都督苏海政等都曾参与征讨。⑤

龙朔元年（661年），回纥瀚海府都督婆闰卒，其侄比粟毒代领其众，"与同罗、仆固犯边"，燕然都护刘审礼等"将兵讨之"。⑥

调露元年（679年）十月，单于大都护府所管阿史德温傅、奉职二部俱反。突厥二十四州酋长皆叛应之，诏遣单于大都护府长史萧嗣业等讨之。⑦

永淳元年（682年），西突厥咽面等州叛，安西都护王方翼将兵讨之，"擒其酋长三百人，西突厥遂平"。⑧

延载元年（694年），岭南獠反，以容州都督张玄遇为桂、永等州经略大使以讨之。⑨

---

①《资治通鉴》卷199唐太宗贞观二十二年十月条；《旧唐书》卷195《回纥传》。
②《册府元龟》卷985《外臣部·征讨四》。
③《册府元龟》卷986《外臣部·征讨五》。
④《资治通鉴》卷199唐高宗永徽二年十一月条。
⑤《册府元龟》卷986《外臣部·征讨五》。
⑥《资治通鉴》卷200唐高宗龙朔元年十月条。
⑦《册府元龟》卷986《外臣部·征讨五》。
⑧《资治通鉴》卷200唐高宗永淳元年四月条。
⑨《资治通鉴》卷205唐高宗延载元年十月条。

开元十七年（729年）二月，嶲州都督张守素"破西南蛮，拔昆明及盐城，杀获万人"。①

开元二十四年（736年）正月，突骑施寇北庭及安西拨换城，北庭都护盖嘉运率兵反击，"大破之"。②

肃宗上元元年（760年），桂州经略使大破管内西原蛮叛众二十万。③

贞元十一年（795年）四月，幽州节度使刘济奏破奚王啜剌等六万余众。④

元和四年（809年）八月，安南都护张丹奏破环王国伪号欢爱州都统三万余众。⑤

边州都督、都护和节度使不仅要履行镇压管内蕃州叛乱的职责，还有以诏命率统管内蕃州出境征讨的义务：

唐太宗将征辽东，遣营州都督兼护东夷校尉张俭率管内蕃兵"先行抄掠"。⑥继为营州都督的程务挺、高偘、李谨行等，亦曾先后于高宗时率蕃兵征讨高丽等。⑦

太宗亲征高丽时，"北狄西戎之酋，咸为将帅；奚、霫契丹之旅，皆充甲卒"。⑧

贞观二十二年（648年）六月，薛延陀余部二万余众扰边，燕然副都护元礼臣率九姓铁勒讨捕之。⑨

在平阿史那贺鲁叛乱中，燕然都护任雅相、副都护萧嗣业曾率铁勒十三州蕃兵征讨，回纥瀚海府仅一次被征发就有五万骑兵。⑩此前，太宗命阿

---

①《资治通鉴》卷213唐玄宗开元十七年二月条。

②《册府元龟》卷986《外臣部·征讨五》。

③《册府元龟》卷987《外臣部·征讨六》。

④《册府元龟》卷987《外臣部·征讨六》。

⑤《册府元龟》卷987《外臣部·征讨六》。

⑥《旧唐书》卷83《张俭传》。

⑦《新唐书》卷3《高宗纪》。

⑧《全唐文》卷7《克高丽辽东城诏》。

⑨《册府元龟》卷985《外臣部·征讨四》。

⑩《新唐书》卷215下《突厥传下》。

史那社尔、安西都护郭孝恪讨龟兹，亦曾命铁勒十三州兵会同"突厥侯王十余万骑参战"。①

开元十年（722年）九月，吐蕃围小勃律，小勃律国王没谨忙求援于北庭节度使张嵩曰："勃律之国是汉西门，若失之，则已西诸国并陷吐蕃矣！"张嵩乃遣疏勒副使率蕃汉步骑四千与没谨忙合击吐蕃，"杀其众数万"，"尽复九城之胡"，吐蕃自是"不敢西向"。②

开元二十七年（739年），碛西节度使盖嘉运分遣疏勒镇守使夫蒙灵詧、拔汗那王阿悉烂达干潜引兵入怛逻斯城，擒突骑施黑姓可汗，"威震西陲"。③

贞元五年（789年）十月，剑南节度使韦皋遣将王有道等与东蛮、两林蛮、勿邓蛮等蛮州酋长率兵同吐蕃大战于嶲州台登谷，"斩首两千余级"，投谷及溺死者"不可胜数"，自后数年间"尽复嶲州之旧境"。④十三年（797年）嶲州刺史又率东蛮子弟于台登城大破吐蕃。⑤十七年（801年），韦皋遣将会同管内诸蛮州刺史率兵数万分九路征讨吐蕃，历时四个多月，转战千余里，"累破十六万众，拔其七城、五军镇，受降三千余人，擒生口六千人，斩首一万余级，遂进围维州"。次年正月，又破吐蕃援军十万众，生擒吐蕃大相兼东鄙五道节度使论莽热。⑥

开成中，"党项杂虏大扰河西"，振武节度使兼单于大都护刘沔率吐浑、契苾、沙陀三部落等诸族万人至银、夏二州讨击，遂大破党项，"俘获万计"。⑦

唐朝领土辽阔、国防强大，固然与诸蕃州充当国家门户、为国捍蔽有关，但若无边州都督、都护和节度使之设，以蕃州为主体的边防体系，非

---

①《全唐文》卷8《伐龟兹诏》。
②《册府元龟》卷358《将帅部·立功一一》。
③《资治通鉴》卷214唐玄宗开元二十七年八月条。
④《册府元龟》卷987《外臣部·征讨六》。
⑤《册府元龟》卷987《外臣部·征讨六》。
⑥《册府元龟》卷987《外臣部·征讨六》。
⑦《册府元龟》卷359《将帅部·立功一二》。

但缺乏最重要的监督环节，而且蕃州自身的稳定也难以得到保证。

其四，其他。

边州都督、都护、节度使除了在政治上抚慰、军事上押统诸蕃州外，还有控制蕃州官长承袭、贡纳、朝觐、俸禄等职任。

蕃州都督、刺史如果去世，边州都督或都护即向天子报告死者后人承袭事宜。如乌纥既杀其叔父瀚海都督吐迷度，燕然副都护元礼臣为诱使乌纥就范，遂派人对乌纥说："将奏而为都督，替吐迷度也。"①可见蕃州都督刺史的世袭，须首先经过押领蕃州的长官向朝廷推荐人选。

史称蕃州"贡赋版籍，多不上户部"，这可作二层意思解释：①蕃州的税收和户籍的大多数虽不由中央户部管，但不等于边州都督、都护、节度使们对他们秋毫无犯。事实上押领蕃州的官员大都向他们征税。如"岭南僚户旧输半课"，但交趾都护刘延祐却逼他们"全输"，并"诛其魁首"以立威，致使僚户于垂拱三年（687年）七月"攻破安南府城，杀延祐"，以暴动为手段进行抗税。②又如，开元初年，安西副大都护郭虔瓘等曾向拔汗那（高宗时于此置蕃州）"税甲税马，以充军用"。③玄宗亦曾允许安西四镇向过往商贾征税，并"各食其征"。④宣宗时，安南都护马植在对其统押的蕃州首领"晓以逆顺"后，诸首领皆表示"愿纳赋税"。⑤安南都护管下的"僚户"负担极重，其中仅蛮酋杜存诚所管"善良四乡"獠户的赋税就"与一郡不殊"。⑥对蕃户课以重税的不只限于边远蕃州，就连内徙后侨治于河东道的党项部落也难逃苛重的实物税。如党项六府州部落，于永泰、大历（765—779年）以后"居石州（治今山西省吕梁市离石区）"，"依水草"，但由于永安城（今山西省霍县）镇将阿史那思昧"扰其部落，求取驼马无

①《旧唐书》卷195《回纥传》。
②《资治通鉴》卷204则天后垂拱二年七月条。
③《旧唐书》卷97《郭元振传》。
④《新唐书》卷221上《西域·焉耆传》。
⑤《唐会要》卷73《安南都护府》。
⑥《唐会要》卷73《安南都护府》。

厌，中使又赞成其事"，致使"党项不堪其敝，遂率部落过河"。①西迁渭北高原的党项州，至开成末，"种落繁富，贾人赍缯宝鬻羊马，藩镇乘其利，强市之，或不得直，部人怨，相率为盗，至灵、盐道不通"。②可见统押蕃州的官员向蕃户征税或变相征税的现象是非常普遍的。②蕃州在向边州交纳赋税的同时，还得以朝贡的形式向朝廷"进奉"，而这种变相的税收亦由边州都督、都护们控制。史称：关内道的边州都督、都护"控北蕃、突厥之朝贡"；河南道"控海东新罗"等之贡献；河北道"控契丹、奚、靺鞨、室韦之贡献"；陇右道"控西域胡戎之贡献"；江南道"控五溪群蛮之贡献"。剑南道"控西洱河群蛮之贡献"；岭南道"控百越及林邑、扶南之贡献"。③蕃州贡品须由都督府或都护府"点检"、记录，并奏报朝廷，而岭南五府管内蕃州的贡物，干脆"并附都府贡进"。④

蕃州都督刺史有入朝述职和朝贺的义务，但哪些人入朝，则由边州都督、都护或押蕃落使控制。玄宗先天二年（713年）十月的敕书中说："诸蕃使都府管羁縻州，其数极广，每州遣使朝集，颇成劳扰。应须朝贺，委当蕃都督及上佐及管内刺史，自相通融，明为次第，每年令一人入朝，给左右不得过二人。"⑤这就是说，蕃州的朝集使因有人数限制，须由管蕃州的"都府"等决定轮番入朝的"次第"。事实上，每年限蕃州一人入朝的规定，并不为诸蕃遵守，如两蕃（奚、契丹）自肃宗至德（756—757年）之后，"其每岁朝贺，常各遣数百人至幽州"，而幽州节度使"则选其酋渠三五十人赴阙"，"余皆驻而馆之，率为常也"。⑥这表明即便是到唐后期，蕃州朝集使的规模仍由边州长官或节度使掌握。

蕃州和羁縻国的首领、君长是否领取国家俸禄，似乎是个有待考证的问题。景龙二年（708年）西突厥十姓可汗阿史那怀道由正三品升官正二

①《唐会要》卷98《西域·党项羌》。
②《新唐书》卷221上《西域·党项传》。
③《大唐六典》卷3《尚书户部》。
④《唐会要》卷24《诸侯入朝》。
⑤《唐会要》卷24《诸侯入朝》。
⑥《旧唐书》卷199下《北狄·奚传》。

品，中宗在对怀道的进阶制书中指示，"俸料并依品给"。①这清楚地表明，在蕃官员是领取国家俸禄的。那么，俸禄由谁支付呢？因蕃州地处边远，显然不可能由朝廷直接发放。天宝十三载（754年），唐玄宗为酬赏葛逻禄叶护顿毗伽殊功，特在玺书中规定："卿今载以前俸禄并令京军给付。后虑其辽远，任于北庭请受。"②同年九月，在册封顿毗伽为"金山王"的制书中又重申："俸禄北庭给。"③可见在蕃官员的俸禄，自边州都督、都护府领取。

以上史实说明，蕃州的几乎所有重大事务都有边州都督、都护或边镇节度使参与；作为蕃州外三级管理体制的中间环节，边州起着承上（中央）督下（蕃州）的不可或缺的重要作用。

四

蕃州既为唐土，其都督刺史既以"唐官官之"，其作为国家的一部分和封疆大吏，就有义务维护国家"声教"政令的统一。事实上，蕃州的都督、刺史、县令们，在他们的治区内也确实做到了"奉唐正朔""职贡不缺""混一车书""受唐遣发"，起到了拱卫天子、为国捍蔽的作用。

（1）奉唐正朔。显庆五年（660年），百济既平复叛，时任带方州刺史的唐大将刘仁轨率军征讨，其兵未发而先请《唐历》一卷。对此怪诞行为有人不解，刘仁轨答曰："拟削平辽海，颁示国家正朔，使夷俗尊奉焉。"④可见唐在蕃区征战，其最终目的是削平其地后"颁示国家正朔"。那么"正朔"是什么？唐朝历法，以正月一日为岁首，谓之正朔。太史令每年要预造来年历，"颁于天下"。⑤"奉唐正朔"的真正含义，并不在于蕃州属国接受唐朝先进的历法制度，而应引申为蕃人上下顺命朝廷，服从唐朝的声教

①《册府元龟》卷974《外臣部·褒异一》。

②《册府元龟》卷975《外臣部·褒异二》。

③《全唐文》卷25《封葛逻禄顿毗伽金山王制》。

④《册府元龟》卷358《将帅部·立功一一》。

⑤《大唐六典》卷10《秘书省》。

政令，其所居地为国家不可分割的一部分，所以天子在表彰蕃州或属国的君长"遵奉朝化"时，总要对他们的"请颁正朔"或"远秉正朔""早秉正朔""奉行年号"等予以肯定。①事实上，作为蕃汉一统的标志，唐朝历法、诸帝年号也的确在蕃州普遍推行，乃至在唐后期，某些为吐蕃断隔的悬远孤立的西域蕃州，犹在使用大唐的历法和年号，这在今新疆出土的文书中可以得到证实（如"大历三年毗沙都督府六城质逻典成铣牒"等）。

（2）诚修职贡。蕃州都督、刺史、县令治下"贡赋版籍，多不上户部"，②包含两层意思。其一是说，有少部分的蕃州民众因被纳入国家编户，所以要承担对国家的直接纳税义务，蕃州的财赋收入要部分上交户部。其二则谓蕃州官长要向天子进奉方物，以"充于内府"。关于前者，早在武德元年（618年）朝廷就明文规定："诸国蕃胡内附者"，户列九等，四等以上为上户，七等以上为次户，八等以下为下户；"上户丁，税银钱十文，次户五文，下户免之。附贯经二年以上者，上户丁输羊二口，次户一口，下户三户共一口。无羊之处，准白羊估，折纳轻货。百姓征行，令自备鞍马，过三十日以上者，免当年输羊。"③这是唐初专为西北内附诸蕃所制定的赋役制度，至于内附的南方"夷獠之户"，"皆从半输，轻税"。④此后，自太宗时代至晚唐时期，蕃州官员代国家向治下蕃人征税的情况屡见不鲜。如贞观二十一年（647年），应铁勒十三府州都督、刺史请求，太宗允其"岁内貂皮为赋"。⑤又如，岭南西原蛮所置十八蛮州，黄、侬等豪姓代袭刺史。因历任经略使"德不能绥怀，威不能临制"，所以蛮州屡叛，"辄侵掠诸州"。文宗大和中（827—835年），由于经略使董昌龄为"诸蛮畏服"，"十八州岁输贡赋，道路清平"。⑥关于以朝贡的形式向天子进奉方物，更是史不绝书。其贡品五花八门，无奇不有，有献名马者，如以铁勒骨利干部所

---

①《全唐文》卷5；《册府元龟》卷977《外臣部·降附》。

②《新唐书》卷43下《地理志七下》。

③《大唐六典》卷3《尚书户部》。

④《大唐六典》卷3《尚书户部》。

⑤《新唐书》卷217上《回鹘传上》。

⑥《新唐书》卷222下《南蛮·西原蛮传》。

置玄阙州，其刺史于贞观二十一年（647年）献马百匹，太宗"取其异者号'十骥'"。①有献猛兽及怪异动物者，如万岁通天二年（697年）安息州（以安国置）刺史献两头犬。开元七年（719年），吐火罗（龙朔元年置月氏都督府）大首领献狮子。还有献书籍者，如开元八年（720年）罽宾国（龙朔元年置修鲜都督府）贡使进天文经一夹和秘要方等。甚或有以人才为献者，如吐火罗献高僧天文学家大慕阇，俱密国（龙朔元年置至拔州都督府）献胡旋女，康国（永徽时置康居都督府）献侏儒。至于献药物、食品、皮革、器物、鹰犬、珍禽、金银、玛瑙、牛羊、驼马、驯象、瓜果、酒类、玻璃、琥珀者尤为常见。②朝贡时，蕃州都督刺史有亲自押贡品入京者。像玄宗时代的契丹松漠都督就至少三度来朝，③至于其诸部刺史、县令，作为贡使至京者更不可胜计。④总之，唐朝在国力强盛时，诸蕃州都督、刺史的确做到了"谨修臣礼"，"职贡不缺"。

（3）混一车书。此谓蕃州与内地"车同轨""书同文"，即交通与文字的统一，这是国家政治上统一的基本特征和保证。随着蕃州的建置，内属诸蕃强烈要求统一汉、蕃两地的交通和使用汉文作为官方传递信息的工具。贞观二十一年（647年），铁勒十三府州的都督、刺史在京师观光流连长达月余，其间受到天子"每五日一会"的隆重款待。为皇恩浩荡而激动不已的诸部酋长们，在辞别长安之前奏称："臣等既为唐民，往来天至尊所，如诣父母，请于回纥以南、突厥以北开一道，谓之'参天可汗道'，置六十八驿，各有马及酒肉以供过使，岁贡貂皮以充租赋，仍请能属文人，使为表疏。"太宗一一答应了他们的请求。⑤此后诸帝亦十分重视通向蕃州的道路建设，在蕃州的密切配合下，累计修筑七条通向羁縻蕃区的大道：一曰营州入安东道；二曰登州海行入高丽、渤海道；三曰夏州塞外通大同、云中

①《新唐书》卷217下《回鹘传下》。
②《册府元龟》卷970、卷971《外臣部·朝贡》。
③《旧唐书》卷199下《北狄·契丹传》。
④《册府元龟》卷974、卷975《外臣部·褒异》。
⑤《资治通鉴》卷198唐太宗贞观二十二年二月条。

道；四曰中受降城入回鹘道；五曰安西入西域道；六曰安南通天竺道；七曰广州通海夷道。①这是自边州"入四夷之路与关戍走集最要者"的官设大道。②此外还有诸多小道捷径。七条大道中的"中受降城入回鹘道"为车道，全程两千零九十里，又有自鸊鹈泉（在今内蒙古乌拉特中后联合旗西北）北行一千五百里至回纥牙帐，谓之"别道"，当即贞观二十一年修筑的"参天可汗道"。据"参天可汗道"的沿途设施，可知通诸蕃州的大道每隔数十里设一驿站，蕃州给每个驿站备有"马及酒肉以供过使"。过往使人，一为朝廷或边州派出，二为蕃州或属国遣往边州和京城的使者，尤以后者人数居多。贞观末年，"四夷大小君长争遣使入献见，道路不绝，每元正朝贺，常数百千人"。③因过往使人太多，以至于某些蕃州无力供顿。如西域道上的焉耆都督府，武则天就"以其国小人寡，过使客不堪其劳，诏四镇经略使禁止傔使私马、无品者肉食"。④这从一个侧面反映出蕃州同中央政治联系的频繁和规模之大。为使中央的政令迅速传达到蕃州和属国，同时也为蕃情尽快上达，应蕃州和属国君长的请求，朝廷对蕃区还采取了许多"书同文"的措施：（1）派汉官入蕃任"上佐"，以参与对蕃州的治理促进当地的汉化过程，尤其是派出许多汉族文人"使为表疏"，以缓解第一代蕃州官长大都不识汉字的矛盾。（2）培养蕃州官长的子弟为汉化接班人。其培训渠道为：一是追蕃长子弟"入质"，宿卫京城的同时也接受朝廷礼仪等方面的汉文化熏陶；二是接纳蕃人贵族子弟入国学（即国子学，国家最高学府）学习儒家经典，太宗时的国学拥有蕃汉贵族子弟八千余人，"国学之盛，近古未有"。⑤三是听任押领蕃州的边镇节度使等开设地方学校，以培训蕃酋子弟。如韦皋任剑南西川节度使时，"选群蛮子弟聚之成都，教以书数"，"业成则去，复以他子弟继之，如是五十年，群蛮子弟学于成都者殆

①《新唐书》卷43下《地理志七下》。
②《新唐书》卷43下《地理志七下》。
③《资治通鉴》卷198唐太宗贞观二十二年二月条。
④《新唐书》卷221上《西域·焉耆传》。
⑤《唐会要》卷35《学校》。

以千数"。①（3）赐经史于诸蕃君长。如垂拱二年（685年），武则天应新罗王、鸡林州大都督金政明请求，"令所司写《吉凶要礼》并《文馆词林》，采其词涉规诫者，勒成五十卷，赐之"。开元二十六年（738年），渤海郡王、忽汗州都督大钦茂"遣使求写《唐礼》及《三国志》《三十六国春秋》"，②亦为玄宗所允。总之，通过朝廷和蕃州的不懈努力，大大促进了蕃州上下的汉化进程，因而汉文成为帝国蕃区官方乃至民间的通用文字。半个多世纪以来，文物考古工作者曾在新疆吐鲁番、若羌等地发现大批用汉字书写的文书，如"手实""籍帐""过所""市券""差科簿""契券""书信"以及有关民事、刑事诉讼的各种辞、状、判、牒等，还有不少诸如《诗经》《典言》《文选》《论语》等书籍抄本残页，尤其是内地大诗人如杜甫、白居易的诗作抄页的发现，说明即使是在唐代中后期，即多数蕃州废弃之后，汉字仍在蕃区内通用。《全唐文》载有不少蕃州都督和属国君长上奏朝廷的表章，全以汉文书写。被西北诸蕃上尊号为"天可汗"的唐太宗，曾以"车轨同八表，书文混四方"的诗句概括唐国"四海宁一"的景象。③公道地讲，这不全是天子的自我溢美之词。

（4）受唐遣发。因蕃州之设主要是基于军事目的，而诸蕃落的组织形式又类似于军队编制，故蕃州居民"受唐遣发""为国征讨"为其社会生活中的头等大事。如东突厥汗国自贞观四年破灭后，先后建置二十四州，"臣属于中国皇帝"，并为其"出力五十年"。在受唐遣发、助国征讨中，东边"一直打到莫离可汗（按：当指高丽莫离支泉盖苏文、男产父子）那里"，西方"一直打到铁门〔关〕（按：在今新疆焉耆西南）"。④又如，开元八年（720年）初，玄宗拟"大举蕃兵"北伐后突厥汗国。受其遣发的诸蕃州首领和将领有：拔悉蜜右骁卫大将军、金山道总管处木昆执米啜，坚昆都督、右武卫大将军骨笃禄毗伽可汗，契丹都督、左金吾卫大将军、静析军经略

①《资治通鉴》卷249唐宣宗大中十三年十二月条。

②《唐会要》卷36《蕃夷请经史》。

③《全唐诗》卷1太宗皇帝《正日临朝》，中华书局，1960年。

④耿世民译：《阙特勤碑》（全文载林幹《突厥史》，内蒙古人民出版社，1988年）。

大使、松漠郡王李失活，奚都督、左金吾卫大将军、保塞军经略大使、饶乐郡王李大酺，九姓拔曳固都督、左武卫大将军、稽雒郡王颉质略，同罗都督、右监门卫大将军毗伽末啜，霫都督、左骁卫将军比言，仆固都督、左骁卫将军曳勒哥，后突厥降酋（阿史那默啜之子）右金吾卫大将军、右贤王阿史那默特勤，后突厥降酋右威卫将军、左贤王阿史那毗伽特勤，后突厥降酋左武卫大将军、燕山郡王火拔石阿失毕（默啜妹婿），后突厥降将左领军卫大将军阿史那褐多，突厥贺鲁部首领右骁卫大将军贺鲁窒合真等。"凡蕃汉三十万众"，并取朔方道行军大总管王晙"节度"。[1]这次大遣发虽然因故中止，然由之可见蕃州兵马受朝廷征调之一斑。笔者在《唐代蕃将》中，曾对蕃州将士以朝命而参与四方征讨的情况做过比较深入的论述，无论是"外战"抑或"内战"，都有他们活跃其间，且往往为实力中坚。

（5）为国捍蔽。蕃州对国家经常性的义务，则是"为国捍蔽"，即保卫国防、守护唐帝国的大门。所以，当北开州都督阿史那思摩被册封为突厥可汗时，思摩感激涕零，且向太宗保证："臣非分蒙恩，为部落之长，愿子子孙孙为国家一犬，守吠北门。"[2]后来薛延陀以二十万众逾漠南侵，而思摩首当其冲，率先与薛延陀接战，后退保朔州，与朔州道行军总管李世勣"共为犄角"，将来犯者逐出国门之外。[3]永徽五年（654年），高丽遣其将安固犯唐边境，松漠府都督李窟哥奋起抵抗，同安固激战于新城（今辽宁抚顺旧城北），遂大败入侵者，烧杀高丽兵"甚众"，"契丹聚其尸筑为京观"。[4]当吐蕃内犯、大食东渐时，为捍边做了重大牺牲的首先是诸蕃州。吐蕃先是攻灭忠于朝廷的吐谷浑，继破"诸羌羁縻十二州"。至长寿元年（670年），又"入残羁縻十八州"，且夺取安西四镇。而"复取四镇"的主要将领，则是西突厥盐泊府都督阿史那忠节。[5]到玄宗开元十年（722年），

①《册府元龟》卷986《外臣部·征讨五》。
②《资治通鉴》卷196唐太宗贞观十五年正月条。
③《资治通鉴》卷196唐太宗贞观十五年正月条。
④《册府元龟》卷995《外臣部·交侵》。
⑤《资治通鉴》卷205则天后长寿元年十月条。

吐蕃为假道小勃律取唐安西四镇，遂侵入唐羁縻国小勃律国境。国王没谨忙为把守唐之"西门"，在同疏勒副使重创敌人之后，复"置绥远军以捍吐蕃"。①剑南道的诸羌蛮州同吐蕃的抗争更是旷日持久。玄宗曾在给一些羌州刺史的敕书中说："卿等祖父以来为国守境，皆尽忠赤，防捍外蕃。"所以"朝廷嘉之，官赏相继"。②至于捍御大食东侵，亦主要是靠唐在西域的蕃州或属国。像曾置月氏都督府的吐火罗，其叶护"积代已来，于大唐忠赤"，"缘接近大食、吐蕃"，故叶护"每征发部落下兵马讨论击诸贼，与汉军相知声援，应接在于边境"。③曾置康居都督府的康国亦赤心向唐，"每共大食贼斗战"，④等等。总之，蕃州和属国犹如大唐的藩篱和长城，随时都在卫护国家的万里边防。

以上所论，在拙著《唐代蕃将》中已见端倪。但多年过去，未获学界朋友的批评，遂不揣冒昧，添加某些新的"发明"，匆忙联缀成编，以企抛砖引玉，就教于海内外同仁。

（原载《第三届中国唐代文化学术研讨会论文集》，乐学书局，1997年。）

---

① 《新唐书》卷216上《吐蕃传上》。
② 《全唐文》卷28《敕当、悉等州羌首领书》。
③ 《册府元龟》卷999《外臣部·请求》。
④ 《册府元龟》卷999《外臣部·请求》。

唐幽州境侨治羁縻州与河朔藩镇割据

唐前期,于幽州辖区以东突厥、粟末靺鞨、奚、契丹、杂胡、新罗等民族内徙部落设置侨治羁縻州二十一个,"安禄山之乱,一切驱之为寇,遂扰中原"。虽然,"至德之后,入据河朔,其部落之名无存者",[①]但其人犹在,且更益壮大;他们与当地业已胡化的土著汉人重新组合,共处于"河北藩镇独立之团体之中"。[②]这种组合方式从现象上看是蕃汉一体的所谓"河朔藩镇割据",但究其实质,则是羁縻州体制在新条件下的继续和扩大。

一

大唐帝国是个幅员空前辽阔的国家。其最盛时,东北达到黑水(今黑龙江)以北地区,西北含有今两河(锡尔、阿姆河)流域,南至林邑(今越南中部),北逾小海(今贝加尔湖),与之有政治隶属关系的民族和国家,多达三百余个。

为了有效地治理这个世界史上罕见的多民族国家,唐统治者对边远蕃

---

① 《旧唐书》卷39《地理志二》。

② 陈寅恪:《唐代政治史述论稿》上篇《统治阶级之氏族及其升降》,上海古籍出版社,1982年。

区采用羁縻州的行政管理体制。

自太宗平突厥，西北诸蕃及蛮夷稍稍内属，即其部落列置州县。其大者为都督府，以其首领为都督、刺史，皆得世袭。虽贡赋版籍，多不上户部，然声教所暨，皆边州都督、都护所领，著于令式。[①]

像这种对内属民族设置的"即其部落"（即以部落为府州县）、"顺其土俗"（尊重酋长世袭等特权）、有别于内地汉人州县的蕃区行政单位，被称为羁縻府、州、县，或曰"蕃州"。有唐一代，累计建置这样的蕃人府州至少八百五十六个，几为汉州的三倍。

蕃州寄治于边州所在。还有一些内徙部落，其州府则侨治于内地州县，是为侨治羁縻州，或称侨治蕃州。而这种侨治蕃州，最为集中的地区，莫过于幽州。这是由于在武周万岁通天中（696年），契丹酋长、松漠府都督李尽忠造反，原隶边州营州都督和安东都护的诸民族部落和蕃州纷纷南迁幽州乃至河南徐（今江苏徐州）、宋（今河南商丘）、淄（今山东淄博）、青（今山东益都）等州。神龙元年（706年），内徙河南的东北诸蕃部落虽经历了北还的过程，但其最后的落脚点，始终未逾幽州北境。现列表于下，以见幽州境侨治蕃州之盛：

州名	族称	初置时地	迁徙及治所变更	属县	领户	资料出处
顺州	东突厥突厥利可汗部	贞观四年（630年）于幽州境置。六年侨治营州五柳城	天宝元年（742年）改为顺义郡，侨治幽州城内	领宾义县，侨治幽州城内	天宝时，户1064，口5157	《旧唐书》卷39《地理志》，《新唐书》卷43下《地理志》，《通鉴》卷193
瑞州	东突厥乌突突达汗干部	本威州，贞观十年（636年）于营州境置。咸亨中，改为瑞州	万岁通天二年（697年）迁于宋州安置。神龙初还，隶幽州都督，侨治良乡县广阳城（今北京房山县良乡镇东北）	领来远县。旧在营州境，武周时移治良乡县广阳城	天宝时，户195，口624	《旧唐书》卷39《地理志》，《新唐书》卷43下《地理志》

---

①《新唐书》卷43下《地理志七下·羁縻州》。

州名	族称	初置时地	迁徙及治所变更	属县	领户	资料出处
燕州	粟末靺鞨突地稽部	武德初置,本隋辽西郡,寄治于营州	武德六年(623年)自营州南迁,寄治于幽州城内,部落安置于昌平县(今北京昌平县西南)。开元二十五年(737年),移治于幽州北桃谷山(今昌平县东)。天宝元年改称归德郡。乾元元年(758年)复为燕州	武德初领辽西、泸河、怀远三县。寻废泸河县。贞观元年废怀远县。辽西县在昌平东桃谷山,为州治所在	天宝时,户2045,口11603	《旧唐书》卷39《地理志》,《新唐书》卷43下《地理志》、卷110《李谨行传》
慎州	粟末靺鞨乌素固部	武德初于营州境置	万岁通天二年(697年)移于淄、青二州安置。神龙初还,隶幽州,侨治良乡县故都乡城(今北京房山县西南)	领逢龙县,为州治所在	天宝领户250,口984	《旧唐书》卷39《地理志》,《新唐书》卷43下《地理志》
夷宾州	靺鞨愁思岭部	乾封中(666—667年)于营州境置	万岁通天二年(697年)迁于徐州(今江苏徐州)。神龙初,还隶幽州都督。侨治良乡广阳城(今北京房山县良乡镇东北)	领来苏县,为州治所在	领户130,口648	同上
黎州	粟末靺鞨乌素固部	载初二年(690年)析慎州置。初隶营州都督	万岁通天元年(696年)迁于宋州安置。神龙初还,改隶幽州,侨治良乡故都乡城	领新黎县,为州治所在	天宝领户569,口1991	同上
鲜州	奚饶乐府部落	武德五年(622年)析饶乐都督府置,隶营州都督	万岁通天元年(696年)迁于青州安置。神龙初还,改隶幽州都督,侨治潞县之古潞城(今北京通县东)	领宾从县,为州治所在	天宝领户107,口367	同上

州名	族称	初置时地	迁徙及治所变更	属县	领户	资料出处
崇州	奚汗部落 可	武德五年(622年)析饶乐都督府可汗部落置,隶营州都督	贞观三年(629年)更名北黎州,治营州之废阳师镇(今辽宁朝阳东北)。八年(634年)复故名。契丹陷营州,徙治于古潞城	领昌黎县	天宝领户200,口716	同上
归义州	奚诗高落 李 琐部	开元二十年(732年)于幽州境置,治良乡县广阳城(即新罗降户所置归义州故地)		领归义县	开元二十年(732年)领部落5000帐(户)	《通鉴》卷213唐玄宗开元二十年三月条
顺化州	奚族部落	于营州境置。初置时间待考	初隶营州,后南徙,隶幽州都督府	领怀远县	领户待考	《新唐书》卷43下《地理志》
玄州	契丹曲据部(即隋时去间部)李	贞观二十年(646年)置,隶营州都督	万岁通天二年(697年),移于徐、宋州安置,神龙元年还幽州,侨治范阳鲁泊村(在今河北涿州境)	领静蕃县,为州治所在	天宝领户618,口1333	《旧唐书》卷39《地理志》,《新唐书》卷43下《地理志》、卷219《北狄·契丹传》
威州	契丹稽内部 丹	本辽州,武德二年(619年)置辽州总管,治燕支城,后寄治营州城内,贞观元年更名威州	契丹李尽忠陷营州,南徙幽州,侨治良乡之石窟堡(在今北京周口店北)	领威化县,州治所在	天宝领户611,口1869(初领户729,口4222)	《旧唐书》卷39《地理志》,《新唐书》卷43下《地理志》
昌州	契松部 丹漠	贞观二年(628年)置,侨置营州之静蕃戍	万岁通天二年(697年)迁于青州安置。神龙初还,隶幽州,侨治安次县故常道城(今河北安次县西)	领龙山县,州治所在	天宝领户281,口1088	同上

州名	族称	初置时地	迁徙及治所变更	属县	领户	资料出处
师州	契丹、室韦部落	贞观三年(629年)置,隶于营州	万通天元年(696年)迁于青州安置。神龙初还,隶幽州,侨治良乡县之故东间城(在今北京房山县境)	领阳师县,州治所在	天宝领户314,口3215	同上
带州	契丹乙失革部	贞观十九年(645年)于营州境置	万岁通天元年(696年)迁于青州,神龙初还,侨治昌平县清水店(今北京昌平西北)	领孤竹县,州治所在	天宝领户569,口1990	同上
归顺州	契丹松漠府弹汗州部(纥便部)	开元四年(716年)置	天宝元年(742年)改称归化郡,乾元元年(758年)复旧称。侨治怀柔县(今北京顺义县)	领怀柔县,州治所在	天宝领户1037,口4469	同上
沃州	契丹松漠部	载初中析昌州置,隶营州。寄治于营州城	万岁通天元年(696年)没于契丹李尽忠,开元二年(714年)复置。侨治于蓟县东南回城(今天津蓟县东南)	领滨海县,州治所在	天宝领户159,口619	同上
信州	奚乙失活部	万岁通天元年(696年)置,隶营州	万岁通天二年(697年)迁青州,神龙初北还,侨治范阳县(今河北涿州市),隶幽州	领黄龙县,州治所在	天宝领户414,口1600	《旧唐书》卷39《地理志》,谓信州以契丹置,据《新唐书》卷148《张孝忠传》,应为奚乙失活部置
青山州	契丹曲据部	景云元年(710年)析玄州置,隶幽州	侨治范阳(今涿州市)水门村	领青山县,州治所在	天宝领户622,口3215	《旧唐书》卷39《地理志》,《新唐书》卷43下《地理志》

州名	族称	初置时地	迁徙及治所变更	属县	领户	资料出处
澟州	降胡	天宝初置,侨治范阳境		领县一,县名待考	领户648,口2187	同上
归义州	新罗	总章中(667—668年)置。隶幽州,寄治于良乡县旧广阳城		领归义县,州治所在	领户195,口624	《旧唐书》卷39《地理志》

从上表中不难看出,一个不算太大的幽州,竟容纳了突厥、靺鞨、奚、契丹、杂胡、室韦、新罗等至少七个民族数十个部落和二十一个侨治蕃州,可考蕃户在天宝中(724—755年)至少二万多,约占该州汉蕃总户的1/3。[①]其实,因蕃州户籍"多不上户部",史籍漏计的蕃户更不在少数。如武则天久视中(700年),投降武周政权的契丹李楷固(李光弼外祖)、李楷洛(李光弼父)的部落就安置于幽州一带。又如天宝元年降唐的后突厥宰相康阿义屈达干,既兼"部落都督",又擢范阳节度副使,[②]其所统突厥部落和昭武九姓内徙部落所置的都督府当寄治于幽州界内,其部众亦当就在幽州境安置。再如,安禄山的养子中有铁勒族同罗等部落的八千"曳落河"(即蕃人健儿),[③]天宝十一载,禄山还兼并有铁勒九姓阿布思部落"男女一万口"。[④]此外,安禄山的部将中还有回纥人(如回纥外九部之一的阿布思部酋五哥之)、黑水靺鞨人(如其女婿、黑水府都督李献诚)、乌罗护人(如平卢先锋乌承玭),以及安禄山母族中的突厥人(如阿史那承庆、阿史那从礼)、父族中的安、康等昭武九姓人(如安太清、安守志、康没野波),等等。其部蕃将之多,从一次就以蕃将三十二人取代汉将的任命中可

①《旧唐书》卷39《地理志二》。
②《颜鲁公集》卷9《康阿义屈达干碑》;马驰:《李光弼》,陕西师范大学出版社,1996年。
③《安禄山事迹》卷上,上海古籍出版社,1983年。
④《安禄山事迹》卷上。

窥一斑。①通常情况，蕃将所在，往往有蕃部蕃兵，故这些蕃将所统蕃兵数字之大，尤其惊人；主要由诸蕃人组成的骑兵、步兵，总数竟过十五万之众。②

侨治蕃州的大量设置，势必将长官世袭、刑赏自专、赋税自私等有关羁縻府州的一整套制度植入幽州社会。由是早在安史之乱前该地区就出现了浓重的胡化羁縻化倾向，这从安禄山视其治区为世袭领地，而朝廷则对他专事笼络、一味姑息中，就可以领略出大量的信息。

二

安史之乱中，幽州境内侨治羁縻州的蕃众，被"一切驱之为寇"。于是，分布原本比较集中的蕃将蕃户蕃兵，在战乱接近尾声的时候，则分散于整个河朔地区，并在"部落之名无存"的情况下，同胡化极深的当地汉人组合为类似部落和蕃州的新的共同体。

这个新的共同体就是所谓河朔割据藩镇。宝应元年（762年）冬，在诸路唐军和回纥兵重击下，安史叛军悉数退守河北地区，形成四大叛军实力中心：其一，大将田承嗣与叛酋史朝义据守莫州（治今河北任丘县北）；其二，恒阳节度使张忠志据赵（治今河北赵县）、定（治今河北定县）、深（治今河北深县西）、恒（治今河北正定县）、易（治今河北易县）五州；其三，邺郡节度使薛嵩据相（治今河南安阳市）、卫（治今河南汲县）、洺（治今河北永年县东南）、邢（治今河北邢台市）四州；其四，幽州节度使李怀仙据幽州（治今北京市）。时朝廷急于结束已历八个年头的战乱，且鉴于过去招安史思明等不诚反受其害的教训，遂制定"东京及河南北受伪官者，一切不问"的政策。③于是田承嗣等在实力未受触动的情况下，于广德元年（763年）前后接受了朝廷的招降。天子为了表示受降的诚意，遂"瓜

①《安禄山事迹》卷中。
②《旧唐书》卷200上《安禄山传》。
③《资治通鉴》卷222唐代宗宝应元年十一月条。

分河北地，付授叛将"：①以张忠志为成德军节度使，统恒、赵、深、定、易五州，赐姓李，名宝臣；以薛嵩为相、卫、邢、洺、贝（治今河北清河县西北）、磁（治今河北磁县）六州节度使；以田承嗣为魏（治今河北大名县东北）、博（治今山东聊城县东北）、德（治今山东陵县）、沧（治今河北沧州市东南）、瀛（治今河北河间县）五州都防御史，不久，升为节度使；以李怀仙为幽州、卢龙节度使。

以上安史余孽半数出自蕃人，来自蕃州。如：

李宝臣，传称"范阳城旁奚族也"。②由上节《幽州境侨治羁縻州表》可知，侨治于范阳（今涿县）的蕃州为信州，以内属奚族乙失活部落置。是李宝臣本奚乙失活部人，来自侨治羁縻州——信州。又，宝臣义父范阳将张锁高，由奚人多以"锁高"为名，可知张锁高亦当为奚族出身。宝臣原姓什么，以史籍阙载，难于考证；其姓张姓安乃冒义父之姓；继张锁高之后，他还做过安禄山的"假子"。又，宝臣的部将，也多为蕃人，并来自蕃州，最有名的是张孝忠和王武俊。孝忠，以字行，本名"阿劳"，"本奚之种类"。曾祖靖、祖逊，代为"乙失活部落酋帅"③。父谧，开元中率部内属。孝忠既出自奚乙失活部，则当与宝臣同族同部同乡同里，即亦为侨治范阳的蕃州——信州人。王武俊，出之"契丹怒皆部落也"④。祖可讷干，父路俱。开元中，奚饶乐府都督李诗率部落五千帐南徙内属，从迁的还有王路俱所统契丹怒皆部，玄宗诏书"褒美"，置其部于蓟县东南。按，幽州蓟县（今天津蓟县）于开元二年置有侨治契丹州——沃州，⑤是武俊应为该蕃州人。武俊初号"没诺干"，与孝忠"以勇闻"，"燕赵间共推张阿劳（按即孝忠）、王没诺干，二人齐名。"⑥宝臣之后，二人相继为成德军节度使，武俊及其子孙据成德镇达三十九年（782—820年）之久。李宝臣的部

---

①《新唐书》卷210《藩镇魏博传序》。

②《旧唐书》卷142《李宝臣传》《王武俊传》《王廷凑传》。

③《旧唐书》卷141《张孝忠传》。

④《旧唐书》卷142《李宝臣传》《王武俊传》《王廷凑传》。

⑤《旧唐书》卷39《地理志二》。

⑥《新唐书》卷148《张孝忠传》。

将中，还有回纥阿布思部出身者，如王武俊的养子王五哥之（冒养父姓），"本回鹘阿布思之种族，世隶安东都护府"，"事李宝臣父子"，"骁果善斗，武俊爱之"。①其后人王廷凑等，自长庆元年（821年）为成德军镇帅，凡五传九十一年，据镇直至后梁乾化元年（911年）。按，回纥阿布思部本铁勒九姓之一，唐前期隶于后突厥，故又称突厥阿布思。天宝初，其酋长阿布思（按，与部落同名）率部内降，赐姓名李献忠。②后献忠率所部叛归漠北，为回纥所破，除大部分同化于回纥，成为唐后期的回纥"外九姓"之一外，余部则为安禄山诱降，"由是禄山精兵，天下莫及"。③安东都护府一度曾置于平州（治今河北卢龙县），故"世隶安东都护府"的阿布思降部，应在平州一带，则五哥之当为平州蕃人。宝臣麾下大将中，还有李献诚，④为黑水靺鞨酋长，玄宗曾授以黑水府都督兼黑水经略使，封归义王。安禄山为笼络他，以女嫁之。⑤禄山反，率部以从，后为宝臣所用。表明在宝臣集团中，还有人数不详的靺鞨黑水部人。此外，宝臣麾下还有不少杂胡，如赵州刺史康日知等。

李怀仙，传称"柳城胡人也"。⑥按，柳城即今辽宁朝阳市，唐营州都督府治所在，并为中亚粟特人昭武九姓胡集中侨居之地，故唐人谓此处之杂姓胡为柳城胡。万岁通天中（696年），契丹松漠府都督李尽忠陷营州，朝廷于随后时间移府治于幽州渔阳（今天津蓟县）。由之，柳城胡亦陆续南徙，天宝初，唐朝于范阳境（今河北涿州市）置凛州以安之。是李怀仙应为羁縻州——凛州人。由于幽州境内的蕃州系统的民户被禄山"一切驱之为寇"，至德以后，陆续北还者，主要分布于河北其他诸州。"幽州之人，自安、史之反，从而南者无一人得还"，⑦所以李怀仙系统幽州蕃人较少，

①《旧唐书》卷142《李宝臣传》《王武俊传》《王廷凑传》。

②《册府元龟》卷37《帝王部·颂德》；《旧唐书》卷187下《程千里传》。

③《资治通鉴》卷216唐玄宗天宝十二载五月条。

④《新唐书》卷211《藩镇镇冀传》。

⑤《旧唐书》卷199下《北狄·靺鞨传》；《安禄山事迹》卷上。

⑥《旧唐书》卷143《李怀仙传》。

⑦《旧唐书》卷39《地理志》；《资治通鉴》卷227唐德宗建中三年三月条。

多为土著汉人。如继怀仙之后的节度使，或为昌平（今北京昌平县西南）人，如朱泚、朱滔兄弟（772—785年在帅位），刘怦、刘济、刘总父子（785—821年在帅位），滔孙朱克融（821—825年在帅位）；或为范阳（今河北涿县）人，如张仲武（842—849年在帅位）、张允伸（850—872年在帅位）、张公素（872—875年在帅位），李全忠、李匡威、李匡筹父子（885—894年在帅位）；或为深州（治今河北深县西南）人，如刘仁恭（895—907年在帅位）。仅有少数的蕃人，如疑为昭武九姓胡或突厥人出身的史元忠（834—841年在帅位），回鹘阿布思部会昌中降人之裔李茂勋、李可举父子（875—885年在帅位）。不明族出、郡望，但世为幽州牙将因而亦可视为土著者3人，如朱希彩（768—772年在帅位）、李载义（825—831年在帅位）、周琳（849年在帅位）。

据上，成德军藩镇，至少从镇帅的出身上看，基本都是来自以"两蕃"（即奚和契丹）部落所置的侨治蕃州，王廷凑虽为回纥阿布思人，但其祖既为王武俊养子，则可视为归化于契丹怒皆部者。幽州藩镇情况从现象上看虽然有别于成德镇，但是，其一，由于该镇系安、史的旧巢，禄山曾任范阳节度使十二年（744—755年），史思明父子继而经营范阳五年（756—761年），又是侨治蕃州最为集中之地，故其社会的蕃化、羁縻化较之河朔其他藩镇，更为深刻；其二，继安、史之后，蕃州蕃人出身的李怀仙更以燕京留守、范阳尹、幽州节度使"招合遗孽"达八年（761—768年）之久；其三，李怀仙之后的幽州镇帅，几乎全为土著汉人，其人"家世或本身居住河朔，久已胡化，故亦与胡人无异者也"。①由此可知，成德镇是以蕃人为主体的综合蕃化汉人的类似诸蕃落的共同体；幽州镇则是以"胡化"汉人为主体并综合蕃人的类似蕃落的共同体。

相、卫等六州节度（按，大历元年赐号昭义军节度）薛嵩和魏博等五州节度（按，广德二年赐号天雄军节度）田承嗣的情况，既彼此差异较大，又有别于成德、幽州两镇。

①陈寅恪：《唐代政治史述论稿》上篇，上海古籍出版社，1982年。

薛嵩，绛州万泉（今山西万荣县西南）人。祖仁贵，唐高宗时名将。父楚玉，开元中任幽州节度使两年（732—733年），因与契丹作战失利，被就地革职。"嵩生燕、蓟间"，"有膂力，善骑射，不知书"。[①]安史之乱中，被叛首寄以心旅之任，史朝义授以相州节度，及至降唐，天子复以重寄委之。"嵩感恩奉职，数年间，管内粗理"。被唐代宗封以高平郡王，"号其军昭义"[②]。大历八年卒，弟崿袭帅。十年，崿被麾下兵马使所逐，田承嗣乘机兼并昭义贝、相、磁、洺四州，昭义镇薛嵩系至是断绝。

田承嗣，平州卢龙（今河北卢龙县）人。祖璟、父守义，"世事卢龙军为裨校"，"以豪侠闻于辽、碣"。[③]承嗣早在安禄山于开元末任平卢军节度时，就以前锋兵马使在禄山帐下听用。及至禄山反，承嗣与张忠志（即李宝臣）为前锋，率先攻陷河洛。史朝义再陷洛阳，承嗣又充前导。及朝义败，又与之共保莫州。承嗣"沈猜阴贼，不习礼义"。降唐后，"外示归顺"，而"内包凶邪"，"阴图自固"。[④]田承嗣自广德元年（763年）任魏博镇帅，至田弘正于元和十五年（820年）入朝，传五世，凡五十八年。田氏之后的魏博镇帅，又更五姓，传十世，凡八十八年。其人或为他州蕃人出身，但均为田氏部将。如继田氏为该镇节度的奚人史宪诚（822—829年在帅位），远祖为"灵武建康（今甘肃高台县西南）人"。但自祖、父至本人，已"三世署魏博将"。[⑤]也就是说早在魏博建镇之初，其祖上就已追随田承嗣。从这个意义上讲，史氏也基本上可归入"土著蕃人"之列。又如继宪诚为镇帅的昭武九姓胡人何进滔、何弘敬、何全皞三代（829—870年在帅位），虽自进滔起，才"客寄于魏"，但事节度使田弘正，屡建殊功，并得到魏博将士拥戴，取代宪诚前，官至衙内都知兵马使。[⑥]其人中或汉族出身者，或难以确定民族者，无不为当地土著。如何全皞之后的镇帅韩君雄、

①《旧唐书》卷124《薛嵩传》；《新唐书》卷111《薛仁贵附孙嵩传》。

②《旧唐书》卷124《薛嵩传》；《新唐书》卷111《薛仁贵附孙嵩传》。

③《旧唐书》卷141《田承嗣传》；《新唐书》卷210《藩镇魏博·田承嗣传》。

④《旧唐书》卷141《田承嗣传》；《新唐书》卷210《藩镇魏博·田承嗣传》。

⑤《旧唐书》卷181《史宪诚传》；《新唐书》卷219《藩镇魏博·史宪诚传》。

⑥《旧唐书》卷181《何进滔传》；《新唐书》卷219《藩镇魏博·何进滔传》。

韩简父子（870—883年在帅位）、乐彦祯（883—888年在帅位）、罗弘信、罗绍威父子（888—915年在帅位），均系本镇魏州人。[1]

据上可以看出，同为河朔镇帅的薛嵩、田承嗣，虽然陈寅恪先生将二人都归入"胡化"汉人之列，但他们的"胡化"程度却有明显的差别。前者既为名将之后，又非当地土著，远不及后者"胡化"深刻，故薛嵩为昭义帅，缺乏雄厚的社会基础。而田氏则不同，承嗣家族世代生活在蕃乡胡俗之中，并少小就是禄山亲信党羽，乃至降唐后十年，犹念念不忘安、史父子，为之"立祠堂，谓之四圣"，极尽顶礼膜拜之能事。[2]所以从田氏集团的地望、文化心理上论，他们早已是"形华而心夷"，所以在胡化浓重的河朔社会，田氏较之薛氏的社会基础要深厚得多。这也正是薛氏据镇不得长久很快被田氏兼并的重要原因。此外，魏博镇同成德、幽州镇也小有差别，它既不像成德镇的节度使几乎都是蕃州蕃人，亦不似幽州镇帅几乎都为清一色的土著蕃化汉人。

值得注意的是，率先对其属下仿部落、蕃州兵制进行改革的是魏博镇帅田承嗣。就在其授任魏博节度使的当月，即迫不及待地"举管内户口，壮者皆籍为兵，惟使老弱者耕稼"；建立起类似部落、蕃州"全牧皆兵"的全民皆兵制，"数年间有众十万"。[3]又仿照北蕃（如突厥、回纥、奚、契丹等）的"牙兵制"，择选部属中"魁伟强力者万人以自卫，谓之衙兵"。此外还大力推行蕃州的官制、户籍制、税制，"郡邑官吏，皆自署置，户版不籍于天府，税赋不入于朝廷"。[4]可见魏博镇名曰国家藩镇，而实际是无部落、蕃州之名却有其实的蕃人自治的地方政权。

继魏博之后，河朔其他藩镇以及高丽人所据之淄青镇也都推行了大体上同于蕃州的军事行政体制。

①《旧唐书》卷181《乐彦祯传》《罗弘信传》;《新唐书》卷219《藩镇魏博·乐彦祯传》《藩镇魏博·罗弘信传》。

②《资治通鉴》卷224唐代宗大历八年九月条。

③《资治通鉴》卷222唐代宗广德元年六月条。

④《旧唐书》卷141《田承嗣传》;《新唐书》卷210《藩镇魏博·田承嗣传》。

三

河朔社会既历经契丹李尽忠反叛和安史之乱等长达半个多世纪的蕃化洗礼，河朔诸镇将帅既来自蕃州蕃部或蕃化土著，河朔地方（主要是幽州）既然又是诸蕃侨治羁縻州的分布最为集中的蕃汉杂处区域，存在决定意识，基础制约上层，必然使河朔其人"自视由羌狄然"。因而他们视自己管内若蕃州，"遂擅署吏，以赋税自私，不朝献于廷"，并"以土地传子孙"。①

对河朔藩镇的蕃州化即羁縻化现象，朝廷开始极不理解，直斥曰"叛逆""贼寇"。诸多史家更把唐后期的国家积弱不振，国势每况愈下，归结为河朔藩镇现象。直至今天，一些史学工作者犹对唐河朔藩镇"割据"痛心疾首，连篇累牍地臭骂其为唐后期政治腐败、民生凋敝的万恶之源。

其实，大谬不然。

本文一开始就对羁縻州的治理形式作了大段的引述，据引文所述，唐蕃州主要有四大特征：一，以诸蕃部落列置州县；二，长官世袭；三，贡赋版籍多不上献朝廷，由蕃州自理；四，受边州都督、都护押领，不直接隶于朝廷。其中最重要的是二、三两大特征。

再试以河朔藩镇情况同蕃州诸特征进行比较，河朔藩镇至少同蕃州前三大特征有近似或完全相同之处：其一，在汉人看来，部落同府、州、县是完全不同的概念，但在"即其部落列置州县"的蕃人眼光里，大部落就是府、州，小部落就是县，故大部落酋长被称为"部落都督"。既然河朔社会是由内属蕃人和蕃化土著人组成，那么在这些人的感觉世界里，其所在藩镇就是一个大部落，藩镇所管州县，与大大小小的部落并无二致。事实上他们也正是以这种世界观去改造周围的世界，如推行"全民皆兵"的部落兵制以及牙兵制等。又，部落之所以为部落，还在于其强烈的排他性，它以血缘为纽带将本部落的人有力地聚合在同一地域、同一经济生活、同一文化的稳定的共同体之中。而河朔藩镇则主要是以地缘（当然也包含血

---

① 《新唐书》卷210《藩镇魏博传序》。

缘）为纽带将蕃人和蕃化土著汉人组合成部落式共同体，同蕃人部落一样，其排他性表现得异乎寻常地强烈。如，会昌元年（841年），幽州节度使为偏将陈行泰所杀，牙将张绛又杀行泰，绛复为军中所逐；行泰、绛之所以未能取幽帅而代之，根本原因是二人皆非本地人，"故人心不服"。结果帅位轻易为幽州旧将（即张光朝）之子、本地土著（范阳人）张仲武取得。①

其二，既然河朔人视自己所居处为蕃州，他们当然要按蕃州模式推行长官世袭制，故"以土地传子孙"，构成河朔藩镇的最主要特征。惜乎唐朝不理解这点，偏要触动这根最敏感的神经。为了保护自己的合法权益，他们不得不"合纵"以抗上。其实唐朝若以"蕃州"看待他们，本来会相安无事。关于世袭办法，同蕃州一样，河朔藩镇也实行册封体制下的官爵世袭制。蕃州官长和节度使世袭的大致程序是：蕃州都督、刺史（藩镇则为节度使）死，边州都督、都护或拟嗣立的蕃长子弟（藩镇则为"留后"）即派人向唐中央告哀，天子寻即遣特使代表朝廷入蕃（或藩镇治所）行吊祭册立事宜。未经天子册立而擅自嗣立者，则不具备合法地位。自贞观四年起，蕃州正式开始推行此项制度，"诸蕃渠帅有死亡者，必下诏册立其后嗣焉"。②河朔藩镇经过世代抗争，也终于迫使朝廷承认其"实如蛮貊异域"酋长的地位，③沿袭了蕃州（或唐属国）的册封体制下的官爵世袭制。其三，蕃州的"贡赋版籍多不上户部"，即其税收、户籍、地盘多不由中央户部统管，基本上由蕃州官员自理。河朔藩镇完全沿袭了这项赋税、户籍的管理制度。史称，早在河朔诸镇始建时，就已是"举管内户口壮者皆籍为兵"，④"自署文武将吏，不供贡赋"，"虽名藩臣，羁縻而已"。⑤随后，以高丽人为领导核心的淄青等藩镇，亦"官爵、甲兵、租赋、刑杀皆自专之"。⑥这种"贡赋""版籍"自私的情况，为河朔乃至淄青藩镇最显著的特征。其四，

---

①《资治通鉴》卷246唐武宗会昌元年十月条。

②《唐会要》卷100《杂录》。

③《资治通鉴》卷225唐代宗大历十二年十二月条。

④《资治通鉴》卷222唐代宗广德元年六月条。

⑤《资治通鉴》卷223唐代宗永泰元年七月条。

⑥《资治通鉴》卷225唐代宗大历十二年十二月条。

河朔藩镇同朝廷的关系，中间缺少受边州都督、都护押领的环节，这点有别于蕃州。这完全是唐朝的疏忽和过错。按，唐前期的河北道置幽、营等边州和安东都护府，并"各管羁縻州"和控制"远夷"契丹、奚、靺鞨、室韦之"贡献"。[1]边州都督、都护的职责为："掌抚慰诸蕃，辑宁外寇，觇候奸谲，征讨携离。"[2]玄宗时，又设范阳、平卢等道节度使，以统押河北道的蕃州蕃落。[3]这些边州都督、都护和诸道节度使平时监护诸蕃，战时则统领蕃州的蕃将蕃兵打仗。这套有关中央同河北边州、蕃州关系的严密制度，在唐后期被放弃，原因是朝廷对河朔诸藩镇缺乏清醒的认识，他们没有也不愿看到河朔藩镇的蕃州性质，从而一开始就把河朔诸镇等同于内地藩镇，及至河朔按蕃州模式行事，朝廷始而大惊小怪，继而大张挞伐，无效，又将其弃之于"王土"之外。朝廷同河朔藩镇中缺少像边州都督府、都护府那样的缓冲，从而使两方直接构成一对矛盾，这正是唐后期河朔与中央的斗争难以化解的重要原因。

　　总上，河朔藩镇基本等同于蕃州，因此河朔藩镇要以蕃州行事模式来处理内务和外部同朝廷的关系，这本来是合情合理顺应河朔蕃化之形势，但却被朝廷和历史学家们理解为"反叛"和"割据"。这实在是对历史之大误会。

　　　　　　　　（原载《唐研究》第4卷，北京大学出版社，1998年。）

---

① 《大唐六典》卷3《尚书户部》。
② 《大唐六典》卷30《三府·都督·都护·州·县官吏》。
③ 《资治通鉴》卷215唐玄宗天宝元年正月条。

试说隋唐关中本位政策

被誉为"世界帝国"的隋唐王朝，为关陇胡汉贵族军事集团（简称关陇集团）所创建。长安所在的关中地区之所以能在隋唐时达到辉煌，则基于西魏、北周以来的关陇集团长期奉行"关中本位政策"。[①]

一

北魏末年，关陇地区爆发大规模的各族人民联合起义，朝廷命尔朱天光率贺拔岳、侯莫陈悦、宇文泰等六镇鲜卑军团入关征讨。战事主要在泾、渭水上游的秦陇地区进行。当军事镇压活动结束后，这支迅速膨胀起来的军人集团，面临着其战略据点转移到关中地区的任务。但缺乏政治眼光的尔朱天光，却于关中立足未稳时，就迫不及待地"入洛"同高欢争夺对朝廷的控制。贺拔岳颇具政治头脑，当尔朱天光派人"问计"于他如何抗拒高欢时，他认为最稳妥的举措，"莫若且镇关中，以固根本"。[②]可是天光不听忠告，终至为高欢所执，落了个身首异处的下场。尔朱天光既被解决，贺拔岳就成了高欢的心腹之患。为了调虎离山，高欢征岳为冀州刺史。史

---

①陈寅恪：《唐代政治史述论稿》上篇《统治阶级之氏族及其升降》。
②《北史》卷49《贺拔岳传》，中华书局，1974年。

称"岳畏欢，欲单马入朝"，其行台右丞薛孝通则为其分析形势，认为高欢正忙着"内抚群雄，外抗劲敌"，尚无精力争夺关中之地，而"今关中豪杰皆属心于公，愿效其智力。公以华山为城，黄河为堑，进可以兼山东，退可以封函谷，奈何欲束手受制于人乎！"孝通话犹未尽，贺拔岳就恍然大悟，高兴地表示"君言是也，"遂改变初衷"乃逊辞为启，而不就征"。[①]可见以关中为根本的战略思想为贺拔岳军团上下所共识。但真正完成将大本营转移到关中长安的，则是贺拔岳的亲信部属、鲜卑族宇文泰集团。公元534年，为争夺对关陇的控制，侯莫陈悦谋杀贺拔岳，时为夏州刺史的宇文泰为岳部迎立于平凉（今甘肃华亭县西）。在宇文泰歼灭侯莫陈悦势力既定秦陇后，其亲信、夏州长史于谨遂进言泰"早建良图，以副众望"。他说："关右，秦汉旧都，古称天府，将士骁勇，厥壤资腴，西有巴蜀之饶，北有羊马之利。今若据其要害，招集英雄，养卒劝农，足观时变。且天子在洛，逼迫群凶，若陈明公之恳诚，算时事之利害，请都关右，帝必痛而西迁。然后挟天子而令诸侯，奉王命以讨暴乱，桓、文之业，千载一时也。"[②]宇文泰完全采纳了于谨的建议，立即发兵占领长安，并亲统大军离开难有大作为的高平（今宁夏固原），派甲骑二千奉迎魏孝武帝入长安。数月后，鸩杀不太听话的皇帝，另立南阳王元宝矩，由是西魏政权建立。宇文泰及其后继者既大权在握，遂进一步地"招集英雄"，[③]建立稳固的关陇集团，并全面地制定和推行"关中本位政策"。

二

关陇集团是以入关的北魏六镇鲜卑贵族为主体，联合关陇地区的高门望族及其他入关的胡汉大姓结成的稳固的军事集团。所谓"关中本位政策"，是指宇文泰制定的以经营关中为根本，以居重驭轻、宰制全国为目的的基本国策。宇文泰以"关中本位政策"创建霸业，"隋唐因之，遂混一中

①《资治通鉴》卷155梁武帝中大通四年四月条。
②《周书》卷15《于谨传》，中华书局，1971年。
③《周书》卷15《于谨传》。

国，为极盛之世"，①由此可知，贯彻"关中本位政策"乃是关陇集团的最基本的特征，亦是隋唐时关中之所以能居于全国政治、文化乃至经济中心地位的主要原因。下边且就西魏北周以来特别是隋、唐初推行"关中本位政策"的情况作一概括的介绍。

其一，入关的胡汉贵族"改称京兆人"，或"以关内诸州为其本望"。

宇文泰除了笼络当地汉人（如武功苏绰等）进行"托古改制"即汉化改革外，还创立府兵制，形成以六镇军人为主体的关陇集团，使本来相对落后的关陇地区，成为能同东魏、南梁抗衡的一方势力。至其长子北周明帝（即宇文毓）时，为进一步增强关中的地位，在他即位的第二年（公元558年），特下诏说："三十六国、九十九姓，自魏南徙，皆称河南人，今周室既都关中，宜改称京兆人。"②诏书中未提入关汉人改地望的事，当因此前这一问题早已解决。《隋书·经籍志》称："及周太祖（按：宇文泰）入关，诸子孙有功并令为其宗长，仍撰谱录，纪其所承。又以关内诸州，为其本望。"③说明一些汉族入关士人，早在西魏时就已改以关内诸州为其本望。祖上"世居武川"的杨隋、李唐分别以"弘农华阴"和"陇西成纪"为郡望，当改于这一时候。

其二，以婚姻为纽带，增强关陇集团上层的凝聚力。

为在婚姻关系上体现"关中本位政策"的精神，关陇集团的上层尤其是领袖们结成长达百余年的排他性婚姻圈子。如，武川镇军人出身的柱国大将军独孤信的长女被北周明帝册为皇后，第四女嫁给也是"八柱国"的李昞（即李渊的父亲），隋朝的开国君主杨坚则以独孤信的第七女为后。杨坚同独孤后所生长女杨丽华，入宫为北周宣帝后。李昞与独孤氏（独孤后姐）所生长子李渊，则娶北周武帝的外甥女窦氏为妻。窦氏为柱国大将军窦毅第二女，窦毅尚宇文泰第五女襄阳公主。这种集团圈子内的政治联姻，一直延续到盛唐。如京兆韦氏，出皇后一人，驸马五人，王妃一人；华阴

①陈寅恪：《唐代政治史述论稿》上篇《统治阶级之氏族及其升降》。
②《北史》卷9《周明帝纪》。
③《隋书》卷33《经籍志二》。

杨氏，出皇妃一人，驸马七人，王妃三人；扶风窦氏，出皇后、皇妃、王妃各一人，驸马七人；定居长安的李渊元从功臣武氏，出皇后（即武则天，后为女皇）、皇妃各一人，驸马五人；长安长孙氏，出皇后一人，驸马四人。此外，北周的皇后，还至少有三人来自西魏宗室元氏（与唐长孙皇后同祖）。以上表明，尽管西魏、北周、隋、唐相继更替，但四个王朝都来自关中婚姻集团的圈子。

其三，以关中为根据地，完成国家统一大业。

宇文泰二十多年苦心经营，使关中实力由弱骤强，为北周统一北方奠定了雄厚的物质基础。到北周武帝（宇文泰第四子宇文邕）时，又通过各种改革措施进一步增强了国力，遂于建德六年（577年）灭北齐，统一了北中国。隋文帝杨坚登基后，又大力巩固关中地位，加强中央集权，终于使以长安为中心的隋朝国力，大大超过以建康（今南京）为中心的陈朝。公元589年，隋军一举灭陈，结束了自西晋以来的长达二百七十余年的国家分裂局面。隋朝末年，天下分崩，众望所归的关陇集团新领袖李渊起兵太原，长驱关中。李渊回到久违的故土，如鱼得水，不仅受到旧部戚党的欢迎，连当地的农民军也竭诚送款。李渊宣布约法十二条，取消隋苛法暴政。建立唐朝后，他又制定租庸调法，扫除横征暴敛，且首开言路，网罗人才，扩大统治基础。此时，他虽然只据有关中和河东地区，但不久就铲除薛举、李轨和刘武周等割据势力，巩固了李唐政权的根据地。接着又对关东用兵；武德四年（621年）擒窦建德，降王世充；五年破斩窦建德余部刘黑闼，不到六年就削平群雄，完成了国家早期的统一大业。贞观四年（630年）起，唐太宗又北灭突厥，西讨吐谷浑、高昌，开始了大统一战争，后经唐高宗的继续努力，终于建成疆域超越秦汉的蕃汉一统大帝国。这些统一事业，若没关中大本营提供人力、物力乃至精神上的支持，是绝不能完成的。

其四，在军力布置上采取关内外有别、内重外轻、居重驭轻的战略方针。

当初宇文泰等入关时所统兵种基本上为六镇鲜卑部落兵，人数不足二千，若以此兵力据守关中并与关东、南梁抗衡，显然不太可能。因此，他大力进行兵制的改革，创立府兵制。宇文泰参照鲜卑部落的"八部"兵制，陆续设置八个柱国大将军。又仿西周天子六军之制，以勇决习战的六镇兵力为基础，并广募关陇豪右，设置六军，让八柱国中的六位分统六军。六军之下又分十二军，设十二大将军。十二军下再分二十四军，设二十四开府将军。二十四军下又分四十八军，设四十八仪同将军。如每个仪同将军各领兵一千人左右，总有五万兵。为了扩充兵数，还将关中等处"乡兵"并入及把其他地方军移为关内兵，如京兆韦瑱、武功苏椿等各自所领乡兵都纳入西魏兵力系统，北周建德六年（577年），一次就迁徙并州（治今山西太原西南）军人四万户于关中。西魏、北周的府兵，实行兵民分籍管理，所以在北周武帝时，于渭河中上游筑武功（在今武功县境）、郿斜谷（在今眉县西南）等城以置军人。而统兵的将领全部为关陇集团成员（特别是落籍长安的六镇军人）。如《周书·侯莫陈崇传》卷末附有八柱国名单，八人中的宇文泰、李虎（李渊祖父）、独孤信、赵贵、侯莫陈崇均世居武川，即源出六镇的胡汉军人，另三人中元欣出自入关的北魏宗室，李弼来自入关的慕容鲜卑，于谨则为宇文泰的嫡系亲信。[1]这些人中，除李虎、赵贵有可能是鲜卑化的汉人外，其他全为鲜卑人或鲜卑化的胡人。八柱国之下的元赞、元育、元廓、宇文导、侯莫陈顺、达奚武、李远、豆卢宁、宇文贵、贺兰祥、杨忠（杨坚父）、王雄等十二大将军，不论是出自魏室、武川或其他，不论是胡人或胡化汉人，无不为关中新贵或关陇旧族。这些西魏、北周的军事与政治领袖，加上也是关中人的二十四开府将军、四十八仪同将军，共同构成关陇贵族军事集团。隋承周制，继续推行以关中为本位的府兵制。为了使军府的设置常保"重首轻足"的特征，隋文帝特于灭陈后的第二年（公元590年）下诏"罢山东、河南及北方缘边之地新置军府"。[2]五年后，又下令收天下兵器，"敢私造者坐之"，但却重申"关中、缘边不在其例"。[3]虽然隋朝因国家统一而在关外各地也设置不少军府，但府兵均称"卫士"，卫士的主要任务是轮番入关到京城宿卫，且兵权集中在天子手

---

①《周书》卷8《侯莫陈崇传》。
②《资治通鉴》卷177隋文帝开皇十年五月条。
③《资治通鉴》卷178隋文帝开皇十五年二月条。

里，十二卫（按：十二军改）大将军平时又多住在京城，依然是内重外轻、居重驭轻的形势。唐朝建立后，兵制方面内重外轻更加完善。如武德二年（619年），唐高祖分关中为十二道，置十二军，十二道下列置军府，分隶于各军。其军将、军副、骠骑将军、车骑将军，均由关陇集团军人或李渊太原起兵元从担任。到了贞观十年（636年），唐太宗为适应国家大统一的形势，又在全国范围内推行府兵制。时全国划为十道，每道置军府多少不等，十道共置军府（即折冲府）六百左右，而关内道就有二百七十四，几乎占军府总数的一半。又，京兆郡竟置一百三十一府，占全国总数的1/5强。全国军府分隶于中央的十二卫和东宫六率，轮番宿卫称为禁卫军，也就是说全国军队都要以卫戍关中、警卫宫禁为第一任务。这种"重首轻足""举关中之众以临四方"①的兵力布置，再清楚不过地说明了唐初是如何重视国家心脏的所在——关中。

其五，修筑体现皇权至上、"关中本位"思想的隋大兴城和唐长安城。

西魏、北周时以国家草创国力未盛，遂因陋就简，仍以汉长安城为国都。但汉城有800年历史，"凋残日久，屡为战场"，"宫室狭小"，"水皆咸卤"，②且地处龙首原之北，濒临渭水，地势卑隰，所以在隋朝建立的第二年，雄才大略的隋文帝，决定另建新都。杰出的建筑大师宇文恺受命为总设计师，他汲取北魏都洛阳和东魏都邺（今河北临漳西）的诸多优点，并因故城东南（即龙首山以南）有六条东西横亘的岗坡，颇像《周易》卦中的乾卦图形，就以"六岗"为中心，由北向南先筑宫城，次筑皇城，再筑外郭城。虽然开皇三年（583年）就已初具规模并迁都新城（时名大兴城），但直至唐高宗永徽五年（654年）外郭城才最后完工。此一空前伟大工程跨越两个朝代、五个皇帝，历时七十余年才大功告成。隋大兴城和在此基础上增扩、完善的唐长安城，处处体现皇权至上、君权神授、等级森严、关中本位的思想。如天子寝居的宫城和神灵所在的寺院道观，都建在全城的制高点，象征皇权神权高于一切；如宫城、皇城、外郭城的区分和坊市布

①《册府元龟》卷124《帝王部·修武备》。
②《隋书》卷1《文帝纪》；《册府元龟》卷13《帝王部·都邑一》。

局整齐划一，标志着封建等级秩序的不可侵犯；如诸多中央机关所在的皇城置于宫城南面，其东西与宫城相等，且宫城驻有大量禁军而皇城有统领全国军队的十六卫之设，则不仅表明文武百官对天子的拱卫，更是中央集权、关中本位政策的进一步体现。此外，隋以"大兴"为名，唐复"长安"旧称，又恰是国家兴盛、长治久安的生动写照。

其六，关中在全国统治中心地位的确立和巩固。

公元589年，隋文帝结束了国家长期分裂、南北分治的局面，长安继西周、秦、汉之后，再次成为统一国家的首都。然而，为巩固关中作为全国政治中心的地位，最高统治者必须通过继续贯彻"关中本位政策"加强中央集权，必须在全国经济重心东移南去的形势下，解决关中官民的吃饭问题；以及保持关中文化的领先地位和在军事上控驭四方。

首先，隋唐创业人都十分重视中央集权制度的建设。隋文帝鉴于西魏北周宰相权力过于集中的教训，如西魏宰臣宇文泰集军政大权于一身，由之引出了北周代西魏，杨坚本人以大丞相代周称帝，遂析相权为三：内史省长官掌草拟政令，门下省长官纳言掌政令审核，尚书省长官尚书令掌政令执行。尚书省下又设六部，六部长官分掌全国官吏选拔、考核、礼仪、军政、刑法、户口钱谷、营建等事务。三省长官都是宰相，各对皇帝负责。由是皇权即中央集权大大加强。此外，隋文帝又根据"存要去闲，并小为大"[1]的原则，改地方州、郡、县三级为州、县两级，并规定了九品以上的地方官由中央任免、考核，加强了中央对地方的控制。这不仅改变了魏晋以来"民少官多，十羊九牧"的现象，且沉重打击了地方豪强的势力，"海内一命以上之官，州郡无复辟署矣"。[2]隋朝还废除了数百年来按门第高低选用官吏的九品中正制，创立科举制，用考试的办法选拔人才。初设有"秀才""明经"两科，炀帝时又增设"进士"科，把录取和任用权完全集中于中央，既限制了门阀士族对选举的把持，又为庶族地主参政开辟了途径。其次，隋朝还在统一货币度量衡，兴修水利交通，修订隋律，搜刮户

①《隋书》卷46《杨尚希传》。
②《通典》卷14《选举典二》。

口等方面采取一系列措施。中央在长安，长安在关中，中央集权的加强，关中政治中心的地位也随之巩固。再次，为解决关中官民的粮食供应问题，隋朝曾在关中大力推行均田制。由于府兵制是建立在均田制的基础之上，那么只有在"均田"中得到好处的农民才有能力自备行装、器械去充任府兵。既然隋唐时的关中军府设置最多，那就足以证明均田制曾在关中认真推行。隋末农民起义主要发生于山东、河北和江淮，则反证隋和唐初关中地区阶级矛盾较为缓和，亦即当地的自耕农人数一定可观。为保证兵源，府兵免"租调"的权利，即便暴君也不敢轻易破坏关中民众相对安定的物质生活，正是使该地区成为全国中心的基本条件。复次，为了养活关中人口，统治者十分关注漕运建设。隋文帝即位之初，就诏令西起蒲（今山西永济市蒲州镇）、陕（今河南三门峡市），东至卫（今河南汲县西南）、汴（今河南开封市）等十三州募丁运米，以供京师粮食无缺。又在京师设太仓，华州（今华阴县）置广通仓，陕州置常平仓，洛州（治今洛阳）置河阳仓（在今河南孟县南），卫州置黎阳仓（在今河南浚县西南），从而通过漕运"转相灌注"，达到将"关东及汾晋之粟""以给京师"[1]的最终目的。后来关中大旱，文帝曾发广通仓储粟三百多万石赈济灾民。特别有意义的是，隋文帝命大臣宇文恺组织民众开凿广通渠。此渠引渭水经大兴城（后改称长安）东至潼关，全长一百五十余公里，自公元584年动工，历时五年完成。广通渠避免了渭水船运经常搁浅的弊端，使"转运通利，关内赖之"。[2]后来此渠又以支脉同炀帝时开凿的大运河连接起来，从而解决了南粮北运、东粮西调的问题，在正常年景下，京师官民不再为吃饭问题大伤脑筋，关中的全国政治中心地位也就愈益巩固。至于关中文化，在当时的全国甚至亚洲，都具有绝对优势。关中自魏晋南北朝以来，由于多民族杂居，一直为胡汉文化交融的中心和民族大融合的熔炉，其文化具有杂交优势，非其他地区所可比拟。这首先反映在关陇集团领袖们"华夷无猜"的文化思想上。像关陇集团的创始人鲜卑贵族宇文泰及其子孙，一方面继承

---

① 《通典》卷10《食货典十·漕运》。
② 《隋书》卷24《食货志》。

了其胡人的某些固有文化，另一方面又从汉族的古老文化中寻求"托古改制"的依据；关陇集团的末代领袖李世民，虽自谓为汉人望族"陇西李氏"出身，可是在思想上却具有对各民族"自古皆贵中华，贱夷、狄，朕独爱之如一"①的文化心理。这种先进的民族思想，使得关陇集团中的汉人很少歧视胡人，而胡人更不歧视汉人。他们不仅在婚姻上互以对方为对象，更在文化上互相吸收、取长补短，共创先进的关中文化。其次，关中文化的先进性还反映在隋唐时朝廷对外族、外域文化的兼收并蓄上。如贞观四年（630年）东突厥降唐，除安置突厥可汗、特勤（即王子）等定居长安并给予高官厚禄外，其余酋长至者，"皆拜将军中郎将，布列朝廷，五品已上百余人，殆与朝士相半，因而入居长安者近万家"。②按，贞观初年中央文武百官总共只有六百四十员，而贞观四年仅突厥一族在朝任高级武官者，就占朝廷全部官员数的1/6和文武大员的1/2。又，唐初的京师人口，充其量不过八万户，而仅突厥民族入居者，就占长安总户口的1/8。此后，铁勒、西突厥、昭武九姓胡、靺鞨、"两蕃"、吐谷浑、党项、吐蕃、诸蛮、高丽、新罗，以至波斯、大食、日本、印度的入侍王子、首领、使人、客商、僧侣、留学生、民间艺术家、一般游客，都有数字可观的落户长安者，后来长安之所以发展为人口百万、多民族的国际大都会，大量蕃人入居应为主要因素之一。在这种胡汉杂处的氛围下，长安居民不分上下，大都雅爱胡风蕃俗，从衣食住行用，到音乐、美术、舞蹈、体育、百戏等精神生活，无不有胡化或胡汉文化交融的韵味。如唐太宗早年热衷于同突厥大贵族结"香火"③兄弟，既为汉人天子，复又"下行可汗事"。④其长子承乾好胡歌、胡舞、胡语、胡服、胡居、胡食、胡髻、胡友，自云最大愿望是"解发为突厥"⑤。由于统治者不但不排斥还虚怀接受外来文明，高雅的宫廷乐——

①《资治通鉴》卷198唐太宗贞观二十一年五月条。
②《资治通鉴》卷193唐太宗贞观四年五月条。
③《资治通鉴》卷191唐高祖武德七年八月条。
④《资治通鉴》卷193唐太宗贞观四年三月条。
⑤《资治通鉴》卷196唐太宗贞观十七年三月条。

十部乐中，至少有八部来自蕃人；宗教文化中，包括遍布京师和关中其他各地的寺院建筑、壁画、雕塑、宗教仪式、经典教义、宗教音乐等等，都具有中外交融的风格。至于饮食、服饰、婚丧、礼仪等关中人社会生活，由于"五方错杂"，更是"风俗不一"。[①]在关中地区包容外来文化的同时，亦通过学校、科举等手段搜罗全国人才和促进蕃人的汉化。唐代的学校，最称发达的是在京师长安。唐代中央设有国子监，国子监领导国子、太学、四门、律学、书学、算学等六大国立学校。这些学校主要招收贵族子弟，也接纳羁縻府州和属国蕃人君长的子弟。据《旧唐书·儒学传序》载，为了到京城求学，唐太宗时的"四方儒士"，"多抱负典籍，云会京师"。连高丽、百济、新罗、高昌、吐蕃等国酋长，也遣送子弟"入于国学之内"；蕃汉各民族的学生仅在最高学府国子学读书习儒者，就达8000余人；"儒学之盛，古昔未之有也"。[②]通过学习儒家经典和其他途径如与汉人联姻等，在京的蕃人大都汉化。如定居长安并尚临洮县主的铁勒酋长契苾何力，在京仅数年时间，就已具有良好的汉文学修养。其子契苾明更胜一筹，其碑称"学该流略，文超贾马"，"乃人物之仪表，实衣冠之领袖"。[③]出身昭武九姓的凉州（今甘肃武威）胡人安兴贵、安修仁兄弟，于唐高祖武德初年以平李轨功官拜大将军，其后人"或徙京华，习文儒，与士人通婚者，稍染士风"。[④]至于以后落籍长安的蕃人名将，如西突厥哥舒翰、吐蕃论弓仁、契丹李光弼、铁勒浑瑊等等，本人及其后裔，无不熟读汉人典籍，无不彻底汉化。唐人重视科举入仕，因此全国的文化人，大都向往"雁塔题名"和"曲江大会"，[⑤]为了博得一官，各地的举子麇集京城应试。当唐太宗看到新中进士在榜下接连走出时，对侍臣高兴地说："天下英雄入我彀中

①《通典》卷174《州郡典四·风俗》。

②《旧唐书》卷189上《儒学传上》。

③《全唐文》卷187娄师德《镇军大将军左鹰扬卫大将军兼贺兰州都督上柱国凉国公契苾府君碑铭并序》。

④《旧唐书》卷182《李抱玉传》。

⑤（五代）王定保：《唐摭言》卷3《慈恩寺题名游赏赋咏杂记》，三秦出版社，2011年；（唐）李肇：《唐国史补》卷下《叙进士科举》，上海古籍出版社，1979年。

矣。"①最受皇帝欣赏的精英，当然要被留在朝内做官，而这些高层次的文人，还有那些名落孙山、怀才不遇而流落京城或附近的学子，又经常会给关中文化补充新的因素。所以，关中文化既吸收有各民族甚至域外文化的成分，亦综合有中国各地汉文化的基因，成为唐朝最优秀最先进的文化。

总的来说，由于远自西魏、北周时当政的关陇集团就制定和推行"关中本位政策"，又经隋唐创业人不遗余力的贯彻，所以隋唐前期的以长安为中心的关中地区呈现政治安定、经济繁荣、文化先进、人口稠密的兴旺发达景象。

三

但这种关中古代史上最好的时期，既有过某些曲折，复不能一贯到底。这是由于一些统治者背离了"关中本位政策"的必然结果。

隋时就曾出现过第一次重大曲折。

仁寿四年（604年），隋炀帝一即帝位就下令营建东都，三个月后就迁居洛阳。席不暇暖，又于次年行幸江都（今江苏扬州市）。大业二年（606年）四月返回洛阳。三年三月西归长安仅一个月就又北巡。以后就很少在长安而基本上在洛阳直至隋亡。

隋炀帝犯了一个致命的战略性错误。前边讲过自西魏以来，最高统治者一直奉行"关中本位政策"，他们视关中为根本，因此长期精心经营，建立了巩固的大本营。尤其隋文帝更是如此。"隋氏之盛，实由于斯"。②可是因隋炀帝数巡西北、三征高丽、久幸江都，背离"关中本位政策"，尤其是主要由关中府兵组成的禁卫军，由于远离故土，长久不能归农，在思归心切又难以如愿的情况下，部分人侥幸自江都逃归，多数则被有野心的禁军将领利用。大业十四年（618年）三月，炀帝的亲信、禁军头领宇文化及利用禁军将士思家情绪，发动兵变，弑炀帝于江都宫中。

炀帝之死和隋朝的寿终正寝，从一定意义上讲，是由于炀帝远离了国

① (五代)王定保:《唐摭言》卷1《述进士上篇》。

②《玉海》卷138《兵志》引《邺侯家传》;《通典》卷7《食货典七》。

家的政治中心，背离了"关中本位政策"。

第二次曲折是发生在武周政权时期。

武则天的父亲武士彟，原非关陇集团出身，因追随李渊而成为唐朝开国功臣。李渊为了奖拔他，就介绍他同隋朝宗室弘农杨氏联姻，因此武士彟这个原为山西木材商出身的新贵可以勉强算作关陇集团圈内的人。但因他根底太浅，所以其女儿在被册皇后时，受到关陇集团中以长孙无忌为首的重臣们反对。后来武则天当政，大开杀戒，诛除许多出自关陇集团的政敌。为了摆脱关陇集团的政治影响，一俟被册为皇后，就鼓动唐高宗长期到洛阳居住。在她称帝后，就把洛阳称为神都，定为全国政治中心，十五年女皇生涯，几乎全部时间都住在洛阳。这当然是对"关中本位政策"的背叛。唐初的军府主要集中于关中，武周政权既远离兵源所在，也就失去了居重驭轻的优势。姑且不讲武则天的政绩，其统治时期的军事情况实在不妙。首先是东突厥二十四州同时叛变，因武则天无强大兵力平叛，结果在贞观、永徽中以东突厥降户所建羁縻府州尽失，崛起了与武周对抗的后突厥汗国。接着，在营州（今辽宁朝阳市）一带的契丹民族，因不堪武周的地方官营州都督的压迫，也揭竿而起，契丹军一度打到河北地区。武则天数派大军镇压，或大败或全军覆没，贞观时在东北地区以"两蕃"（契丹和奚）等民族建立的羁縻府州也被迫放弃。此外，唐初在西域的经营成果，武周时也丢掉不少。武则天时期的边防吃紧，国家军队屡战屡败，一方面说明女皇的民族政策大有问题，另一方面也揭示了武则天因背叛"关中本位政策"而导致国力明显削弱。

公元705年，宰相张柬之等在洛阳发动宫廷政变，逼迫武则天传位中宗李显，同年女皇驾崩。不久，中宗率百官返回长安，关中再次成为全国政治中心。唐玄宗励精图治，出现"开元盛世"景象。但"盛世"很快衰落下去，其中重要原因，是"关中本位政策"无法贯彻下去。

早在武则天时代，由于地主官僚兼并土地，均田法就很难继续推行，建立在均田制基础之上的府兵制也就面临瓦解危机，加上府兵社会地位太低如同厮养，兵士逃匿的现象也日趋严重。这种情况到了玄宗天宝年间，随着均田制崩溃，自耕农失去生计被迫逃亡，军府也就"无兵可交"，[①]朝廷只好以募兵制替代。募兵制下的官兵关系截然不同于府兵，府兵制下的将领只有战时才有统兵权，战事结束，将帅回朝，兵士回乡从事生产与进行平时操练，官兵之间不太容易形成紧密的隶属关系。募兵制则是职业兵制，将帅长期统率募兵，形成兵士不离将帅的关系，故募兵制是产生军阀的温床，是军阀割据的根源。玄宗晚年，好大喜功，穷兵黩武，于边地设十道节度使，蕃将安禄山一人就兼范阳（今北京西南）、平卢（今辽宁朝阳市）、河东（今山西永济市蒲州镇）三道节度使，拥有全国总兵力的1/3以上，几占边兵的40%。时全国兵力总数为五十七万余人，边兵四十九万，减去边兵，内地（包括关中）只剩八万多兵，关中驻军更远少于八万。唐初是"举天下不敌关中"，[②]天宝时则是本末倒置，居轻驭重，举天下不敌一镇。地方军阀的崛起，中央同地方力量对比严重失衡，遂导致安史之乱的发生，唐朝遂由昌盛进入衰落的后期。

随着"关中本位政策"的抛弃，唐朝后期的形势也就每况愈下。好不容易求助于回纥兵平定了安史之乱，喘息未定，又出现了安史余孽在河朔的割据。更糟的是，平叛功臣朔方节度使仆固怀恩竟勾结回纥、党项等入侵关中，吐蕃更一度攻进长安，唐代宗蒙尘东出潼关。若不是郭子仪出面同回纥媾和，整个关中将沦于蕃兵铁蹄之下。危机刚过去不久，德宗时京师又突发"泾师之变"和"朱泚之乱"，天子避难奉天（今乾县），却又出现勤王的朔方节度使李怀光反叛，致使皇上被迫迁往兴元（今汉中）。此后，虽有"元和中兴""会昌之政"，但这只不过是回光返照，大唐王朝终究在内外交困（如宦官专权朋党之争、藩镇之乱）和入关的黄巢军重击下走向灭亡。

（原载《陕西历史博物馆馆刊》第5辑，1998年）

---

①《新唐书》卷50《兵志》。
②《新唐书》卷157《陆贽传》。

唐长安城流水与园林

据《新唐书·五行志二》载，有唐近三百年，关中地区共历旱灾59个年头，平均五年就有一次大型或较大型的干旱。然而，就在这个地域内，却有一片人间"天堂"，这就是春城长安。

一

在中国历史上，言水利者，莫如关中，而引水美化都城环境者，则首推唐代的京师长安。有唐京城一带的水资源虽不及先秦两汉，但其河流池沼之多和地下水之丰富，则依然可称。且其资源为京城建设充分利用之程度，更非其他时代所能比拟。

长安城得天独厚，历来就有"八水环绕"之称：北有渭水沿禁苑自西而东穿过，并有泾水由西北向东南入渭；西有涝、沣二水；南有滈、潏北流；东有浐、灞环城。八水之外，又有诸多陂塘沼泽点缀于京城周围半径百里范围内，至于因地下水丰富而名泉之多，更难以胜计。而京城内的泉水之甜美和地下河之流远，则更让人啧啧称奇：当初隋文帝在外郭城筑礼泉坊时，忽闻地下水如金石之声，"因掘得甘泉七所，饮者疾愈，因以名坊；"①隋文帝曾在礼泉坊置礼泉监，以取甘泉水供御厨；又如，善和坊亦有井水甜美，唐开元中以骆驼驮水入内，"以供六宫，谓之御井"。②

尤其不可思议的是，许多民用和官用的深井竟与地下暗流相通，乃至于同地面渭河相接。如长安景公寺的八角寺井，有人将银碗误坠井中，一月后，"碗出于渭河"；又如京城昊天观有一眼井，其泉脉竟与数千里之外的常州惠山寺井泉相通，连宰相李德裕都为之"大奇"。

由于长安地下水过于富裕，以至于走向其反面，不仅有"京师井水溢"和泉水涌出成湖的记录，且在暴雨季节，竟出现过"京师大水，城南深丈余，入明德门"的水灾。③开元八年（720年）六月庚寅夜，还发生过一次特大水祸，京师兴道坊"一夕陷为池，居民五百余家皆没不见"。④当然这种因水源过剩而至水患的现象并不常见，困扰京城上下的主要还是常旸为虐的关中大气候。

为了抗御经常性的干旱气候，把京城改造成为一个优良的生态环境，隋唐两代君王特别重视引近郊诸水堵堰造渠入长安城的事业。当时最著名的贯城渠水有九条。其一，龙首渠。其二，黄渠。其三，永安渠。其四，清明渠。其五，五条漕渠：广运渠、兴城渠、宁民渠、升原渠、南山漕炭渠。

以上引入或流经长安的诸渠道，就用途论，可分三类。像清明、永安等渠，主要是为了给京城提供充足的地面水和饮用水。第二类渠道如广运、兴城等渠则主要是为了漕运关东粮食及其他物资。民以食为天，这类漕渠属于京城居民赖以存活的第一生命线，因此应归类于甲级运河。第三类渠道如宁民渠、漕运南山木炭木材渠、漕运岐陇二州木材的升原渠，虽亦与长安居民生计攸关，但毕竟不及漕运粮食重要，故可以归类于乙级运河。像黄渠上游和升原渠，还兼作灌溉农田之用。

---

①《太平御览》卷189《居处部十七·井》，中华书局，1985年。
②《类编长安志》卷7《古迹》，中华书局，1990年。
③《新唐书》卷36《五行志三》。
④《新唐书》卷36《五行志三》。

二

　　长安人，尤其是皇室和达官贵族，大都在居处利用龙首、清明、永安等渠凿池引水、积石为山，并点缀以亭榭楼阁或茅屋蓬舍之属，广栽树木，遍植花草。

　　园林可分为皇家园林、寺观园林、私人园林、公共园林等四大类，遍布于宫城、皇城、禁苑、坊里。知名者，不少于数百处。

　　皇家园林是入城渠水的最大使用者，故京城最恢宏最优美的园林为皇家园林。这里不仅有殿亭楼阁和山池园林，还有难以胜数的飞禽走兽和奇花异草。

　　唐长安的御苑多达四处：西内苑（因在太极宫北，又称北苑）、东内苑（在大明宫东南隅）、禁苑（在都城之北，东接浐水，北枕渭河，西包汉长安故城）、南苑（在郭城东南隅，即曲江池之东的芙蓉苑）。禁苑范围最大，东西二十七里，南北二十三里，周一百二十里。并东邻灞浐，北接渭河，有数条漕渠自西而东或由南向北穿过，与渭、灞、浐等水交汇。由于水源丰富，苑内林木花草郁郁葱葱，与诸多宫殿、院、亭构成数十处景落。此外，唐周边民族乃至远国多以朝贡形式向天子献土特产，这些贡物中有不少属于动植物种类，如驯象、白象、战象、狮子、豹、骆驼、名马、奇犬、天铁熊、野驼、犀牛、羚羊、马蹄羊、拔兰鹿、褥特鼠、鲻鱼、鹰、鹘、白鹦鹉、五色鹦鹉、鸵鸟等，以及金桃、银桃、马乳葡萄、郁金香、俱物头花、泥楼钵罗花、佛士叶、波稜菜、酢菜、浑提葱、胡芹、菩提树等等，其中文单国自永徽以后迄大历十四年（779年）百余年间，"累贡驯象三十有二，皆豢于禁中"。[1]如果说这个作为皇家的最大林园又是超大型的植物园和动物园，则毫不夸张，这从高宗时的少府监曾打算卖苑中的马粪，谓一年可收二十万贯粪钱的记载中，就可证实。

　　据《唐会要》《寺塔记》《长安志》《增订唐两京城坊考》等记载，仅长

---

①《太平御览》卷890《兽部》。

安城内就建有寺观二百余座。这些寺观大都建在六岗高阜之处，几乎占尽京城风水地势。并在天子和达官贵族直接关注下，在长安城营造了为数极多的可与皇家园林媲美的寺观园林。

而每一座寺观园林景点，都各具自己的特色。如大荐福寺以塔（即十五级佛塔——小雁塔）、池（即周二百步的寺东院放生池）、花（即牡丹花，诗人多有吟咏）等著称；大兴善寺，其"寺殿崇广，为京城之最"，[1]以崇广（地势高、殿宇多）、林木（松、梧桐等）、池鹤为诗人所艳称；昊天观，以井水具常州惠山泉味著称；玄都观，一度以桃花"千树"闻名。[2]

私人园林的规模一般要小一些。主要有：李晟竹园。贞元三年（787年），有流言谓李晟藏兵于其大安坊的竹园，以应吐蕃劫盟。晟为平息污蔑性议论，"遂伐其竹"。[3]既竹林可以伏兵，可见林园之大。还有若耶女子宅园。这是个来自若耶溪（今浙江绍兴南）的风尘女子的宅园。"其居迥绝尘嚣，花木丛翠，东西邻二佛宫，皆上国胜游之最。伺其闲寂，因游览焉，以不辜一时之风月也。"另有有名者57座私人园林，园主绝大多数是皇亲国戚或达官贵人。由于地下水丰富，长安有"万家井"之称，许多名井大都井水甘洌，除供宅主饮用外，并具有浇灌园林的功能。因供水无虞，事实上长安的私人园林远不止57个，仅《全唐诗》中文人吟咏坊里无考的山池和花木园林，就数倍于本文所列数目。

公共游览园林，在唐代长安主要有三处：

其一，曲江池。位于都城东南隅。据文物考古人员探测，曲江池约有70万平方米的面积，曲江池有内苑、外苑之别，内苑在池东，为皇家御苑芙蓉园，外苑则指任何人都可观赏的曲江池。曲江池伸向城内部分跨有两坊之地，突出城外的东、南、西三面则分别是城郊的芙蓉、宁安、洪固、高平、义善等乡，这种城乡浑一、都市与田园风光融为一体的情况，在我

---

①《长安志》卷7《唐京城》，三秦出版社，2013年。

②《类编长安志》卷5《寺观》。

③《资治通鉴》卷232唐德宗贞元三年闰月条。

国建都史上极为罕见。池"以水流屈曲"而得名，[1]沿岸林木葱郁，烟水明媚，亭榭起伏。踏青、度夏、咏菊、赏雪，四季游人不绝，尤以中和（二月一日）、上巳（三月三日）、重阳（九月九日）等节日为盛，而"曲江大会""曲江流饮""曲江选婿"，更孕育了难以胜数的风流佳话。陶醉于曲池胜景的，不仅有天子后妃、皇亲国戚、达官贵人、文人骚客，还有为数更多的城中一般市民乃至最下层的群众，特别是每年春天的中和、上巳这两天，"自宰臣至都人皆游焉，倾动皇州，以为盛观"。

其二，杏园。在慈恩寺正南、曲江池西。遗址在今西安南郊庙坡头村，南至植物园附近。园以杏林数百亩而得名。每当早春杏花怒放，赏花游人络绎不绝。唐代科举，以中进士为最美最贵，放榜后新科进士照例要在杏园宴集庆贺，被称为"杏园宴"。[2]宴上谢座师，认同年，吟诗讴歌，以表达高中后的春风得意心情。宴后余兴更浓，纷至大雁塔题名。宋以后的琼林宴，即源于唐代的杏园宴。

其三，乐游原。在曲江池、芙蓉苑东北的乐游原，为京城的最高处。原上林泉密布，且四望宽敞，京城与南山尽收眼底。乐游原历来为游人登高凭眺之地，早在西汉时，就于此置乐游苑，盛唐时又经太平公主等在这里大兴土木，更成为京师人游览观赏、被禊登高的好去处，且迄晚唐。

此外还有小范围内的即上层社会（主要为官僚阶层）的公共园林。据《长安志》《唐两京城坊考》等记载，在永达坊的度支亭子，既为度支司的官员游憩之所，亦是新进士"牡丹宴"的宴集之处；[3]在长安修政坊有尚书省亭子和宗正寺亭子，新进士的"牡丹宴"，有时也在宗正寺亭子进行。

唐长安的园林不论大小，大都水源无虞，无不植树种花，最常见的树为松、竹、槐、榆、杨、柳、梨、杏等，最热门的花卉有牡丹、芍药、莲花、菊花等，最为人称奇的是一种被称为玉蕊的花种。

长安郁郁葱葱的街槐，从不见有虫害的记载，原因是长安有栖于林木

①《类编长安志》卷3《苑囿池台》。

②《唐摭言》卷3《宴名》。

③《长安志》卷9《唐京城三》。

的无量数的飞禽，当然会不容虫害肆虐。有文献记载说，以深山为寨的老虎竟窜入长安城游荡，而夜半坊里中还曾传出猿啼声；如果说京城有虎啸猿啼属于偶然现象，那么，因四方贡献，能在宫禁中存活的飞禽走兽、奇花异草、林木果蔬、水产鱼类，则不知有凡几。这大约是京城园林化，因而成为宜于人类和动植物生存的"天堂"。此外，唐长安园林一改既往园林艺术中的粗犷风格，设计者以奇巧的构思和规划，创造出大大小小的近于后代北方公园型和江南玲珑精致型的园林。

三

任何一项建设，都是要付出代价的。

首先都城园林化是以倾全国物力（特别是粮食）之支援，才得以实现。

京城所在的关中，地狭人众，再加上十年数旱的歉收，所以很难养活长安过剩的人口。如果连饭都吃不饱，当然就不可能去追求风花雪月和林泉之胜。

隋代开凿的漕渠年久失修，漕运不太畅通，关东的粮食不能大量运到长安，关中（尤其是京师）饥民不得不东出潼关，到外地"就食"。当时，漕运关东粮食每年仅二十万石，为缓解缺粮危机，迫使皇帝只好率百官频幸东都。特别是武周时代不仅曾迁关中数十万户落籍河南，女皇帝本人也不愿还京，并干脆将全国政治中心移向洛阳。中宗复辟后，兴冲冲地驾还长安，但不久就大发牢骚："岂有逐粮天子邪！"[1]玄宗时代决心改变吃粮危机。一方面将关中段的汉隋旧漕渠修复，另一方面又倾注人力物力经营水流湍急的三门河路，并以运丁的巨大牺牲和高昂运费，"用斗钱运斗米"，[2]岁运粮二百余万石至京城。此外，京城园林建置达到高潮时，岚、胜等州还负有提供建筑材木的任务。也正是在这样的前提下，于开元、天宝时期京师实现了园林化。

其次，京郊百姓在很大程度上被剥夺了灌溉农田的权益。

---

①《资治通鉴》卷209唐中宗景龙四年条。

②《新唐书》卷53《食货志三》。

唐代州县有向朝廷贡献地方特产的义务，这种变相赋税，谓之"土贡"。而长安、万年县的土贡，却十分特殊，主要的贡物，竟是水和土。在令人发笑之后，再仔细分析，才觉得其中大有文章。以水而言，京郊诸水有其用水制度，内宫诸苑的园林供水丝毫不受限制，王公、公主、百官用水只是瓜分其余，京城坊里中罕有平民百姓置私家园林者，可见最底层的群众连分一杯残羹的权利都没有；而京郊农民，水从田边过，若没有特许，则滴水不能灌田，除了有"水涝淹稼"的记载外，城南很少有灌溉水利工程，原因就是有限的水被皇家等无限地使用，这大概当是农家频遭干旱饥荒的根本所在。

第三，用滥伐南山森林为代价，以完成京城园林建设中的土木工程。

有人估计，仅长安人薪柴用木，年耗就达四十万吨左右。而这些薪炭，基本上都是来自南山。如果说薪炭用木可以用森林的细枝末节取代，那么宫禁、寺观和私家园林中的殿阁、楼台、亭榭的建造则非用成材的林木不可。长安用林木主要取之南山。京师的园林建设应主要开始于中宗复辟以后，由于久违长安，宫室陈旧，朝廷上下改造旧居大兴土木，及至天宝时期，"京师堂寝，已极宏丽"，[①]在这种情况下，关中终南山等林场的巨木滥伐净尽。德宗时的大臣裴延龄曾诡称他在同州的一条山谷里发现有皆八丈高的大树数千棵，皇上表示不信："人言开元、天宝中侧近求觅六十尺木，尚未易，须于岚、胜州采市，如今何为近处便有此木？"[②]可知玄宗时关中的原始森林因过度开采，就已不复存在，不得不到很远的岚州（今山西岚县北）和胜州（今内蒙古准噶尔旗东北）去采买。安史之乱平定后，大事兴建之风更愈演愈烈，据《册府元龟》卷160《帝王部·革弊》透露："大臣宿将，竞崇栋宇，无复界限，力穷乃止，人谓之'木妖'。"由于"木妖"们作祟，所以当代宗要建章敬寺时，京城内竟无可用木材，只好以拆曲江亭馆、华清宫观风楼和已故蕃将哥舒翰旧宅木代替。

森林有水土保持、调节气候、促进生态良性循环的作用，南山林被大

---

①《类编长安志》卷4《堂宅亭园》。

②《旧唐书》卷135《裴延龄传》。

量地砍伐，虽成就京城园林建筑于一时，但靠南山林木赖以保持水量的诸河渠，又终因涵养水分的森林减少，逐渐变成细流，而影响着长安园林的长期存在。

（原载《寻根》2002 年第 2 期）

"黄巢发塔"说质疑

1942年日本侵略军在南京长干寺旧址拟建一座神社，发掘出土了所谓装有玄奘顶骨的石函。石函两侧有铭文，一侧为："大唐三藏大遍觉法师玄奘顶骨，早因黄巢发塔，今长干（寺）演化大师可政于长安传得，于此葬之。"又，南宋景定年间（1260—1264年）所修《建康志》载："端拱元年（988年）僧可政往终南山，得唐三藏大遍觉玄奘法师顶骨，为建塔归瘗于寺。"再，元至正年间（1341—1368年）所修《金陵志》更称："塔在（天禧）寺之东，葬唐三藏大遍觉玄奘法师顶骨所，金陵僧可政和尚于宋端拱元年得之于长安终南山紫阁寺。"以上三条资料，就是"黄巢发塔"论者们立论时所谓"铁证如山"的依据。

然而，"黄巢发塔"说的所谓"铁证"，或源自北宋南京僧人可政及其弟子们凭空杜撰，或由之以讹传讹；既依据于子虚乌有，其说当然让人难以置信。"黄巢发塔"说之所以不能成立，至少有以下三条理由：

其一，缺乏正史等资料佐证。

笔者在二十世纪八十年代末，曾参与《陕西通史·隋唐卷》的撰写（该书已于1998年3月由陕西师范大学出版社出版）。在草拟晚唐五代的有关篇章期间，曾下过较大功夫极力搜求涉及黄巢在长安的史料，非但未在正史资料中（如两《唐书》、两《五代史》）发现有黄巢发掘兴教寺玄奘身塔的权威记载，其他像编年史资料（如《资治通鉴》《唐鉴》等）、政书类资料（如《唐会要》《五代会要》《唐大诏令集》等）、大型类书资料（如《册府元龟》《太平广记》《太平御览》等）、大型专书资料（如《全唐文》《唐文拾遗》《全唐文补遗》《唐代墓志汇编》《金石萃编》《全唐诗》《高僧传合集》等）、文集杂著资料（如《韦庄集》《桂苑笔耕集》《北梦琐言》《平巢事迹考》《长安志》《游城南记》等）等各类文献，均无只言片语透露所谓黄巢发塔的任何蛛丝马迹，而关于玄奘身塔和身塔所在的兴教寺则屡有记载。

据《大慈恩寺三藏法师传》卷10和《续高僧传》卷4等记载，玄奘于唐高宗麟德元年（664年）二月五日在坊州宜君县玉华宫（宫址在今陕西宜君县西南）圆寂，根据天子的敕令，遗体被运回长安，安放于大慈恩寺的翻经堂内。由于保护得好，"两月色貌如常"。四月十四日，遵照玄奘生前遗嘱，灵柩葬于其兄捷公坟茔附近，即京师浐水东面的白鹿原上，并起白塔供养。由于灵塔"近烛帝城"，高宗触景伤感，遂又敕令于总章二年（669年）迁玄奘遗体，改葬于城南樊川少陵原南畔，且建五级灵塔供养。据《宋高僧传》卷4等载，永淳元年（682年），玄奘大弟子窥基（开国功臣尉迟敬德侄子）圆寂，葬于樊村北渠，"祔三藏奘师茔陇焉"。又据《金石萃编》卷113《大唐三藏大遍觉法师塔铭并序》称：唐中宗（705—710年在位）时代，天子亲自为玄奘撰写《影赞》，并谥号"大遍觉法师"；唐肃宗（756—761年在位）时代，天子又"赐塔额曰兴教"，因而塔所被称为兴教寺；唐穆宗长庆（821—824年）初年，历百余年岁月侵蚀，寺宇、灵塔呈现"荒凉残委""游者伤目"状态，僧人昙景"始葺之"；唐文宗大和二年（828年），京城安国寺大德僧义林，在玄奘忌日于兴教寺斋众，"方食，见塔上有光圆如覆镜，道俗异之，林乃上闻，乃与两街三学人共修身塔"；义林修玄奘"身塔"未毕即告圆寂，弟子令检遵遗命，终于开成四年（839年）将玄奘身塔大修完毕。据同书、同卷《大慈恩寺大法师基公塔铭并序》载：在重修玄奘身塔功成的同年，令检还发窥基的故塔，将"全躯"移向玄奘塔旁，"依西国法焚而瘗之，其上起塔焉"。而对玄奘的遗躯，却无"焚而瘗之"的记述，这应当是称玄奘灵塔为"身塔"的真正原因。时隔242年后，即北宋神宗元丰四年（1081年），京兆府长官吕大防外出祈祷太乙湫（在终南山），路过樊川之兴教寺，以寺倚少陵原，南对终南山玉案峰，有感于山水秀丽，遂命寺僧宴静于寺北高处建玉峰轩。[①]按，吕大防祖籍蓝田县，又是北宋有名的长安通，若黄巢发塔果有其事，其在为兴教寺及附近景色所陶醉并增筑亭轩时，他和《轩记》作者陈正举，不可能不对因唐末浩劫而塔寺被破坏的惨象无动于衷。紧步吕大防之后，张礼和友人于元祐元年（1086年）闰二月二十日至二十六日游历京兆（即长安）城南时，亦曾去过兴教寺。据《游城南记》的作者张礼自注称：兴教寺及三藏塔（即玄奘身塔）等寺院建筑，"殿宇法制，精密庄严"。可见唐文宗时代义林、令检等重修的寺和塔异乎寻常的坚固，经两个半世纪，仍完好无损，表明"黄巢发塔"说确为无稽之谈。更能证明"发塔"说为空穴来风的，是北宋僧人广越在玄奘塔左增筑圆测塔。据《金石萃编》卷146《大周西明寺故大德圆测法师佛舍利塔铭并序》等记载：新罗国（今韩国）王孙圆测为玄奘的著名弟子，并系长安西明寺的大德僧。他创立法相宗西明寺派系，其在玄奘门下的地位不亚于法相宗慈恩寺派系领袖窥基。武周万岁通天元年（696年），以84岁圆寂于东京佛授记寺。其在西京的弟子们，如西明寺主持慈善法师、大荐福寺大德胜庄法师等，以"患礼奉无依"，遂于洛阳香山葬所分得圆测骸骨一节，"盛以宝函石椁别葬于终南山丰德寺东岭上"，并于墓上起塔，"塔基内安舍利四十九粒"。419年后，即宋徽宗政和五年（1115年），同州（治今陕西大荔县）龙兴寺僧广越法师自丰德寺圆测塔中分出部分舍利和供养物品，"葬于兴教寺奘公塔之左"。所建圆测新塔，其"规范"，与玄奘塔右之窥基塔，"一体无异"。此外，广越法师还在三塔前"创修献殿六楹"。圆测法师于唐太宗贞观中（627—649年）初入长安时，曾在终南山云际寺附近修行八年。据《长安志》卷15载，云际寺应坐落于

①（清）王昶：《金石萃编》卷138《兴教寺玉峰轩记》，并见《类编长安志》卷9《胜游》等。

鄠县（今西安市鄠邑区）东南六十里的云际山上，而云际山则应为紫阁峪所在的山峰之一。若"黄巢发塔"果有其事，且果如《金陵志》所载和今人所云黄巢发塔后玄奘遗骨（包括顶骨）被人改葬紫阁峪中紫阁寺，广越法师又为什么不在圆测早年修行地、玄奘遗骨的改葬处立舍利塔供养？这只能说明在宋人的心目中，根本不存在因所谓"黄巢发塔"而将玄奘遗骨改葬终南山或终南山紫阁寺的荒唐事。说起紫阁峪或紫阁寺，笔者想起当初作《唐代诗人咏长安诗索引》时曾涉猎过《全唐诗》中有关紫阁的诗篇。唐末五代诗人郑谷《郊墅》中有"连天紫阁独关情"句、[①]韦庄《过漠陂怀旧》中有"紫阁空余旧日烟"句、[②]李洞《题云际寺》有"人行紫阁阴"句、[③]诗僧贯休《寄栖白大师二首》有"紫阁锦霞新"句、[④]并有《寄紫阁隐者》诗，[⑤]等等。这些诗篇的写作背景都是在黄巢撤离长安之后或五代时期，如果"黄巢发塔"和玄奘灵骨迁葬紫阁属实，如此重大事件，多愁善感并大都崇佛的诗人们何以丝毫无闻且无片言述及？

总之，所谓"黄巢发塔"既无正史类资料和关中金石方志资料以及其他资料佐证，仅仅凭北宋僧人可政和其信徒们杜撰以及南京方面志书误记，就断言玄奘遗骨改葬他处和顶骨为南京僧人起塔供奉，这无论如何是不能让人相信的。

其二，佛教信徒是黄巢农民军社会基础的重要构成，黄巢本人事迹更多有"斋僧"和失败后遁入空门的记载。他们绝不可能违背自己的宗教信仰，去发在中国佛教高僧中最受人崇敬的玄奘大师的身塔。

历史上的农民起义和农民战争，多以宗教信仰为手段号召和发动群众，唐末农民起义也不例外。

据《唐阙史》卷下《泗州疯狂尼》等记载，早在唐懿宗咸通十二年

---

①（清）彭定求等编：《全唐诗》卷676郑谷三《郊墅》；卷691杜荀鹤《怀紫阁隐者》，中华书局，1980年版，

②《全唐诗》卷699韦庄《过漠陂怀旧》。

③《全唐诗》卷721李洞《题云际寺》。

④《全唐诗》卷833贯休八《寄栖白大师二首》。

⑤《全唐诗》卷829贯休四《寄紫阁隐者》。

（871年），即王仙芝黄巢起义爆发前四年，就有女僧二人在泗州（治今江苏盱眙县西北）普光王寺大造舆论说：两年后国家"将有更变"，"大圣和尚当履宝位"。为引起僧徒和善男信女们对她们预言的重视，竟不畏牺牲，"齐登峻塔，投身而下"。自是之后，又有童谣"金色虾蟆争努眼，翻却曹州天下反"，①在山东、河南一带传播。这两件事再清楚不过地表明，唐末农民大起义在做爆发前的舆论准备时，他们就曾以佛教或迷信为武器。

值得注意的是，广大的佛门信徒还是黄巢起义的重要社会基础。

据《太平广记》卷287《功德山》等记载，响应黄巢起义的佛家僧徒为数极多，仅汴州（治今河南开封市）和滑州（治今河南滑县东旧滑县）两州之地，积极响应黄巢起义"并是巢贼之党"的佛教僧侣，就多达"数千人"。虽然这数千僧人被滑州节度使设圈套杀害，但从一个侧面反映了农民军中的僧众之多。

有史料表明，在参加黄巢农民军的诸多僧人中，有成为军中大将者。如李罕之，"少学儒，不成，又落发为僧"，"会黄巢起曹、濮，罕之因合徒作剽，渐至魁首"。②

黄巢入长安后，在所组建的大齐政权领导层中，有"笃信"佛教并对"释典"有精深研究者。如太常博士出身的大文豪皮日休，"笃信释典，以平等、报应、自然为佛果，值广明之乱，伪授翰林学士"。③

有迹象证明，长安地区的僧众亦同样是拥护黄巢农民军政权的。据《旧五代史》卷50、《新五代史》卷14《李克让传》记载：沙陀族酋长李克用的二弟李克让，"乾符中，王仙芝陷荆、襄，朝廷征兵，克让率师奉诏。贼平，以功授金吾将军，留宿卫。""黄巢犯阙，僖宗幸蜀，克让时守潼关，为贼所败，以部下六七骑伏于南山佛寺，夜为山僧所害"。④南山，即长安

①《新唐书》卷35《五行志二》，中华书局，1975年。
②《旧五代史》卷15《李罕之传》，中华书局，1976年。并见《新唐书》和《新五代史·李罕之传》。
③（宋）曾慥：《类说》卷19《皮日休言释典》，清文渊四库全书本。
④《旧五代史》卷50《宗室列传第二》。

城南之终南山。唐代的终南山中，星罗棋布着佛教诸派寺院，历来为佛门弟子的重要修行地。山僧们之所以要开杀戒，无非是为了以实际行动证明他们拥戴黄巢并与唐军势不两立。

更耐人寻味的是，日本京都国立博物馆藏有使用黄巢大齐政权年号的经本，有"金统三年（882年）五月二日信士女吴惠如供养经"字样。这说明在黄巢建都长安、称帝并定国号大齐和年号金统后，善男信女们对改朝换代是持欢迎态度的，他们奉新朝正朔，对大齐政权是承认和拥戴的。

黄巢农民军的一般将士对潜心修行的释家高僧，尤其尊崇和顶礼膜拜。《宋高僧传》卷13《梁邓州香严山智顺传》附《大同传》载：舒州桐城县（县治在今安徽桐城）和尚大同，"隐投子山，结茅茨，栖泊以求其志。中和中，巢寇荡覆京畿，天下悖乱。有贼徒持刃问同曰：'住此何为？'对以'佛法'。魁渠闻而膜拜。脱身服装而施之下山"。[1]《舆地纪胜》卷46亦称："大同禅师，本怀宁人。在舒州投子山，居山三十载，领众千余。黄巢之党入山拜伏而去。"《舆地纪胜》卷38还记载有农民军礼遇高僧神坚的事："唐咸通年中，僧神坚在扬子县模山之证圣寺。黄巢兵乱，以刀加神坚不能动，群贼膜拜而去。"

农民军将士之所以尊礼佛家僧人，固然是由于佛教信徒为黄巢起义的社会基础的重要构成，更取决于起义军最高领导人黄巢对佛教的态度。有大量史料表明，黄巢本人就是一个比较虔诚的佛教信徒。

在宋文人集中，屡有黄巢"斋僧"（即对僧人施舍）的记载。

南宋人张端义的《贵耳集》卷下称：韶州（治今广东韶关市南）南华寺，"有黄巢斋僧文，自称率土大将军"。与张端义同时代的番禺县尉方信孺，在《南海百咏·黄巢矶》诗自注中，亦称："南华有黄巢施金置田疏，自称为率土大将军。"据《舆地纪胜》等载：梁武帝天监元年（502年），天竺国僧人智药始建南华寺，后为禅宗六祖大鉴（慧能）禅师演法道场，"其寺为岭外禅林之冠"。又，黄巢自称"率土大将军"为僖宗乾符六年（879

---

[1]《旧唐书》卷19下《僖宗纪》。

年）事，是年闰十月，黄巢从广州开始北伐。其《南华寺斋僧疏》，当为北伐途经韶州时所作。南宋理宗景定中（1260—1264年）进士方回，其在《桐江续集》卷19《治圃杂书二十首》之十八首中，有"世间何不有，巢贼亦斋僧"的诗句。作者在诗下注称："予家乌聊山（按：山在今安徽歙县一带）下，因观山石，过昭庆寺，见碑文一轴，乃乾符七年率土大将军黄巢斋僧疏，语言狂悖。是年已改广明，而巢犹称乾符，足见跋扈。其曰：'舍银六定（锭），斋一千僧。'大可发笑。"按，黄巢于广明元年（880年）三月"陷江西饶、信、杭、衡、宜、歙、池等十五州"，[①]其在歙州昭庆寺"斋一千僧"，应为当月内事。仅在一处和一次就有上千僧人得到黄巢的慷慨施舍，足见黄巢是如何的崇佛、佞佛！

虔诚的宗教信徒往往视其他宗教为异端，笃信佛教的黄巢及其领导的农民军亦不例外，他们对道教等其他宗教，则采取极端排斥态度。

据《云笈七签》卷117《道教灵验记》载：亳州真源县（县治在今河南鹿邑县东）太清宫，为道教始祖老君的"降生之宅"。广明中（880年），"黄巢将领徒伴欲焚其宫"。对此，亳州刺史潘稠曾奏报李唐朝廷云："自大寇犯阙之后，群凶诛殄以来，大小寇逆前后一十八度欲犯太清宫……"[②]其实，早在黄巢转战长江以南时，就曾对道观等庙宇有过破坏行为。五代南唐人乐史《唐景云观碑》云：在崇仁县（县治即今江西崇仁县）西北隅的景云观，建于唐睿宗景云（710—711年）年间，曾被人赞赏为"神仙之胜迹"。"观之屋宇，自黄巢攘臂之际，已赴灰烬。今堂殿楼台，尚残基址，因知昔时缔构，壮丽不无。洎后虽曾完葺，具体而微"。这种对道教建筑的毁灭性破坏，显示了黄巢对异端势不两存的严酷态度。

如果说尚未见到黄巢大规模杀戮道教徒的记载的话，那么对域外来客中的异教徒，就很不客气了。据《苏莱曼东游记》卷2记载：黄巢攻陷广州后，据熟悉这件事的人说：当时在城里做买卖而被杀死的"外籍异教徒"共有十二万人，数目之所以能予确定，是因为中国政府对外国人要按口征

①《旧唐书》卷19下《僖宗纪》。

②并见《全唐文》卷806《请移真源县就太清宫奏》，中华书局，1983年。

税的缘故。①这种天方夜谭式的资料，当然不可全信，但至少说明黄巢对外来宗教持完全排斥态度，并曾屠杀过不少寓居广州的外籍异教徒。

发人深思的是，五代两宋时，多有关于黄巢兵败后遁入空门的传闻。

两《唐书·黄巢传》等正史记载：黄巢末路，系被外甥林言杀于泰山狼虎谷（在今山东莱芜县西南）。但五代大官僚王仁裕《洛城漫录》云："张全义为西京留守，识黄巢于群僧中。"按：张全义原为黄巢部将，后仕后梁、后唐，累擢西京（洛阳）留守，爵封齐王，两《五代史》有传。历仕后晋、汉、周和宋太祖的四朝元老陶谷《五代乱离纪》亦云："巢既遁免，祝发为浮屠。"北宋末年人吴曾，其以"考证颇为精核"著称的《能改斋漫录》卷5中说："唐黄巢既败，为僧，投张全义，舍于南禅寺，有写真绢本。巢题诗其上云：犹忆当年草上飞，铁衣脱尽挂僧衣；天津桥上无人识，独凭栏干看落晖。"②《全唐诗》编者亦对黄巢《自题像诗》置信不疑，且在题下注云："陶谷《五代乱离纪》云：黄巢败后为僧，依张全义于洛阳，曾绘像题诗，人见像，识其为巢云。"③南宋理宗端平中（1234—1236年），以上书"言直"出名的张端义，其《贵耳集》卷中称："黄巢后为缁徒，曾住大刹，禅道为丛林推重。临入寂时，指脚之下有'黄巢'二字。"④张明清（亦为南宋人）对黄巢最终归宿说得尤为具体，其在《挥麈录·后录》卷五中除引述《洛城漫录》和《五代乱纪》有关黄巢战败为僧的资料外，又引《僧史》言："巢有塔，在西京龙门，号翠微禅师。而世传巢后住雪窦，所谓雪窦禅师即巢也。然明州雪窦山有黄巢墓，岁时邑官遣人祀之至今。"⑤雪窦山在今浙江奉化县西六十里。关于黄巢最后隐身于雪窦山的传闻，似乎在唐朝灭亡之前就有不少人知道，故有好奇者登临访问。方干《登雪窦僧家》云："登寺寻盘道，人烟远更微。石窗秋见海，山霭暮

①（阿拉伯）苏莱曼著，刘半农、刘小蕙译：《苏莱曼东游记》，中华书局，1937年。

②（宋）吴曾：《能改斋漫录》卷5《陈去非黄巢诗意同》，笔记小说大观，江苏广陵古籍出版社，1995年。

③《全唐诗》卷733黄巢《自题像》。

④（宋）张端义：《贵耳集》卷中，景印元明善本丛书十种本。

⑤（宋）张明清：《挥麈录·后录》卷5引《僧史》，上海古籍出版社，2012年。

侵衣。众木随僧老，高泉尽日飞。谁能厌轩冕，来此便忘机。"①似乎讲的就是寻访雪窦禅师之事。

虽然不能彻底否定官方所修史书中关于黄巢死于狼虎谷的记载，但黄巢遁入空门的民间传说和文人记述又是这样多，这岂不恰好反映了黄巢自始至终都不失其佛教信徒的本色。

综上可知，既然广大佛界僧众和俗界善男信女们为黄巢农民军的社会基础，作为领袖的黄巢本人笃信佛教乃至最后有可能成为缁徒，他又怎么可能违背其一贯的宗教信仰，去擅发在中国佛教界中地位如此之高的玄奘身塔呢？

其三，黄巢农民军的财力极为雄厚，他们没有更无必要通过"发塔"手段来筹措军费或聚敛财富。

黄巢自僖宗乾符二年（875年）聚众响应王仙芝起义，至广明元年（880年）进入长安建立大齐政权，在长达六年的时间内，他曾逐鹿中原转战黄河中下游，并曾渡淮越江占领过唐朝财赋所出的国家东南地带，乃至攻克过唐帝国对外贸易的第一口岸、中外财富集中的岭南广州等商埠，因而农民军聚积了无比雄厚的财力。

据《旧唐书》卷19下《僖宗纪》记：广明元年（880年）十月，黄巢"悉众渡淮"，是时"其众富足，自淮已北整众而行，不剽财货，惟驱丁壮为兵耳"。②要使剥夺者被剥夺，这是当初唐末农民起义的最重要的目的。可是转战六年后却"不剽财货"，即唐朝地方政府的财库，地方官员、富商大贾、土豪地主的资产，一概无犯，这种奇特现象，只能说明黄巢军在北上西进途中，财货多得不堪重负，为行军方便，他们用不着再对剥夺者进行剥夺。这种情况，在黄巢军于同年十一月途经洛阳时，再次出现。史称："贼陷东都，留守刘允章率分司官属迎谒之，贼供顿而去，坊市晏然"；③

①《全唐诗》卷649方干《登雪窦僧家》。
②《旧唐书》卷19下《僖宗纪》。
③《旧唐书》卷19下《僖宗纪》。

《新唐书·黄巢传》亦云："巢入（洛阳），劳问而已，里闾晏然。"①

广明元年（880年）十二月五日下午，黄巢曾组织一次农民军开进长安的规模宏大的入城式，充分显示了农民军装备良好、辎重无比丰厚，将士不胜富的罕有景象。两《唐书》《资治通鉴》等史书均真实地记录了这种农民战争史上的空前盛况。《旧唐书·黄巢传》载："时巢众累年为盗，行伍不胜其富，遇穷民于路，争行施遗。既入春明门（按：长安东城三门之中门），坊市聚观，尚让慰晓市人曰：'黄王为生灵，不似李家不恤汝辈，但各安家。'巢贼众竞投物遗人。"②《新唐书·黄巢传》称："贼众皆被发锦衣，大抵辎重自东都至京师，千里相属。……巢乘黄金舆，卫者皆锦袍、华帻，其党乘铜舆以从，骑士凡数十万先后之。……贼见穷民，抵金帛与之。"③《资治通鉴》卷254云："晡时，黄巢前锋将柴存入长安，金吾大将军张直方帅文武数十人迎巢于霸上。巢乘金装肩舆，其徒皆被发，约以红缯，衣锦绣，执兵以从，甲骑如流，辎重塞途，千里络绎不绝。民夹道聚观，尚让历谕之曰：'黄王起兵，本为百姓，非如李氏不爱汝曹，汝曹但安居无恐。'……其徒为盗久，不胜富，见贫者，往往施与之。"④

"辎众塞途，千里络绎不绝"，"锦衣""甲骑""不胜富""竞投物遗人"，试问在中外历史上还有哪一支农民军能如斯富有赀财，而这些财富又全部流向长安而不是他处？

还应特别指出的是，自隋文帝创建大兴城（后易名长安）后，在长达三百年时间内，除"安史之乱"中一度为叛军攻占，长安基本上未经历过大的战乱。作为全国财赋的最终汇总地，长安又积聚了多少巨额的财货！而这些难以胜数的钱财，由于唐僖宗的仓皇出逃，又基本上都落入旋即进城的义军手中。据《资治通鉴》卷254载：在黄巢大军进入长安前的当天上午，"闻乱兵入城"，正在退朝的京官，"布路窜匿"。大太监田令孜急率

①《新唐书》卷225下《逆臣下·黄巢传》。
②《旧唐书》卷200下《黄巢传》。
③《新唐书》卷225下《逆臣下·黄巢传》。
④《资治通鉴》卷254唐僖宗广明元年十二月条。

禁军五百人，"奉帝自金光门（长安城西面三门之中门）出，惟福、穆、泽、寿四王及妃嫔数人从行，百官皆莫知之。""车驾既去，军士及坊市民竞入府库盗金帛"。①讲的是僖宗因逃命要紧，根本来不及卷走府库内的金帛，却成为乱兵等的盗资。对此，史料价值极高的《旧唐书·僖宗纪》则称天子潜逃后，"京城晏然"。也就是说因长安军民并不知道皇帝悄悄出走，所以京城的社会秩序良好，并未出现过乱兵和市民"竞入府库盗金帛"的混乱状态。由是可知，因国家最高统治者外逃，历三百年聚敛所积累的京城财富，应基本上为黄巢农军所继承。

此外，黄巢在长安期间，还通过一系列的政治手段，沉重地打击李唐宗室和大官僚中的顽固派。并采取"淘物"等经济措施，使为富不仁者"皆跣而驱"。②表明为了建立以长安为中心的牢固的大本营，黄巢进入京师前一度实行过的"不剽财货"政策有所调整。

总之，黄巢农民军自外带入的、接收京师府库的、通过"淘物"得来的，三者加在一起的财富（尤其是货币），当不可胜计，即使外物不入，长安成为孤岛，大齐政权在财用上也可支撑许多年。黄巢曾在长安待过两年多时间，始终未出现过财政危机。

长安的大齐政权，虽然从不缺过金帛，但一年后，由于东南粮道断绝和为宫廷奸人所误，爆发了严酷的缺粮危机，并终于不得不撤离长安，遁走中原。

京师所在的关中地区，因地狭人众，加之旱涝等天灾频仍，屡屡出现缺粮危机；隋文帝时和唐初，多次发生天子率军民东出潼关远赴洛阳"就食"的稀奇现象。后来由于历代皇帝重视水利兴修，通过"漕运"（即将大运河、黄河以及黄河到长安段河渠连接起来的水运通道）将国家东南地区的粮食和其他物资源源不断地运入京师，京畿地区才有了充实的粮食储备。由于黄巢军占领长安前一直采取流寇式作战，运河沿线地区旋得旋失。加

---

①《资治通鉴》卷254唐僖宗广明元年十二月条。
②《新唐书》卷225下《逆臣下·黄巢传》。

之后来"天下勤王之师，云会京畿"，①唐朝官军对长安采取东、西、北三面包剿阵势，于是出现"东南断绝无粮道，沟壑渐平人渐少"②的危急状态。黄巢军曾试图攻占襄（治今湖北襄樊市）、邓（治今河南邓县）地区，再通过蓝田道由陆路运粮到长安，但并未成功。

黄巢在长安的后期粮食危机的爆发，还有另外的重要原因。据《录异记》卷3《忠》记载：黄巢军初进长安时，"京师积粮尚多，巧工刘万余、乐工邓慢儿、角抵者摘星胡米生者窃相谓曰：'大寇所向无敌，京城粮储甚多，虽诸道不宾，外物不入，而支持之力，数年未尽。吾党受国恩深，志激忠赤，而飞窜无门，皆为逆党所使，吾将贡策，请竭其粮。外货不至，内食既尽，不一二年，可自败亡矣。'"于是由刘万余出面，向黄巢献策说："长安苑囿城隍，不啻百里，若外兵来逼，须有御备，不尔，守为难。请自望仙门（按：大明宫南面宫门之一）以北，周玄武（按：大明宫或太极宫北正门）、白虎（按：又称白兽门，禁苑南门之一）诸门，博筑城池，置楼橹却敌，为御捍之备，有持久之安也。"黄巢不仅未识破刘万余的奸计，"且赏其忠节"。于是，"即日使两街选召丁夫各十万人筑城，人支米二升，钱二十文，日计左、右军支米四千石、钱八千贯。"如此劳民伤财折腾了一年多时间，"功不辍而城未周，以至于出太仓谷以支夫食，然后剥榆皮而充御厨，城竟不就。"而刘万余害怕奸计为人识破，竟逃之夭夭。

既东南粮道断绝，复又为宫廷奸人阴谋所逞，于是长安城出现了史无前例的饿殍遍布军营的饥荒："六军门外倚僵尸，七架营中填饿殍。长安城中今何有，废市荒街麦苗秀。"（韦庄《秦妇吟》）因饥饿而死的军士是这样的多，而长安城的居民为逃荒不得不匿于南山丛林或他乡，这就为黄巢军补充兵员造成极大的困扰。

好在孤守京城的黄巢农民军虽然缺粮但不缺钱花，他们可以用高价买人为兵来弥补军队的减员。据《旧唐书》卷19下记载："贼食树皮，以金玉买人于行营之师（按：指围城的唐军），人获数百万。山谷避乱百姓，多

①《旧唐书》卷19下《僖宗纪》。

②罗振玉编：《敦煌零拾》卷1，韦庄《秦妇吟》，北平图书馆出版社，1924年。

为诸军之所执卖。"①《资治通鉴》卷254亦云：在"官军四集"，"黄巢势已蹙"时，"长安城中斗米直三十缗"。于是，"贼卖〔买〕人于官军以为粮，官军或执山寨之民鬻之，人直数百缗，以肥瘠论价。"②如果将上述两段史料理解为黄巢军"买人于官军以为粮"，就大错而特错。既然"长安城中斗米直三十缗"，而"人直数百缗"，黄巢军何以愚蠢到弃贱就高而食人肉！从封建史家们的诬妄不攻自破中可以知道：在"官军四集"、巢军"饿莩"填满军营时，大齐政权为挽救残局和弥补战士的减员，不得不以高价买人为兵来解决军队中的严重减员问题。由之证明，困守长安的农民军政权，即便是粮食危机最严重时，仍然不乏财用。

又，僖宗中和三年（883年）三月壬申（六日），李克用的沙陀军进军至东渭桥（故址在今西安市高陵区耿镇周家村一带）驻扎期间，"每夜令其将薛志勤、康君立潜入长安，燔积聚，斩虏而还"。③这种夜夜有间谍焚烧黄巢的府库财货情况，一直持续到四月甲辰（十日）李克用自光泰门（长安禁苑东垣偏南门）攻入内宫禁苑的前夕。可见黄巢在退出长安前的一个月，仍有不可胜计的财物储积，虽然敌人持续火焚而终不竭。

再，黄巢在中和三年四月十日被李克用等打败后，为保存残余实力，主动撤出长安向东南遁走。在"自蓝田入商山"时，"多遗珍宝于路，官军争取之，不急追，贼遂逸去"。④这又最后一次证明，即便是黄巢途穷末路时，仍挥金如土，仍拥有大量的钱财供麻痹敌人延缓唐军追击使用。

上述表明，进入长安的黄巢军，在近两年半的时间内，虽在后期经历了骇人听闻的粮食危机，但缺粮并不缺钱，其所建立的大齐政权，自始至终拥有雄厚的财力。因而没有丝毫必要通过"发塔"的卑劣手段来筹措军用和扩充财富。

总之，既然没有"黄巢发塔"的正史等方面资料佐证，既然广大僧众

---

① 《旧唐书》卷19下《僖宗纪》。
② 《资治通鉴》卷254唐僖宗中和二年四月条。
③ 《资治通鉴》卷255唐僖宗中和三年三月条。
④ 《资治通鉴》卷255唐僖宗中和三年四月条。

和善男信女们为黄巢农民军政权的社会基础，且黄巢本人就是一个比较虔诚的佛教信徒，既然进入长安的黄巢农民军自始至终都拥有极为雄厚的财力，他们没有也不可能仅为了增益些许财富，就违背自己一贯的宗教信仰，去发在中国佛教传播史上具有无与伦比地位的玄奘大师的身塔。由之可以肯定地说，玄奘的灵骨（包括顶骨）应仍完好地葬在西安城南兴教寺玄奘身塔下。至于在南京出土的所谓玄奘顶骨，则不可能与玄奘有丝毫关系。

大唐帝国的盛衰与少数民族

大唐帝国的盛衰与少数民族，是一个很大的题目，概括起来可归为四句话：大唐帝国确实很大；少数民族并不算少；国盛系汉蕃共同缔造；势衰因诸蕃离心分力。

一、大唐帝国之大

大唐帝国最盛时，西疆达到今中亚咸海以东以南的两河（即锡尔河和阿姆河）流域。高宗显庆二年（657年），平定西突厥阿史那贺鲁叛乱，朝廷"列其地为州县，极于西海。"①有人认为，西海即今里海，但多数学者考证说，西海就是现在的咸海。原为贺鲁所役使的国家，即西域诸胡国，也"皆分置州府，西尽于波斯（今伊朗）"。②帝国的北部版图，将今西伯利亚的贝加尔湖全包罗在内。贞观二十一年（647年），地处瀚海（今蒙古高原大沙漠以北地区）之北的铁勒族骨利干部落，派使者入贡，太宗遂以其所在地——今贝加尔湖沿岸地带为玄阙州，拜其俟斤（酋长）为刺史。高宗龙朔三年（663年），朝廷将玄阙州更名为余吾州，隶于瀚海都督府

---

① 《旧唐书》卷83《苏定方传》。
② 《旧唐书》卷194下《突厥传下》。

（治所在今蒙古哈拉和林附近）。帝国的东北疆域，则远至今黑龙江中下游以北地区。今我国东北地区当时仍为高丽所据。唐高宗总章元年（668年），才破灭高丽，全部收复了辽东旧地。此后唐在东北的疆域逐渐延伸到忽汗河（今牡丹江）以东至海和黑水（今黑龙江）以北的广大地带，并在其地设置了忽汗州（治所在今吉林敦化县）、勃利州〔治所在伯力（哈巴罗夫斯克）〕和黑水都督府（治所在勃利州）。东海为帝国的东部海疆。今越南河静省，则为大唐南疆唐林州所在。唐帝国如此广大辽阔，难怪日本学者称其为"世界帝国"。

二、少数民族不少

这里所讲"不少"，主要有两层意思：其一，族类繁多；其二，人口众多。关于一，据两《唐书》所载，北狄系统的主要民族有突厥（按，不少学者认为突厥应属于铁勒民族）、铁勒、契丹、奚、室韦、霫、靺鞨、乌罗浑等；西戎系统民族主要有吐蕃、吐谷浑、党项、西域诸胡等；南蛮系统民族主要有俚、獠、乌蛮、白蛮、牂柯蛮、东谢蛮、西赵蛮、西原蛮、五溪蛮等；东夷系统的高丽等在政权破灭后亦为帝国境内民族。实际上远不只这二十余个民族。如铁勒就不是单一民族，它是由数十个民族组成的共同体：仅散在碛北（今蒙古高原大沙漠以北地区）的就有薛延陀、契苾、回纥、都播、骨利干、多览葛、仆固、拔野古、同罗、浑、思结、斛薛、奚结、阿跌、白霫等十五个部族，号称"铁勒十五部"；自西海（今咸海）以东，沿山谷地带，至今俄国叶尼塞河流域，也分布有数十个铁勒部族。又，西域诸胡则是散处在中亚数十个民族的总称。南方诸蛮的民族构成，也极为繁多，不再赘说。《唐六典》称，自唐开国到唐玄宗时代，同帝国中央建立过隶属关系的有三百多个民族，仅玄宗一朝，就有"七十余蕃"。[①]至于少数民族人口众多，可举二例说明。贞观四年（630年），东突厥汗国破亡，由于朝廷优待降人，仅入居京师长安的就有近万家。东突厥

---

①《唐六典》卷4《尚书礼部》。

究竟有多少人口，因史籍缺载，至今还是谜。但唐人杜佑所撰《通典·突厥》说，隋末唐初东突厥国力最盛时"控弦百万戎狄之盛，近代未有也"。所谓"控弦百万"，是指东突厥仅骑射兵就有百万，其民族人口之多可想而知。又，贞观二十年（646年），薛延陀汗国败亡，为其役属的铁勒诸部族，在群龙无首的形势下纷纷降唐。据《资治通鉴》等，降人多达"百余万户"，"请同编列，并为州郡"。①帝国内地汉区人口贞观初年只有二百多万户，二十余年后的高宗永徽三年（652年）增长到三百八十万户。这就是说，仅铁勒诸民族的人口就至少相当于汉户的1/3。而"四夷"人口的总数，就一定更为可观了。总之，唐帝国境内的"诸蕃"人数用"众多"来概括，并不过分。应当说明"少数民族"是今天的概念，在唐其实并非少数。

三、大唐帝国的昌盛与少数民族

这里要讲的是，如果没有少数民族参与建设和保卫，大唐帝国就不成其为帝国，也更谈不上日后的昌盛。这可从少数民族在以下几个主要方面所作的贡献得到说明。

其一，参与帝国的缔造。李渊本来是个耽于享乐、本事不大的人，却终能克定长安建立唐朝，固然与人民苦隋暴政已久、渴望改朝换代有关，但北朝胡姓余裔和突厥、关中羌人、长安"蕃客"等也有参与缔造之功。早在太原起兵的前几年，祖上为匈奴人的窦抗、宇文士及等就曾与李渊密论天下大事，劝渊乱中夺权。在如何以最小的代价而得到最好最快的夺权效果问题上，又是匈奴后裔刘文静首建"入关之策"、继献联合东突厥之计，从而使李渊集团在战略的制定和运用上高出群雄一筹。东突厥的兵马援助则最具决定性意义。明人王船山在《读通鉴论》中对此称美不已，认为这是极高明的一招。唯其如此，李渊才可收到"假突厥之名以恐吓河东、关中，而遥以震惊李密"的最理想效果。②在向关中挺进时，几乎有2/3的

①《资治通鉴》卷198唐太宗贞观二十年八月条。
②《读通鉴论》卷9《隋炀帝》。

领军大将为北朝胡姓余裔和突厥人。如源出匈奴的刘文静、刘政会，鲜卑贵裔长孙顺德、元仲文，西突厥特勤（即王子）阿史那大奈、东突厥部酋康鞘利等等。李渊举兵太原，关中的羌酋蕃客率先响应。像同州羌酋党仁弘、长安蕃客何国人何潘仁、史国人史万宝以及鲜卑后人邱行恭和邱师利兄弟、长孙无忌、于志宁等聚众至数万人积极配合进军，使李渊几乎兵不血刃就拿下了隋都长安。这些人均以大唐创业功臣被载入史册。

其二，早期统一战争的重要参加者。公元618年，唐朝建立。新生的政权面临着削平群雄、首先完成统一汉区的艰巨任务，是谓早期统一战争（618—629年）。武德元年（618年），凉州胡酋安兴贵、安修仁兄弟擒执割据河西的李轨，以河西五郡千里之地归唐。武德五年（622年），岭南俚族领袖冯盎，不顾群下反对，坚决不做"南越王"，毅然以岭南数千里地归国。与之同时，岭南獠族领袖宁长真也将宁越、郁林两郡之地（今两广湛江、玉林地区）献于唐朝。武德四年（621年）率部归唐的粟末靺鞨酋长突地稽，对国家统一大业极为关注，当李世民讨击河北的割据势力时，突地稽亲率所部奔赴定州（今河北定县）请受李世民的节度，终以战功封耆国公，赐姓李氏。其他像西突厥特勤阿史那大奈、关中渭北羌酋党仁弘和旅居长安的中亚昭武九姓胡人何潘仁、史万宝等大唐创业功臣，又在早期统一战争中再立新功，有的（如何潘仁）还为此献身牺牲。

其三，大统一战争阶段（632—678年），少数民族是唐武力的最主要组成部分。以贞观四年（630年）东突厥战败降唐为契机，唐朝开始了旨在建立汉蕃一体的大帝国的大统一战争。因"府兵不堪攻战"，而"蕃将""蕃兵"（即少数民族将士）"勇决习战"，[1]唐武力的构成，遂以蕃将、蕃兵为主体。这主要反映在：①多数高级将领由蕃将充任。如贞观四年在朝供职的东突厥酋帅，升为五品以上将领的就多达百余人，几乎占朝廷文武大员的半数，而东突厥的在蕃蕃将（即在本族本部落直接统领蕃兵的将领），又四倍于入朝蕃将。②在对蕃区用兵中，投入的兵力，绝大多数为蕃将蕃兵。

①《资治通鉴》卷216唐玄宗天宝六载十二月条。

如贞观九年（635年）对吐谷浑的用兵，十四年（640年）对高昌的讨伐，二十年（646年）对薛延陀的征讨，二十一年（647年）伐龟兹，高宗初年对西突厥阿史那贺鲁叛乱的平定，总章元年（668年）对辽东故地的收复，以及多次抗御吐蕃内侵的战争，等等，决战决胜的力量几乎都是蕃将蕃兵。③蕃将专大将之任。自太宗晚年开始，蕃将专大将之任日渐普遍，像突厥酋帅阿史那社尔、执失思力、阿史那忠，以及铁勒契苾部酋契苾何力、靺鞨酋李谨行（突地稽子）、百济酋帅黑齿常之等，都曾以行军主帅节度诸汉蕃兵将征讨。总之，若无蕃将蕃兵充任主力征讨和捍卫，就不可能出现大唐帝国的空前统一和繁荣昌盛局面。

其四，国家大统一成果的保卫者。调露元年（679年）为单于大都护府（治所在今内蒙古和林格尔县西土城子）所统押突厥二十四州的在蕃君长同时叛唐，此后万岁通天元年（696年）又出现契丹酋长李尽忠、孙万荣的反叛，与之前后，吐蕃内寇、大食东侵，帝国的北边、西疆纷纷扰扰极不稳定。维护国家统一，保卫大统一成果，就成为帝国公元679—754年间的首要任务。由于蕃将的浴血奋战，不仅遏止了国家分崩的苗头，而且更进一步地发展了帝国大统一的成果，从而导致了开元盛世。此一阶段中，蕃将蕃兵依然是国家武力构成的最主要部分。在频繁的战争中，少数民族还涌现出一大批叱咤风云的名将，如黑齿常之（百济人）、沙叱忠义（百济人）、泉献诚（高丽人）、契苾明（契苾何力子）、李多祚（靺鞨人）、李楷固（契丹人，李光弼外祖父）、李楷洛（契丹人，李光弼父）、论弓仁（吐蕃人）、阿史那斛瑟罗（西突厥可汗）、阿史那献（西突厥可汗）、康植（中亚昭武九姓胡人）、夫蒙灵詧（渭北羌人）、高仙芝（高丽人）、哥舒翰（西突厥突骑施人）等等都是。

概括上述，可以得出这样的结论：大唐帝国的创业、统一和强盛，主要依靠蕃将蕃兵拼搏取得。

此外，少数民族中的许多优秀分子（诸如侍子、使臣、僧侣、商人、学生、旅行家、艺术家、科学家等等），对于沟通汉蕃乃至中外的经济、文化的交流，也曾做出过卓越的贡献。帝国境内的汉区蕃化和蕃区汉化倾向交错进行，乃是他们充任文化掮客的结果。盛唐时代的中原人酷爱胡服、胡食、胡歌、胡舞、胡乐、胡语、胡俗，与定居内地的诸色蕃人长期影响、潜移默化，不无重大关系。

四、大唐帝国的衰落与少数民族

这里只从一个侧面议论一下。有迹象表明，大唐的衰落与少数民族的向背存在着一定的联系。

唐朝历史一般以"安史之乱"的发生年——公元755年为界限分为前后两个时期；前期昌盛，后期衰落。这就是说，胡人安禄山及其部将突厥人史思明的反叛乃是大唐帝国由盛转衰的标志。

上边讲过，唐前期由于政治、军事的需要，蕃将蕃兵的任使愈来愈重。这种情况至玄宗天宝六载（747年），更发展到"诸道节度尽用胡人"，"天下之势偏重"的局面。[①]随着军事地位的加重，必然会刺激蕃将强烈的参政意识。所以当安禄山兼领范阳、平卢、河东三镇节度使后，就进而要求入朝拜相。其实，唐朝由"边帅入相"的先例很多，安禄山的要求并不过分。可是朝廷以"禄山不识文字"为借口，杜绝了他的入相之路。唐朝宰相不识字的其实也大有人在，像兼将相之任的李勣就"不知书"。这证明唐代存在着民族歧视的问题。禄山争权的初衷并不在取天子以代之，只是在其入相无望并受到朝廷猜忌时，才决计作改朝换代之举的。

安、史的老巢河北，自唐初以后，由于突厥、靺鞨、契丹、奚等民族大量迁入，整个地区的"胡化"现象极为浓重。唐朝传统的政策是在蕃区设置类似今天自治政区的羁縻府州，但对河北朝廷并不以蕃区看待，因此想获得世袭都督、刺史地位的河北诸汉蕃将领，就成为安史之乱的雄厚的社会基础。

即便安史乱后的诸帝，也大都猜忌、歧视少数民族，遂导致代宗时的铁勒酋长仆固怀恩、德宗时的靺鞨人李怀光等叛乱的发生。

---

①《资治通鉴》卷216唐玄宗天宝六载十二月条。

总之，由于唐代中后期最高统治阶层改变了唐初对少数民族"无猜"的政策，诱发了民族矛盾的激化，以致有安史等叛乱的发生。民族分裂，诸蕃离心分力，这是大唐帝国由盛转衰的重要原因之一。

（原载《中学历史教学》1992年第11期。）

《唐两京城坊考》中所见仕唐蕃人族属考

《唐两京城坊考》中罗列了数百家置于长安、洛阳的官人宅第。然而，被该书作者明确认定为蕃人（即域内外诸色入居两京的非汉族出身的人）者则只有两家，即宅于上都万年县崇仁坊的"吐蕃内大相论莽热"和东都敦化坊的"突厥阿史那斛瑟罗"。[①]其实，在唐代京城做官并定居于斯的蕃人累积数以万计，最盛时仅东突厥出身的五品以上的武官就达百余人，"殆与朝士相半"。[②]有鉴于此，笔者断定，《唐两京城坊考》中列数的数百个达官贵人之中必有相当数量的蕃人。几经检索，可以初步确认为非汉族出身者四十人。此外，尚有百余人为北朝胡姓余裔，但因其汉化已久，本文不拟涉及。

一

据笔者考证，《城坊考》中所辑四十名仕唐蕃人，分别来自突厥、铁勒、契丹、奚、靺鞨、高丽、乌罗护、吐蕃、吐谷浑、党项、獠、俚、越、于阗、昭武九姓胡、天竺等民族和国家。

---

①《唐两京城坊考》卷3《西京·崇仁坊》、卷5《东京·敦化坊》。
②《贞观政要》卷9《安边》。

突厥：

《城坊考》卷三《西京·万年县·崇仁坊》条注称：哥舒翰少时宅新昌坊；《亲仁坊》条云：该坊有大同军节度使李国昌宅；卷四《西京·长安县·布政坊》记：该坊有左神武大将军、河间郡王舍利澄宅；《怀德坊》条载：该坊有右贤王墨特勒宅；卷五《东京·尚善坊》条下：有右骁卫大将军阿史那忠宅；《敦化坊》条下：有阿史那斛瑟罗宅。

哥舒翰。西突厥人。西突厥号称十姓部落，分属于"五咄陆"和"五弩失毕"两大部落联盟。弩失毕五姓部落联盟中有两个哥舒姓部（即哥舒阙、哥舒处半）。[1]凡姓哥舒者，即应出自二哥舒部。武德中（618—626年），有越州刺史哥舒府君及子左监门卫副率哥舒季通者，当为最早入仕唐朝的哥舒部人。[2]哥舒翰所处时代，因西突厥十姓中的突骑施部崛起，故史称翰"其先突骑施酋长哥舒部之裔"。翰祖沮，曾任唐左清道率。父道元，累官安西副都护、赤水军使。[3]可见哥舒翰出身于蕃将世家，翰以将门子客游长安三年，"宅新昌坊"。后因不为长安尉所礼，遂愤而从军河西，以功历官河源军使、陇右河西二节度使，封西平郡王。天宝十四载（755年）二月入朝述职，因"道得风疾，遂留京师，家居不出"。[4]按，天宝八载（749年），翰因从吐蕃手中夺回石堡城（在今青海湟源县西南）功，天子赐予京城庄、宅各一所。[5]其居家长安的宅第，应为过去的酬功所赐。但确切方位待考。

李国昌。《新唐书·沙陀传》称其为沙陀人。沙陀为"西突厥别部处月种"。贞观中（627—669年），居金莎山（今尼赤金山）之南，蒲类海（今新疆巴里坤湖）之东，因境内有大碛（即今古尔班通古特沙漠），故称沙陀突厥。酋长姓朱耶；"朱耶"者，"处月"之异译。宪宗元和中（806—820

---

①《旧唐书》卷194下《突厥传下》；《新唐书》卷215下《突厥传下》。

②《唐代墓志汇编》武德006《哥舒季通葬马铭》。

③《旧唐书》卷104《哥舒翰传》；《新唐书》卷135《哥舒翰传》。

④《资治通鉴》卷217唐玄宗天宝十四载二月条；《太平广记》卷356引《通幽记·哥舒翰》。

⑤《旧唐书》卷104《哥舒翰传》；《新唐书》卷135《哥舒翰传》。

年），沙陀因不堪吐蕃压迫，酋长朱耶执宜等率部内徙，被天子安置于盐州（治今陕北定边县）一带。唐末，执宜子赤心因镇压庞勋起义有功，由蔚州刺史、云中守捉使进大同军节度使，并被懿宗赐姓名曰李国昌，"预郑王属籍，赐亲仁里甲第"。[①]后来其子克用封王，孙存勖为五代后唐开国君主。

舍利澄。族出东突厥；从贞观二十三年（649年），在关内道以东突厥舍利吐利部置舍利州可知。[②]姓氏书也谓舍利姓出自"北蕃酋帅"。[③]因舍利为东突厥贵姓之一，故其酋帅多被朝廷委以重任。如贞观四年（630年）以东突厥降部所置的定襄都督府，舍利元英就充任其世袭都督。[④]据上可知，舍利没当出自东突厥舍利部酋。又，唐渤海郡国国王大祚荣的父亲姓名曰舍利乞乞仲象，至"颇知书契"的祚荣，改姓大氏（取尊大之义）。是渤海靺鞨的王室亦应出自东突厥舍利部。关于舍利澄的所处时代，从其官号"神武军大将军"，可推知其主要历史活动，应在安史乱后，而不可能在其前；因为唐禁军之一的神武军，始建于安史之乱爆发（755年）后的肃宗至德二载（757年）。[⑤]

墨特勒〔勤〕。据《十驾斋养新录》，"墨特勒"应为"墨特勤"之误。[⑥]又据《贤力昆伽公主阿史那氏墓志》，墨特勤系后突厥可汗阿史那默辍之子。[⑦]其全名应为阿史那默勤逾轮，其入居长安并宅于怀德坊的时间，不应早于开元四年（716年），迟于开元六年（718年）。[⑧]

阿史那忠。东突厥大酋阿史那苏尼失子。本名泥孰，贞观四年（630年）降唐。因擒颉利可汗，天子酬其功，妻以宗女，赐名忠。历事太宗、高宗，以"清谨"著称，官封至薛国公、左骁卫大将军。上元二年（675

---

①《新唐书》卷218《沙陀传》。

②《新唐书》卷43下《地理志七下下》。

③《元和姓纂》卷9《四十祃》，中华书局，1994年。

④《旧唐书》卷149上《突厥传上》。

⑤《新唐书》卷50《兵志》。

⑥《十驾斋养新录》卷6《特勤当从石刻》，上海书店出版社，2011年。

⑦《唐文拾遗》卷66《唐故三十姓可汗贵女毗伽公主云中郡夫人阿史那氏之墓志》。

⑧《册府元龟》卷986《外臣部·征讨五》；《全唐文》卷21《征突厥制》，并见两《唐书·突厥传》。

年），薨于洛阳尚善里私第，陪葬乾陵。①

阿史那斛瑟罗。西突厥大酋、唐濛池都护、继往绝可汗阿史那步真嗣子。步真卒，斛瑟罗袭父官封。天授元年（690年），被武则天改封竭忠事主可汗。②

铁勒：

《城坊考》卷二《西京·万年县·开化坊》条：河东节度使、兼侍中李光颜宅；《永乐坊》条：左监门卫上将军李思忠宅，卷三《大宁坊》：河中节度使、兼中书令浑瑊宅。

李光颜。本姓阿跌（或作𨂂），铁勒阿跌部酋长之裔。祖、父世袭鸡田州刺史。光颜与兄光进于宪宗时，屡次被遣征讨割据藩镇，"推功建德，赐姓命氏"，遂为李姓，系属宗籍。③光颜又在讨南昌淮西叛镇和抗御吐蕃内寇的战事中"功冠诸将"，被即位伊始的穆宗"赐开化里第"。④官至太原尹、北京留守、河东节度使、司徒兼侍中。宝历三年（825年）卒，赠太尉，谥曰"忠"。

李思忠。回鹘厖馺可汗兄弟，本名咀没斯，因回鹘政权为黠戛斯（与回鹘同为铁勒部族）所破，可汗被杀，遂南下附唐。会昌二年（642年），咀没斯率其特勤、宰相等2200余人降唐。同年八月，武宗为嘉奖其"忠义"，诏赐咀没斯兄弟皆姓李氏，并赐咀没斯名曰思忠。思忠官至监门卫上将军兼抚王傅，并极受天子优礼，"两禀其奉，赐第永乐坊"。⑤

浑瑊。铁勒浑部酋长之裔。自高祖浑阿贪支于贞观中率部内属，授皋兰州世袭刺史，至瑊已有六代人为唐朝蕃将。⑥少年从戎，在备边和平定安

①《旧唐书》卷109《阿史那社尔附阿史那忠传》；《新唐书》卷110《阿史那社尔附阿史那忠传》，并见昭陵博物馆藏《阿史那碑》《阿史那忠墓志》。

②《旧唐书》卷194下《突厥传下》；《新唐书》卷215《突厥传下》。

③《全唐文》卷714《李良臣牌》。

④《旧唐书》卷161《李光进附弟光颜传》；《新唐书》卷171《李光进附弟光颜传》。

⑤《旧唐书》卷195《回纥传》；《新唐书》卷217下《回鹘传下》；《资治通鉴》卷246唐武宗会昌二年七月条。

⑥《新唐书》卷75《宰相世系表五下》。

史之乱以及讨击仆固怀恩、朱泚、李怀光的系列反叛中，每有卓越战功，因而为朝廷倚若长城。德宗时拜宰相、副元帅，封咸宁郡王，并赐"大宁里甲第"。[①]从瑊始，其家族居大宁里至少历四代人。[②]又，瑊父皋兰州刺史，朔方将浑释之，于代宗广德二年（764年）被朔方叛帅仆固怀恩所杀，后因浑瑊贵显，追赠为太子太师，建庙于万年县常乐坊。[③]

契丹：

《城坊考》卷四《西京·长安·敦义坊》条：太尉、中书令、临淮郡王李光弼宅；卷三《西京·万年县·崇仁坊》条并注：义阳公主并王士平宅；卷二《西京·万年县·崇义坊》条：剑南东川节度使王承业宅。

李光弼。契丹酋帅之裔。父李楷洛，于武则天久视中（700年）率部投降，拜禁军将军，遂定居京兆万年县，故于斯出生的光弼及兄弟光进、遵宜、遵行、光琰、光颜等籍称"京兆万年人"。[④]光弼为中唐名将、功臣，官封至副元帅、太尉、中书令、临淮王。史称光弼出镇地方的十年中三次入朝，与弟光进同在京师，"双旌在门"，"甲第并开"。[⑤]其在长安县敦义坊的"甲第"，当为上元二年（761年）入朝时天子所赐。又，碑称其母为韩国太夫人，系大将军武楷固之女。[⑥]按，武楷固本姓李，原为契丹酋帅，曾参与契丹酋长李尽忠、孙万荣的造反，兵败后，于神功元年（697年）降，被武则天委以征讨契丹反叛余党的重任。功成，擢左玉钤卫大将军、燕国公，赐姓武氏。[⑦]至玄宗时代，楷固犹为在职的羽林军大将军。[⑧]可见李光弼的外祖亦宅于京城。

王士平。契丹怒皆部人。祖路俱，开元中率部内徙蓟州（治今河北蓟

---

① 《旧唐书》卷134《浑瑊传》；《全唐文》卷489《浑瑊碑》。

② 《全唐文》卷792《浑偘碑》。

③ 《唐两京城坊考》卷3《西京·万年县·常乐坊》。

④ 《全唐文》卷342《李光弼碑》、卷422《李楷洛碑》。

⑤ 《旧唐书》卷111《李光弼传》。

⑥ 《全唐文》卷342《李光弼碑》、卷422《李楷洛碑》。

⑦ 《资治通鉴》卷207武则天久视元年七月条。

⑧ 《全唐文》卷327《为羽林军祭武大将军文》。

县）。父武俊，成德军节度使。德宗为笼络抗命犯上的河朔三镇，除诏使武俊"建庙京师，有司供拟"，（按，王武俊家庙所在，据《城坊考》，建于西京长安县道德坊）并以第二女义阳公主下嫁士平，宅于昌化坊。士平官至左金吾卫大将军。[①]

王承业。《城坊考》"王承业宅"条注："武俊之孙，士真子也。"既云为王武俊之孙，当然也族出契丹怒皆部。士真为武俊嗣子，袭成德军节度使。又，据《旧唐书·王士真传》：士真有承宗、承元、承通、承迪、承荣五子。"承业"当为士真第五子"承荣"误。[②]

奚：

《城坊考》卷二《西京·万年县·安仁坊》条：义成军节度使、同中书门下平章事、上谷郡王张孝忠宅；《务本坊》条：河中节度使、兼中书令、延德郡王张茂昭宅；卷三《西京·万年县·大宁坊》条及注：义章公主和张茂宗宅；《靖恭坊》条：魏博节度使史宪诚宅。卷二《西京·万年县·长兴坊》条：左神武统军史宪忠宅。

张孝忠。传称"本奚之种类"。曾祖靖，祖逊，世为奚族乙失活部落酋帅。父谧，开元中率部归唐。孝忠原名阿劳，肃宗上元中（760-761年），天子赐名孝忠。孝忠先后为安禄山、史思明、李宝臣部将。德宗时，授成德军节度使，终义武军节度使。贞元十二年（796年）孝忠妻谷氏殁于万年县安仁里第。[③]孝忠虽出自安史旧部，但反正后，不复助恶，被时人目为"贤将"。[④]并为天子优礼，其京师宅第，当系德宗所赐。

张茂昭。张孝忠长子。元和六年（811年），以河中节度使入京述职。

①《旧唐书》卷142《王武俊附子士平传》；《新唐书》卷83《诸帝公主传》、卷211《藩镇镇冀王武俊附子士真传》。

②《旧唐书》卷142《王武俊附子士平传》；《新唐书》卷83《诸帝公主传》、卷211《藩镇镇冀王武俊附子士真传》。

③《文苑英华》卷967《上谷郡王张公夫人谷氏墓志铭》，中华书局，1995年；《旧唐书》卷141《张孝忠传》。

④《新唐书》卷148《张孝忠传》。

"发疡薨于京师务本里第"。①

张茂宗。张孝忠次子。贞元十三年（797年），尚德宗第三女义章公主。累官闲厩使、充海沂节度等使、左金吾卫大将军、左龙武统军。②

史宪诚。"其先奚也，内徙灵武，为建康人。"③祖道德，④父周洛，皆以宪诚贵显追封郡王。太和三年（829年），宪诚由魏博徙镇河中，为哗变的部将攻杀。其子孝章，官至邠宁节度使，开成三年（838年），"薨于靖恭里之私第。"⑤

史宪忠。宪诚弟。魏博乱，宪忠奔京师。系官泾原、振武等镇节度使，终左龙武统军。⑥

鞨鞨：

《城坊考》卷五《东京·思恭坊》：右羽林军大将军、辽阳郡王李多祚宅。

李多祚。其先鞨鞨酋长，号"黄头都督"。⑦初隶高宗时代的大将裴行俭麾下，深为行俭赏识，遂进拔为"名将"。武则天晚年，官至右羽林军大将军，前后掌宫城北门禁军二十余年。神龙元年（705年），与张柬之诛"二张"，拥戴中宗复位，封辽阳郡王。后因诛武三思被杀，籍没其家。睿宗即位，复其官封。⑧

高丽：

《城坊考》卷三《西京·万年县·宜阳坊》、卷四《西京·长安县·永安坊》：右羽林大将军高仙芝宅；卷三《西京·万年县·兴宁坊》、卷五《东京·承义坊》注：特进王毛仲宅；《兴宁坊》：左卫大将军泉男生宅；

---

① 《全唐文》卷505《张茂昭墓志》。

② 《旧唐书》卷141《张孝忠附子茂宗传》；《新唐书》卷83《诸帝公主传》。

③ 《新唐书》卷210《藩镇魏博传》。

④ 参看拙作：《史道德族属籍贯及后人》，载《文物》1991年第5期。

⑤ 《全唐文》卷609《史孝章碑》。

⑥ 《新唐书》卷148《史宪忠传》。

⑦ 《文苑英华》卷883《裴行俭碑》。

⑧ 《旧唐书》卷100《李多祚传》。

《东京·集贤坊》《尊贤坊》：泉献诚宅；《西京·道政坊》：东平节度使李师古进奏院，《东京·兴教坊》：李师道留后院。

高仙芝。两《唐书·高仙芝传》称"本高丽人"。父名舍鸡，初从河西军，累功至安西四镇十将、诸卫将军。仙芝二十余岁时以父功授游击将军。天宝六载（747年），在唐同吐蕃对西域的争夺中，仙芝以"奇功"授四镇节度使。后入朝，擢右羽林军大将军，封密云郡公。天宝十四载（755年），以副元帅东讨安禄山败绩，被诏斩。按，高氏为高丽国姓。自乾封二年（668年）高丽为唐所灭，其王室及酋帅多入长安，致使某些曲巷以高丽为名。①颇疑舍鸡来自高丽王族。

王毛仲。两《唐书·王毛仲传》称："本高丽人也。"张说《陇右监牧颂》云："东国亡王之后裔。"其先人入唐，亦应在高丽国破之后。毛仲父名求娄，仕唐充游击将军，因犯罪沦没为官奴，所以毛仲隶于在藩邸时的李隆基。毛仲"性识明悟"，积极参与李隆基谋取帝位的活动。故隆基即位后，对毛仲"恩宠莫二"，"委任斯宗"，官位至特进、霍国公、左武卫大将军、内外闲厩监牧都使、太仆卿。后因"志得而骄"，被玄宗诛杀。②

泉男生、泉献诚。泉男生，高丽莫离支（相当于唐兵部尚书兼中书令）盖苏文之子。乾封二年（666年），盖苏文死后，男生继袭莫离支。是年，男生为弟男建、男产所逐。遂与其子献诚等投唐。高宗擢男生为辽东大都督、玄菟郡公，"赐第京师"。仪凤二年（677年）卒。泉献诚于武则天初年以右卫大将军兼领羽林军。天授二年（691年）被酷吏来俊臣构杀。③献诚子曰隐，官至卫尉卿、卞国公。隐子毖，志称"京兆万年人"。开元十七年（729年）薨于兴宁里私第。男生弟男产，于总章元年（668年）亦降唐朝，官封至辽阳郡开国公、营缮监大匠。大足元年（701年）卒于洛阳私第。

①（宋）张礼撰注：《游城南记》，中华书局，1985年。

②《新唐书》卷121《王毛仲传》。

③《旧唐书》卷199上《高丽传》；《新唐书》卷110《泉男生传》及附《泉献诚传》；《唐代墓志汇编》调露023《泉男生墓志铭》、大足001《泉献诚墓志铭》、长安008《泉男产墓志铭》、开元378《泉毖墓志铭》。

李师古、李师道。高丽人。祖正己，父纳。师古为纳长子，师道为师古异母弟。安史之乱平定后，正己以下三代人世袭平卢军、淄青节度使，盗据青（治今山东益都）、郓（治今山东东平县西北）等十余州达半个多世纪。为觇朝廷动静，师古、师道先后置邸两京，并遣派耳目分布长安、洛阳，乃至邀杀宰相和阴谋血洗洛城。[①]

乌罗护：

《城坊考》卷四《西京·长安县·崇化坊》：河阳节度使乌重胤庙。

乌重胤。族出乌罗护。乌罗护又称"乌洛侯""乌罗浑"。北魏时游牧于今嫩江西部地区。后有徙张掖（今甘肃张掖市）者，"始单以乌为氏"。[②]故乌重胤父乌承玼传称"张掖人"。[③]乌氏家族自唐初乌察授左武卫大将军，中经乌令望、乌蒙、乌承玼，至乌重胤，代出显官。重胤于元和长庆中（806-824年），以征讨割据藩镇功，累官河阳等镇节度使、宰相、三公。[④]

吐蕃：

《城坊考》卷三《西京·万年县·崇仁坊》：吐蕃内大相论莽热宅，《靖恭坊》：骠骑大将军论惟贤宅。

论莽热。吐蕃官职，"相为大论、小论，以统理国事"。[⑤]由是宰相家族遂以官号为姓氏。论莽热全名论莽热没笼乞悉蓖，原为吐蕃大论兼松州五道节度兵马都统、群牧大使。[⑥]贞元十七年（801年），将大军同唐剑南西川节度使韦皋在维州（治今四川理县东北）鏖战，十万兵半数被歼，莽热亦被生擒。次年一月献于朝廷。"德宗数而释之，赐第于崇仁里"。[⑦]

---

①《旧唐书》卷124《李正己传》及附《李师古传》《李师道传》；《新唐书》卷213《藩镇淄青横海传》。

②《文苑英华》卷880《乌公先庙碑》；《新唐书》卷75下《宰相世系表五下》；姚薇元：《北朝胡姓考》外篇第一《东胡诸姓·乌氏》，中华书局，2007年。

③《新唐书》卷136《李光弼附乌承玼传》。

④《旧唐书》卷161《乌重胤传》；《新唐书》卷171《乌重胤传》。

⑤《旧唐书》卷196上《吐蕃传上》。

⑥《新唐书》卷216下《吐蕃传下》。

⑦《旧唐书》卷140《韦皋传》。

论惟贤。吐蕃大酋之裔。高祖禄〔论〕东赞，本姓薛氏，"作相于西戎，因官立姓，遂为论氏"。①曾祖论钦陵，袭父大论，与弟赞婆、悉多于、勃论等"复专其国"。祖弓仁，本名莽布支，于圣历二年（699年）以所统吐谷浑七千帐投降朝廷，拜左玉钤卫将军，封酒泉郡公。后官至右骁卫大将军，朔方副节度大使。开元十一年（723年）薨，赠拔川郡王，"诏葬于京城之南"。②父诚节，朔方副节度大使，右金吾卫大将军，武威郡王。论惟贤于德宗时官至骠骑大将军，元和四年（809年），卒于静恭里私第。此支论氏家族，自盛唐至晚唐，或出任北边镇帅，或入朝为禁军将军，"子孙因家，自银州至于京兆"。③

吐谷浑：

《城坊考》卷四《西京·长安县·延福坊》注、卷五《东京·温柔坊》：琼山县主和慕容氏宅。

琼山县主之夫慕容氏。琼山县主者，据《大唐故武氏墓志之铭》称，祖承嗣，父延寿，乃武周宗室女，故有"县主"之封号。开元中嫁朔方节度副使、燕王慕容公，生嗣子慕容兆。于开元二十三年（735年）薨于京兆长安延福里第。④据《新唐书·吐谷浑传》载：吐谷浑王慕容诺曷钵于咸亨三年（672年）因故国为吐蕃所陷，内徙灵州（治今宁夏灵武西南），高宗为置安乐州，以诺曷钵为刺史。自是至玄宗开元中，安乐州刺史一职至少被传袭了四代人，即诺曷钵之子忠，孙宣超→曾孙曦皓→玄孙兆。⑤既然琼山县主武氏之子为慕容兆，县主之夫为慕容曦皓无疑。是东京温柔坊、西京延福坊之县主宅，亦应为吐谷浑王慕容曦皓在两京的宅第。

党项：

《城坊考》卷四《西京·长安县·居德坊》：左骁卫将军折氏宅。

①《全唐文》卷479《论惟贤碑》。按《新唐书·吐蕃传》谓东赞姓薛氏。
②《资治通鉴》卷206则天后圣历二年二月条；《新唐书》卷110《论弓仁传》；《全唐文》卷227《拔川郡王碑》。
③《全唐文》卷479《论惟贤碑》。
④《唐代墓志汇编》开元437。
⑤《新唐书》卷221上《吐谷浑传》；《旧唐书·吐谷浑传》"宣超"作"宣赵"。

折氏。据《曹氏谯郡夫人墓志》：夫人曹氏，讳明照，出自"金河贵族。"可知曹氏为昭武九姓国曹国人。又称18岁时"适左骁卫将军折府君为命妇"，后于开元十一年（723年）"终于居德里之私第"。[1]按，折氏族出党项羌，《新五代史·党项传》云：党项以姓别为部，其中五大部落之一的折氏部，即由党项折姓人构成。[2]又，北朝时期的关西羌姓中有莫折氏。[3]颇疑唐和五代时的折氏由羌族复姓莫折氏改。据上，曹氏之夫折府君，乃族出党项羌。

蛮：

《城坊考》卷三《西京·万年县·翊善坊》"保寿寺"条注、《来庭坊》"内侍高延福宅"条注、《兴宁坊》"华封观"条注：高力士宅；《翊善坊》：骠骑大将军、虢国公杨思勖宅；卷四《西京·长安县·昌明坊》"家令寺园"条注：日南王宅。

高力士。本名冯元一。岭南俚族首领冯盎的曾孙。圣历初，其家被武则天抄没，父冯君衡殁于是难。年仅十五岁的冯元一被岭南讨击使李千里净身献于宫廷。因宦官高延福收为养子，遂冒姓高，名力士。玄宗在藩邸时，力士就已倾心附结，并参与李隆基发动的一系列宫廷政变，受到天子罕见的恩宠。京师甲第池园、良田美产，赐予不可胜计。从其先后于翊善坊、来庭坊、兴宁坊宅建佛寺道观，可见其在西京宅第不止三处。力士以天子第一心腹的身份，曾给开元天宝年间（713-755年）的政治以极大的影响。官至开府仪同三司、骠骑大将军、齐国公。宝应元年（762年）以79岁卒。[4]

杨思勖，本姓苏，罗州（治今广东廉江县东北）獠族大首领杨历、雷州（治今广东海康县）大首领陈元女之养子。思勖幼年入宫，从玄宗诛韦

---

①《唐代墓志汇编》开元183。

②《新五代史》卷74《党项传》。

③《通志·氏族略·关西复姓》。

④《旧唐书》卷184、《新唐书》卷207《高力士传》，《冼夫人与冯氏家族》（中华书局1985年版），《高力士残碑》（载《文物与考古》1983年第2期），《全唐文》卷230《冯君衡碑》。

后，帝倚为爪牙。又多次领兵在黔中、岭南征讨，所至立功，故在宦官中，地位同高力士略等。官封至骠骑大将军、虢国公。开元九年（721年），其母颍川郡太夫人陈氏，薨于长安翊善坊私第。①

日南王。疑为林邑国（今越南中部）国王范头黎所遣贡使误。贞观四年（630年），林邑王遣使献火珠。②

于阗：

《城坊考》卷四《西京·长安县·居德坊》"奉恩寺"条注：本将军尉迟乐宅。

尉迟乐。本于阗国（今新疆和田一带）质子，授左领军卫大将军、上柱国、封金满郡公。中宗神龙二年（707年），奏乞以所居宅为寺。遂敕允立为奉恩寺。又请舍官出家，法名智严。智严于奉恩寺译经有年。③

昭武九姓胡：

《城坊考》卷三《西京·万年县·亲仁坊》"回元观"条注、《永宁坊》"京兆府籍坊"条注、卷四《长安县·宣义坊》：安禄山宅、邸、池亭；卷三《西京·万年县·胜业坊》：特进、行左金吾卫大将军、清河郡开国公康阿义屈达干宅；卷四《西京·长安县·修德坊》：河西陇右副元帅、同中书门下平章事李抱玉宅；《崇贤坊》：胡人米亮宅；《永平坊》"日者寇郿宅"条注：安太清宅。卷五《东京·惠和坊》：安修仁宅。

安禄山。传称"营州柳城（治今辽宁朝阳市）胡"，"本姓康"。父死，母突厥阿史德氏改嫁安延偃，故"冒姓安"。④按，康姓胡人应来自昭武九姓国康国（今乌兹别克斯坦撒马尔罕一带），安姓出自安息（今伊朗高原及两河流域）和安国（今乌兹别克斯坦布哈拉一带）。康、安二姓胡人来华者多以凉州（治今甘肃武威市）、营州为重要集散地，⑤故相距5600里的凉州

①《旧唐书》卷184、《新唐书》卷207《杨思勖传》。
②《旧唐书》卷197《林邑传》。
③《宋高僧传》卷3《唐京师奉恩寺智严传》，中华书局，1987年。
④《新唐书》卷225上《安禄山传》；《全唐文》卷452《代郭令公请雪安思顺表》。
⑤《北朝胡姓考》外篇第九《西域诸姓》。

胡以柳城胡为"共宗"。①然而，安禄山并不纯为昭武九姓胡。因其母突厥、父胡，故又称其为"杂种胡人"。②大概也正是这种"杂种"优势，使其天性"巧黠"，"解六蕃语"，不仅在诸蕃胡中具有号召力，且被天子托以"心膂之任"。致使禄山一人兼三道节度使，领天下三分之一的兵力，因天子屡有所赐，其在京师的宅第至少有七处。禄山旧宅在道政坊，"玄宗以其陋隘，更于亲仁坊选宽爽之地，出御库钱更造宅焉。"新宅"穷极华丽"，"宛若天造"，"虽宫中服御殆不及也。"是后，玄宗又"令于温泉（按，在今临潼华清池）为禄山造宅"，"又赐永宁园充使院"，再赐永穆公主池亭，"以为游宴之地"。天宝十一载（752年），天子又赐禄山二子"各庄宅一所"。③

康阿义屈达干。柳城胡人，当为安禄山族人。其祖上东来，应不迟于唐初。因为早在高祖和太宗初年，其曾祖就是东突厥颉利可汗的部落都督。其本人降唐前为后突厥的宰相。天宝元年（742年），后突厥破亡时，康阿义屈达干等以部落五千多帐款塞归朝，授左威卫中郎将。不久，被禄山网罗去充先锋使，并被迫参与安史叛乱。至德二载（757年），带四子及孙侄等十余人再次投唐，受到肃宗的厚待，拜金吾大将军，加特进，增封清河郡开国公。代宗广德二年（764年），薨于上都胜业坊之私第。④

李抱玉。本姓安，源出安国，⑤祖上于周隋间居凉州武威，为祆教"萨宝"（管理西域祆教徒的宗教官）。曾祖兴贵，唐开国功臣。父忠敬，开元中鄯州都督。至德二载（757年）因抱玉耻与安禄山"共宗"，"有诏赐之姓，因徙籍京兆，举族以李为氏"。抱玉在肃宗、代宗时，历官三节度使、三副元帅、同中书门下平章事，封凉国公。⑥

米亮。温庭筠谓米亮为"胡人"，"工于览玉"。亮因尝见崇贤里窦乂宅

---

①《新唐书》卷138《李抱玉传》。

②《新唐书》卷225上《安禄山传》。

③《安禄山事迹》卷上、卷中。

④《全唐文》卷342《康阿义屈达干碑》。

⑤《元和姓纂》卷4《二十五寒》。

⑥《旧唐书》卷132《李抱玉传》；《新唐书》卷75下《宰相世系表五下》、卷138《李抱玉传》；《全唐文》卷230《安忠敬碑》。

内有捣衣石为真于阗玉，遂建议窦义将其加工致富。义即以崇贤里宅酬之。[1]胡三省称："米姓出于西域。康居枝庶分为米国，复入中国，子孙遂以为姓。"[2]按，米国又称"弥末""弭秣贺"，故地在今乌兹别克斯坦撒马尔罕西南。米国人入居长安者不少，除寒胡米亮，尚有天宝元年（742年）卒于崇化里私第的仕唐之米国大首领米萨宝，永贞元年（805年）卒于礼泉里私第的辅国大将军米继芬等。[3]

安太清。安国胡人。原为安禄山大将，禄山死，依附史思明，任叛军河南节度使。肃宗上元元年（760年），于怀州（治今河南沁阳县）为李光弼生擒，被献于朝廷。[4]自是太清居于长安。至代宗大历年间（766-779年），太清犹在京师，并曾用二百千钱买得永平里西隅的一处小宅。[5]

安修仁。凉州胡酋，安兴贵弟，唐开国功臣。武德二年（618年），与兄兴贵共执割据凉州的李轨，以河西千里之地归唐，因而拜左武候大将军，封申国公。[6]

天竺：

《城坊考》卷二《西京·万年县·靖善坊》"大兴善寺"条注：不空三藏住处及灵塔所在。

不空三藏。本北天竺人，梵名阿月伕跋折罗，华言不空金刚。幼年随叔父来华观光。十五岁师事长安荐福寺高僧金刚智（南天竺人）。后一度经海路回五印度及师子国（即今斯里兰卡）求法巡法。天宝五载（746年）还京后，先后居净影〔住〕寺、大兴善寺等长安名刹。不空是个政治和尚，同玄宗、肃宗、代宗三代天子均关系至深。如安史之乱中，肃宗在灵武、

①《太平广记》卷243引《乾撰子·窦义传》。

②《资治通鉴》卷248唐武宗会昌六年二月庚辰条《胡注》。

③《唐故米国大首领米公墓志铭考》（载1932年《北平图书馆馆刊》6卷2号）；《米继芬墓志铭》（见《西安历史述略》）。

④《旧唐书》卷110《李光弼传》；《新唐书》卷136《李光弼传》；《资治通鉴》卷221唐肃宗上元元年三月条。

⑤《太平广记》卷344引《乾撰子·寇鄘传》。

⑥《旧唐书》卷55《李轨传》；《新唐书》卷86《李轨传》。

凤翔，不空则于长安"常密奉表起居"。后来代宗又对他"制授特进，试鸿胪卿，加号大广智三藏"。大历九年（774年），不空临终前，又被加授开府仪同三司，封肃国公，食邑三千户。①

二

《唐两京城坊考》的作者清人徐松，倾注了近四十年的精力始成此书，其用功不可谓不勤。然而，由于西安和洛阳的唐墓志与文物等古资料尚未大批量地出土，加上他自身掌握的历史文献资料又有许多欠缺，故他所能辑录的居住两京的仕唐蕃人，只是一个极小的数字。以长安为例，仅贞观四年（630年）的东突厥降户入居者就有近万家。②而唐初京师人口，充其量不过八万户。③这就是说，仅东突厥一个民族，就占据长安人口的八分之一。据有关唐代文献记载，唐前期有来自三百多个民族或国家的人曾在长安居留过。④到了唐后期的德宗时代，仅西域胡客（王子、使人等）"安居"长安"不欲归"者，犹多达四千。这些客留长安久者，"或四十余年，皆有妻子，买田宅，举质取利"。⑤从近人对洛阳千唐志的汇集，以及西安地区的唐人墓志等深埋地下的文物大量出土，非但证实了史书记载之不诬，也为我们提供了较全面的入仕蕃人在两京的具体分布的新的丰富的资料。就笔者所知，《城坊考》中应增补的两京蕃人有姓名可考和有宅第可觅者，至少可以再增多一倍。此问题俟另文涉及，这里不赘。

（原载《中国古都研究〔第十一辑〕——中国古都学会第十一届年会论文集》，1993年。）

---

① 《金石萃编》卷102《不空和尚碑》；《宋高僧传》卷1《唐京兆大兴善寺不空传》。
② 《资治通鉴》卷193唐太宗贞观四年五月丁丑条。
③ 《长安志》卷10西市条，三秦出版社，2013年。
④ 《唐六典》卷4《尚书礼部·主客郎中》
⑤ 《资治通鉴》卷232唐德宗贞元三年七月甲子条。

大唐创业与北朝蕃姓余裔

李唐王朝是中国历史上少有的盛世，以至于被日本学者誉为"世界帝国"。她的成就很值得深思，其中诸民族共同参与帝国的缔造应是重要因素之一。本文拟从蕃姓人物的卓越贡献说明北朝以来的少数民族后人在李唐创业过程中不可忽视的历史作用。

李唐创业，粗略可分三个阶段：太原起兵的酝酿（613—617年），向关中进军和建唐准备（617—618年），早期统一战争和"玄武门之变"（618—628年）。在这三个历史阶段中，蕃姓人物均发挥着举足轻重的作用，大唐之草创与发展多同此辈攸关。

一

李渊起兵反隋蓄谋已久，然而最早鼓动他取隋而代之的，则是同李渊家族有着千丝万缕联系的代北蕃姓贵族余裔。

大业九年（613年），当杨玄感反于黎阳，炀帝以李渊为弘化郡（今甘肃庆阳）留守，节度关右诸郡兵以备玄感的时候，原幽州总管窦抗，即建议李渊乘乱起兵；炀帝女婿，原隋尚辇奉御、鸿胪少卿宇文士及，也曾在涿郡与渊"夜中密论时事"，促其起事。①

窦抗是渊妻窦氏从兄，"与高祖少相狎"，②显系至亲，且为故旧；而宇文士及同渊则是"深自结托"，③过从甚密。这些人的鼓动，对李渊的作用是不可低估的。正是自此以后，李渊开始了组织上的准备，史载李渊"及是结纳豪杰，众多款附"。④到大业末年，窦抗被炀帝重新起用，遣往灵武巡守长城时，实际上已形成了与太原李氏共同威胁关中的两大军事集团，日后李渊放心进军长安而无后顾之忧，实赖于此。对于这种形势，日本学者不无遗憾地认为：在李渊被誉为"举一州之兵，定三辅之地"⑤的壮举背后，其姻亲窦氏的卓越功勋却鲜为人知。⑥

关于窦抗的族出，笔者同意日本学者石见清裕的意见，为匈奴费也头人；有意思的是，宇文士及也是"本姓破野（费也）头"出身。⑦在唐人眼中，窦、宇文二氏自北魏以降，一直被视为代北贵姓的最高等级。窦氏自拓跋魏迄李唐有四女被册为皇后，至少有六人拜相，七人尚主，数百人任中央或地方文武大员，而窦抗的直系祖先"累世仕魏，皆至大官"；⑧宇文士及的家族，亦同样是世代缵缨。其父述，隋文帝时，超拜上柱国，擢右卫大将军，权倾一时。⑨

如果说李渊始萌代隋之心与窦抗等有莫大关系的话，那么起兵前夕组织上、策略思想上的周密准备同样借重过蕃姓人物的忠诚。请看以下事实：

其一，刘文静建言"乘虚入关"之策。

在李渊建唐过程中，刘文静是一个特别值得重视的人物。李渊起兵前，

---

①《旧唐书》卷63《宇文士及传》。

②《新唐书》卷95《窦威附窦抗传》。

③《旧唐书》卷63《宇文士及传》。

④《旧唐书》卷1《高祖纪》。

⑤《旧唐书》卷55《刘武周传》。

⑥（日）石见清裕：《唐王朝的建立与匈奴费也头》，摘译载《河北师院学报》1984年第2期。

⑦《隋书》卷61《宇文述传》；《元和姓纂》卷6《九麇》；《新唐书》卷71下《宰相世系表》。

⑧《周书》卷30《窦炽传》；《隋书》卷39《窦荣定传》。

⑨《隋书》卷61《宇文述传》。

文静为晋阳令，因被姻亲李密株连，为炀帝系于郡狱。李世民亲至狱中请教，"图举大计"。刘文静为之分析形势，劝他"应天顺人"，改朝换代。预期"一朝啸聚，可得十万人"，如"乘虚入关，号令天下，不盈半岁，帝业可成"。①后果如所言，仅用一百二十六日就长驱关中，进克京师。

刘文静的身世，"自言系出彭城"，这显然是浪托汉室刘氏。从其祖懿为匈奴人集中居地的石州刺史和祖上为匈奴人的刘政会与他"敦叙宗室，亟相往来"等迹象看，其先人当为该地匈奴部落大人。懿为北周时人，后继居京师，故至孙辈，才"世居京兆武功"。②

其二，长孙顺德等募集人马，图谋举事。

大业十一年至十三年（615—617年），李渊历任山西、河东安抚大使、太原留守等职，然掌管兵力并非很多。以此区区之众，欲图大举，无疑是难以奏效。于是李渊一面令其子建成、世民"于河东潜结英俊"，"于晋阳密招豪友"，并"倾财赈施"，收买"士庶之心"；③另一面又命长孙顺德、刘弘基等广为募兵，以为准备。很快"远近赴集，旬日间近万人"，④待至是年七月壬子（三日），已有"精甲三万"，⑤大大扩充了实力。

长孙顺德，乃文德顺圣皇后之族叔也。文德顺圣皇后就是李世民之妻长孙氏。长孙氏，"其先，魏之枝族"，"孝文迁洛，改为长孙"。同元、窦、宇文等并为北朝以来第一等代北贵姓。刘弘基，本出京兆武功，居雍州池阳（云阳），隋通州刺史刘猛之孙、河州刺史刘升之子。⑥既与刘文静同籍贯，亦当为族出匈奴刘氏。

此外，隋太原鹰扬府司马刘政会，在李渊为太原留守之初，即"率兵

① 《册府元龟》卷309《宰辅部·佐命二》。

② 《旧唐书》卷57《刘文静传》；《新唐书》卷88《刘文静传》；《册府元龟》卷345《将帅部·佐命六》。

③ 《大唐创业起居注》卷1，上海古籍出版社，1983年。

④ 《资治通鉴》卷183隋炀帝大业十四年四月条。

⑤ 《册府元龟》卷7《帝王部·创业三》。

⑥ 《元和姓纂》卷7《三十六养》、卷5《十八尤》；《旧唐书》卷58《长孙顺德传》、《刘弘基传》。

隶于麾下"；楼烦郡（治所今山西静乐）有一支内徙的西突厥部落，其酋帅与李渊早有交接，当李渊决定起兵时，其特勤（王子）阿史那大奈亦"率其众以从"。①

其三，协赞大谋，内除炀帝亲信，外与突厥连和。

在李渊拜太原留守的同时，隋炀帝即以其亲信郎将王威、高君雅为副留守，以监视李渊行动。王、高二人对李渊的募集兵卒"相与疑惧"，遂计划以"祈雨"为名，骗渊至晋祠，意欲加害。晋阳乡长刘世龙探得其情，即向李世民告密。李渊父子因将计就计，使刘文静、刘政会等反告其"谋反"，②"先事诛之"。③时为起兵前的五月甲子（十五）日事。

关于刘政会，《元和姓纂》云："其先匈奴贵族，……代为部落大人。"④晋阳乡长刘世龙，以其地望并州，亦疑其祖上出自匈奴。

王威等被诛，李渊并未立即举兵，因为强大的东突厥的存在，不能不使他有后顾之忧。本来李渊就是受命防御突厥而进驻晋阳的。对此，刘文静提出了"改旗帜以彰义举"和"请连突厥以益兵威"的策略。"高祖并从之，因遣文静使于始毕可汗"。⑤这个建议十分高明。明人王船山认为，只有这样，才可收"假突厥之名，以恐喝河东、关中，而遥以震惊李密"的效果。⑥

此外，在酝酿太原起兵的过程中，窦琮（窦抗从弟）、元仲文（北魏帝室余裔）等，或"协赞大谋"，⑦或"参附义始事"，⑧也多有奉献，都以太原元从功臣名著史册。

其四，李渊建大将军府，多以蕃姓人物为统军大将。

---

①《旧唐书》卷58《刘政会传》;《资治通鉴》卷184隋恭帝义宁元年七月条。

②《旧唐书》卷1《高祖纪》。

③《旧唐书》卷57《刘文静传》、卷58《刘政会传》。

④《元和姓纂》卷5《十八尤》。

⑤《旧唐书》卷57《刘文静传》。

⑥《读通鉴论》卷19《隋炀帝》。

⑦《旧唐书》卷61《窦威附从子抗传》。

⑧《新唐书》卷88《裴寂传》。

大业十三年（617年）六月癸巳（十四日），李渊建大将军府，署置官属，为起兵做了最后也是最重要的准备。除以刘文静为司马，以刘政会等为户曹，并拜长孙顺德、刘弘基、窦琮等为统军。按，大将军府下置有左、右领军大都督府，分由大郎李建成、二郎李世民任领军大都督，隶于大将军李渊。而左、右领军大都督之下又分左、右三军，分由六统军率领。这就是说，直接带军的六位统军，至少有三人为北朝蕃姓余裔。可以想见，长孙顺德等在李渊起兵的军事建置中具有何等的举足轻重的作用和地位。

二

北朝蕃姓贵族余裔，不仅在筹划太原起兵过程中，各以其才见重于李渊父子，而且在随后克定关中、佐李渊代隋的军事和政治活动中，也都有突出的贡献。

首先是刘文静的不辱使命。

大业十三年（617年）七月癸丑（五日），李渊率甲士三万，打着"尊隋"的幌子，誓众于军门，移檄于郡县，登上了南下西进的征途。

军旅业已出动，问题还未完全解决。隋军的堵截自在意料之中，而刘文静出使突厥实是成败的关键。李渊既要借助突厥的声援，又担心求援失败，既希冀其出兵相助，又虑助兵太多，用之而不能制之，反受其祸。其忧心忡忡，可以想见。

军旅出动后的第九天，到达霍邑（今山西霍县）西北五十余里的贾胡堡时，适逢秋雨连绵，粮草供应困难，又有隋将宋老生、屈突通重兵堵截。加之刘文静出使突厥尚无消息，李渊不能不忧心有加。一直到十八日（丙寅），突厥特使来到贾胡堡，告以"已遣兵马上道，计日当至"时，[1]李渊才稍稍放下一颗悬着的心。然而，刘文静终究未归，情况是否有变，李渊仍不能不有所顾忌，所以，当数日后流言"突厥欲与〔刘〕武周南入，乘虚掩袭太原"时，[2]李渊竟惊恐不安，急"召将佐谋北还"，左军也已听命

---

① 《大唐创业起居注》卷2。
② 《大唐创业起居注》卷2。

后撤。只是由于李世民的哭谏，才不得已收回成命。①一直处于不安中的李渊，战事还算顺利，八月三日（辛巳），克霍邑，斩宋老生，全歼其军，继而入临汾，下绛郡，十五日（癸巳）大军至龙门（今山西河津县西北），会刘文静和东突厥特勤康鞘利率兵五百人、马二千匹至。李渊内心深处的疑虑才最后化解。他兴奋异常，激动地对刘文静说："吾西行及河，突厥始至，兵少马多，皆君将命之功也。"②刘文静出使突厥不辱使命，确实获得了最理想的结局。在这之后，大军自龙门渡黄河，进军长安，就无所障碍了。

其次是长孙顺德等每战摧锋，屡立战功。

长孙顺德以右军统军从右领军大都督李世民平霍邑、破临汾、下绛郡，"俱有战功"。又从刘文静击屈突通于潼关，"每战摧锋"。屈突通大败后将奔洛阳，顺德跟踪追击，遂"执通归京师，仍略定陕县。"③李渊即位，拜左骁卫大将军，封薛国公。

刘弘基亦以右军统军从世民下西河，斩宋老生，并率先渡黄河，以渭北道大使略地扶风，躔兵长安金光门。"及破京城，功为第一。"④武德元年（618年）拜右骁卫大将军，

刘政会以大将军府户曹参军从平长安，"以佐命元勋，蒙历任委"。⑤

窦琮以统军从世民平西河，破霍邑，因授金紫光禄大夫，封扶风郡公。又从刘文静击屈突通于潼关，又"进兵下陕县，拔太原仓"。拜左领军大将军。⑥

西突厥特勤阿史那大奈从刘弘基、王长谐率先渡河。屈突通遣将率数千人夜袭王长谐等军营，诸军多奔退。大奈以数百骑迂回至敌军后，"掩其不备，击，大破之，诸军复振"，李渊酬其功，拜光禄大夫。"及平京城，

---

① 《资治通鉴》卷184隋炀帝大业十四年秋七月条。
② 《资治通鉴》卷184隋炀帝大业十四年八月条。
③ 《册府元龟》卷345《将帅部·佐命六》。
④ 《旧唐书》卷58《刘弘基传》;《册府元龟》卷345《将帅部·佐命六》。
⑤ 《册府元龟》卷345《将帅部·佐命六》。
⑥ 《新唐书》卷95《窦威附从子琮传》。

以力战功，赏物五千段，赐姓史氏"。①

三是党仁弘等起兵响应，从而迅速克定长安。

党仁弘。"本出西羌"，世居同州（今陕西大荔），北魏宁州刺史党弘六代孙。李渊入关中，仁弘以隋武勇郎将身份率兵二千人，"归高祖于蒲阪（今山西永济县蒲州镇）"。②

何潘仁。西域昭武九姓国何国人，父浑邪，通商来内地，定居鄠屋（今陕西周至县）。大业末，以犯法，遂亡入司竹园中，"鸠集亡命，众至数万，……长安以西城邑多为所破"。及李渊起兵，奉渊女平阳公主"以应义师"。③

窦轨（琮兄），李渊起兵，轨聚众千余人，迎谒渊于长春宫（故址在今陕西大荔县境）。轨为渊妻从祖兄弟，故"高祖见之大悦"，"使略地渭南"，"轨先下永丰仓，收兵得五千人"。④

于志宁。祖上出自鲜卑万纽于氏，魏孝文帝改其姓为于氏。志宁为北周太师于谨曾孙。李渊入关，志宁率群从迎谒于长春宫。⑤

长孙无忌。顺德族侄，世民妻兄，"其先出自后魏献文帝第三兄"。少与世民友善。及渊军渡河，亦至长春宫谒见。⑥

段纶。"鲜卑檀石槐之后"，祖上历北朝刺史，父文振，隋兵部尚书。⑦纶为李渊第四女再婚婿，渊起兵，纶"亦聚徒于蓝田，得万余人"。及渊济河，纶派人迎谒。⑧

丘行恭。源出鲜卑丘敦氏。祖上历任北朝将军。行恭善骑射，勇敢绝伦。大业末，与兄师利聚兵于岐、雍二州间，有众一万。及李世民率大军

①《通典》卷199《边防典十五》。

②《资治通鉴》卷196唐太宗贞观十六年十一月条；《元和姓纂》卷7《三十七荡》。

③《册府元龟》卷345《将帅部·佐命六》。

④《旧唐书》卷61《窦威附从子轨传》。

⑤《旧唐书》卷78《于志宁传》。

⑥《旧唐书》卷65《长孙无忌传》。

⑦《元和姓纂》卷9《二十九换》；《北史》卷76《段文振传》；《隋书》卷60《段文振传》。

⑧《新唐书》卷83《诸帝公主传》；《资治通鉴》卷184隋炀帝大业十四年九月条。

营于泾阳，行恭与师利率其众共谒于渭北。①

窦抗，大业末，隋炀帝派往灵武巡守长城，闻渊定京师，喜谓"此吾家妹婿也，豁达有大度，真拨乱之主矣"。因以灵、夏等州归唐。②

窦琎，抗季弟，大业末，为扶风太守，"唐兵起，以郡归。"③

王珪，祖上"在魏为乌丸氏"，父颙，北齐乐陵太守。珪于开皇末，为奉礼郎。季父颇被诛，珪亡命于南山十余年。会李渊入关，署为世子（李建成）府咨议参军。④

据上可知，李渊集团起兵太原，确以北朝以来的蕃姓贵姓余裔为中坚力量。及至入关，不仅代北虏姓的姻亲故旧纷纷聚众密切配合，即便那些新附的蕃姓人物，亦把攀附李渊视为发迹的绝好机会。自然，与此同时，与李渊集团有着千丝万缕联系的关陇士族的汉族人物，也同样对之取竭诚欢迎的态度。正是在这种形势下，当李渊于十月初兵临长安城下时，已由晋阳发兵时的甲士3万，奇迹般地膨胀为20余万大军了。十一月初，又几乎是兵不血刃就拿下了京师长安。次年五月，在诸多创业功臣的拥戴下，终于登上了大唐开国皇帝的宝座。

三

李渊克定长安之后，很快受禅于恭帝，建立大唐，改元武德。这时当务之急乃是建立制度和扫平群雄。如果说李渊建唐是以大批蕃姓人物的拥戴为主要前提的话，那么，事关新生政权巩固和发展的这些问题，亦同样与北朝以来的蕃姓余裔息息攸关。

窦威等肇建朝廷典章制度。

窦威。族出鲜卑纥豆陵氏，唐高祖李渊之妻太穆皇后从父兄。窦氏家

①《元和姓纂》5《十八尤》；《旧唐书》卷59《丘和附子行恭》；《新唐书》卷90《丘和附子行恭传》。

②《旧唐书》卷61《窦威附从子抗传》。

③《新唐书》卷95《窦威附从子琎传》。

④《旧唐书》卷70；《新唐书》卷98《王珪传》。

族子弟皆尚武，"独威尚文"。李渊克定长安，召补大丞相府司录参军。"时军旅草创，五礼旷坠，威既博物，多识旧仪，朝章国典皆其所定"。帝尝云："威，今之叔孙通也。"①

刘文静，高祖践祚，即拜纳言。时制度草创，帝命文静等对《隋开皇律令》进行修改，"遂制为五十三条，务从宽简，取便于时"。以后的《武德律令》即是在此基础上修完的。②

扫平群雄，完成早期的统一亦很为重要。那时，近在咫尺的薛举父子及据有关东的王世充、窦建德、刘武周等实际上对新生的大唐政权构成了包围的态势，直接威胁着她的生存。因此，扫平这些势力，势在必行。

高祖武德时期（618-626年）可以看成统一战争的早期阶段，主旨在削平内地群雄和使部分蕃区归于中央，这一阶段基本上是由蕃姓创业功臣和新附蕃姓人物完成的。

丘行恭，武德初，以光禄大夫从李世民讨薛举、刘武周、窦建德、王世充等，"皆立殊勋"。尤其是，武德四年（621年），在一次讨击王世充的战斗中，李世民与随从将士相失，世民马中流矢而亡，是行恭以坐骑授世民，自己"于马前步执长刀，距跃大呼，斩数人，突阵而出，得入大军"。贞观中，太宗思其殊功，"诏刻石为人马以象行恭拔箭之状，立于昭陵阙前"，③是为驰闻中外的"昭陵六骏"之一。

屈突通，据姚薇元先生考证，族出库莫奚屈突氏。④通本为隋大将，义宁元年（617年）被擒降渊，后从李世民平薛仁杲，又从讨王世充、窦建德，"论功第一"，因拜陕东大行台右仆射。⑤

窦诞、窦德明。窦诞，窦抗子，从征薛举，为元帅府司马；窦德明，

---

①《旧唐书》卷61《窦威传》;《新唐书》卷95《窦威传》;《唐会要》卷37《礼仪使》。

②《唐会要》卷39《定格令》。

③《旧唐书》卷59《丘和附子行恭传》;《新唐书》卷90《丘和附子行恭传》;《资治通鉴》卷188唐高祖武德四年条。

④姚薇元著:《北朝胡姓考》3《内篇第3内入诸姓:屈氏》。

⑤《新唐书》卷89《屈突通传》。

李渊妻太穆顺圣皇后兄之孙，从击王世充，频有战功，封显武男。[1]

尉迟敬德。族出羌人尉迟部，本为刘武周部将，武德三年（620年）降唐，从讨王世充、窦建德、刘黑闼、徐圆朗等，"累有战功"。[2]

阎立德。族出鲜卑，武德初，为秦王府士曹参军、从平东都。[3]

突地稽。靺鞨酋长，靺鞨旧称"勿吉"，为北朝蕃附。武德初，奉朝贡，高祖以其部置燕州，授总管。从讨刘黑闼，以战功封耆国公。[4]

党仁弘，武德初，大军东讨，以陕州总管"转饷不绝"，历南宁、戎、广州都督。"仁弘有材略，所至著声迹"。[5]

刘感，族出匈奴，代为部落大人。在讨击薛仁杲战斗中，兵败被执，不屈而死；[6]慕容罗睺，族出鲜卑慕容氏，以大将军从讨薛举，于高墌浅水原战殁。[7]更有安兴贵、安修仁兄弟，族出安国。武德二年（619年）受高祖派遣，共执李轨，以河西千里归国。兴贵固拜右武候大将军，修仁拜左武候大将军。[8]刘季真，族出离石胡（匈奴种），武德二年以石州降唐，授石州总管，赐姓李氏。[9]

丘和，丘行恭父，大业末，为交趾太守，隋亡，以州附萧铣。及铣平，和"以海南之地归国"，擢左武候大将军。[10]

高士廉，族出鲜卑是娄氏，大业中，为治礼郎，见李世民非常人，遂以外甥女长孙氏妻之。隋末，谪为朱鸢主簿，交趾太守丘和署为司法书佐。武德五年（622年）与和"上表归国"。[11]

---

①《旧唐书》卷61《窦威传》附《窦诞传》，《旧唐书》卷183《窦德明传》。

②《元和姓纂》卷10《八物》；《旧唐书》卷68《尉迟敬德传》。

③《元和姓纂》卷5《二十四盐》；《新唐书》卷100《阎立德传》。

④马驰：《〈新唐书·李谨行传〉补阙及考辨》，载《文博》1993年第1期。

⑤《资治通鉴》卷196唐太宗贞观十六年十一月条。

⑥《资治通鉴》卷186唐高祖武德元年九月条。

⑦《旧唐书》卷55《薛举传》；《新唐书》卷86《薛举传》。

⑧《资治通鉴》卷187唐高祖武德二年五月条；《全唐文》卷230《安忠敬碑》。

⑨《旧唐书》卷56《梁师都附刘季真传》。

⑩《旧唐书》卷59《丘和传》。

⑪《旧唐书》卷65《高士廉传》。

冯盎。本北燕（407—436年）主冯弘裔孙。后世聘越族（俚族）大姓冼氏女为妻，遂世为越族大首领。武德五年，盎以岭南数千里、二十余州降唐。高祖以其地置八州，授盎上柱国，高（州）、罗（州）总管，封越国公。①

此外，早在太原起兵前就劝李渊乘便代隋的窦抗、宇文士及，以及起兵元从功臣刘弘基、窦琮、史大奈等在武德初年的统一战争中，或"功殊"，或"勋居第一"，或"临难不屈"亦都屡立新功，重做贡献，以功晋爵。

应当指出的是，武德年间的早期统一战争，基本上是在秦王李世民的指挥下进行的。因此，这些从征的诸蕃姓将领，为确保自己开国功臣的地位，遂甘当李世民喋血禁门的工具。武德九年（626年）六月四日的"玄武门之变"，长孙无忌、高士廉、尉迟敬德、侯君集（祖植，西魏赐姓侯伏侯氏②）等"并预密谋"。③宇文士及、屈突通、独孤彦云、丘行恭等也都参与其事。事后论功行赏，"敬德与长孙无忌为第一，各赐绢万匹"，④高士廉拜侍中；宇文士及拜中书令；长孙无忌为吏部尚书，后拜尚书右仆射；侯君集、屈突通等也各有封赏。是年八月癸亥（八日），高祖传位于李世民，建唐时期早期的统一战争基本结束。而统一战争的第二阶段，即对蕃区大规模用兵阶段，继于贞观三年（629年）开始。在北朝蕃姓余裔奠定的大唐创业基础之上，一大批新附蕃将，如东突厥的执失思力、阿史那忠、阿史那社尔、阿史那思摩，铁勒契苾何力等，又将唐朝的武功推进到一个新的高度，从而对形成空前的蕃汉一统局面，做出了巨大奉献。⑤

唐朝是我国历史上少有的开放型社会，当权者在民族观念和政策上，之所以不那么歧视所谓"异类"；之所以对蕃风胡俗的崇尚，能贯之如一，从大唐开国功臣多源自"夷狄"上，应当是不难找到答案的。

（原载《唐都学刊》1995年第2期。）

①《隋书》卷80《谯国夫人传》；《旧唐书》卷109《冯盎传》；《新唐书》卷110《冯盎传》。
②《周书》卷29《侯植传》。
③《旧唐书》卷65《高士廉传》。
④《旧唐书》卷68《尉迟敬德传》。
⑤马驰：《唐代蕃将》，三秦出版社，1990年。

试论蕃人仕唐之盛及其姓名之汉化

在唐帝国辽阔的疆域里和悠久的历史长河中，存在着一种极为普遍的政治和文化现象：仕唐蕃人（即非汉族出身的官员）数以万计，并基本上都曾经有姓名上的汉化演变过程。

繁荣昌盛的大唐帝国，其高度发达的物质文明和精神文明，产生着强烈的磁场效应，吸引着四裔民族的"向化"，截至开元盛世，有三百多个民族或国家同她建立某种政治隶属关系，[①]诸色蕃人因受到朝廷优礼而在中央或地方做官者，其数字之大，为中华王朝史上所仅见。

蕃人入仕之盛，从贞观四年（630年）的中央大员内突厥人之多可窥一斑。这一年，东突厥汗国破灭，其可汗、特勤（即王子）及其他大首领归降者，皆拜将军、大将军。像颉利可汗阿史那咄苾，突利可汗阿史那什钵苾（颉利侄），小可汗阿史那苏尼失（颉利从叔），均擢右卫大将军。夹毕特勤阿史那思摩（颉利从叔）授右武卫大将军，特勤阿史那泥孰（苏尼失子）授左屯卫将军，大首领执失思力授左领军将军，颉利亲信胡酋康苏密授右骁卫将军。"其余酋长至者，皆拜中郎将，布列朝廷，五品以上百余

---

①《唐六典》卷4《尚书礼部·主客郎中》。

人，殆与朝士相半，因而入居长安者近万家"。①按，贞观初年，宰相房玄龄承旨对中央官吏裁减并省后，"所置文武"，总共只有六百四十员。②而贞观四年的仅东突厥一族在朝内任高级武官者，就占中央全部官员的六分之一，和文武大员的二分之一。又，唐初京师人口，充其量不过八万户。③而仅东突厥民族入居者，就据有长安总人口的八分之一。由是可知蕃人京官有着如何雄厚的社会基础。

蕃人任唐朝地方州府（主要是羁縻府州，或称蕃州）大员者，其人数之多，尤为惊人。如贞观二十年（646年），薛延陀汗国破灭，其属铁勒十一部酋长，"总统百余万户"，"请同编列，并为州郡"。④于是天子"以唐官官之，凡数千人"。⑤又据《通典》等载：天宝初年，贡赋版籍纳入户部帐的，"凡郡（州）府三百二十有八"。⑥而以蕃酋为世袭都督、刺史的蕃州（即羁縻府州），则多达八百，⑦以后累积至八百五十六。⑧这就是说，唐代的封疆大吏中，蕃官为汉官的二倍多。因为羁縻府州的都督、刺史"皆得世袭"，⑨所以有唐三百年的蕃人地方高官，其数当以万计。

安史乱后，大唐从繁盛的顶峰滚落下来。然而，尽管唐朝版图缩小，国力大不如前，但仕唐蕃人的数字却有增无减。这是由以下几个因素所确定：

其一，大唐帝国的旧威犹存，诸色蕃人向慕而至因而仕唐者，仍时有其人。这些新授的蕃人官员中，不仅有一批批的回鹘、渤海、新罗、南诏、契丹、奚、室韦、吐蕃、骠国、牂牁蛮、昆明蛮等数十个民族或属国的入

①《资治通鉴》卷193唐太宗贞观四年五月条。
②《贞观政要》卷3《择官第七》。
③《长安志》西市条。
④《全唐文》卷8《平契苾幸灵州诏》。
⑤《新唐书》卷217上《回鹘传上》。
⑥《通典》卷172《州郡典二·序目下》。
⑦《资治通鉴》卷215唐玄宗天宝元年正月条。
⑧《新唐书》卷43下《地理志七下·羁縻州》。
⑨《新唐书》卷43下《地理志七下·羁縻州》。

质王子、朝贡使者、述职官员、归降酋帅、勤王将领，①更称大奇的是，还有来自大食（阿拉伯帝国）被荐应唐科举考试的深目高鼻者。②

其二，在统治阶级中出现了人数不可胜计的蕃官世家阶层。如高祖时代的大唐创业功臣凉州胡酋安兴贵、安修仁兄弟，其后人，早在玄宗初年就已是"乘朱轮者四十人"。③至唐后期，又至少有两人位居三公，并兼将相之任。④安修仁的八代孙李振，于唐末自金吾将军、台州刺史攀附上朱温，遂辅佐朱温称霸，"终成帝业"。⑤像安兴贵、安修仁兄弟这样的三百年蕃官世家，还有很多，如铁勒契苾氏家族、浑氏家族、阿跌（李）氏家族，乌罗护乌氏家族，契丹大贺（李）氏家族，吐蕃论氏家族，党项拓拔（李）氏家族，东突厥阿史那（史）氏家族，西突厥哥舒氏家族，昭武九姓胡康、何、曹、米、石等氏家族，西突厥沙陀朱耶（李）氏家族，高丽泉氏家族，等等。这些蕃官世家中，封郡王者数十人，真拜宰相者一人（浑瑊），位居三公者九人，相继拜副元帅者八人。至于任节度使、刺史、县令和中央诸部曹官吏者，则不可胜计。

其三，客居长安的蕃人转入仕途者，为数不少。如德宗时，仅西域胡客（王子、使人等）"安居"长安"不欲归者"，就多达四千人。宰相李泌征得这些人同意，将他们编入左、右神策军，"王子、使者为散兵马使或押牙，余皆为卒"。⑥

其四，民族内徙为蕃人仕唐提供了更多的捷径。唐后期，不堪吐蕃压迫的吐谷浑、党项、沙陀等西北民族，一再内徙。为此，朝廷于内地广置州府以安之，用名爵玉帛以恩之。如吐谷浑，本来为今青海一带的民族，咸亨三年（672年）后其王率部内徙灵州（治今宁夏灵武西南），被唐授以

①《册府元龟》卷976《外臣部·褒异三》。

②《册府元龟》卷976《外臣部·褒异三》。

③张说撰，熊飞校注：《张说集校注》卷16《河西节度副大使鄯州都督安公神道碑铭并序》，中华书局，2013年。

④《新唐书》卷75下《宰相世系表五下》。

⑤《旧五代史》卷18《李振传》。

⑥《资治通鉴》卷232唐德宗贞元三年七月条。

安乐州刺史。八世纪中叶以后，其族又徙朔方县（治今内蒙古乌审旗南白城子）和河东（今山西地区）等地。像潞州（治今山西长治市）、蔚州（治今山西灵丘县）都有大批的吐谷浑（或称"退浑"）余部的定居点。其族酋帅如大将李万江、[①]大同防御使兼云州刺史赫连铎、蔚州刺史白义诚等，[②]均为中唐、晚唐时代的仕唐代表人物。又如党项，本来分布于今青海东南河曲和四川松潘以西的山谷地带，因吐蕃侵逼，大部分的党项人内迁今甘肃、宁夏及陕北一带。其平夏部酋长宥州刺史拓拔思恭因讨黄巢有功，拜夏绥银节度使，其弟思谏、思孝、思敬、思让，子成庆等相继被天子擢定难、保大等军节度使，朝廷"割两郡之膏腴"，"使其成一家千里之封，列三镇十连之贵"。[③]再如沙陀，原居金莎山（今新疆尼赤金山）之南，蒲类海（今新疆巴里坤湖）之东。元和三年（808年），为摆脱吐蕃压迫，酋长朱邪执宜"悉众三万落"内徙，诏处其部盐州（治今陕西定边），特置阴山府以安之。以执宜为府兵马使，授葛勒阿波左武卫大将军兼阴山府都督。不久，其众又渡河徙居定襄川、神武川（在今晋北地区）一带，"更号阴山北沙陀"。[④]执宜子赤心（即李国昌）累官振武节度使、雁门以北行营节度使，孙李克用官至河东节度使，爵封晋王。以上三族系出身的人，被朝廷授予官职且有姓名可考者有百余人。

其五，回鹘破灭时，有不少贵族南下仕唐。武宗会昌初年，回鹘汗国为黠戛斯所攻破灭。途穷末路的回鹘贵族，纷纷率部南来投唐，相次降于幽州（治今北京）、振武（治今内蒙古和林格尔西北）等重镇的多达三万余众。[⑤]其中，仅特勒温没斯所部数千人内，就至少有四十九位酋帅被授予重要官职。是时，"酋帅遍加戎秩，赐之金紫"，"穹庐之长，尽识汉仪"。[⑥]

---

①《新唐书》卷214《藩镇宣武彰义泽潞刘悟附子从谏传》。

②《旧唐书》卷19下《僖宗纪》。

③《全唐文》卷818张元宴《授思敬宣武节度使制》、卷840韩仪《授李思让延州节度使制》；《新唐书》卷221上《西域·党项传》。

④《新唐书》卷218《沙陀传》。

⑤《旧唐书》卷195《回纥传》。

⑥《全唐文》卷707李德裕《异域归忠传序》。

诸多的仕唐蕃人，伴随着地望、族望的变迁和汉文明的熏陶，逐渐同汉人融为一体。而他们加入汉族共同体的外部主要标志，就是姓名上的汉化。

　　仕唐蕃人姓名上的汉化是一个渐进的过程。他们居官之初，大都保有原来的蕃姓蕃名。久之，或因天子赐以汉姓汉名，或因心理状态上汉化而自易姓名和冒认他姓，或虽保留原姓，但已演变为汉姓的补充。情形种种，不一而足。

　　其一，天子赐姓及名。

　　赐姓名情况，主要有三种类型。一曰赐姓而不赐名。绝大多数是赐以国姓，凡赐李姓者，大都被系属"宗籍"，因而置身李唐宗室之列，这是最荣耀最高级别的姓氏汉化。此外还间或有赐以汉族中士族望姓的，如窦、郑等姓，并有因袭蕃人复姓中某一字而赐之，从而得汉人单姓的，如突厥复姓"阿史那"之为"史"，二曰赐姓兼赐名。三曰赐名不赐姓。举例如下：

　　突厥阿史那氏。自大唐创业功臣西突厥阿史那大奈被高祖赐以"史氏"，[①]中经东突厥阿史那忠（即泥孰）等被太宗"诏姓独著史"，[②]至开元中凡阿史那均改姓史，并"注籍长安"。[③]在此一姓氏演变过程中，又渐以汉名取代蕃名。如贞观中北抚州都督史善应，大奈子驸马都尉史仁表。阿史那忠子太子仆史暕，颉利可汗子郎将史行昌（原名叠罗支），西突厥可汗阿史那斛瑟罗孙十姓可汗史昕，昕子左领军员外将军史忠孝等，均取汉姓汉名。[④]此外，东突厥特勤阿史那思摩赐姓李氏，[⑤]部酋河东镇大将舍利葛

---

①《新唐书》卷110《史大奈传》。

②《新唐书》卷110《阿史那社尔附阿史那忠传》。

③《元和姓纂》卷5《七歌》。

④《新唐书》卷215上下《突厥传上下》；《资治通鉴》卷193唐太宗贞观四年六月丁酉条；《贞观政要》卷5《孝友第十五》；《唐代墓志汇编》上元014《阿史那忠墓志》；《元和姓纂》卷6《六止》。

⑤《全唐文》卷6唐太宗《封怀化郡王李思摩为可汗诏》。

旃赐姓名李奉国。①

契丹大贺氏。贞观二十二年（648年），契丹酋长大贺窟哥等率部内属，太宗即其部置松漠都督府，以窟哥为左领军将军兼松漠府都督，"赐姓李氏"，②自是窟哥后人及族人多取李姓和汉名，如李尽忠（窟哥孙）、③李楷固（李光弼外祖）、李楷洛（光弼父）等。④

奚酋可度者等。贞观二十二年（648年）以部内属，授饶乐府都督，"赐姓李氏"。后人及族人，多有兼取汉名者，如李大酺（猷）、李鲁苏、李诗、李延宠、李日越等。至宪宗元和中，部酋索氏、没辱孤等也"皆赐李氏"。⑤

靺鞨酋突地稽等。粟末靺鞨酋长突（或汉译"度"）地稽，隋末居营州（治今辽宁朝阳），武德初内附，授燕州总管，后率部内迁昌平县（今北京昌平）。贞观初，以功进右卫将军，赐姓李。其子孙均取汉姓名，如李谨行、李思敬、李秀等。⑥又，武周政权时代的羽林大将军靺鞨人李多祚，其姓氏亦当为天子赐。⑦德宗时代的朔方节度使靺鞨人李怀光，其父茹常，于玄宗时入仕，赐姓名曰"李嘉庆"。⑧

凉州安姓胡。本昭武九姓国安国人。武德初，安兴贵、安修仁兄弟执李轨以河西千里之地归国，擢大将军封开国郡公。肃宗时，兴贵裔孙安重璋耻与安禄山"共宗"，遂请"举宗赐姓李氏"。⑨后安重璋改姓名为李抱

---

①《全唐文》卷543令狐楚《李光进碑》，《新唐书》卷171《李光进传》。

②《旧唐书》卷199下《北狄·契丹传》《北狄·奚传》；《新唐书》卷219《北狄·契丹传》《北狄·奚传》。

③《旧唐书》卷199下《北狄·契丹传》《北狄·奚传》；《新唐书》卷219《北狄·契丹传》《北狄·奚传》。

④《全唐文》卷342颜真卿《李光弼碑》、卷422杨炎《李楷洛碑》。

⑤《旧唐书》卷199下《北狄·契丹传》《北狄·奚传》；《新唐书》卷219《北狄·契丹传》《北狄·奚传》。

⑥参看拙文《新唐书·李谨行传补阙及考辨》，载《文博》1993年第1期。

⑦《旧唐书》卷109《李多祚传》。

⑧《新唐书》卷224《李怀光传》。

⑨《新唐书》卷36《李抱玉传》。

玉。李抱真、李自正、李绒、李绪、李承鼎、李景裕、李振等官场中人，均出此族。[1]

党项拓拔氏。贞观中，党项羌酋拓拔赤辞率众内属，太宗授赤辞西戎州都督，"赐姓李氏"。僖宗复赐平夏部酋长拓拔思恭以李氏。其子弟及族人李仁福等均取姓李氏。[2]

拔汗那王阿悉烂达干。玄宗赐姓名为"窦忠节"，以外戚姓氏荣之。窦忠节子曰窦薛裕。[3]

铁勒阿布思。天宝初年率部附唐，玄宗赐姓名为李献忠。献忠官至朔方副节度使。[4]

南诏王皮罗阁。王姓蒙，玄宗赐名为归义。[5]

苏毗王子悉诺罗。天宝十四载（756年）降唐，玄宗拜悉诺罗为左骁卫员外大将军，封怀义，赐姓名李忠信。[6]

突厥史窣干。玄宗赐名曰"思明"。[7]

柳城胡安禄山诸子。十一子庆宗、庆绪、庆恩、庆和、庆余、庆则、庆光、庆喜、庆祐、庆长、庆口，"皆是玄宗赐名"。[8]

护蜜王纥设伊俱鼻施。肃宗赐姓名李崇信。[9]

奚张阿劳。本奚种，世为乙失活部酋长。始名阿劳，代宗赐名"孝忠"。官至义武军节度使，诸子茂昭、茂宗、茂和等，均系德宗赐名。[10]

铁勒阿跌氏。阿跌光进以军功官至振武节度使，宪宗"赐姓名以光宠之"。弟光颜及子侄季元、遂元、毅元、绥元、宗元、吉元、昌元、扶元、

①李建超:《汉唐时期长安、洛阳的西域人》,载《西北历史研究》,1983年。
②《旧五代史》卷132《世袭列传·李仁福传》。
③《新唐书》卷221下《西域·宁远国传》。
④《旧唐书》卷187下《程千里传》。
⑤《册府元龟》卷966《外臣部·继袭一》。
⑥《册府元龟》卷975《外臣部·褒异二》。
⑦《新唐书》卷225上《史思明传》。
⑧《安禄山事迹》卷上。
⑨《册府元龟》卷976《外臣部·褒异三》。
⑩《新唐书》卷148《张孝忠传》。

继元、诚元、建元、兴元、荣元、奉元、播元、安〔宴〕元等取姓李。①

胡人骆元光。德宗赐姓名为李元谅，官至陇右节度使。②

契丹女酋实活及男沮礼。开元十八年（730年），实活与男沮礼等率众降唐。制授实活荣阳郡太夫人，赐姓郑氏。特赐沮礼"姓李名恂忠"。恂忠官至河东道军前讨击副使、云州十将使。③

回鹘嗢没斯等。会昌二年（842年），武宗赐回鹘投唐王子嗢没斯曰李思忠、阿历支曰李思贞、习闻〔勿〕啜曰李忠义、乌罗斯曰李思礼，思忠男赐名继美，赐宰相爱邪勿曰李弘顺。④又，唐末幽州节度使李茂勋，传称"本回鹘阿布思之裔"，亦在会昌中降唐，其姓名亦当为天子所赐。⑤

沙陀朱邪赤心。沙陀酋长朱邪赤心，因镇压庞勋起义功，晋升大同军节度使，"赐氏李，名国昌"。⑥其子克用，后来称王，孙存勖，五代时称帝，均袭李氏，并以李唐宗室自诩。

其二，从汉人养父之姓或藩人养父之汉姓。

唐代盛行收养义儿的风气，不仅有汉人拜蕃人为父的（如安禄山义子中就有不少汉人。又，回纥可汗中有以汉人吕灵为养子者，吕灵由是改姓药罗葛氏），更有汉人或具汉姓之蕃人认蕃人为养子者，养子则冒养父之汉姓。如：

张忠志。本范阳内属奚人，原姓名不详。范阳将张锁高畜为假子，遂冒姓张，名忠志。后来，又拜安禄山为义父，遂改姓安。投降朝廷后，肃宗赐姓名曰李宝臣。⑦

尚可孤。传称"东部鲜卑宇文之别种"。当为契丹人。宦官鱼朝恩收为

①《全唐文》卷543令狐楚《李光进碑》;《新唐书》卷171《李光进传》。

②《旧唐书》卷144《李元谅传》。

③《唐代墓志汇编》开元524《啜禄夫人郑氏墓志》。

④《唐会要》卷100《归降名位》。

⑤《新唐书》卷212《李茂勋传》《李怀仙传》。

⑥《新唐书》卷218《沙陀传》。

⑦《旧唐书》卷142《李宝臣传》《王廷凑传》。

养子，遂改姓名为鱼智德。朝恩死，天子又赐姓名为李嘉勋。[1]

骆元光。本姓安，少为宦官骆奉先所养，遂冒姓骆。[2]

王廷凑。族出回鹘阿布思部，曾祖五哥之，王武俊养为子，故冒姓王。[3]

李克用诸蕃人义儿。李嗣源，胡人，原名邈佶烈，本无姓氏，克用"养以为子"，遂得姓及名；李嗣恩，本姓骆，吐谷浑人，"少事太祖（李克用）"，"赐姓名以为子"；李存信，本名张污落，回鹘李思忠（即特勤嗢没斯）部人；李存孝，原为安姓胡人。存信、存孝之姓名亦得自养父克用。[4]

其三，自行改易汉姓汉名。

因久为汉俗所染和汉人意识的加深，仕唐蕃人自行改易姓名者比较常见。

夫蒙为唐关中渭北一带的羌豪大姓，天宝初年的安西四镇节度使夫蒙灵詧就出自此族。[5]后来，夫蒙灵詧因得罪高仙芝被朝廷贬官安东副大都护后，却以马灵詧的姓名见诸记载。[6]其由羌族复姓夫蒙到汉姓马氏，则应是取夫蒙谐音，由灵詧自行改易。又，夫蒙氏还有改为"冯"或"蒙"者。[7]

契丹仕唐部酋中之有姓孙姓王的（如孙敖曹、孙万荣、孙孝哲、王路俱等），[8]奚人节度使中之有史姓（如史宪诚、史宪忠、史孝章等），[9]突厥人大将中之有李姓（如李怀让等），[10]回鹘人镇将中之有张姓（如张污落

①《新唐书》卷110《尚可孤传》。

②《旧唐书》卷144《李元谅传》。

③《旧唐书》卷142《李宝臣传》《王廷凑传》。

④《新五代史》卷6《后唐明宗纪》、卷36《义儿传》。

⑤《旧唐书》卷104《高仙芝传》。

⑥《资治通鉴》卷217唐肃宗至德元载四月丙午条。

⑦《元和姓纂》卷2《十虞》；马长寿：《碑铭所见前秦至隋初的关中部族》，中华书局，1985年。

⑧《旧唐书》卷199下《北狄·契丹传》、卷200上《孙孝哲传》；《新唐书》卷211《王武俊传》。

⑨《旧唐书》卷181、《新唐书》卷210《史宪诚传》。

⑩《全唐文》卷419常衮《华州刺史李公墓志铭》。

等），①柳城胡人镇帅中之有李姓（如李怀仙等），②等等。这些蕃人中的汉姓，既非天子所赐，更不是冒养父之姓，只能是自行改易。

如果说仕唐蕃人自觉地以汉姓取代蕃姓，只是部分现象的话，那么，有证据可以说明其后人都几乎无例外地取汉人名字。如：

阿史那苏尼失：子曰忠，孙名晡；曾孙思元；玄孙震、晋、巽、泰；来孙弘、宁寂、寅、审；晜孙备、容。③

阿史那弥射：子元庆；孙献。④

执失思力：子绍德、绍宗、师仁、归真。⑤

契苾何力：子明、光、贞；孙耸、嵩、崇；曾孙承祖、承明。⑥

论弓仁（吐蕃降酋）：初名莽布支，降唐后易姓名为论弓仁；子诚节、诚信；孙惟清、惟良、惟贞、惟贤、惟明；曾孙辅鼎、偲、俶。⑦

慕容诺曷钵（吐谷浑王）：长子初名苏度摸末，后改汉名曰"忠"；孙宣超、宣彻；曾孙晞皓、威；玄孙兆、明、全、亿、造；来孙复。⑧

浑阿贪支（铁勒浑部酋长）：仕唐后，取蕃名谐音改为汉名"潭"；子回贵；孙元忠、元庆；曾孙大德、大寿、大封、大猷、大鼎、大宁、大义；玄孙澄之、景之、释之；来孙昌、斐、琼、瑊、玘；晜孙镐、铼、锣、钜、

---

①《新五代史》卷6《后唐明宗纪》、卷36《义儿传》。

②《新唐书》卷212《李茂勋传》《李怀仙传》。

③《元和姓纂》卷6《六止》。

④《新唐书》卷215上下《突厥传上下》；《资治通鉴》卷193太宗贞观四年六月丁酉条；《贞观政要》卷5《孝友第十五》；《唐代墓志汇编》上元014《阿史那忠墓志》；《元和姓纂》卷6《六止》。

⑤《元和姓纂》卷9《四十祸》。

⑥《全唐文》卷187娄师德《契苾明碑》、卷253苏颋《命薛讷等与九姓共伐默啜诏》；《旧唐书》卷103《王君㚟传》。

⑦《张说集校注》卷17《拔川郡王碑》；《全唐文》卷413常衮《授论惟清朔方节度副使制》、卷462陆贽《论惟明鄜坊观察使制》、卷479吕元膺《论惟贤碑》，《新唐书》卷110《论弓仁传》。

⑧《册府元龟》卷967《外臣部·继袭二》；《旧唐书》卷198、《新唐书》卷221上《吐谷浑传》，及《唐代墓志汇编》所载慕容忠、宣彻、晞皓、威等墓志铭。

钢；仍孙俭、佶；云孙征、术、徽、特、普、卓等。[1]

阿跌诋丰（铁勒阿跌部酋）：子阿跌良臣；孙阿跌光玼、李光进、李光颜；曾孙李季元、李昌元等。[2]

哥舒沮（西突厥突骑施别部酋长）：子道元；孙翰；曾孙曜、晃、晔；玄孙嶤、屺、嵷、峘。[3]

啜剌石失毕（突骑施首领）：子名归仁。[4]

吸剌庶真：子元崇；孙归仁。[5]

王求娄（高丽降将）：子毛仲；孙守贞、守廉、守庆、守道。[6]

王没诺干（契丹怒皆部人）：易汉名为武俊；子士真、士清、士平、士则；孙承宗、承元、承通、承迪等。[7]

王末恒活（回纥阿布思人）：子升朝；孙廷凑；曾孙元逵；玄孙绍鼎、绍懿；来孙景胤、景崇、景萼；昆孙镕。[8]

其四，由有名无字，到名字俱全。

古代汉俗，出生三月或百日取名，长到婚嫁年龄（男二十、女十五），男女始取字，以表示自是可以正式参加社交和生儿育女。蕃人中，一般无此礼俗。但蕃人仕唐之后，则往往从汉俗，取汉音汉义为字。其名、字形式，主要有二：

蕃名汉字。后突厥可汗国俾失州大首领伊罗友阙颉斤（官称）俾失（姓）十囊（名），于开元四年（716年）降唐，入朝后授右卫大将军，封雁

①《新唐书》卷75下《宰相世系表五下》；《全唐文》卷498权德舆《浑瑊碑》、卷792《浑偘碑》。

②《全唐文》卷543令狐楚《李光进碑》、卷632李程《李光颜碑》、卷714李宗闵《李良臣碑》。

③《元和姓纂》卷5《七歌》。

④《元和姓纂》卷10《十七薛》。

⑤《元和姓纂》卷10《十七薛》。

⑥《旧唐书》卷106、《新唐书》卷121《王毛仲传》。

⑦《旧唐书》卷142、《新唐书》卷211《王武俊传》。

⑧《新唐书》卷211《王廷凑传》。

门郡开国公。并赐长安礼泉坊甲第一区。[1]其居京师二十余年直至老死（卒于开元二十六年），始终未易蕃姓蕃名，但却取"自牧"为字。[2]

汉名汉字。此种形式，最为普遍。如突厥人阿史那忠，字义节；[3]突厥人左屯卫右郎将阿史那施，字勿施；[4]铁勒人贺兰都督契苾明，字若水；[5]高丽人右卫大将军泉男生，字元德；[6]吐蕃人殿中监论瑀，字惟贞；[7]乌罗护人怀化郡王乌承玭，字德润；[8]奚人义武军节度使张茂昭，字丰明；[9]昭武九姓胡泾原等镇节度使康志睦，字得众，其子左千牛卫大将军承训，字敬辞；[10]奚人鄜坊、邠宁等镇节度使史孝章，字得仁，孝章叔父宪忠，字元贞；[11]铁勒人朔方节度使李光进，字耀卿；[12]凉州胡人泽潞节度使李抱真，字太真（或太玄）；[13]铁勒人义昌节度使浑侃，字复贵；[14]昭武九姓胡左金吾卫大将军石神福，字忠良；[15]西突厥人鸿胪卿右骁卫上将军哥舒曜，字子明；[16]六胡州大首领定远将军安菩，字萨；[17]昭武九姓胡右领军卫上将军何文哲，字子洪；[18]等等。

以名代字。还有一神奇特的有趣现象，即不少的仕唐蕃人名、字合二

①《册府元龟》卷974《外臣部·褒异一》。
②《西安西郊唐俾失十囊墓清理简报》，载《文博》1983年第1期。
③《新唐书》卷110《阿史那忠传》。
④武伯伦：《古城集》附《阿史那勿施墓志》，三秦出版社，1987年。
⑤《新唐书》卷110《契苾何力传》。
⑥《新唐书》卷110《泉男生传》。
⑦《新唐书》卷110《论弓仁传》。
⑧《新唐书》卷136《李光弼传》附《乌承玭传》。
⑨《新唐书》卷148《张孝忠传》附《张茂昭传》。
⑩《新唐书》卷148《康日知传》附《康承训传》。
⑪《新唐书》卷148《史孝章传》附《史宪忠传》。
⑫《全唐文》卷543令狐楚《李光进碑》。
⑬《全唐文》卷784穆员《李抱真墓志铭》；《新唐书》卷138《李抱玉传》附《李抱真传》。
⑭《全唐文》卷792路岩《浑侃碑》。
⑮《唐文拾遗》卷66《石神福墓志》。
⑯《新唐书》卷135《哥舒曜传》。
⑰《安菩墓志初探》，载《中原文物》1982年第3期。
⑱《何文哲墓志考释》附《何文哲墓志铭》，载《文物》1986年第9期。

而一。如吐蕃人骠骑大将军论惟贤，碑称"讳惟贤，字惟贤"；①奚人义武军节度使张孝忠，碑称"讳孝忠，字孝忠"；②契丹人神策军大将尚可孤，传称"尚可孤，字可孤"；③突厥人灵武节度留后南阳郡王白元光，传称"白元光，字元光"。④

其五，因仕唐蕃人汉化，导致某些蕃姓演变为汉姓的补充。

有一些仕唐蕃人，其本人及子孙虽已完全汉化，但仍始终保留着其固有的蕃姓。如吐谷浑王室之慕容氏，昭武九姓胡之康、安、石、史、曹、米等姓，龟兹王室之白氏，焉耆王室之龙氏，于阗王室之尉迟氏，等等，非但在唐宋五代两宋时为中原人的重要姓氏，就是今天，仍有着强大的生命力。有人估计，当今汉族使用的姓氏约3000个。并有国家统计数字说明，在数以千计的汉姓中，有近亿的李姓被排在第一位。追本溯源，这当然同李唐三百年有大批的蕃人被赐以国姓和西北诸蕃自称"李陵之裔"有关，又，约占今天汉族人口87%的一百个人数最多汉姓中，何姓排在第17位，曹姓32位，石姓63位，白姓73位，康姓75位，史姓80位，龙姓85位，这表明在唐代有蕃姓之嫌的许多姓氏，以后演变为汉族的大姓。当然，这种情况的出现，更多的是由于入居内地的下层蕃人同汉人融合的结果。但仕唐蕃人的汉化，亦毕竟是重要因素。

大批的蕃人仕唐参政，是大唐帝国繁荣昌盛的象征，而仕唐蕃人姓名的汉化，则说明了我古代四裔民族与中原文明交融和认同的历史趋向。姓名不过是家族系统和个人称号的标志，但蕃人姓名的汉化，却从一个侧面表现了以汉族为主体的中华民族自古就有着无比强大的凝聚力。

（原载《唐文化研究论文集》，上海人民出版社，1994年。）

---

①《全唐文》卷479吕元膺《论惟贤碑》。
②《全唐文》卷496权德舆《张孝忠遗爱碑》。
③《新唐书》卷110《尚可孤传》。
④《新唐书》卷136《白元光传》。

论仕唐蕃人之汉化

伟大的祖国自古就是一个多民族的国家，被欧美学者誉为"中国的黄金时代"的唐朝，更是一个繁荣昌盛、华夷一统的朝代。在这个时代，华夷共主的大唐天子，出于长治久安的考虑，广为推行不那么歧视少数民族和域外来客的政策，"置州府以安之，以名爵玉帛以恩之"，"而以威惠羁縻之"。①由是从阿史那大奈到李克用，数以万千计的诸色蕃人，成为由中央到地方的各级军政机构的官员。这些进入汉族经济和文化生活圈并跻身于唐统治者阶层的蕃人，在给中原带来"四夷"文明的同时，逐渐与汉人有了"共同的语言"和"共同文化上的共同心理素质"。这就是仕唐蕃人之汉化。因篇幅限制，本文不拟涉及仕唐蕃人作为蕃区文化传播者的贡献，将着重探索他们来内地定居后的汉化过程，这对于深入理解以汉族为主体的中华民族无比强大的内聚力将不无裨益。

一

与汉人通婚联姻，是仕唐蕃人汉化的捷径。

---

① 《旧唐书》卷195《回纥传·史臣曰》。

唐朝政府不大歧视"异类"，对于蕃汉通婚采取极宽容的政策，主要规定"诸蕃使人所娶得汉妇女为妾者，并不得将还蕃"。[1]这就是说，蕃人只要不把汉妇带走，婚娶不作其他过多限制。这种情况，即使到了唐后期，也依然如故。德宗贞元三年（787年），宰相李泌就曾对久居长安、娶妻生子的四千"胡客"作过检索安置：

> 初，河、陇既没于吐蕃，自天宝以来，安西、北庭奏事及西域使人在长安者，归路既绝，人马皆仰给鸿胪……李泌知胡客留长安久者，或四十余年，皆有妻子，买田宅，举质取利。安居不欲归，命检括胡客有田宅者停其给。凡得四千人，将停其给。……于是胡客无一人愿归者，泌皆分隶神策两军，王子、使者为散兵马使或押牙，余皆为卒，禁旅益壮。[2]

这件事不仅表明受唐职位食唐俸禄的蕃人之多，更说明羁旅汉地的蕃人在民间自由婚娶的史实。至于知名度较高的仕唐蕃人，非但多与中原士族结为姻亲戚党，且享有与皇家联姻尚主之荣。在这种开明的、开放的历史背景和社会条件下，造就了一大批汉化因素较重的亦蕃亦汉的混血后人。

当分属于两个民族的男女结合时，其繁衍生息的子孙的民族属性，既属于父族，又可归入母族。工于心计的唐太宗，屡以公主嫁少数民族君长："亦既生子，则我外孙，不侵中国，断可知矣。"[3]精明的太宗早已算计好，和蕃公主所出，若以血统论，至少有一半可归于母族。有鉴于此，唐代天子不仅每以公主（或宗女）出嫁在蕃君长，出于笼络考虑，也常以血缘关系的纽带联结某些有影响的入朝蕃长酋帅。这种典型的政治联姻，就促成了一些蕃人上层血统上的皇亲国戚化。

吐谷浑王慕容诺曷钵既尚宗女弘化公主，公主所出苏度摸末和闼卢摸

①《唐会要》卷100《杂录》。
②《资治通鉴》卷232唐德宗贞元三年七月条。
③《贞观政要》卷9《征伐第三十五》

末，从血统上看，当然都可看作是半个汉人。①到其孙辈宣超和宣彻因金城县主所出，二人又均有四分之三的汉人血统。至其曾孙威，有八分之七的汉人血统。慕容威又妻武则天侄孙女武氏，所生子全、亿、造三个身上，汉蕃血统之比增至18：1。所以自宣超、宣彻起，来自汉人母系血统的因素远大于蕃人父系血统。由之，认为吐谷浑王族嫡系后人业已融合于汉族之中，绝非过论。史称：贞元四年（789年），德宗以吐谷浑末代王族传人慕容复袭长乐州都督、青海国王、乌地也拔勒豆可汗，但，"未几，卒，其封袭遂绝"。②朝廷之所以在慕容复之后，停袭其可汗号，主要原因当是这支蕃人王族，早与汉人无别，因而没有必要再按对待蕃酋的传统政策去优礼他们。像这种因与皇族联姻而在血统上同化于汉人的蕃人，在唐前期还比较集中地反映在东突厥降酋（如阿史那社尔、执失思力、阿史那忠等）后人身上，在后期则主要体现在河朔蕃人镇帅（如契丹人王武俊、奚人张孝忠、回纥阿布思人王廷凑等）的子孙上。如东突厥贵族阿史那忠，贞观中尚宗女定襄县主，县主所出子孙五代人，历唐初至宪宗元和中，近二百年间，都在朝中或内地地方任职，早已与汉人无别。像回纥阿布思族出身的成德节度使王廷凑，史称其"凶毒好乱，无君不仁"最甚，③可是至其第二代人，因次子王元逵尚婚寿安公主，于是顿革父风。会昌三年（843年），邻镇昭义节度使叛，武宗下诏讨伐，元逵"即日师引道"，"攻邢州降之"；原为逆命天子的成德藩镇，一变而为朝廷"臂指之用"。④至第四代传人王景崇，"以公主嫡孙"，一方面"特承"天子"恩渥"。另一方面景崇对皇室的荣辱安危牵肠挂肚，他不仅积极参加对庞勋起义的剿杀，还以刻骨仇恨，既斩黄巢诏使于前，复"竭利器奇货骏蹄"勤王于后，且"每议及国朝宗庙陵园，未尝不凄然慷慨"。⑤唐末藩镇，罕有死心塌地忠于朝廷者，而王

①《新唐书》卷221上《西域·吐谷浑传》。

②《旧唐书》卷198《西戎·吐谷浑传》。

③《旧唐书》卷142《王廷凑传》。

④两《唐书·王廷凑传》附《王元逵传》；《唐鉴》卷10《武宗》。

⑤《旧唐书》卷142《王廷凑传附王景崇传》；《册府元龟》卷374《将帅部·忠五》。

景崇有如是表示，若从其早已皇亲国戚化上寻找原因，则不难得到答案。

如果说仕唐蕃人得尚公主或宗室女者，只占与汉人联姻数字中的极小比例的话，那么，与中原士族高门通姻则是非常普遍的现象。

唐朝士人承魏晋以来的余风，极为崇尚门第，大凡有身份的人皆厚赂以求婚于崔、卢、郑、王、李等世家大族，诸蕃人官宦除个别人〔如李（阿跌）光颜〕也大都袭染这种陋俗。早在唐初，岭南蛮酋冯盎就以大量金宝为聘礼，为子娶江南士族出身的礼部尚书许敬宗之女。这种情况发展到盛唐中唐时代，更成为司空见惯的社会现象。

李光弼的母亲为契丹人，其本人则娶"太原王氏"，生子三人，幼子李汇初娶窦氏，窦死，再娶潭氏，子罕、黯等皆为汉妇所出。汇又有女七人，"长女适焦氏"，一女嫁吴兴沈房之子参军沈称师为妻。"沈氏之先，继列组冕，显于籍牒者，皆由文学"。沈房姑母被选为代宗妃子，生德宗，因而"追封皇太后"。①契丹人李光弼，不唯其本人及子孙通婚汉族高门，而且其后人与皇家还沾亲带故，在血缘关系上已与汉人混为一体。

范阳内属奚人成德节度使李宝臣娶妻郑氏，郑氏出李惟简等，惟简的夫人，为"博陵郡崔氏，河阳尉镐之孙，大理评事可观之女"。②唐初开国功臣凉州胡酋安修仁玄孙李抱真，③前妻荥阳郡夫人。"皇洛阳令〔郑〕伋之子，不幸早世"；继室沂国夫人。"皇洛州壶关令〔郑〕巩之子广"；又嫁次女于"清河崔宏"。④奚人魏博节度使史宪诚之长子宁庆等州节度观察处置使史孝章，"母曰冀国夫人李氏"，先娶"琅琊王氏"，卒，复娶"博陵崔氏"。⑤吐蕃大相禄〔论〕东赞之孙论弓仁自圣历二年率部降唐，子孙数代人，世为西北边防名将，并多有与汉人名门望族通婚者，如弓仁之孙骠骑大将军论惟贤，就娶妻"太原王氏"。⑥铁勒浑部酋长浑阿贪支于唐初率部

---

① 《全唐文》卷738《李桑墓志铭》《沈参军故室李氏墓志铭》。

② 《全唐文》卷565《李惟简墓志铭》。

③ 武德功臣安兴贵、安修仁兄弟，至玄孙安重璋（即李抱玉）等，赐姓李氏。

④ 《全唐文》卷784《李抱真墓志铭》。

⑤ 《文苑英华》卷916《史孝章碑》。

⑥ 《全唐文》卷479《论惟贤碑》。

内属，其裔孙义武军节度使浑镐，"娶陇西李氏女"，①等等。

"结婚是一种政治的行为，是一种借新的联姻来扩大自己实力的机会。"②仕唐蕃人远离本蕃，身处汉人的汪洋大海之中，犹如一叶孤舟，难免有失落惆怅之感。为摆脱这种举目无亲、孤立无援的处境，他们力图通过同中原世家大族联姻以抬高自己卑微的门第，以扩大自己的政治实力，以增强自己的社会地位，这当然是可以理解的。然而，结果与其初衷相悖，由于世代通姻于汉人高门，必然带来其子孙后代血统上的汉化程度递增，其蕃族的实力非但未能扩大，反为他人做嫁衣裳，以自己跻身于内地士林，壮大汉族上层的实力。

二

定居内地（特别是两京）的仕唐蕃人，因与汉人有共同的地域、共同的经济生活，并受传统的大汉族民族意识的熏陶，他们多讳言自己的族出和原籍贯，大都改变了自己的族望和地望。

仕唐蕃人地望、族望的变迁，主要由下边三种情况造成。

1.居处内地化，特别是京师化

凡是有重大影响或有大功于国的蕃人，大都为朝廷所优礼，并往往赐予甲第于京师，由是入籍长安者极多。

贞观四年（630年），东突厥降众，纷至长安，国家为彻底解决突厥长期为患的问题，不惜名爵玉帛，竭力笼络，"每见一人初降，赐马五匹，袍一领，酋帅悉受大官，禄厚位尊"，因而"入居京师者近万家"。③对曾年年季季寇边的元凶颉利可汗，太宗在历数其五大罪状后，非但免死，还"诏馆于太仆，厚廪食之"，并以颉利侄突利可汗为顺州都督，"使帅部落之官"。且封颉利族人阿史那苏尼失为怀德郡王、阿史那思摩为怀化郡王。其余酋长至者，"皆拜将军中郎将，布列朝廷，五品以上百余人，殆与朝士相

---

①《全唐文》卷792《浑偘碑》。
②恩格斯：《家庭私有制和国家的起源》。
③《通典》卷197《边防典十二·突厥上》。

171

半"。①从帝国宿敌颉利在被擒送京师后都赐有"美田宅"，②可推想其他百余名东突厥降酋也一定有天子赏赐的府第。这些入籍京城的蕃酋，既然高官厚禄、封妻荫子、养尊处优，当然不知长安米贵而乐不思蕃。所以，当阿史那苏尼失之子阿史那忠后来被太宗册封为右贤王，遣出佐阿史那思摩治理突厥旧部时，他不忍离去，"既出塞思慕中国（中原），见使者必流涕求入侍"。连册为可汗的思摩，后来也只身入朝，"愿留宿卫"。又，在羁縻府州等地方任职的蕃人官员，"其蕃望子弟多授侍卫之官"。③像顺州都督突利可汗，其嗣子贺逻鹘、弟结社率等都长住京师宿卫。再，蕃人京官，大都世代定居长安。如官拜右卫大将军的颉利可汗在既死之后，其妻和嗣子叠罗支（即史孝昌）仍"舍京师"，④乃至成为长安的百年老户——其曾孙阿史那毗加特勤，于开元十二年（724年）卒后，葬于长安近郊，就足以证明。⑤而右骁卫大将军阿史那忠更至少有六代人在长安或东京居住。⑥颉利等之后，定居京师的蕃人君长酋帅更是络绎不绝。如贞观十年（636年），原东突厥处罗可汗之子都布可汗阿史那社尔率部万余家降，太宗"留社尔于长安，尚皇妹南阳公主，典屯兵于苑内"。⑦高宗永徽元年（650年），东突厥别部车鼻可汗被擒献京师，"拜左武卫将军，赐宅于长安"。⑧后突厥汗国在可汗阿史那默啜死后，其妻女子婿也纷纷入居长安，默啜之子默特勤的私第就坐落在"京师怀德坊"。⑨玄宗时代，连某些羁縻府州的长官在长安都赐有宅第，如开元三年（715年），就曾给高丽莫离支左卫员外大将军高文简、跌跌都督，右卫员外大将军跌跌思泰、吐谷浑大首领刺史左威卫

①《资治通鉴》卷193唐太宗贞观四年五月条。

②《新唐书》卷215上《突厥传上》。

③《册府元龟》卷170《帝王部·来远》。

④《贞观政要》卷5《孝友第十五》。

⑤贺梓诚:《唐长安城历史与唐人生活习俗》,载《陕西省文博考古科研成果汇报会论文选集》。

⑥《元和姓纂》卷6《六止》。

⑦《资治通鉴》卷194唐太宗贞观十年正月条。

⑧《旧唐书》卷194上《突厥传上》。

⑨《唐文拾遗》卷66《唐故三十姓可汗贵女贤力毗伽公主云中郝夫人阿史那氏墓志》。

员外将军慕容道奴、郁射施大首领刺史左骁卫员外将军鹘屈颉斤、大首领刺史，左武卫员外将军苾悉颉力等均"赐宅一区"。[①]而诸镇节度使和立功将领宅于京师的更为普遍。陇右节度使突骑施人哥舒翰，在对吐蕃的战事中，以攻拔石堡城功，被玄宗赐"庄、宅各一所"于京师。[②]天宝十三载（754年），哥舒翰再立边功，因而"进封西平郡王"，又赐"音乐、田园"。[③]其麾下蕃将左金吾卫员外大将军突厥人火拔归仁、左武卫员外大将军高丽人王思礼、右金吾卫员外大将军兼宁塞郡太守胡人康承献、右领军卫员外大将军兼皋兰府都督铁浑部酋浑惟明等在加官晋阶的同时，都于京师"赐庄、宅各一所"。[④]在通常情况下，许多任职地方和边镇的蕃人大将因年老疾病等故致仕时，大都返回京师私第。如哥舒翰晚年"构风疾"，"因入京，废疾于家。"[⑤]此外，由于天子破格优赏，某些蕃将在长安的居第穷极华丽。像兼三道节度使、领有全国总兵力三分之一的柳城胡人安禄山，既有旧宅在道政坊，"玄宗以其陋隘，更于亲仁坊选宽爽之地，出御库钱更造宅焉"。[⑥]不久，又令于新丰温泉为禄山造宅，并赐给"庄、宅各一所"。唐后期，为优崇有大功的蕃将而赐第京师者，仍为常见。如德宗兴元元年（784年），对位兼将相的平叛定难功臣浑瑊（铁勒浑部人），赐"大宁里甲第"。入第之日，"一如李晟入第之仪"，即"京兆府供帐酒馔，赐教坊乐具，鼓吹迎导，宰臣节将送之，京师以为荣观"。[⑦]穆宗即位当年（820年），为酬赏功冠诸将的大将李光颜（铁勒阿跌酋后人），宣召光颜进京。"赐开化里第"。[⑧]会昌三年（843年），新授归义军节度使的回鹘王子嗢没斯（赐名李思忠）等"以国亡，皆愿入朝"。武宗遂擢思忠为左监门卫上将军兼抚

---

①《册府元龟》卷974《外臣部·褒异一》。

②《旧唐书》卷104《哥舒翰传》。

③《新唐书》卷135《哥舒翰传》。

④《册府元龟》卷128《帝王部·明赏》。

⑤《旧唐书》卷104《哥舒翰传》。

⑥《安禄山事迹》卷上。

⑦《旧唐书》卷134《浑瑊传》；卷133《李晟传》。

⑧《新唐书》卷171《李光进附弟光颜传》。

王傅，"两禀其奉，赐第永乐坊"。①赐予之外，供奉在京的蕃人达官私造宅第园林的当更为普遍。参与平定"安史之乱"的于阗王尉迟胜，在乱平后，"固请留宿卫"。既留，"胜乃于京师修行里盛饰林亭，以待宾客，好事者多访之"。②综上可知，由于朝廷的优待，仕唐蕃人多有安家于京师者，虽然在长安有田宅不等于完全入籍京兆，但至少说明他们在名分上已归入首都居民之列。

据两《唐书》等史籍文献所记，有不少的蕃人官宦之家彻底入籍长安。像昭武九姓胡定远将军安菩，原为安国人，内徙后，始为六胡州人，③至其子安金藏，则一变而为"京兆长安人"。④像契丹酋帅李楷洛，本来是营州柳城人，武周久视元年（700年），楷洛率七百骑投降朝廷，"授玉钤卫将军，左奉宸内供奉"，⑤长期宿卫宫禁，使他不再与原籍发生关系，所以到其子李光弼时，就完全成为"京兆万年人"。⑥祖上为胡人出身的李抱玉，本姓安，世居河西，因安禄山反叛，遂上书朝廷曰："世占凉州，耻与逆臣共宗"，"有诏赐之姓，因徙籍京兆，举宗以李为氏"。⑦按，赐国姓者，一般都列入宗室属籍，归宗正寺管理，这更非其他徙籍京兆者可比。

还有，唐初盛行蕃人大臣陪陵制度，因是演变成官位崇高的蕃人及子孙死后陪陵或葬于京师近郊的礼俗。葬礼是人们生前生活的生动写照，陪陵和营墓于京郊的蕃人，当然意味着他们自认为是首都居民中的一员。陪葬昭陵的蕃人，至少有十六人之多，为中国历史上所仅见。⑧以其他形式葬于京郊的蕃人文武大臣为数更多。东突厥颉利可汗阿史那咄苾，西突厥沙

---

①《新唐书》卷217下《回鹘传下》。

②《旧唐书》卷144《尉迟胜传》。

③《唐代墓志汇编·安君墓志》。

④《旧唐书》卷187《安金藏传》；《新唐书》卷191《安金藏传》。

⑤《全唐文》卷422《赠范阳大都督忠烈公李公神道碑》。

⑥《全唐文》卷342《李光弼碑》。

⑦《新唐书》卷138《李抱玉传》。

⑧《唐会要》卷21《陪陵名位》。

钵罗可汗阿史那贺鲁，均葬于东郊灞水之东。①颉利曾孙阿史那毗伽特勤葬于今西郊枣园村。②又以后突厥可汗默啜之女毗伽公主和西突厥十姓可汗阿史那怀道长女金城县君等，都葬于"长安县龙首原"③推测，该处当为来自东、西突厥等民族的集中葬地。再，官维州刺史、安国贵族出身的安附国，于永隆二年（681年）"葬于雍州长安县孝悌乡之原"；④历任右骁卫大将军、朔方节度副大使兼归德州都督的吐蕃人论弓仁，于开元十二年（724年）"诏葬于京城之南"；⑤论弓仁孙大将军论惟贤，于元和四年（809年）"寝疾终于静恭里之私第"，"葬于京兆府万年县洪固乡之古原"；⑥自称"三代无葬地"的李光弼，其父李楷洛，"诏葬于富平县檀山原"；⑦光弼于广德二年（764年）卒，葬于"富平县先茔之东"；⑧其母韩国太夫人李氏，后光弼而卒，"葬长安南原"；光弼少子泾原节度使李汇卒于元和十四年（819年），附葬于父茔；⑨德宗时，曾"四为副元帅"的浑瑊，于贞元十六年（800年）"葬于万年县之洪固原"，⑩其孙浑偘，于咸通六年（865年），"薨于大宁里私第"，"葬于京兆万年县洪固乡胄贵里"；⑪等等。有如是之多的蕃姓达官贵人葬于京师及郊县，一方面说明了朝廷的礼遇，更表明了他们大都入籍京兆的史实。

此外，还有因先人墓地在外而附葬先茔和有多重籍贯的。宪宗到敬宗时代的大将李光颜，于宝历二年（826年）"葬于太原县东孝敬原"，以其父阿跌良臣营墓此地也。铁勒阿跌氏之赐姓李氏是在良臣之子光进、光颜时，

①《册府元龟》卷974《外臣部·褒异一》;《新唐书》卷215《突厥传下》。
②贺梓诚：《唐长安城历史与唐人生活习俗》。
③《唐文拾遗》卷65《金城县君墓志铭》、卷66《毗伽公主墓志铭》。
④《文苑英华》卷920《安附国碑》。
⑤《文苑英华》卷891《拔川郡王碑》。
⑥《全唐文》卷479《论惟贤碑》。
⑦《全唐文》卷422《李楷洛碑》。
⑧《全唐文》卷342《李光弼碑》。
⑨《全唐文》卷738《李汇墓志铭》。
⑩《全唐文》卷498《浑瑊碑》。
⑪《全唐文》卷792《浑偘碑》。

既为李唐宗姓，且在京师有府第，当然应认为是京兆府人。然而，因光进兄弟少小生活于太原，成年后又多在河东镇任职，故他们以及其后人又自认为是太原人。这种近乎有双重籍贯的现象，在某些蕃将中屡见不鲜。如论弓仁家族既世袭置于银州境的归德州都督，是银州即应为论氏家族的新籍贯。可是他们又在京师静恭里有私第、城南洪固乡有坟茔，因此又视京师为其籍贯。由之，造成了"因家自银州至于京兆"①的奇特现象。又，铁勒契苾部酋长契苾何力率部内徙后，其部落和母、弟被置于凉州，他则入朝供职，宅于京城。于是，他因有两个家而往来于长安与凉州之间。至其子契苾明时代，情况又有变化，由于武则天都于洛阳，故契苾家族的籍贯也随之有所变化。《契苾明碑》云：

> 本出武威，姑臧人也。圣朝爱始，赐贯神京，而香逐芝兰，辛随姜桂，今属洛州永昌县。

契苾明于证圣元年（695年）"薨于凉州姑臧县之里第"，复于万岁通天元年（696年），"葬于咸阳县之先茔"，②是契苾明有三重籍贯。

居处、墓地的内地化，尤其是籍贯京师化，标志着仕唐蕃人在地缘关系上的浓重汉化。

2. 与汉人祖先"通谱"

仕唐蕃人既与汉人共处同一地域，生活时间愈久，其原来的民族心理状态就淡化和消失得愈彻底，当他们最终成为汉民族中的一员时，于是对自己原来的民族出身讳莫如深，并力图浪托古汉人先王名人为自己的祖先，以此证明自己亦出身华夏正宗。因地望上的变迁而引致族望上的变革，这是大唐蕃人汉化的另一重要标志。

李楷洛原为契丹酋帅，其姓李氏或因系契丹李去闾部后人，或因其酋长窟哥之被赐国姓。然而，其碑铭中却杜撰云：

①《全唐文》卷479《论惟贤碑》。
②《全唐文》卷187《契苾明碑》。

先族汉校尉之裔也，世居其北，遂食坚昆之地，实主崆峒之人。……厥后东迁，复为鲜卑之右。……是年冬，府君（即李楷洛）与帐下骑士言曰："我乃祖本汉将，辱于单于之庭，而今千年大耻……"由是奋跃辽海，翻飞上京。……〔则天〕始问其姓，因赐以家族。①

所谓"汉校尉之裔"云，是说他乃汉武帝时投降匈奴的李陵的后人。时隔近千年，历史淹远，当然不可信。

有意思的是，肃宗时突厥出身的大将李怀让，也攀附李陵为先人。其墓志云：

公讳怀让，字某，盖汉将军陵之后。自五将失道，家留陇山，千年于兹，因引贵族，戎帐之下，华风在焉。奕叶相承，久雄朔北，本枝必复，终茂陇西公，则成纪人也。②

攀附愈久远，愈漫无可考，因是杜撰出的先人世系就愈无"懈"可击。故不少人较之李楷洛辈更胜一筹，竟认远古华夏帝王为始祖。出自突厥阿史那氏者，则云其先"克承大禹""夏后氏之苗裔"。③铁勒浑部出身者谓其先"夏�之后为淳维"。④唐初功臣武威姑臧安兴贵、安修仁家族本源自安国，可是竟云其为"轩辕帝孙降居弱水"后而繁衍的后代。⑤《新唐书·宰相世系表五》讲得更为具体：

武威李氏，本安氏，出自姬姓。黄帝生昌意，昌意次子安，居于

---

①《全唐文》卷422《李楷洛碑》。

②《全唐文》卷419《华州刺史李公墓志铭》。

③贺梓诚：《唐长安城历史与唐人生活习俗》。

④《全唐文》卷498《浑苾碑》。

⑤《全唐文》卷230《安忠敬碑》。

西方，自号安息国。后汉末，遣子世高入朝，因居洛阳。晋、魏间，家于安定，后徙辽左，以避乱又徙武威。后魏有难陀孙婆罗，周、隋间，居凉州武威为萨宝，生兴贵、修仁。至抱玉赐姓李。

"黄帝""昌意"云，本来是拓拔魏为给自己入主中原找"根据"，煞费苦心地附会远古神话，其荒诞无稽本不足论，而河西安氏乃至宋人重袭是说，殊为不经。近祖安世高云，亦应为杜撰。《元和姓纂》谓河西安氏出自安国，属昭武九姓胡人，与伊朗族出身的安西王子安世高又何来瓜葛！吐谷浑王族慕容氏，称自己为"斟寻氏之后胤"。[1]说他们是上古神话中的射日英雄后羿的后代，尤其滑稽。

冒认汉民族先人为始祖，极力讳言自己的固有族望，从这种有趣的历史现象中，透露出入仕唐朝的蕃人业已汉化的实质，反映了他们与汉人已有着共同的民族意识和心理状态。

3.姓名上的汉化

蕃人初仕唐朝，大都保有原来的蕃姓、蕃名。如突厥人之阿史那咄苾、阿史那苏尼失、阿史那思摩、阿史那弥射、阿史那步真、阿史那斛瑟罗、阿史那大奈、执失思力、舍利葛旃、朱耶拔野，铁勒人之契苾何力、药罗葛吐迷度、药罗葛婆闰、浑阿贪支、仆固歌滥拔延、时健啜、多滥哥塞匐、阿跌贺之、阿布思，"两蕃"（契丹、奚）之窟哥、可度者，靺鞨之突地稽、倪靺鞨属利稽，吐谷浑之苏度摸末、闼卢摸末，党项之拓拔赤辞，拔汗那之阿悉烂达干，昭武九姓胡之安胏汗、康阿义屈达干，南诏之皮逻阁，吐蕃之莽布支及其子卢和旧久，苏毗之悉诺逻，日本之阿倍仲麻吕，等等，其姓氏除安、康、慕容等与某些汉人共享外，阿史那等均为蕃姓，其名在汉文字义上殊不可解。可是他们的后人，或因天子优崇而受姓得名，或因归化中原已久而蕃姓自行消亡代之以汉姓、汉名。总之，姓名上的汉化，情况种种，不一而足。

---

[1]《唐代墓志汇编》圣历 022《大周故西平公主墓志》。

蕃人被天子赐姓及名，为其姓名上汉化之重要渠道，试举例于下：

阿史那氏——自高祖时代赐阿史那大奈以"史氏"始，中经阿史那忠等被太宗"诏独着史"，至开元中凡阿史那氏者都改为史姓并"注〔籍〕长安"。在此过程中，还渐以汉名取代蕃名。如史善应、史仁表、史暕、史孝昌、史昕、史忠孝、史思明等等，都取汉姓汉名。此外，东突厥阿史那思摩被高祖（或太宗）赐姓李氏。

契丹窟哥——太宗赐姓李氏。其后人多取李姓和汉名，如李尽忠等。

奚可度者——太宗赐姓以李氏。后人有兼取汉名者，如李大辅（猷）等。

靺鞨突地稽——太宗赐以李姓。子孙均取汉姓名，如李谨行、李思敬等。

靺鞨茹常——玄宗赐姓名曰李嘉庆，子李怀光以平叛和反叛知名。

武威胡姓安氏——肃宗时，应安重璋（即李抱玉）请求"举宗赐姓李氏"。李抱真、李自正、李缄、李绪、李振等均出此族。

党项拓拔氏——太宗赐拓拔赤辞以李氏，僖宗复赐平夏部酋长拓拔思恭以李氏。子弟思谏、思让、思孝、思敬、成庆等均取姓李。

拔汗那阿悉烂达干——玄宗赐姓名曰窦忠节，窦忠节子曰窦薛裕。

铁勒（或突厥）阿布思——玄宗赐姓名曰李献忠。

南诏皮罗阁——玄宗赐姓名曰蒙归义。

苏毗悉诺逻——玄宗赐姓名曰李忠信。

柳城胡安禄山诸男——十一子庆宗、庆绪、庆恩、庆和、庆余、庆则、庆光、庆喜、庆佑、庆长、庆□等，均为玄宗赐名。

突厥史窣于——玄宗赐名曰思明。

护蜜纥设伊俱鼻施——肃宗赐姓名曰李崇信。

突厥舍利葛旃——肃宗赐姓名曰李奉国。

奚张阿劳——肃宗赐名曰孝忠。孝忠诸子茂昭、茂宗、茂和等，均为德宗赐名。

铁勒阿跌氏——宪宗赐阿跌光进以李氏，弟光颜及子侄季元、遂元、毅元、绥元、宗元、吉元、昌元、扶元、继元、诚元、建元、兴元、荣元、奉元、播元、安（宴）元等均以李为姓。

胡人骆元光——本姓安，冒养父姓骆，德宗赐姓名曰李元谅。

奚索位、没堎孤——宪宗赐以李氏。

回鹘嗢没斯等——武宗赐回鹘降唐王子嗢没斯曰李思忠、阿历支曰李思贞、习勿啜曰李思义、乌罗斯曰李思礼，并赐回鹘国相爱邪勿曰爱（或曰李）弘顺。回鹘阿布思之裔李茂勋之姓氏亦为天子所赐。

沙陀朱耶赤心——懿宗赐以姓名曰李国昌。由是弟友金、子克用等均以李为姓。

唐代蕃人多以李为姓氏，究其源，绝大多数为天子所赐。

又，唐代盛行收养义儿的风气，不仅有汉人拜蕃人为父的（如汉人吕灵尊回纥可汗为父，因改姓氏曰药罗葛，更有汉人或具汉姓之蕃人收养蕃人为养子的，养子则冒养父之汉姓氏。如：

张忠志——本范阳内属奚人，原姓名不详。范阳将张锁高畜为假子，故冒其姓，名忠志。后来，更为安禄山假子，又冒姓安。投降朝廷后，肃宗赐姓名曰李宝臣。

尚可孤——本鲜卑宇文部别种，宦官鱼朝恩收为养子，故曾易姓名曰鱼智德。

骆元光——本姓安，少为宦官骆奉先所养，冒姓骆氏。

王廷凑——本回纥阿布思之族，曾祖五哥之，王武俊养为子，故冒姓王，廷凑子孙元逵、景崇、镕等均以王为氏。

李克用诸蕃人义儿——李嗣源，胡人，原名邈佶烈，姓氏不详；李嗣恩，本姓骆，吐谷浑人；李存信，本名张污落，回鹘人；李存孝，原为安姓胡人；等等

再，更多的情形是，因仕唐蕃人为汉俗所染和汉族意识的加深而自己易汉名，如：

执失思力——其本人为蕃名，但为四子命名为绍德、绍宗、师仁、归真。

契苾何力——长子曰明，次子曰光，三子曰贞。

史大奈——子名仁表。

阿史那咄苾——子初名叠罗支，后易姓名曰史孝昌。

阿史那斛瑟罗——子，史怀道；孙，史昕；曾孙，史忠孝。

莽布支——易姓名曰论弓仁；二子原名卢、旧久，易名曰诚节、诚信；孙曰惟清、惟良、惟贞、惟贤、惟明。

王求娄（高丽人）——子毛仲；孙守贞、守廉、守庆、守道。

高舍鸡——子仙芝。

浑阿贪支——取原名阿贪支，谐音曰潭；子，回贵；孙，元庆；曾孙，大德、大寿、大封、大猷、大鼎、大宁、大义；玄孙，澄之、景之、释之；来孙，瑊、琼、玘、斐；晜孙，炼、镐、钜、钢等；仍孙，俭、倍、偘等；云孙，术、徽、特、普、征、卓等。

阿跌递丰——子，良臣；孙，光玼、光进、光颜。

王没诺干——易名武俊，字符英。

王末恒活——子，升朝；孙，廷凑。

此外，还有自己改复姓为汉人单姓的，如天宝初年一再出现安西四镇节度使夫蒙灵詧的名字，[1]可是后来因得罪高仙芝被朝廷贬官为安东副大都护后，却以马灵詧的姓名出现。[2]按，夫蒙本西羌姓，[3]灵詧之由夫蒙氏到汉姓马氏，则应是取夫蒙谐音，由灵詧自行改易。

伴随着地望、族望上的变迁，仕唐蕃人又不留痕迹地抹去蕃姓蕃名，至此，除了个别人的胡貌难与汉人认同，又怎能从外在现象中发现他们曾为蕃人出身！

三

篡改地望、族望，变易蕃姓蕃名，这只是仕唐蕃人在汉化过程中作的表面文章，根据唐人的标准，光有这些还不能算作真正意义上的汉化，只

---

[1]《旧唐书》卷103《高仙芝传》。
[2]《资治通鉴》卷217唐玄宗天宝十五载四月条。
[3]《资治通鉴》卷215唐玄宗天宝三载五月条《考异》所引《元和姓纂》。

有具备"华心"的人，亦即在其思想行为上合乎儒家倡导的"仁义忠信"的人，才称得上是名副其实的汉化。

大中元年（847年），宣武军节度使兼汴州刺史卢钧以大食人李彦升"荐于阙下"，宣宗"召春司考其才，二年以进士第，名显然，常所宾贡者不得拟。"①对此，进士陈黯大发议论：

> 苟以地言之，则有华夷也。以教言，亦有华夷乎？夫华夷者，辨在乎心，辨心在察其趣向。……生于夷域而行合乎礼义，是形夷而心华也。……金日磾之忠赤，其华人乎？……今彦升也，来从海外，能以道析知于帅，帅故异而荐之，以激夫戎狄，卑日月所烛，皆归于文明之化。盖华其心而不以其地也，而又夷焉。②

在这里，唐人抛开地域和经济生活的差异来区分民族属性，固然有某些片面性，但把是否接受传统的中原文化作为判断汉蕃的标准，又不能不认为有一定的道理。因为"表现在共同文化上的共同心理素质"亦毕竟为划分民族的重大要素。关于李彦升，虽远自阿拉伯来，可是从他一举登进士第，足见其具有极高深的汉文化修养，更推知他必非新来乍到的蕃人，但亦无迹象表明他是"土生"蕃客。从这点看，中原汉文化（首先是占统治地位的儒家文化）对蕃人潜移默化的作用是何等的强烈！

在唐代，持"华心"说的并不只陈黯，昭宗乾宁中（894—897年）的进士程晏也认为：

> 四夷之民，长有重译而至，慕中华之仁义忠信，虽身为异域，能驰心于华，吾不谓之夷矣。……夷其名而华其心者……乐吾仁义忠信，愿为人伦齿者，岂不为四夷之华乎！记吾言者，夷其名尚不为夷矣。③

---

①《全唐文》卷767《华心》。
②《全唐文》卷767《华心》。
③《全唐文》卷821《内夷檄》。

这段文字中，对陈黯的"华心"说作了进一步发挥。陈黯称道的李彦升是既有华名复具"华心"的人，而程晏主张，只要思想行为合乎儒家文化中的"仁义忠信"，统可归入汉人之列，并不在乎你具有夷名还是汉名，也不论你的外貌特征。

根据"华心"说的标准，不仅晚唐时代科举及第的"色目人"（"亦谓曰榜花"）①可以认为是汉化蕃人，凡醉心于儒家文化，行为"合乎礼义"的亦都应视为汉人。如是，我们将会看到，仕唐蕃人大都是有着浓重的汉化倾向和具备"华心"的人。这可以从他们读书习儒、接受汉族统治阶级的传统思想文化中找到答案。

天宝中，宰相李林甫欲杜绝边帅入相之路，以"胡人不知书"，不可能危及其宰相地位，所以建议玄宗重用蕃人为将，"至是，诸道节度尽用胡人"。②由此，给人造成蕃将都是些目不识丁的粗人武夫的印象。其实，大谬不然。

《隋唐嘉话》卷中曾记述唐初蕃将契苾何力的一则逸事，颇耐人寻味：

> 司稼卿梁孝仁，高宗时造蓬莱宫，诸庭院列树白杨。将军契苾何力，铁勒之渠帅也，于宫中纵观。孝仁指白杨曰："此木易长，三数年间宫中可得阴映。"何力一无所应，但诵古诗云："白杨多悲风，萧萧愁杀人。"意谓此是冢墓间木，非宫中所宜种。孝仁遽令拔去，更树梧桐也。

古诗句脱口而出，应对如此敏捷，汉文学修养如是之高，足见何力早已汉化，亦可知他更非一般汉族武人可比。其长子契苾明的汉学造诣更非同寻常。史称"明性淹厚，喜学，长辩论"。③其碑铭中亦云：

①《南部新书》卷丙。
②《资治通鉴》卷216唐玄宗天宝六载十二月条。
③《新唐书》卷110《契苾何力附子契苾明传》。

公地积膏腴，门标英伟，发言会规矩，动容成楷则。学该流略，文超贾马。……乃人物之仪表，实衣冠之领袖。……亭亭有千丈之干，其高非易仰；汪汪如万顷之波，其深不可测。有硕学焉，有令问焉：擅班马之雄辩，蓄灵蛇之佳作，逸气上烟霞之表，高名振朝野之际。[①]

这哪里像一介武夫，分明为士大夫阶层中的才子雅士！按，自贞观六年契苾何力入侍天子，至证圣元年（695年）契苾明薨，两代人受中原文明陶冶也不过仅半个多世纪，就已跻身于内地衣冠士流。由之可见唐初蕃将在攻读汉学典籍上下了如何之大的功夫。

当然，如何力父子潜心于汉文学追求的仕唐蕃人并不多见，像安禄山"不识文字"[②]的胡人武夫也非绝无仅有。然而，即使如安禄山辈，附庸风雅的也大有人在。与禄山同种、同里、同年同月生又相善的史思明，也居然有汉文"诗作"传世：

安禄山败，史思明继逆。至东都，遇樱桃熟，其子在河北，欲寄遗之，因作诗同去。诗云："樱桃一笼子，半已赤，半已黄，一半与怀王（即史朝义），一半与周至。"诗成，左右赞美之，皆曰："明公此诗大佳，若能言一半周至，一半怀王，即与黄字声势稍稳。"思明大怒曰："我儿岂可居周至之下！"[③]

从此则可入《笑林》的思明趣事中，我们可以知道连不通文墨的某些蕃人都深受吟诗弄句的汉文人骚客的影响。唐代因科举仕途发达，"父教其子，兄教其弟，无所易业，大者登台阁，小者任郡县，资身奉家，各得其

---

①《全唐文》卷187《契苾明碑》。
②《新唐书》卷225上《安禄山传》。
③《太平广记》卷495《史思明》。

足，五尺童子耻不言文墨焉。"①尽管蕃人主要靠蕃望、军功、门荫仕进，但因他们深受所处时代社会风气的熏染，为装点门面，像史思明那样冒充斯文者固然有之，而发愤攻读，涉猎文史乃至著书立说和科举及第者更不乏其人。

哥舒翰"好读《左氏春秋传》及《汉书》，疏财重气，士多归之"。其子哥舒曜所出七人，"俱以儒闻"。其中，哥舒姮，"茂才高第，有节概；"哥舒峄、嵷、屺，"皆明经擢第"。②李光弼"能读《左氏春秋》，兼该太史公、班固之学"。其子李义忠、象、汇等，皆"备闻《诗》《礼》"。③李抱玉的"群从兄弟，或徙居京华，习文儒，与士人通婚者，稍染士风"。④其族弟李抱真的墓志铭云：

> 公（即李抱真）自生勋门，幼被儒术，长览太史公、班孟坚书，服纵横之言。至于兵法，尤其天性。⑤

契丹酋帅出身的大将李楷固之孙李景略，代宗大历末，"寓居河中，阖门读书"。后被德宗擢左羽林将军"对于延英殿，奏对衎衎，有大臣风彩"。⑥一日德宗兴发，"射飞雁一支，应弦而落，欢动宫闱"。景略有感于陛下神武，特撰《射雁歌》一章上献。⑦一个蕃人出身的将领居然敢在最称"能诗"的德宗⑧跟前舞文弄墨，不用说其文学功夫一定非同凡响。李景略才兼文武，丰州刺史任上，"节用约己，""廪储备，器械备，政令肃，智略

---

①《通典》卷154《选举典三·历代制下》。
②《新唐书》卷135《哥舒翰传》。
③《全唐文》卷342《李光弼碑》。
④《旧唐书》卷132《李抱玉传》。
⑤《全唐文》卷784《李抱真墓志》。
⑥《旧唐书》卷152《李景略传》。
⑦《全唐文》卷540《为羽林李景略将军进射雁歌表》。
⑧《廿二史札记》卷19《德宗好为诗》。

明"，"军声雄冠北边"，"天下皆惜其理未尽景略之能"。①与李景略同时代的兼将相之任的浑瑊，非唯好读书，且有著述传世：

> 雅好左氏《春秋》班氏史，得考父之恭，范宣之让，骠卫之功略，黄韩之教化。又尝慕《太史公自叙》，著《行纪》一篇。词不矜大，而事皆明备。②

其子浑镐，"性谦谨，多与士大夫游。历延、唐二州刺史，军政吏职，有可称者"。③镐子偘，"能遵祖法，不失家声"：

> 公为儿时则柔敬敦厚，笃志于学，九岁由宏文生擢孝廉第，释褐参同州军事。既冠，益以通敏密静称于人。……始则以至行好学，恂恂若儒者；中则以精力辨疑为循吏；终则以和众静边，名之良帅。④

浑偘虽出自蕃人将门，可是，未尝有战斗功。⑤他走的基本上是"读书做官"的道路，并大体上浑同于一般汉族士人。

发人深思的是，历来尚武风气极浓的河朔地区，一些蕃人镇帅的子弟也纷纷弃武习文雅爱儒学。成德节度使李宝臣之子李惟诚，"好儒书理道"，⑥幼子李铢"好学多识，有儒者风"。⑦义武军节度使张孝忠之子张茂昭，"幼有志气，好儒书"。⑧魏博节度使史宪诚子史孝章尤为特出：

---

①《旧唐书》卷152《李景略传》。
②《全唐文》卷792《浑瑊碑》。
③《旧唐书》卷134《浑瑊附子镐传》。
④《全唐文》卷792《浑瑊碑》。
⑤《全唐文》卷792《浑偘碑》。
⑥《旧唐书》卷142《李宝臣附子惟诚传》。
⑦《新唐书》卷211《李宝臣传》。
⑧《旧唐书》卷141《张孝忠附子茂昭传》。

186

及长，好学迁善，秀出侪辈，邺下诸儿号为"书生"。元和中，太尉〔李〕朔为魏帅，下令抡材于辕门，取大将家翘秀者为子弟军，列于诸校之上，公独昌言愿效文职。太尉深奇之，遂假魏州大都督府参军。①

综上，不难看出，诸多仕唐蕃人大都粗通文墨，崇尚儒术，其中有不少人颇精于此道。按，儒家的核心思想是"仁"和"礼"。"仁者爱人"，首先是要求臣下"事君以忠"；所谓礼，主要是指维护封建典章制度和捍卫封建统治秩序。正是在这种汉族统治阶级的精神文明熏陶下，许多仕唐蕃人逐渐改变了其原来民族的立场，并用儒家传统的"忠孝仁义"作为自己思想行为的规范。

贞观九年（635年），汉将薛万均贪冒蕃将契苾何力战功为己有，太宗大怒，"将解其官授何力"，而何力则不以为然：

以臣而解万均官，恐四夷闻者，谓陛下重夷轻汉，则诬告益多。又夷狄无知，谓汉将皆然，非示远之义。②

按，契苾何力本铁勒契苾部酋长，仕唐也不过三四年时间，他虽不便否认自己的"夷狄"出身，但却有了"夷狄无知"的论调，显然是受了"自古皆贵中华、贱夷狄"的汉人上层传统的民族歧视思想的影响。

如果说贞观九年契苾何力的"夷狄无知"论是在并不否认自己亦为"夷狄"出身的前提下的认识，那么到贞观十六年（642年），他就不再认为自己是蕃人，并彻底完成了民族立场的转变。是年，何力被太宗遣往本部落探亲，为部属胁持至薛延陀可汗牙帐，可汗威逼他背叛朝廷，被其断然拒绝：

①《全唐文》卷916《史孝章碑》。
②《新唐书》卷110《契苾何力传》。

何力箕倨，拔佩刀东向大呼曰："岂有唐烈士而受屈虏廷，天地日月，愿知我心！"因割左耳以誓。①

契苾与薛延陀同出铁勒族，按说"戎狄气类相亲，何力入薛延陀，如鱼趋水耳"。②然而，他鄙视薛延陀为虏，自称"唐烈士"并割耳明志，儒家的忠君思想使他"心如铁石"；③身处"同类"之中，却认为是"受屈虏廷"。在其身上不乏汉苏武式的民族气节，与以"忠君爱国"相标榜的汉族士人又有何异！何力从薛延陀归来后，又"抗表固言"不可和亲薛延陀，且为太宗出谋献策对薛延陀"坐而制之"，④薛延陀因是破亡。

如契苾何力那样用汉族的立场、观点和思想方法去看问题行事的蕃人官员，并非绝无仅有。武则天曾命宰相等举荐善射者五人，中者将赐以金币，内史张光辅推出高丽贵族出身的右卫大将军兼羽林军大将军泉献诚。献诚又推让薛延陀降酋右玉钤卫大将军薛吐摩支，"摩支固辞"，献诚因对武则天说：

陛下择善射者，然皆非华人。臣恐唐官以射为耻。不如罢之。⑤

仕唐蕃人从汉人立场出发去看待"四夷"者，固然不乏其人，而在儒家的忠君意识的诱发下做李唐忠臣孝子的尤为常见：右骁卫大将军阿史那忠"宿卫四十八年，无纤隙，人比之金日磾；"⑥驸马都尉，大将军阿史那社尔等在太宗下葬日痛不欲生，"请杀身殉葬"；⑦武则天即位之初，酷吏肆虐，皇嗣李旦为人诬告而不能自明，胡人太常工人安金藏用切腹自杀"以

---

①《资治通鉴》卷196唐太宗贞观十六年十月条。
②《旧唐书》卷104《契苾何力传》。
③《旧唐书》卷104《契苾何力传》。
④《旧唐书》卷104《契苾何力传》。
⑤《新唐书》卷110《泉男生附子献诚传》《阿史那忠传》《阿史那社尔传》。
⑥《新唐书》卷110《阿史那忠传》。
⑦《资治通鉴》卷199唐太宗贞观二十三年八月条。

明皇嗣不反"，李旦"由是免难"；①武则天末年，男宠张易之、张昌宗居中用事，靺鞨人出身的右羽林卫大将军李多祚，为"报大帝（高宗）之德"，"不敢顾身及妻子"，奋起诛除"二张"，拥戴中宗复位；②李光弼为讨平安史之乱，千里勤王，并以决死之志，"秉文武忠义之姿，廓洁河朔，保义王室，翼戴三圣"；③浑瑊"忠勤谨慎，功高不伐"；④兴元元年（784年）朔方节度使李怀光叛，而其养子右武锋兵马使胡人石演芬则表示他"惟知事一人（指德宗）"，因而被怀光"刀断其颈"而死；⑤宪宗元和中，伐蔡之师，大小凡十余镇，惟阿跌人忠武军节度使李光颜"勇而知义"和乌罗护人怀汝节度使乌重胤"忠于事上"⑥；等等。

经八年安史之乱，河北地区一度出现了严重的"胡化"现象，为诸镇节度使的蕃人和"胡化"汉人不遵朝命，"自署文武将吏，私贡赋"，并"效战国，肱髀相依，以土地传子孙"。然而其子弟却多有人读书习儒，因而"暴忠纳诚，以屏王室"之事不时发生。成德节度使李惟岳（奚人）因反叛被诛，其弟惟简被"拘于客省，防伺甚峻"，⑦及朱泚之乱，德宗播迁，惟简斩关而出，追随逃难中的天子。德宗问他："卿有母，可（何）随我耶？"答曰："臣以死从卫。"因是惟简"录功封武安郡王，号元从功臣，图其形御阁"。⑧"幼有志气，好儒书"的义武军节度使张茂昭（奚人）尤为事君楷模：

贞元十年十月，入朝，累陈奏河北及西北边事，词情忠切，德宗耸听，叹曰："恨见卿之晚！"……德宗方欲委之以边任，明年，晏驾，

①《旧唐书》卷187上《安金藏传》。
②《资治通鉴》卷213唐中宗神龙元年正月条。
③《全唐文》卷342《李光弼碑》。
④《旧唐书》卷134《浑瑊传》。
⑤《旧唐书》卷187下《忠义·石演芬传》。
⑥《旧唐书》卷161《史臣曰》。
⑦《旧唐书》卷142《李宝臣附子惟简传》。
⑧《全唐文》卷565《李惟简墓志》。

茂昭入临于太极殿，每朝晡预列，声哀气咽，人皆奖其忠恳。顺宗听政……赐女乐二人……茂昭立谓中使曰："女乐出自禁中，非臣下所宜目睹……"顺宗闻之，深加礼异……自安、史之乱，两河藩帅多阻命自固，父死子代；唯茂昭表请举宗还朝，邻藩累遣游客间说，茂昭志意坚决，拜表求代者数四。①

按，义武军系由成德军分出的易、定、沧等州所置，前经成德军节度使李宝臣、李惟岳父子和王武俊等拒命朝廷，该处长期为割据祸乱的中心。由于张茂昭自宪宗元和五年（810年）以州归国，举宗入朝，在此后的近百年间，节度使相继二十一人，基本上都是以朝命受代，"父死子代"的迁俗在彼发生了根本性转变。茂昭因此赢得了"忠梗有礼""近代之贤侯"的史家赞誉。张茂昭卒第十个年头（元和十五年），成德军中也冒出个茂昭型蕃将。是年冬，节度使王承宗（契丹人）卒，其弟承元以祖母之命和将士拥立，硬被推为留后，"承元拜泣不受"。监军使（天子代表）亦"因以诸将意赞之，"承元才不得已，"遂于衙门都将所理视事"。然而"约左右不得呼留后，事无巨细，决之参佐。密疏请帅……邻镇以两河近事讽之，承元不听，诸将亦悔"。②及至以朝命徙镇义成军，牙将李寂等十余人又"固留承元"，"承元斩以徇，军中乃定"。③承元之后，在成德军邻镇魏博藩镇中出现了一个号为"邺下书生"的史孝章（奚人），因其父史宪诚擅总魏博镇军务和攘违朝旨，孝章痛心疾首，于是跪谏父母曰：

"大河之北号富强，然而挺乱取地，天下指河朔若夷狄然。今大人身封侯，家富不赀，非痛洗涤，竭节事上，恐吾踵不旋祸且至。"因涕下沾衿。……文宗贤之，擢孝章节度副使。④

①《旧唐书》卷141《张孝忠附子茂昭传》。
②《旧唐书》卷142《王武俊附孙承元传》。
③《资治通鉴》卷241唐宪宗元和十五年十一月条。
④《新唐书》卷148《史孝章传》。

诗书传家，忠孝为本，这是汉族士人的家风和传统道德。仕唐蕃人既竞相以此汉风相尚，又接受汉族上层的传统观念，不正表明他们大都已归化为"形夷"而"华心"的新型汉人吗！

……

"民族是人们在历史上形成的一个有共同语言、共同地域、共同经济生活以及表现于共同文化上的共同心理素质的稳定的共同体。"[①]如果用经典作家的这个民族概念的四要素来衡量仕唐蕃人，很显然，他们中的绝大多数由于受"变化法则"的支配，不论其主观意愿如何，都融合于汉族的共同体之中。汉族之所以会成为中华民族的主干和当今世界上人数最多的民族，与历史上的"四夷"不断地加入有着莫大的关系，而仕唐蕃人的汉化，亦曾为汉族的壮大做出过不可磨灭的历史贡献。

只有创造灿烂文明的民族才能屹立于世界民族之林，也才会为其他民族所向往。仕唐蕃人热衷于汉化的历史事实，为我们提供了中华民族唯有自立、自强、自重、自爱才能为人类做出重大贡献的光辉范例。

（原载《唐史论丛》第七辑，陕西师范大学出版社，1998年。）

---

①斯大林:《马克思主义和民族问题》。

说"龙图腾""豢龙故里"与"蕃姓刘"

我的家乡鲁山城西25里的耿集镇，素有"豢龙故里"之美称。其雅号由来，则缘于中华刘姓始祖御龙氏刘累晚年迁居于此。

关于夏代(前21世纪—前16世纪）刘累豢龙的故事，最早的记载见于春秋时期的《左传》。传称：鲁昭公二十九年（前513年）秋，龙出现于绛邑（今山西侯马市西）郊区，由是引发出魏献子、蔡墨关于龙的传闻和豢龙氏董父、御龙氏刘累曾为古帝王驯龙的话题：

魏献子问于蔡墨曰："吾闻之，虫莫知于龙，以其不生得也，谓之知，信乎？"对曰："人实不知，非龙实知。古者畜龙，故国有豢龙氏，有御龙氏。"献子曰："是二氏者，吾亦闻之，而不知其故，是何谓也？"对曰："昔有飂叔安，子曰董父，实甚好龙，能求其耆欲以饮食之，龙多归之，乃扰畜龙，以服事帝舜，帝赐之姓曰董，氏曰豢龙，封诸鬷川，鬷夷氏其后。故帝舜氏世有畜龙。及有夏孔甲，扰于有帝，帝赐之乘龙，河、汉各二，各有雌雄。孔甲不能食，而未获豢龙氏。有陶唐氏既衰，其后有刘累，学扰龙于豢龙氏，以事孔甲，能饮食之。夏后嘉之，赐氏曰御龙，以更豕韦之后。龙一雌死，潜醢以食夏后，夏后飨之，既而使求之。惧而迁于鲁县，范氏其后也"。

上引史料有多层意思，其一，龙在春秋时期已极为罕见；其二，在虞舜时代，龙是一种常见的动物，乃至可以畜养；其三，夏代第十三帝孔甲时（约前17世纪），龙已比较少见，但仍有养龙术的传人；帝尧陶唐氏的裔孙刘累就曾"学扰龙于豢龙氏"，因而为夏帝孔甲所用，专职饲养上帝所赐天子的四条"乘龙"；其四，刘累熟知龙的习性，故受到孔甲的嘉奖，被赐以御龙氏，并将豕韦氏的故国（在今河南滑县城东韦乡）改赐刘累为封邑；其五，一雌龙死，刘累暗地里将死龙做成肉酱给孔甲享用。及至天子索求四条"乘龙"，刘累只好逃往鲁县隐居。

魏献子和蔡墨关于龙的对话集中起来是两个问题：一，龙之有无；二，御龙氏刘累豢龙本末及刘累之最后归宿。由于刘累为见于史籍的中华刘姓第一人，因此，引申出第三个问题：中华刘姓现象。下边拟对以上三个问题中的个案进行探讨。

一、龙之有无

人们一般都认为龙是并不存在的神异动物，因而刘累豢龙的故事，不过是荒诞不经的神话传说。但我坚信其有。归纳诸多学者的研究，我认为中国人心目中的龙，可分为生物实体龙和社会文化龙两个类别。前者谓大蛇之类的爬行动物，后者指多种图腾的综合体。氏族社会盛行图腾崇拜，该社会的人认为，每个氏族都与某种动物或某种自然现象有着姻缘亲属关系，故此物种就成为这个氏族的祖先的形象或保护神，并被作为氏族部落的族徽标记，被称为"图腾"。最初以龙为标记的图腾，显然是生物实体龙即蛇的形象，如古画中的中华始祖伏羲、始祖母女娲氏就是两条交尾的大蛇，只是将蛇头画成人首而已。而其后轩辕氏黄帝的本相依然是一条大蛇，即所谓"黄龙体"是也。[1]与黄帝同时代的炎帝则是"人身牛首"，九黎首领蚩尤兄弟81人，"并兽首人语"。[2]所有这些，无不反映原始社会的人们以蛇类、兽类为图腾的自然崇拜。又据《史记会注》引《帝王世纪》云：

---

[1]《史记》卷27《天官书第五》。
[2]《史记》卷1《五帝纪·正义》引《龙鱼河图》。

神农氏的母亲女登游华阳（谓华山之南或泛指秦岭以南地带），"有神龙首，感生炎帝"。这又表明姜姓神农氏炎帝部落，同以龙为图腾的姬姓轩辕氏黄帝部落，有姻亲之好和部落联盟关系。大概基于这种至亲关系，《国语·晋语》更称黄帝与炎帝为同父(即少典)、同母（即有娇氏女登）的同胞兄弟。据《史记》等记载，炎帝部落先前比较强大，但后来有所衰落。故以九黎首领蚩尤为代表的诸侯"相侵伐，暴虐百姓"时，炎帝则"弗能征"。于是"习用干戈"的黄帝乘机与炎帝加强联盟关系，征讨"最为暴"的蚩尤。蚩尤则统率有着"兽首人语"、"铜头铁额"的八十一兄弟应战。这就是说，蚩尤不仅是最早使用金属武装的人，而且其部落至少拥有八十一个以兽类为图腾的氏族单位。《山海经》称，双方交战时，各请有援军助战：黄帝先令本部落的应龙氏（即以龙为图腾的氏族）主动攻击蚩尤，蚩尤则请风伯（即以风为图腾的部落头人）、雨师（即以雨为图腾的部落领袖），以呼风唤雨手段重创来敌。黄帝乃请来天女曰"魃"（以旱神"魃"为图腾的部落领袖）者止风雨。于是蚩尤技穷，为保全实力，暂且归降于黄帝。当共同的敌人退缩后，炎黄联盟内部的矛盾却激化起来。炎帝欲侵凌诸侯（即各部落酋长），诸侯则"咸归轩辕"。黄帝为保护归顺的各路诸侯，不惜与炎帝反目，"教熊、罴、貔、貅、貙、虎，以与炎帝战于阪泉之野，三战然后得其志"。[1]所谓熊、罴等六种野兽为黄帝驱使，其真相应是以六兽为图腾的新归顺的六路诸侯部落。此战意义重大，黄帝部落不仅有诸路诸侯正式加盟，而且完全兼并了炎帝部落。再后来，黄帝又以空前壮大的部落联盟军队，同东山再起再次作乱的蚩尤大战于涿鹿（在今河北）郊野，遂擒杀蚩尤。由是，"诸侯咸尊轩辕为天子，代神农氏(按：当指炎帝)，是为黄帝。天下有不顺者，黄帝从而征之"。[2]史称黄帝为治理天下，"未尝宁居"，"迁徙往来无常处"。其足迹所到，曾东至于东海之滨，西达崆峒山（在今宁夏隆德县东），南渡长江并攀登湘山之巅（在今湖南岳阳西南），北逐荤粥且建都邑于涿鹿山下（在今河北涿鹿东南）。《白虎通·爵篇》称黄帝有天

---

①《史记》卷1《五帝纪》。
②《史记》卷1《五帝纪》。

194

下，"号曰有熊氏"。《帝王世纪》云："黄帝受国于有熊，居于轩辕之丘，因以为号"。《史记正义》曰：黄帝"号曰有熊氏，又曰缙云氏，又曰帝鸿氏，亦曰帝轩（轩辕）氏"。本姓公孙，因长居姬水而改为姬姓的黄帝，竟至少以有熊、轩辕、缙云、帝鸿等四氏为号，其真正的含义是什么？我想，如果将氏号视为图腾的真实反映，其义就不言自明：因黄帝定国都于以熊为图腾的部落所在地（今河南新郑市），建宫室于以轩辕（即天鼋）为图腾的氏族所在处（即今新郑市西北），并拥有与黄帝关系密切的分别以缙云（即红云）、鸿（鸿雁）等为图腾的诸多部落，故将有熊等多种氏号集于一身。又，据《山海经》称：黄帝之子名曰禺䝞者，"人面鸟身，珥两黄蛇"，"禺䝞生禺京，禺京处北海，禺䝞处东海，是为海神"；"黄帝生苗龙，苗龙生融吾，融吾生弄明，弄明生白犬……是为犬戎"；"有北狄之国，黄帝之孙曰始均，始均生北狄"。上引黄帝诸子孙后裔禺䝞、白犬、北狄云，应理解为因拓土"东至于海"和"西逐荤粥"，一些以海鸟、白犬、北狄（按：狄通"翟"，即野鸡）等为图腾的诸夷、狄部落归顺于黄帝为子民。黄帝既为"黄龙体"，为反映主子的徽记，某些部落如禺䝞遂在其部落海鸟图腾上添加两条黄蛇为标记。由之可见黄帝部落的图腾最初确实应为生物实体龙的形象，即一条栩栩如生的大黄蛇。但随着黄帝统一了黄河中下游乃至更北更南的诸多部落，作为黄帝部落的黄蛇崇拜的图腾，就不得不画蛇添足，增添许多新的内容。于是生物实体龙即大蛇，被改造成为社会文化龙即多种图腾的综合体。闻一多认为："在图腾林立的时代"，由于"蛇图腾最为强大"，兼并、吸收了许多别的"图腾团族"，"大蛇这才接受兽类的四脚，马的头鬣和尾，鹿的角，狗的爪，鱼的鳞和须"，"于是便成为我们现在知道的龙了"。[1]此外，社会文化龙还具备有腾空驾雾、兴云作雨的神异功能，如果联想到黄帝部落还综合有风伯、雨师、鸿雁、海鸟、缙云等部落或氏族，作为图腾综合体的文化龙，具有这样的出奇本领，就丝毫也不奇怪了。当然，从生物实体龙向社会文化龙的转变，是一个漫长的过程，从春秋时

---

[1]《闻一多全集》第一卷《伏羲考》。

代人们对龙不能"生得"，和虞舜、孔甲时龙可豢养，推知这种转变完成于商周时期。

　　以上所论说明：一，龙是蛇的别号，至今犹称蛇为"小龙"。因此，若将蛇类等爬行动物视为生物实体龙，那么，龙确实是存在的。二，图腾综合体的龙形象：自然界中根本就不存在，因此我们应当将它看作是其肢体来于自然而总体高于自然的社会文化龙。三，五千年龙脉不断，炎黄子孙至今昌盛。四，炎黄联盟同其他民族世代交融，故海内外华人在"炎黄"为"共祖"的族帜下，有着无比强大的民族凝聚力。五，刘累为夏帝孔甲所豢养的龙，应是生物实体龙即大蛇。只是因图腾综合体的龙形象早已深入人心，故在春秋时期的蔡墨口中，道出了社会文化龙的某些特征：首先将其神化，其次，认为这是四条"乘龙"，不过这不是蔡墨的凭空想象，早在其前两千多年的氏族社会，就有人制作马头蛇身的玉雕龙。[①]刘累驯养的龙，实实在在为大蛇。刘累"惧而迁去"，并不是雌龙自然死亡，再不能充孔甲坐骑使用，而是不愿杀剩下的雄龙，以满足夏天子的口腹之欲。

二、"豢龙故里"觅迹

　　《左传》谓刘累"迁于鲁县"。那么，鲁县何指？刘累隐居鲁县何地？

　　《左传·昭公二十九年》孔颖达注称："鲁县，今鲁阳也"。《元和郡县图志》卷二《河南道二·汝州》中载："鲁山县，本汉鲁阳县，古鲁县也，属南阳郡。……后魏太和十一年，孝文帝南巡，置鲁阳镇，十八年改镇为荆州，二十二年罢荆州置鲁阳郡，改鲁阳县为北山[山北]县。周改为鲁山县"。是古鲁县即汉以后的鲁阳县和北周以后的鲁山县，似乎其县治所一直在今鲁山县鲁阳镇（曾称城关镇）。然而，该志又称："鲁阳公与韩战酣，挥戈，日为退三舍，谓此地也。"鲁阳公当为春秋战国时期楚国公子在鲁县的封君号，其挥戈"日反三舍"的故事，见于《淮南子·临冥训》，但其故事传说的发生地并不在今鲁阳镇一带，颇疑刘累所迁居和鲁阳公与韩国鏖

---

①《文物》1984年6期。

战处之鲁县县治，在被昭平湖淹没的耿集镇一带，这从桑梓父老的传说和考古资料中多少可以寻觅到一些蛛丝马迹。

在耿集镇地区一直流传着鲁阳公与韩大战和其夫人抱子殉难的故事：传说鲁阳公在韩国军队兵临城下时，为避免城破累及妻小，遂将其夫人和幼小的公子安置于城池附近的一座山上观战。并约定此战成败看战旗，若旗屹立不动，就意味着胜利在望，若倒，则指兵败。激战中，战旗被马匹蹬倒，夫人误认为鲁阳公兵败身亡，遂抱子跳崖自尽。恰在此时，日落西山，天色骤然昏暗。鲁阳公心急如焚，忧虑夫人看不见重新扶直的战旗，就挥戈喝令落日返回。于是奇迹出现，周山明亮，并胜利地结束了战斗。少年时代尝听老辈人指点，故土耿集西北约三里许的抱子坡，即为当年的鲁阳公夫人抱子观战处，因而得名；抱子坡近处有称娘娘山者，因鲁阳公夫人葬埋地而得名；耿集北三里之遥曰明山者，则为"日反三舍"的回光返照处，故至今犹称其坡岭为明山（按：明山得名，还另有他说）。明山与抱子坡仅一水（即荡泽河）之隔；耿集西南约二里许，即荡泽河与沙河交汇处，有一三十万平方米的大土丘被称为邱公城者，传即鲁阳故城遗址，城址同抱子坡相距五里许，登高瞭望，两地近在咫尺，其间当为古战场。又据新编《鲁山县志》称，"邱公城为鲁阳故城，存夏、商、周文化遗址"。可见鲁阳公的封邑乃至古鲁县，应当在被昭平湖淹没的邱公城的旧址上。

既然耿集附近为古鲁县的政治中心地带，夏代刘累的最后居地就应当在这里寻觅。我虽然离开家乡耿集镇已四十余年，但仍记得耿集气势非凡，不仅以名镇享誉鲁山城西，更以原先的寨名（竹峪寨）和别号(豢龙故里)古雅著称。耿集东西大街的尽头处，各有一座砖砌的寨门洞和寨门楼。西寨门楼的迎门额上既雕有"竹峪寨"三字寨名，复在其上以巨石刻有"豢龙故里"四个楷书大字。而东寨门楼的迎门横额上则雕刻"耿家集"为街镇名。东寨命名，当不晚于清初。而西寨名，典雅古香，且配以"豢龙故里"，其寓义尤其悠远深刻。据我所知，以峪(按：同谷)为名者，在我省仅有新安县的"汉函谷关"和嵩县的黑峪镇等个别遗存，而在我客居近半个世纪的十三朝古都西安附近，古名称谷者，比比皆是，如姚谷、谷口、梗子谷等等，其地名由来不唯可追溯到先秦时代，且有不少至今犹作是称。由之可知，耿集原名竹峪寨，寨以"豢龙故里"为别号，其地名之久远，竟可同御龙氏刘累挂上钩。如果说竹峪寨内有关刘累的遗迹无从稽考的话，那么，出西寨门半里许，沿荡泽河西南行千余步，至与沙河（古称潢水）交汇处，涉水登约十丈高的巨大土丘邱公城，则有刘累墓。又据新编《鲁山县志》记载：整个邱公城遗址，文化层一般厚3.5米，最厚处4.5米，分上、中、下三层，存有自汉代上溯至龙山文化与仰韶文化晚期的陶器碎片、石斧、石铲、鹿角、兽牙、铜币、铸铁犁铧等器物。《鲁山县志》并断定："邱公城在夏代是尧之裔孙刘累故邑。"我曾三次爬上邱公城遗址，试图捡些什么，看到不少散碎陶片，因无知不识真品，竟一无所取。我还曾与同学结伴多次到邱公城西侧的晾石台游玩。台为深扎地层，连成一片的巨大青石，巨石傍近一汪神秘莫测的深潭，传为刘累当年养龙处。如今昭平台水库，既淹没了"豢龙故里"耿集镇，连传云"水涨城长"的邱公城亦因库水消涨而沦为时隐时现的小岛；当年的御龙氏退隐的地方，倒真的成为名副其实的水族极乐世界。

三、中华刘姓中的"蕃姓刘"现象

据二十世纪八十年代中国科学院遗传研究所的学者们研究，在我国汉民族中李、王、张、刘等19个大姓的人口约占汉族户口的55.6%，尤其是依次排列的前数诸大姓，更获"张王李赵遍地刘"之泛称，可见中华刘姓在汉姓中有着举足轻重的地位。但刘姓因分布地区有着南北差异的不平衡，基本上是北方刘姓人多（排位第四），南方则少于北方。如闽、粤迁去的台湾人，刘姓在陈、林、黄、张、李、王、吴、蔡诸后，位排第九；即便如此，仍居十大姓氏之列。又据李济《中国民族的形成》一书的统计，早在明朝时，刘姓就已是全国四大姓氏之一（按：紧排王、陈、张之后）。其实，刘姓作为望姓，可以上溯到刘姓始祖刘累和刘累之裔刘邦、刘秀所建的两汉王朝时代。"汉姓刘"之所以异常兴旺而悠远，同诸多"蕃姓刘"的不断加入有莫大关系。下边试就这个问题谈几点认识。

（一）早在两汉时，就有远在西域的龟兹国（今新疆库车地区）人改姓刘氏。

据东汉桓帝永寿四年（158）在今新疆拜城县的刻石《刘平国治关城诵》记载，诵文中的刘平国为"龟兹左将军"。[1]国学大师王国维认为，左将军为龟兹官名，刘平国亦龟兹人，龟兹国在前汉时就因慕汉俗，故其王姓白氏，其臣亦用汉姓名。

因向往汉地文明和尊崇国姓，因而异族人改姓刘者，当然不只是龟兹国人，匈奴族上层中也有其人。如东汉和帝（89—105年在位）时，南匈奴安国单于帐下有官居"左台且渠"姓名曰刘利者，[2]还有更早的疑为先辈降汉因而袭封归德侯者，如光武帝建武六年（30年）的归德侯刘飒，[3]就被清代学者钱大昕怀疑为前汉宣帝（前113—前49年在位）时的匈奴日逐王之后裔(《廿二史考异》)。

以上表明，两汉时期至少在龟兹国人和匈奴贵族中存在着改姓刘氏的现象。

（二）魏晋、南北朝时期，因南匈奴屠各部酋浪托刘汉宗室，蕃姓改刘者盛况空前。

屠各，亦称"休屠"或"休屠各"，不少学者考证屠各又作"独孤"，为两汉至西晋末时的匈奴别部之一，并非西汉初年的匈奴冒顿单于系统所出。西汉初年屠各部游牧于河西走廊一带。汉武帝元狩二年（前121年），其部与昆邪部为名将霍去病击败，降众被分而治之，分别安置于陇西（治今甘肃临洮）、北地（治今甘肃庆阳西北马岭镇）、上郡（治今陕西榆林东南）、朔方（治今内蒙古杭爱旗西北黄河南岸）、云中（治今内蒙古托克托县东北）等五个黄河以南边郡，与昆邪部共为汉属五国。东汉时与朝廷关系时好时坏，并一度攻掠西河（治今内蒙古东胜县境）、并州（治今山西太原西南）等郡。东汉末，天下大乱，屠各以四营兵力逐鹿中原；常山一战，

---

[1]拓本图版载《文物》1975年第7期。

[2]《资治通鉴》卷48东汉孝和帝永元六年正月条。

[3]《后汉书》卷119《南匈奴传》。

居然同袁绍军打了个平手；二十年后，屠各为曹操击破。建安二十一年（216年），曹操借其酋长（即匈奴南单于）呼厨泉入朝之机，留而不遣，使单于侄子右贤王去卑"监其国"，并"分其众为五部，各立其贵人为帅，选汉人为司马以监督之"。①值得注意的是，此前之匈奴南单于、左右贤王，诸史籍均直书其名，而省去姓氏屠各，但在《三国志》中，袭右贤王的去卑之子却以汉姓汉名刘豹出现。②这就是说在东汉灭亡之后，南匈奴屠各氏才改姓刘氏。按，匈奴入居塞内者，"凡十九种，皆有部落，不相杂错"。其中屠各部"最豪贵，故得为单于，统领诸种"。③而在匈奴十九个种落的基础上，被曹操划分为左、右、南、北、中五部的部帅，"皆以刘氏为之"。④西晋末年，司马氏内讧，刘豹之子刘渊（字元海）率统匈奴五部，乘时而起。刘渊为给其入主中原制造根据，遂杜撰系出，以刘汉的外甥和兄弟自居，且以匡复汉室为号召。他自称：西汉初年的匈奴冒顿单于为其远祖。并以汉高祖曾嫁宗女于冒顿和与冒顿"约为兄弟"为理由，又冒为公主之后、汉室之甥和兄弟。在经过一番文化包装后，凭借五部帅诸刘的拥戴，刘渊于永兴元年（304年）即汉王位于左国城（今山西离石县东北），追尊刘禅为孝怀皇帝，立汉高祖刘邦以下三祖、五宗以祭之。自是匈奴汉国（史称前赵）传袭三世，凡二十七年，且开始了蕃姓刘氏盛况空前的局面。

匈奴刘氏支脉赫连勃勃（远祖去卑、曾祖刘虎、祖刘豹子、父刘卫辰），在东晋义熙三年（407年）于朔方地区（今内蒙古、陕北一带）建立夏国，传两世，几二十六年。⑤

至北魏时，匈奴刘渊、刘虎（赫连勃勃曾祖）之裔和族人，除多数仍袭刘姓外，亦有部分人恢复了独孤(即屠各)旧姓。但这些鲜卑化的匈奴

①《资治通鉴》卷67东汉孝献帝建安二十一年七月条。
②《三国志》卷28《魏书·邓艾传》。
③《晋书》卷97《匈奴传》。
④《晋书》卷101《刘元海载记》。
⑤《晋书》卷130《赫连勃勃载记》。

人，在从孝文帝南迁洛阳后，不仅以河南为籍贯，还再次将独孤氏"改为刘氏"。①

西魏、北周时代，由于入关的宇文泰集团以关中为本位，原以河南洛阳为籍贯的匈奴刘氏（或独孤氏），又一律改以京兆长安为地望。后为这些京兆刘氏大都成为隋唐的开国功臣。

总之，自三国刘豹之后，由屠各氏改姓的匈奴刘氏，历三百余年长盛不衰，有姓名可考的帝王将相后妃贵戚达数百人之多（参看《晋书》、《十六国春秋》、《魏书》、《周书》、《北齐书》、《隋书》、《南史》、《北史》、《元和姓纂》等）。

附带说明一点，据姚薇元的《北朝胡姓考》等考证，一些传世的姓氏书籍（如唐林宝《元和姓纂》、宋邓名世《古今姓氏书辨证》、宋郑樵《通志·氏族略》等）关于匈奴屠各刘氏姓源的记载，"虽解释各异，要皆谬误"。因为屠各部既非正宗的匈奴冒顿单于（即尚汉公主者）系统所出，亦非西汉公主之裔，更非汉宗室羁留匈奴的后人，故诸姓氏书称独孤氏（屠各氏）"本姓刘氏"说，为"舛谬失考"。我基本上同意姚先生等的看法，只是觉得匈奴屠各氏冒姓刘的时间，应提前到三国时期的刘豹；刘豹之子刘渊只不过是为这种浪托行为炮制更多的"依据"罢了，刘渊并不是始作俑者。

此外，还应当指出的是，屠各之外的其他部落或民族也有不少人姓刘。如，因世居卢水（在今青海西宁市西）而得名的卢水胡中有姓名称刘超者。②在东起离石（在今山西省吕梁市离石区），西至安定(今甘肃省泾川县北）的山谷间，则分布着匈奴稽胡部落。稽胡中刘姓人很多，仅起义领袖就有刘蠡升、③刘平伏、④刘阿如⑤等多人。还有遁入佛门的稽胡刘姓人，如

①《魏书》卷113《官氏志》。
②《魏书》卷40《陆俟传》。
③《北齐书》卷2《神武纪》。
④《周书》卷49《稽胡传》。
⑤《魏书》卷74《尔朱荣传》。

僧慧达，俗名刘宰和。①而见于记载的稽胡酋长为刘姓者更多，仅河西（今陕北）地区就有刘遮、刘退孤、刘云、刘平延等。②乌丸中有姓名为刘哆、刘大者。③慕容鲜卑中有刘洁。④在北魏末年，渭南一带则有宁夷巴（即賨族）刘兴国的居处。⑤魏晋时，南方叟族中亦有刘姓酋帅者，如被蜀将马忠斩杀的"南夷豪帅刘胄"，就属于叟族。⑥还有，蜀族中也有刘姓，如《魏书》卷41《源自恭传》中所记"贼帅刘牙奴"，即出自蜀族。

综上可知，在以民族大融合为主要特征的魏晋南北朝时期，"五胡"之一的匈奴族改姓刘的最多，因此应视为"蕃姓刘"的主体。然而"蕃姓刘"的现象并不只在匈奴屠各部中发生，在匈奴五部之一的稽胡部中乃至自北向南的其他民族中，亦有"蕃姓刘"的存在。如果说这个时期是"蕃姓刘"的黄金阶段，那是一点也不为过的。

（三）隋唐时期的北朝"蕃姓刘"的余裔，彻底融合于汉人之中。

由于经历了中国历史上第二次民族大融合的洗礼，魏晋南北朝时期的蕃姓刘的余裔，在隋唐时代与汉人已浑然一体，并无二致。这主要表现于以下几个方面：

1. "蕃姓刘"与汉人杂处，其分布更加内地化。

魏晋时，以刘姓为部帅的匈奴五部主要分布于今晋西北一带。如左部居太原泫氏（今山西省高平市），右部居祁（今山西省祁县东南），南部居蒲子（今山西省隰县），北部居新兴（今山西忻县），中部居大陵（今山西省文水县东北）。⑦后来，从北魏孝文帝南迁者，则以河南（即洛阳）为籍贯。及至宇文泰、魏孝武帝率诸蕃汉贵族入关，"又以关内诸州，为其本

---

① 《续高僧传》卷25《释慧达传》。

② 《魏书》卷3《太宗纪》，卷9《肃宗纪》。

③ 《晋书》卷104《石勒载记》；《资治通鉴》卷105东晋孝武帝太元九年正月条。

④ 《魏书》卷25《刘洁传》。

⑤ 《魏书》卷59《萧宝夤传》。

⑥ 《三国志·蜀志》卷13《马忠传》。

⑦ 《晋书》卷101《刘元海载记》。

望"。①待到北周明帝时，更特别下诏说："三十六国、九十九姓，自魏南徙，皆称河南人，今周室既都关中，宜改称京兆人"。②由是自北周迄隋唐的关内诸州和京兆府（即长安地区），成为"蕃姓刘"新的集中居地。有置家于京兆府所在地长安者，如唐司农卿武陵郡公刘瞻、膳部员外郎刘瑾、虞部郎中刘志远等；有世居京兆府武功县者，如大唐开国功臣刘文静、刘弘基等家族；有居于关内其他州县者，如平原郡公、将军刘感家于岐州凤泉县（今陕西省眉县东南），礼部侍郎刘单籍贯为岐州岐山县（今陕西岐山县东南龙尾城）。等等。此外，除仍有不少"蕃姓刘"状称"河南人"外，并有许多人散居于全国其他地方。如隋末唐初勾结突厥割据晋北的刘武周，为马邑（今山西朔州市）人；隋末唐初河北农民军领袖刘黑闼，为贝州漳南（今河北故城县北）人；大唐创业功臣刘政会为滑州胙城(今河南省延津县）人；隋末唐初"拥兵数万、自号刘王"的刘龙儿、刘季真父子，为石州离石(今山西省吕梁市离石区）人；唐大将军刘大俱为雕阴（今陕西省绥德县）人等等。③

从上述"蕃姓刘"居地的变迁可知，其从魏晋时局促晋西北，中经北朝至隋唐呈大分散、小集中状态。所谓大分散，是指关东、关内都有其分布：所谓小集中，则谓京兆府、离石、雕阴居住有较多的"蕃姓刘"。但小集中又分两种情况：一是京兆长安地区为隋唐时全国的政治中心和中华文化最发达的地方，以汉族为主体的户口也比较稠密，故"蕃姓刘"在这里犹如沧海之粟，其分布的实质亦是大分散；二是离石、雕阴为蕃人聚居区，文化相对比较落后，因此这里还保有部落组织，故刘季真父子为离石胡（即稽胡）领袖，刘大俱被称为"绥州酋望"，这才真正是蕃姓刘的小集中。总之，隋唐时的"蕃姓刘"，除个别地区的人尚保留其蕃人之固有的某些特征外，分散于关东、关内的其他人，无不因与汉人世代杂处、互通婚姻而与汉人融为一体。又，离石胡等稽胡仅见于唐初记载，说明此后连这些匈

①《隋书》卷33《经籍志二》。
②《北史》卷9《周本纪上》。
③以上诸刘引自两《唐书》、《元和姓纂》。

奴余裔也全同化于汉人。如果说，这些刘姓人在北朝时已为"胡头汉舌"（即说汉话的胡人）的话，那么到隋唐时期，他们不仅在语言上完全汉化，在体貌特征上亦同汉人没有什么差别。这是因为他们生活于汉人圈内，与汉人具有"共同语言"、"共同地域"、"共同经济生活"，他们不可能不同化于汉族共同体之中。

2.内地的"蕃姓刘"在文化上乃至在心理素质上亦完全同化于汉人。

隋唐时期的"蕃姓刘"，由于久居内地，与汉人世代杂处，他们在文化上亦完全汉化。如匈奴屠各右贤王去卑裔孙，唐初开国功臣刘政会七世孙刘崇望、刘崇龟、刘崇鲁诸兄弟，通过读书习儒，皆进士及第，或拜宰相，或"仕累华要"，或擢翰林学士为天子草拟制诰，皆"世以为才"。[①]又如北魏的领民酋长刘持真的裔孙刘禹锡，不唯是参与"永贞革新"的政治家，还是与柳宗元齐名（史称"柳刘"），被白居易称为文笔"神妙"的杰出大文豪。其子刘承雍，亦是进士擢第，并以"才藻"闻世。[②]表明北朝"蕃姓刘"早已完成了由"尚武"至"崇文"的转变。基于这种与汉人在文化上的共同，表现在心理素质上，他们无不讳言自己祖上的民族所出。如刘禹锡家族本来是代北蕃人，却冒认汉景帝子中山靖王刘胜为远祖，因而禹锡的七代祖亮自称为中山（今河北省定县）人，刘禹锡则自称为彭城（今江苏省徐州市）人。[③]如李渊太原起兵的"元谋"、唐武德初年宰相刘文静，其祖上应为离石稽胡人，北周时改以京兆府为地望，代居京兆府武功县（在今陕西省武功县），但却浪托于两汉宗室，"自称彭城人"。[④]西魏、北周以后"蕃姓刘"有恢复本姓独孤氏者，正本清源，这本来无可非议。但唐代宗时的常州刺史独孤及却在《朝散大夫颍川郡长史赠秘书监河南独孤墓表》中杜撰独孤世系云："其先刘氏，出自汉世祖光武皇帝之裔；世祖生沛

①《新唐书》卷90《刘政会传》。

②《旧唐书》卷160《刘禹锡传》。

③《元和姓纂》卷5《十八尤》；《旧唐书》卷160《刘禹锡传》。

④《旧唐书》卷57《刘文静传》；《新唐书》卷88《刘文静传》。

献王辅：辅生鳌；鳌生定；①定生节；节生丐；丐生长子广，嗣王位，少子为廙仕汉为洛阳令；廙生穆；穆生进伯，为度辽将军击匈奴，兵少援不至，战败，为单于所获，迁居独孤山下，生尸利，单于加以谷蠡王之位，号独孤部；尸利生乌和；乌和生二子，长曰去卑，为右贤王……"。②去卑以下，墓表一直叙到唐代，前后共"二十三世"，似乎独孤氏本为汉室刘氏，世系十分清晰。因而《新唐书·宰相世系表》和诸姓氏书据此和参照《晋书》之《刘元海载记》、《赫连勃勃载记》等，将蕃姓刘中的"河南刘氏"、"河南独孤氏"的源流搞得错误百出。对此，姚薇元在《北朝胡姓考》中予以一一批驳订正。并认为《独孤墓表》中的独孤氏（即"蕃姓刘"），实为南匈奴屠各氏之异写，并非出自汉室刘氏，所谓刘进伯者，纯系捏造。刘禹锡、刘文静、独孤及等之所以要杜撰先人世系，并与"彭城刘"挂钩，完全是出于其业已汉化的心理，因此视匈奴为异类，并以祖上为匈奴而感到羞耻！遂讳言其本出。

3."蕃姓刘"为隋唐最高统治阶层中的重要组成。

西魏末年，为镇压关陇地区的各族人民起义，代北以武川镇为中心的胡汉军人集团在贺拔岳（鲜卑化高车人）率领下入关平叛。岳不久死去，其部将鲜卑化匈奴宇文泰遂继为领袖。宇文泰以所统六镇胡汉军事贵族为核心，并吸收关陇士族大姓参加，创建了以关中为本位的关陇军事集团，作为西魏以降的最高统治阶层。像"蕃姓刘"独孤氏就是这个阶层的重要成员，为最显赫的"八柱国"之一。如柱国大将军独孤信的长女被北周明帝册为皇后，第四女嫁给也是"八柱国"的李昞（即李渊的父亲）为妻，隋朝的开国君主杨坚则以独孤信的第七女为皇后，李渊称帝后，追谥生母独孤氏为元贞太后。直到唐后期，独孤家族中犹有女子被代宗册为贵妃，薨后又追谥为贞懿皇后。"蕃姓刘"尚帝女因而拜驸马都尉者，据《新唐书·诸帝公主传》记载，仅在唐代就至少有七人。蕃姓刘不只代居外戚，于唐时还尤多显宦。有唐三百年，刘姓出宰相十四人，其中可以完全确定

①按：据《后汉书》，应为"辅生鳌王定"。
②《文苑英华》卷970独孤及《朝散大夫颍川郡长史赠秘书监独孤墓表》，明刻本。

祖上为匈奴者，至少有刘文静（相高祖）、刘崇望（相昭宗）、独孤损（相昭宗）三人。由于唐人冒姓成风，其他十一位宰相中，也当有相当数量的人出自"蕃姓刘"。至于爵封王公和任朝廷文武大员者，其为数则更多，如彭山王刘季真、邢国公刘政会、夔国公辅国大将军刘弘基、邢国公驸马都尉刘玄意、天官侍郎刘奇、鲁国公驸马都尉刘树义、平原郡公刘感、葛国公鸿胪卿刘义节、工部尚书刘公济、左武卫大将军刘大俱、武陵郡公司农卿刘瞻、彭国公鸿胪卿刘称、工部尚书独孤怀恩等等。①他们或为李唐异姓封王之先例，或为大唐创业之功臣，或因于唐忠赤而名列国史《忠义传》，或缘出自贵胄而登龙门忝为帝婿，或为主持某方面政务的全国最高行政长官，或为府兵制下的军事首脑之一。此外，为地方州县刺史、县令者，则更难以胜数。

以上表明，隋唐时期"蕃姓刘"的绝大多数，不只彻底完成了居住地域的汉化、语言文化乃至心理素质上的汉化，其中不少人还置身于统治阶层之中。

由于大唐帝国是个民族融合的大熔炉，所以在旧的"蕃姓刘"融入汉族之中的同时，在某些民族中又出现了新的"蕃姓刘"。试举三例于下：

《古今姓氏书辨证》卷13称："唐有三蛮，白马氏之遗种，杨、刘、郝三族世袭为王。"白马氏为氐族的一支，汉至隋唐时，分布今川北及陇东南一带。又据《北梦琐言逸文》卷2记载："邛黎之间有浅蛮焉，世袭王号曰刘王、杨王、郝王。岁支西川衣赐三千分，俾其侦云南动静，云南亦资其觇成都盈虚，持两端而求利也。"这里的"浅蛮"当指《辨证》中的"三蛮"。虽然"浅蛮"在南诏（即云南）和唐朝之间"持两端"，即类似在唐和吐蕃之间要两面派的党项"两面羌"，但朝廷仍极力对他们进行笼络，如唐德宗贞元十四年（798年）正月元旦，天子就曾亲自接见黎州（在今四川汉源县）的浅蛮酋刘志宁，并允其袭封恭化郡王，授官试太常卿。②浅蛮为地处偏僻的山岭地带的小民族，竟也有姓刘者，可称大奇，可见汉姓刘氏

①以上据《元和姓纂》、《新唐书·宰相世系表》等。
②《旧唐书》卷197《西南蛮传》。

影响之深远。

　　西突厥沙陀部有姓刘氏者。沙陀为西突厥别部，系西突厥处月（即"朱耶"）种。原分布于今新疆尼赤金山之南和巴里坤湖以东地带，因境内有大沙漠，故称沙陀突厥。唐后期，因不甘于吐蕃驱使和强徙，遂在酋长朱耶执宜等率领下大举内徙，被朝廷先后安置于今陕北、晋北等地。朱耶执宜之子赤心因助朝廷平庞勋叛乱有功，被赐姓名为李国昌。其子李克用因平黄巢功，遂封晋王。克用子存勖和部人石敬瑭、刘知远，先后建后唐、后晋、后汉。这里要说的是，后汉开国皇帝刘知远的姓氏来自何时。据《旧五代史》卷99《汉书·高祖纪》称：刘知远"其先本沙陀部人也，四代祖讳湍……曾祖讳昂……祖讳僎……皇考讳琠"。"四代祖湍"云，据《五代会要》："湍为东汉显宗第八子，淮阳王昞之后。"可见刘知远家族的姓氏是浪托于汉室，冒姓汉人刘氏。沙陀族初迁内地时，见于史籍记载的姓氏仅有姓朱耶的酋长一家，并无刘姓部。其实朱耶也不是固定的姓氏，应是沙陀部的前身"处月"部号的异译，故在汉文史籍记载中沙陀酋长的姓氏至少前后有四个：初唐姓处月或朱耶，盛唐姓沙陀，中唐姓朱耶，晚唐被懿宗"赐氏李"，"预郑王属籍"。[1] 至于其部众，则无姓氏。故《资治通鉴》在说到李克用的养子李嗣源（即后唐明宗）时，称："嗣源本胡人，名邈佶烈，无姓。克用择军中骁勇者，多养为子……皆冒姓李氏。"[2]《新五代史》卷6《明宗纪》亦谓嗣源"世本夷狄，无姓氏"。可证亦为夷狄，同为沙陀人的刘知远祖上也不可能有姓氏。沙陀部始见刘姓的时间记载是僖宗乾符四年（877年）。是年王仙芝攻陷荆（今湖北江陵）、襄（今湖北襄樊市）州，时为振武节度使的李国昌遣部将刘迁领沙陀军五百骑帮助朝廷平叛，并在荆门（今湖北荆门县）将义军击溃。[3] 又，李克用的正室夫人刘氏，史称"代北人"，[4] 是否匈奴"蕃姓刘"之裔则无从考证。而刘知远的姓氏由

　　①《新唐书》卷218《沙陀传》。
　　②《资治通鉴》卷255唐僖宗中和四年五月条。
　　③《新唐书》卷218《沙陀传》；《旧唐书》卷19《僖宗纪》。
　　④《新五代史》卷14《唐太祖家人传》。

来，同刘迁、刘夫人有无瓜葛，亦无迹可寻。按：刘知远出生于唐昭宗乾宁二年（895），生母安氏，则为内徙的沙陀化中亚安国人。若知远出生后，其父祖仍无姓氏，根据蕃俗，他大可从生母的安姓，而他并没有从母姓，则说明其父祖已得姓。但其父祖若在唐末得姓，当不会早于刘迁和李克用的夫人，因为此前除了沙陀酋长有姓氏，其他沙陀人尚不见有姓氏的记载。

（四）五代以后，"蕃姓刘"在少数民族中更为普及

五代十国期间，由于刘知远建后汉朝（947—950年）、刘龑创南汉国（917—971年）、刘旻兴北汉国（957—979年），刘姓更权倾天下，活跃于南北和中原。据新、旧《五代史》所记，五代十国时，知名的刘姓人竟多达近三百人，而其中的显赫人物、官宦世家则多出自沙陀族的"蕃姓刘"。五代以后至今，"蕃姓刘"现象更普及到边疆的少数民族之中。

因三千多年前龙的传人御龙氏刘累始为刘姓，刘姓竟发展为历史上和当代的中华诸民族竞相使用的四大姓氏之一，这不仅是刘姓人的光荣，也是所有有着龙文化传统的炎黄子孙的光荣，更是豢龙故里、我鲁山人的光荣。

（原载《黄河文化》2000年第2、3期）

元结事迹杂考

一、享年

颜鲁公《元次山碑》：大历七年（772年）正月，元结丁母忧期满归朝，不幸遇疾，"四月庚午（二十日；公历五月二十六日），薨于永崇坊（坊址在今西安市城南雁塔北路陕西省委至西安科技大学一带）之旅馆，春秋五十。"①《新唐书·元结传》亦称："罢还京师，卒，年五十。"②是碑文和正史均认为元结享年五十岁，以终年上推五十年，其生年则为开元十年（722年）。

然而，元结早于乾元二年（759年），即在接受唐肃宗召见期间，就曾对人讲自己上年的岁数为"四十"。③四年后，又在醉别友人王契的诗《序》中点明：

> 癸卯岁，京兆王契佐卿年四十六，河南元结次山年四十五。时次

---

① 《全唐文》卷344颜真卿《唐故容州都督兼御史中丞本管经略使元君表墓碑铭并序》。
② 《新唐书》卷143《元结传》。
③ 《全唐文》卷381元结《与韦尚书书》。

山顷日浪游吴中，佐卿顷日去西蜀，对酒欲别，此情易邪！在少年时，握手笑别，虽远不恨，以天下无事，志气犹壮；今与佐卿年近五十，又逢战争未息，相去万里，欲强笑别，其可得乎！……江畔主人鄂州刺史韦延安令四座作诗，命余为序，以送远去。[①]

按，癸卯岁，即唐代宗广德元年（763年），是年元结自云四十五岁。上溯五年，即肃宗乾元元年（758年）时，元结又自报年龄为四十岁，可见元结对自己岁数的说法是前后贯一的。

由上可知，元结的诞辰应在己未岁，即唐玄宗开元七年（719年），迄大历七年（772年）薨，享年五十四岁。碑铭和史传中关于元次山享年五十的记载，显然错误。

二、山棚

《元次山碑》称：乾元二年（759年），元结奉诏命于唐（州治在今河南泌阳县）、邓（州治在今河南邓州市）、汝（州治在今河南临汝市）、蔡（州治在今河南汝南县）等州招集义军，"山棚高晃等率五千余人一时归附"。在新修《鲁山县志》和一些学者的研究中，均在"山棚"与"高晃"之间置顿号，即视"山棚"为应募的某义士姓名。其实，大谬不然。

关于"山棚"，虽然在唐代文献中首见于《元次山碑》，但由于碑文撰者未对其义作进一步解释，故让人产生误会。正史对"山棚"有较明晰的交待：

东畿西南通邓、虢，川谷旷深，多麋鹿，人业射猎而不事农，迁徙无常，皆趫悍善斗，号曰"山棚"。权德舆居守，将羁縻之，未克。至是，元膺募为山河子弟，使卫官城，诏可。[②]

---

① 《全唐文》卷381元结《别王佐卿序》。
② 《新唐书》卷162《吕元膺传》。

可见"山棚"是指唐代东都洛阳西南一带迁徙无常的山居猎户，是一支特殊群体的称谓。由于"趫悍善斗"，到了晚唐，犹是国家招安对象。

"山棚"的含义，直到宋代才有了根本的演变。南宋文人赵彦卫说：

> 唐之东都，连虢州，多猛兽，人习射猎，而不耕蚕，迁徙无常，俗呼为"山棚"。①今人谓锡宴所结绵山为"山棚"。

值得注意的是，以高晃为首的"山棚军"，在元结的指挥下，"大压贼境，于〔史〕思明挫锐，不敢南侵"。②"结屯泌阳守险，全十五城"。③泌阳城在今河南唐河县，为唐代唐州治所。又，肃宗上元元年（760年），置南都于荆州（州治在今湖北江陵县），"以荆州为江陵府，仍置永平军团练兵三千人"。④由于此前元结的"山棚军"自山南东道调归"无兵"的荆南节度使节度，⑤颇疑永平军的中坚即"山棚"出身的将士。

三、为山南西道节度参谋

《元结传》：乾元二年（759年），元结蒙天子召见，以《时议》三篇，博得龙颜大悦，遂"擢右金吾兵曹参军，摄监察御史，为山南西道节度参谋"。⑥《元次山碑》则称："乃拜右金吾兵曹，摄监察御史，充山南东道节度参谋。"⑦元结初授官职中的"西道""东道"云，究竟以何说为是？

先来说"道"。道在这里是指行政区划名。唐太宗贞观元年（627年），在并省州郡的基础上，因山川行便，分天下为十道，山南道则为其一。唐玄宗开元二十一年（733年），又析十道为十五道，山南东、西道即为原山

---

①《云麓漫钞》卷3。

②《全唐文》卷344颜真卿《唐故容州都督兼御史中丞本管经略使元君表墓碑铭并序》。

③《新唐书》卷143《元结传》。

④《资治通鉴》卷221唐肃宗上元元年九月条；《全唐文》卷380元结《辞监察御史表》。

⑤《全唐文》卷344颜真卿《唐故容州都督兼御史中丞本管经略使元君表墓碑铭并序》。

⑥《新唐书》卷143《元结传》。

⑦《全唐文》卷344颜真卿《唐故容州都督兼御史中丞本管经略使元君表墓碑铭并序》。

南道的一分为二。道初置采访使，职权如汉代的刺史之职。肃宗至德（756—757年）以后，诸道皆有节度使之设。山南西道节度使，治所在兴元府（府治在今陕西汉中市东），管开（州治在今四川开县）、通（州治在今四川达县）、渠（州治在今四川渠县）、兴（州治在今陕西略阳县）、集（州治在今四川南江县）、凤（州治在今陕西凤县凤州镇）、洋（州治在今陕西洋县）、蓬（州治在今四川仪陇县南）、利（州治在今四川广元县）、璧（州治在今四川通江县）、巴（州治在今四川巴中县）、阆（州治在今四川阆中县）、果（州治在今四川南充市北）、金（州治在今陕西安康市）、商（州治在今陕西商州市）等州。山南东道节度使治所襄州（在今湖北襄樊市），管襄、复（州治在今湖北天门县）、均（州治在今湖北均县西北）、房（州治在今湖北房县）、邓（州治在今河南邓州市）、唐（州治在今河南泌阳县）、随（州治在今湖北随县）、鄂（州治在今湖北武昌）等州。山南西道辖境，相当于今陕西秦岭、甘肃嶓冢山以南，陕西佛坪、镇巴和四川城口、开县、大竹、涪陵等县以西，嘉陵江流域以东和四川江津、武陵等县以北地区；山南东道辖境，相当于今河南伏牛山、桐柏山西南，湖北随县、京山、沔阳等县以西，四川涪陵、万县和陕西紫阳、石泉等县以东，长江以北地区。总之，西道不出今陕、川、渝地区，东道不逾今鄂、豫和陕南部分地区。[①]

再考察元结授节度参谋以后的活动区域：①招募义士于唐、邓、汝（州治在今河南临汝县东）、蔡（州治在今河南汝南县）等州。[②]唐、邓二州隶山南东道，汝州隶都畿道河南府，蔡州隶河南道，均于山南西道无涉。②元结率五千"山棚军"，屯守泌阳城（山南东道之唐州州治所在），因而"大压贼境，于思明挫锐，不敢南侵"，由是保全了十五座城池。[③]按，泌阳城以南地区，早在至德元载（756年），就为安禄山所陷，后来又是元结等与史思明部激战争锋之地，因而"杀伤劳苦，言可极耶，街郭乱骨，如古

①《旧唐书》卷38《地理志一》；《新唐书》卷40《地理志四》；吴廷燮：《唐方镇年表》卷4《山南东道》《山南西道》，中华书局，1980年。
②《新唐书》卷143《元结传》。
③《全唐文》卷344颜真卿《唐故容州都督兼御史中丞本管经略使元君表墓碑铭并序》。

屠肆。"元结悉瘗收刻石立表，名之曰"哀邱"。①元结拜节度参谋后主要军事活动区域为泌阳城及以南地区，这是山南东道的军事要隘，与山南西道无丝毫瓜葛。③肃宗上元元年（760年）四月，襄州将张维瑾、曹玠杀山南东道节度使史翙，"据州反"。元结则以山南东道节度参谋和摄监察御史的身份，奏报朝廷，"表请用兵"。②朝廷很快以陕西节度使来瑱为山南东道节度使，不到一个月时间，襄州反叛事件平息。由是元结立了大功，真拜监察御史。襄州为山南东道节度使治所，与山南西道风马牛不相及。④在襄州事件之后朝廷以曾做过宰相的吕谭为荆南节度使，吕谭则"辞以无兵"，天子则称"元结有兵在泌阳"。于是拜结为水部员外郎兼殿中侍御史，"充谭节度判官"。③自是，元结的主要军事政治活动又转到荆南节度使所管的荆（州治在今湖北江陵市）、澧（州治在今湖南澧县）、朗（州治在今湖南常德市）、硖（州治在今湖北宜昌市）、忠（州治在今四川忠县）、涪（州治在今四川涪陵县）、衡（州治在今湖南衡阳市）、潭（州治在今湖南长沙市）、岳（州治在今湖南岳阳市）、郴（州治在今湖南郴州市）、邵（州治在今湖南邵阳市）、永（州治在今湖南零陵县）、道（州治在今湖南道县）、连（州治在今广东连县）等凡一十七州。④又，元结还自称在任荆南节度判官时，曾长期"将兵镇九江"。⑤九江当指今湖北广济、黄梅县一带。

综上，自元结任官节度参谋至升任节度判官到荆南，在长达近一年的时间内，除因募兵需要，"举义师宛、叶之间"，⑥到过汝、蔡等州外，其足迹从未离开过山南东道所辖区域。其实即便以后历官刺史、经略使，远涉岭南等地区，他也没有任职山南西道的经历。因之，我们可以完全确认，元结的初授官应为山南东道节度参谋，《新唐书·元结传》之"西道"云，乃大错特错。

---

①《全唐文》卷383元结《哀邱表》。

②《全唐文》卷380元结《辞监察御史表》。

③《全唐文》卷344颜真卿《唐故容州都督兼御史中丞本管经略使元君表墓碑铭并序》。

④《全唐文》卷383元结《吕公表》；《唐方镇年表》卷5《荆南》。

⑤《全唐诗》卷241元结《寄源休并序》。

⑥《唐国史补》卷上，并见《太平广记》卷202《高逸》。

四、玄宗异而征之

《元次山碑》："及羯胡首乱，〔结〕逃难于猗玗洞，因招集邻里二百余家奔襄阳。玄宗异而征之，值君（即元结）移居瀼溪，乃寝。"《唐国史补》的编者认为元结保全的邻里远不只二百余家：

> 元结，天宝之乱，自汝渍大率邻里，南投襄汉，保全者千余家。乃举义师宛、叶之间，有婴城捍寇之功。[1]

汝渍泛指元结故里商余山以东的汝水及其支流渍水流域。元结"自汝渍大率邻里"南逃于安全地区，因而被"保全者千余家"，这在当时，实在是个天文数字！因为即使在开元盛世，它都是一个中下县的人口数。史载开元二十二年（734年）的县级户口规模：

> 六千户已上为上县，二千户已上为中县，一千户已上为中下县，不满一千户皆为下县。[2]

又，元结家乡所在的鲁山县隶于汝州，汝州"旧领县三，户三千八百八十四，口一万七千五百三十四"。[3]也就是说，被元结存活的难民竟相当于当时鲁山全县的户口！也许"一千余家"为《唐国史补》的夸张溢美之辞，诚如《元次山碑》所云为结保全者只有二百余家，那也不是个小数字；它不只是一个下县的民户，还是一个羁縻州的户数。所谓羁縻州，又称蕃州，是对内附少数民族"即其部落，列置州县"，[4]类似今天民族自治的行政区划。有唐一代，曾先后在全国设置过八百多个羁縻州。其中，在关内

---

①《唐国史补》卷上，并见《太平广记》卷202《高逸》。
②《大唐六典》卷3《尚书户部》。
③《旧唐书》卷38《地理志一·关内道》；《新唐书》卷43下《地理志七下·羁縻州》。
④《旧唐书》卷38《地理志一·关内道》；《新唐书》卷43下《地理志七下·羁縻州》。

道北部以突厥、回纥、党项、吐谷浑等民族设立九十个羁縻州，而这些蕃州的每州平均户数才只有一百七十余户。[①]

无职无权又无钱，只是个"待制"进士的元结，竟在兵荒马乱之际，以"布衣"身份，尽大智大勇，救众多百姓于水深火热之中！如此惊天动地的壮举，连偏安成都的太上皇都为之动容。惜乎玄宗"异而征之"，因元结又移徙瀼溪（今江西瑞昌县西北）而只好作罢。否则，元结因提前报效朝廷，其历史还不知道如何重写，也许会更加辉煌。

五、不十月官至尚书郎

在元结的为官生涯中，最春风得意的时候莫过于他在唐肃宗召见授官后的数月。他曾向其顶头上司荆南节度使吕諲不无炫耀地表白：

某甚愚钝，又无功劳，自布衣历官，不十月官至尚书郎。[②]

他在上唐代宗的表章中亦曾自称：

臣起家数月之内，官忝台省。[③]

此谓自乾元二年（759年）元结被天子召见后，初授右金吾兵曹、摄监察御史、山南东道节度参谋；继以挫史思明叛军南锋、"泌阳守险，全十五城"等功，真拜监察御史；再以益兵荆南府功，晋升水部员外郎兼殿中侍御史、荆南节度判官。对此次迁升，不只元结本人感到意外，其好友颜鲁公亦认为非同寻常：

---

①《旧唐书》卷38《地理志一·关内道》；《新唐书》卷43下《地理志七下·羁縻州》。
②《全唐文》卷381元结《与吕相公书》。
③《全唐文》卷381元结《请节度使表》。

君起家十月，超拜至此，时论荣之。①

按，水部员外郎（从六品上）属于尚书省工部的官员，殿中侍御史（从七品上）属于御史台的官员，故曰"官忝台省"。元结不到十个月时间就由正八品下的右金吾兵曹参军超擢为从六品上的尚书郎，即官阶上升了九级。如此火箭般的升官速度，这在当时是极为罕见的。

不无遗憾的是，元结仕途中如此重要的经历，碑传中竟缺授官的具体时间记载。下边试对元结十个月中的初授官和升官的月份做某些考察。

先求索元结初授官的具体月份。

《元结传》称：元结被天子召见并授官的背景，正值"史思明攻河阳，帝将幸河东"时。②据《通鉴》等载，史思明攻河阳（在今河南孟县西南）反被李光弼败于城下，为乾元二年（759年）十月丁酉（四日）至乙巳（十二日）间事。③而肃宗打算御驾亲征却并未成行，就发生于十月四日这一天："十月丁酉，下制亲征史思明；群臣上表谏，乃止。"④颜鲁公则把亲征"竟不行"的原因归结到元结身上：

> 乾元二年，李光弼拒史思明于河阳，肃宗欲幸河东，闻君有谋略，虚怀召问。君悉陈兵势，献《时议》三篇。上大悦，曰"卿果破朕忧"。遂停。乃拜君右金吾兵曹、摄监察御史、充山南东道节度参谋。⑤

"遂停"就是取消、停止亲征的成命。可见元结的应召并初授官的时间应在乾元二年（759年）十月丁酉（四日），最迟不会超越乙巳日，即当月

---

① 《全唐文》卷344颜真卿《唐故容州都督兼御史中丞本管经略使元君表墓碑铭并序》。
② 《新唐书》卷143《元结传》。
③ 《资治通鉴》卷221唐肃宗乾元二年十月条；《旧唐书》卷10《肃宗纪》；《新唐书》卷6《肃宗纪》。
④ 《资治通鉴》卷221唐肃宗乾元二年十月条；《旧唐书》卷10《肃宗纪》；《新唐书》卷6《肃宗纪》。
⑤ 《全唐文》卷344颜真卿《唐故容州都督兼御史中丞本管经略使元君表墓碑铭并序》。

十二日史思明兵败河阳城下这一天。

应说明的是，据元结自云，献《时议》三篇的时间为乾元二年（759年）九月。[①]这于上考并无矛盾，因为上《时议》在前，龙颜大悦而授官在后，事情合情合理。所以元结的初授官时间，定在十月，当不会有误。

再考察元结由摄（即代理）监察御史到真拜监察御史的时间。颜鲁公提供线索说：

> 时，张瑾杀史翙于襄州，遣使请罪。君为奏闻，特蒙嘉纳，乃真拜君监察御史。[②]

张瑾即张维瑾的略称。据正史记载，襄州将张维瑾、曹玠杀山南东道节度使，据州反叛，为肃宗上元元年（760年）四月戊申（十八日）发生的兵乱事件。[③]但亦有史传认为事件发生于四月十三日。[④]虽然具体日子记载有差异，月份为四月，则为两《唐书》纪传的共识。时元结为山南东道的节度参谋，又兼摄监察御史，肩负监军的职责和权力，故事件一发生，就第一时间奏闻天子并建议派兵平乱，朝廷很快改任陕西节度使来瑱为山南东道节度使。由于向皇上报告和处置及时，前后不到一个月时间，就迅速平息襄州之乱。在这件事上，因元结立了头功，故朝廷在他初授代理监察御史之后仅半年时间，就"以讨贼功迁监察御史里行"，[⑤]即真拜监察御史。

最后，探讨元结升迁水部员外郎等官的时间。还是颜鲁公透露消息说：

> 属荆南有专杀者吕谭为节度使，谭辞以无兵。上曰："元结有兵在泌阳。"乃拜君水部员外郎兼殿中侍御史，充谭节度判官。[⑥]

[①]《全唐文》卷381元结《时议三篇并序》。
[②]《全唐文》卷344颜真卿《唐故容州都督兼御史中丞本管经略使元君表墓碑铭并序》。
[③]《旧唐书》卷10；《新唐书》卷6《肃宗纪》。
[④]《旧唐书》卷114《来瑱传》。
[⑤]《新唐书》卷143《元结传》。
[⑥]《全唐文》卷344颜真卿《唐故容州都督兼御史中丞本管经略使元君表墓碑铭并序》。

由上引中可以得知，所谓"专杀者"（指专将相之任者）吕谭之拜节度使和元结之"充谭节度判官"，应在同一时间。也就是说，只要弄清曾做过宰相的吕谭擢拜荆南镇帅的时间，就自然知道元结何时升迁水部员外郎兼殿中侍御史等官。《旧唐书·肃宗本纪》上元元年（760年）八月丁丑（二十日）条云：

> 以太子宾客吕谭为荆州大都督府长史，沣、朗、峡、忠五州节度观察处置等使。

但《旧唐书·吕谭传》则谓谭拜节度的时间为当年七月。[1]其实两者并无矛盾，因为上元元年（760年）七月初拜谭荆南镇帅时，吕谭以荆南"无兵"而拒绝任命，直到调元结泌阳兵（驻守于今河南泌阳一带）归荆南节度后，吕谭才于上元元年（760年）八月二十日正式接受荆南节度使之职。

据上，"帝进结水部员外郎，佐谭府"[2]的时间，应为上元元年（760年）的八月。

总上，可以得出结论：乾元二年（759年）十月，元结擢右金吾兵曹等官；半年后，即上元元年（760年）四月，真拜监察御史；再过数月，即上元元年八月，拜尚书工部水部员外郎等官。首尾十个月，官品升迁九阶，故颜鲁公羡称："君起家十月，超拜至此，时论荣之。"

六、"知节度使事"与"摄领府事"

《元次山碑》："及谭卒……君知节度观察使事。"[3]《元结传》："瑱诛，结摄领府事。"[4]所谓"知节度使事"，是指元结以非节度使身份而行荆南节

---

① 《旧唐书》卷185下《良吏·吕谭传下》。
② 《新唐书》卷143《元结传》。
③ 《全唐文》卷344颜真卿《唐故容州都督兼御史中丞本管经略使元君表墓碑铭并序》。
④ 《新唐书》卷143《元结传》。

度使事；所谓"摄领府事"，则谓元结以非节度府长官而代理山南东道节度府事，不过是"知山南东道节度使事"的另一种说法。广德元年（763）后，"知节度使事"有了正式替代的名称，曰"节度留后"，①即未授旌节的准节度使。

一个没有节度使官衔的六品官，竟兼摄两道节度使事，这在唐代似乎绝无仅有。因此我们难免会产生疑问，有必要还原历史的真相。

先说元结知荆南节度使事。且看颜鲁公怎么讲：

> 及〔吕〕諲卒，淮西节度使王仲鼎为贼所擒，裴茂与来瑱交恶，远近危惧，莫敢谁何。君知节度观察使事，经八月境内晏然。今上登基，节度使留后者例加封邑，君逊让不受，遂归养亲，特蒙褒奖，乃拜著作郎。②

这里说得很清楚，荆南节度使吕諲死后的八个月内，为元结的知荆南节度使（后改称"留后"）时间。在这段日子里，邻镇淮西节度使王仲鼎（按，《通鉴》等作"王仲昇"）所在申州（治今在河南信阳市）为叛军史朝义围攻，山南东道节度使来瑱坐视不救，因而城破被俘；来瑱部将裴茂（《旧唐书》本传作"裴茙"）觊觎帅位，因而与来瑱互相攻击，最后两败俱伤。③正是在邻镇纷纷扰扰、乱象丛生时，由于元结治理有方，荆南区域则别有天地，呈现一派安逸和谐景象。

注意，元结代理荆南节度，历时只有八个月。其起止时间，根据颜鲁公的启示，应为吕諲薨月和"今上登极"后的某月。关于吕諲之死，其本传称：

---

①《新唐书》卷50《兵志》;《资治通鉴》卷222唐肃宗广德元年闰月条。

②《全唐文》卷344颜真卿《唐故容州都督兼御史中丞本管经略使元君表墓碑铭并序》。

③《新唐书》卷50《兵志》;《资治通鉴》卷222唐肃宗宝应元年建辰月条、五月壬戌条、广德元年正月条。

谭素赢疾，元年建卯月卒。①

所谓"元年建卯月"，是指唐肃宗元年（762年）的第四个月份，即上元三年（762）二月。自二月始，至代宗宝应元年（762年）九月（即代宗登基后第六个月份），当为元结知荆南节度使事的时间。也就在宝应元年的九月，元结辞职蒙允，归隐于武昌樊口（在今湖北鄂城西）。

再说元结摄领山南东道节度府事。传称"摄领府事"，是在山南东道节度使来瑱被诛之后。诸史关于来瑱之死的时间，均有一致的记载：广德元年（763年）正月壬寅（二十八日），瑱坐削官爵，流播州（治所在今贵州遵义市），第二天赐死于流放途中（今为西安市鄠邑区）。②而元结早于来瑱被诛的四个月前就致仕归隐山林！可见"摄领府事"说，纯属子虚乌有，《新唐书·元结传》显然误记。

七、西原蛮

代宗广德元年（763年）九月，即元结辞官一年后，被朝廷授道州刺史。但因吐蕃陷京师，直到十二月，才于鄂州（治今湖北武昌）接到敕牒，即日赴任，于次年五月二十日到达道州（治今湖南道县）。然而此行并非"适彼乐土"，早在上年十二月丙申（二十八日），道州就曾遭受一场磨难："西原蛮陷道州"，"据城五十余日"。③数年后，元结因道州任上政绩突出和防范西原蛮有功，晋升容管经略使。可见西原蛮在元结晚期仕途生涯中的巨大影响。由于碑、传中对西原蛮着墨不多，这里做些补充介绍。

西原蛮属于岭南少数民族中的一支，因主要分布于西原州（治所在今广西大新县西北黑水河西岸）而得名。自汉迄唐，西原蛮又称乌浒人、乌武僚、西原僚，以黄姓人居多，还称黄峒蛮。元结所处时代的西原蛮，《新

---

①《旧唐书》卷185下《良吏·吕谭传》。

②《资治通鉴》卷222唐肃宗广德元年正月壬寅条；《旧唐书》卷11《代宗纪》、卷114《来瑱传》；《新唐书》卷6《代宗纪》、卷144《来瑱传》。

③《新唐书》卷6《代宗纪》、卷222下《南蛮·西原蛮传》。

唐书·南蛮·西原蛮传》记述甚详：

> 西原蛮，居广、容之南，邕、桂之西。……至德初，首领黄乾曜、真崇郁与陆州、武阳、朱兰洞蛮皆叛，推武承斐、韦敬简为帅，……合众二十万，绵地数千里，署置官吏，攻桂管十八州。所至焚庐舍，掠士女，更四岁不能平。乾元初，遣中使慰晓诸首领，赐诏书赦其罪，约降。于是西原、环、古等州首领方子弹、甘令晖、罗承韦、张九解、宋原五百余人请出兵讨承斐等，岁中战二百，斩黄乾曜、真崇郁、廖殿、莫淳、梁奉、罗诚、莫浔七人。承斐等以余众面缚诣桂州降，尽释其缚，差赐布帛纵之。其种落张侯、夏永与夷獠梁崇牵、覃问及西原酋长吴功曹复合兵内寇，陷道州，据城五十余日。桂管经略使邢济击平之，执吴功曹等。余众复围道州，刺史元结固守不能下，进攻永州，陷邵州，留数日而去。①

有关西原蛮反叛的原因，两《唐书·王翃传》认为：

> 自安史之乱，频诏征发岭南兵募，隶南阳鲁炅军。炅与贼战于叶县，大败，余众离散。岭南溪洞夷獠乘此相恐为乱，其首领梁崇牵自号"平南十道大都统"，及其党覃问等，诱西原贼张侯、夏永攻陷城邑，据容州。前后经略使陈仁琇、李抗、侯令仪、耿慎惑、元结、长孙全绪等，虽容州刺史，皆寄理藤州，或寄梧州。②

按，有唐一代，曾先后在岭南地区设置类似自治的羁縻州九十二个，以西原蛮所置西原州就是其中之一。③这些羁縻州（又称蛮州）的刺史、县令皆由所在蛮部的酋长担任，在享有世袭特权的同时要履行为国征讨等义

---

①《新唐书》卷222下《南蛮·西原蛮传》。
②《旧唐书》卷157《王翃传》；《新唐书》卷143《王翃传》。
③《新唐书》卷43下《地理志七下·羁縻州》。

务。为平安史之乱，岭南诸蛮州（包括西原州）酋长及其子弟接受朝廷征发者数以万计。惜乎叶县之溃败，将失败和思乱的情绪传染到岭南蛮区，并由之为蛮酋中的野心家所煽动和利用，遂至西原等蛮接踵反叛，纷纷扰扰数十年。

元结为刺史的道州（治今湖南道县）曾遭受西原蛮的几乎是毁灭性的破坏。他一到任，就因乱后的道州破败不堪而向朝廷诉苦：

> 臣当州被西原贼屠陷，贼停留一月余，日焚烧粮储屋宅，俘掠百姓男女，驱杀牛马老少，一州几尽。贼散后，百姓归复，十不存一，资产皆无，人心嗷嗷，未有安者。[1]

遭西原蛮大浩劫之后的道州，户口"十不存一"，且"资产皆无"；"城池井邑，但生荒草"；"登高极望，不见人烟"。[2]

面对如此恶劣条件，元结不顾上峰压力和个人安危，屡屡为民请命，因而为治下百姓减免租税和其他负担十三万缗，并"为民营舍给田，免徭役"。[3]而当初元结刚上任时，道州"户才满千"，由于刺史能行爱民之善政，"两年间归者万余家"。尤其让人满意的是，百姓们的安全感增强，因为西原蛮"亦怀威"，"不敢来犯"。[4]

八、仍乞再留

《元次山碑》：元结道州刺史任满，"既受代，百姓诣阙，请立生祠，仍乞再留"。[5]元结留任与否，《新唐书·元结传》无一字涉及，《元次山碑》则含糊其词，似乎元结道州刺史任上仅历两年。更莫名其妙的是，近人吴

---

①《全唐文》卷381元结《奏免科率状》。
②《全唐文》卷380元结《谢上表》。
③《新唐书》卷143《元结传》。
④《全唐文》卷344颜真卿《唐故容州都督兼御史中丞本管经略使元君表墓碑铭并序》。
⑤《全唐文》卷344颜真卿《唐故容州都督兼御史中丞本管经略使元君表墓碑铭并序》。

廷燮所撰《唐方镇年表》，竟据颜鲁公交代不清的碑文，硬将元结迁转容管经略使的时间系在大历元年（766年）条下。[①]

其实，元结在自己的诗文中，早都将自己道州刺史履历交代清楚。他在永泰二年（766年）所进《再谢上表》中云："某伏奉某月日敕，再授臣道州刺史，以某月日到州上讫……谨遣某官司奉表陈谢。"[②]这就是说，因"百姓诣阙"请留，朝廷遂顺从民意，再授元结道州刺史，时间应在永泰二年十一月以前，以这年的十一月改元大历也。元结还在《欸乃曲五首序》中说："大历丁未中，漫叟结为道州刺史，以军事诣都使，还州。"[③]道州隶于荆南节度使，节度所在为南都江陵，故兼江陵府尹的荆南节度使，或称"都使"。既然丁未年即大历二年（767年）犹在荆南道内履行其道州刺史职责，又怎么可能有大历元年（766年）就已迁转岭南道容管经略使事情发生！

至于元结何时离任道州、转赴容管，已故史学大家岑仲勉先生认为：时在大历三年（768年）。[④]果如是，元结自广德元年（763年）九月"敕授道州刺史"，[⑤]中经永泰二年（766年）再授道州刺史，至大历三年（768年）迁转容管经略使，其在道州任上，首尾长达六年之久。

九、容管

所谓容管，乃容州管内经略府的简称。治所在容州（治今广西北流县）。由于乾元中（758—759年）容州为西原蛮酋梁崇牵攻据，前后经略使陈仁秀、长孙全绪等六人，虽容州刺史，皆寄治于藤州，或梧州。大历三年（768年），新授经略使兼容州都督、刺史元结则寄治于梧州治所所在地苍梧县（即今梧州市）。

由于经略使兼边州刺史和都督数州乃至数十州之军事，所以其职为边

①《唐方镇年表》卷7《容管》。

②《全唐文》卷380元结《再谢上表》。

③《全唐诗》卷241元结《欸乃曲五首》。

④岑仲勉：《金石论丛》四《贞石证史·元公再临道州》，中华书局，2004年。

⑤《全唐文》卷380元结《谢上表》。

防地带的军事和行政长官。据《新唐书·方镇表》：容州管内经略使，初置于天宝十四载（755年），[1]领容、白（州治在今广西博白县）、禺（州治在今广西北流县东南）、牢（州治在今广西玉林县）、绣（州治在今广西桂平县南）、党（州治在今广西玉林县西北党州）、窦（州治在今广东信宜县西南隆镇）、廉（州治在今广西合浦县东北）、义（州治在今广西岑溪县西南渡）、郁林（州治在今广西玉林县石南镇东北）、汤（州治在今越南谅山省谅山东南）、岩〔严〕（州治在今广西来宾县东南）、辩（州治在今广东化州县）、平琴（州治在今广西玉林县西北党州西）十四州。乾元二年（759年），容州管内经略使增领都防御史。上元元年（760年），升容州经略都防御使为观察使。乾宁四年（897年），升容管观察使为宁远军节度使。[2]由于无节度的地方才增领都防御史，标志着容管经略使的职权正在向节度使一级过渡；由于道一级的区划才置观察使，表明容管虽无节度之名却有节度之实；容管最终完成向节度的蜕变，虽历时一百四十二年，但渐变的过程，则揭示容管在唐代边防设置中日趋重要的地位。

容管府下置经略军，"管镇兵一千一百人，衣粮税本管自给"。[3]这点兵当然经不起"合众二十万"的西原等蛮獠的内寇重创，以至于府治容州陷落十多年都无力恢复。直到大历六年（771年），经略使王翃"以私财募兵"三千余人，并与藤州刺史李晓庭等"结盟讨贼"，"前后大小百余战"，才"尽复容州故地"。[4]元结对容管区内的贡献虽不及其后任王翃轰轰烈烈，但却为以后的经略使收复容州做了扎扎实实的前期准备工作。碑称：

　　　　容府自艰虞以来，所管皆固拒山谷，君单车入洞，亲自抚谕，六

①《新唐书》卷69《方镇表六》；《资治通鉴》卷215玄宗天宝元年正月壬子条则谓天宝元年(742)就已有岭南桂、容、邕、交四管之设。

②《新唐书》卷69《方镇表六》。

③《旧唐书》卷41《地理志四·岭南道》。

④《资治通鉴》卷224唐代宗大历六年二月条；《旧唐书》唐157《王翃传》；《新唐书》卷143《王翃传》。

旬而收复八州。①

《新唐书》亦以"身谕蛮家，绥定八州"，②高度评价和概括元结在容管任上业绩。

最后，探讨一下元结究竟何时离任容管。先看颜鲁公怎么说：

> 丁陈郡太夫人忧，百姓诣使请留。大历四年夏四月，拜左金吾卫将军兼御史中丞、本管使如故。君矢死陈乞者再三，优诏褒许。③

上引是说大历四年（769年），元结因丁母忧而再三陈乞辞职为母守丧，受到天子"优诏褒许"。"褒许"二字既可理解为褒奖称赞，亦可解释为许可元结的离职奏请；夺情留任抑或是离职守丧？让人如置五里雾中。再看《元结传》如何讲：

> 会母丧，人皆诣节度府请留，加左金吾卫将军。民乐其教，至立石颂德。罢还京师，卒。④

这里虽无一字明确涉及元结母丧后的去留问题，但"罢还京师，卒"似乎在暗示元结并未去职为母守丧。也就是说，自大历三年授任容管，中经次年的丧母夺情留任，到大历七年初的罢职还朝，在长达四年的时间，元结一直在容州管内经略使的任上。

更有意思的是，《唐方镇年表》竟依据碑传似是而非的记载，将元结容管经历的终年，系于大历六年（771年），即元结薨于京师长安的前一年。

真相究竟如何，《新唐书·代宗本纪》为我们指点迷津：

①《全唐文》卷344颜真卿《唐故容州都督兼御史中丞本管经略使元君表墓碑铭并序》。
②《新唐书》卷143《元结传》。
③《全唐文》卷344颜真卿《唐故容州都督兼御史中丞本管经略使元君表墓碑铭并序》。
④《新唐书》卷143《元结传》。

是岁（按：大历四年），广州人冯崇道、桂州人朱济时反，容管经略使王翃败之。①

既然新授容管经略使王翃已经于大历四年（769年）到任并履行职责，则表明元结于当年因丁母忧而离职守丧的陈情，最终还是得到天子的批准。而大历七年（772年）正月的"朝京师"，正是去职守丧三年后回长安待命的必然轨迹。

综上可知，元结自大历三年（768年）授任容管经略使，至次年丁母忧去职，在任只有一年左右时间。

十、感中行见知之恩

颜鲁公有感于元结师友良多和知恩图报，遂发议论说："感中行见知之恩，及亡，至今分宅以恤其子……中书舍人杨炎、常衮皆作碑志以抒君之德业。……真卿不敏，尝忝次山风义之末，尚存蠹往，敢废无愧之词！"②

所谓中行，即号为"中行子"的忠厚长者苏源明。苏为京兆武功（今陕西武功县）人，初名预，字弱夫。"工文辞，有名天宝间"。历任东平太守、国子司业。安禄山陷长安，源明称病不受伪职。由是后来受到唐肃宗信任，"擢考功郎中知制诰"。在苏源明的一生中，有两个最好的朋友，一个是大诗人杜甫，一个是大画家郑虔；有两个最为其称道的青年才俊，一个是元结，另一个是梁肃（陆浑人，文学家）。③这些人中，最让他关爱和器重的当首推元结，他至少曾三次给元结以关心和帮助。一是天宝六载（747年），因奸相李林甫嫉贤妒能，元结等全部应试举子落第。源明在读了元结《说楚王赋》上、中、下三篇后，安慰和鼓励说："子居今而作真淳之

---

①《新唐书》卷6《代宗纪》。
②《全唐文》卷344颜真卿《唐故容州都督兼御史中丞本管经略使元君表墓碑铭并序》。
③《新唐书》卷202《苏源明传》。

语，难哉！然世自浇浮，何伤元子。"①二是天宝十二载（753年），元结第二次进京赶考，主考官礼部侍郎杨浚读了元结的《文编》后感叹说："以上第污元子耳，有司得元子是赖！"源明听到杨公赏识元结，比自己中进士还要高兴，对元结道："吾尝恐直道绝而不续，不虞杨公于子相续如缕。"②正是杨、苏等慧眼识人，元结"果擢上第"。三是乾元二年（759年），苏源明向唐肃宗举荐元结为天下可用之士，元结应征赴京，向天子献《时议》三篇，缓解了皇上对时局的忧虑。自是元结仕途一帆风顺。③可以这样讲，没有苏源明的极力推荐，就很难有元结日后的飞黄腾达。所以元结知恩图报，在苏源明去世后，尽管元结自身的家境并不富裕，仍"分宅以恤其子"。④最后，录一段元结自己所讲他与中行公间的趣事：

> 乾元己亥，漫叟待诏在长安。时中行公掌制在中书，中书有醇酒，时得一醉。醉中叟诞曰："愿穷天下鸟兽虫鱼，以充杀者之心；愿穷天下醇酎美色，以充欲者之心。"中行公闻之，叹曰："子何思不尽耶？何不曰：'愿得如九州之地者亿万，分封君臣、父子、兄弟之争国者，使人民免贼虐残酷者乎！'何不曰：'愿得布帛、钱货、珍宝之物，溢于王者府藏，满将相权势之家，使人民免饥寒劳苦者乎'！"叟闻公言，退而书之，授于学者，用为时规。⑤

漫叟为元结别号，中行公即苏源明。二者关系用元结的话说，中行公是他青少年时代的老师和朋友。⑥他们既亲密无间，又存在着某种思想观念的传承关系。如上边二人的幽默对话，就反映了他们有着共同的疾恶如仇、忧国爱民的进步思想。

---

①《全唐文》卷344颜真卿《唐故容州都督兼御史中丞本管经略使元君表墓碑铭并序》。
②《全唐文》卷381元结《文编序》。
③《新唐书》卷143《元结传》。
④《全唐文》卷344颜真卿《唐故容州都督兼御史中丞本管经略使元君表墓碑铭并序》。
⑤《全唐文》卷383元结《时规》。
⑥《全唐文》卷381元结《文编序》。

中行公之外，被元结视为良师益友者，还有很多。这些人中，或为严师，如族兄、鲁山县令元德秀；[①]或为净友，如大书法家、大忠臣颜真卿；[②]或为上司，如荆南节度使吕諲；[③]或为下属，如故吏大历令刘衮、江华令瞿令问，故将张满、赵温、张协、王进兴等；[④]或为远族，如源休；[⑤]或为近亲，如袁滋；[⑥]或为文豪，如杨炎、常衮；[⑦]或为诗圣，如杜甫；[⑧]或为同僚，如党茂宗；[⑨]或为酒朋，如孟武昌、刘灵源；[⑩]或为诗友，如贾德方、孟云卿、张元武、柳潜夫、裴季安、窦伯明、李长源、韩方源、王佐

---

①《旧唐书》卷190下《元德秀传》，《新唐书》卷194《元德秀传》，元结师事族兄元德秀。天宝十三载(754)德秀卒，"结哭之恸"，并撰《元鲁县墓表》。

②《旧唐书》卷128《颜真卿传》，《新唐书》卷153《颜真卿传》，颜鲁公长元结十一岁，既为师友，更似净友。他们曾以书信互通消息，彼此批评，直言不讳。参看《全唐文》卷383元结《戏规》。

③《旧唐书》卷185下《吕諲传》；《新唐书》卷140《吕諲传》。《全唐文》卷381元结《与吕相公书》《吕公表》。

④《元次山碑》称："刘衮等感念恩旧，皆送丧以终葬，竭资鐫石，愿垂美以述诚。"元结生前的诗文中，亦可见到大历令刘衮、江华令瞿令问等人的资料。按，大历县(治今湖南新田县西)、江华县(治今湖南江华县西北沱江东南)均为道州属县。

⑤《旧唐书》卷127《源休传》；《全唐诗》卷241元结《寄源休并序》。按，源、元均出自鲜卑拓拔氏，唐人以元、源同源，故二姓互为族人，结称休为"族弟"。

⑥《旧唐书》卷185下《良吏·袁滋传》；《新唐书》卷151《袁滋传》。传称：袁滋"以外兄道州刺史元结有重名，往来依焉""读书自解其义，结重之"。袁滋于宪宗时拜相。滋并是中晚唐时代的大书法家，"工篆隶，有古法"。

⑦《旧唐书》卷118《杨炎传》；《新唐书》卷145《杨炎传》；《旧唐书》卷119、《新唐书》卷150《常衮传》。传称：衮与炎"同时知制诰"，"自开元后言制诏者，称'常杨'云"。常衮在代宗、德宗时代，两度拜相，杨炎亦于德宗时任宰相。《元结碑》称，元结薨后，时为中书舍人的杨炎、常衮"皆作碑志以抒君之德业"。可见二人为元结生前好友。

⑧《全唐诗》卷222杜甫《同元使君春陵行并序》。杜诗高度评价元诗《春陵行》《贼退示官吏》(二诗载《全唐诗》卷241)所表现的爱民思想。以元结小于杜甫多岁，故盛赞结"后生可畏"，企盼朝廷能重用元结。又，《全唐诗》卷227载有杜甫《送元二适江左》一诗。所谓元二就是元结，反映二人友情深厚，依依惜别。不过，有人怀疑此诗中元二并非元结。姑且存疑。

⑨《全唐诗》卷241元结《与党评事并序》《与党侍御并序》。

⑩《全唐诗》卷241元结《雪中怀孟武昌》《招孟武昌》《酬孟武昌苦雪》《刘侍御月夜宴会并序》。

卿、崔曼；①等等。

以上有姓名、事迹可考者均来自上流社会，但这并不表示元结排斥与下层社会出身的人交朋友。事实上，他的朋友圈子里并不缺乏来自农民、渔夫、山僧、孤弱乃至乞丐出身的人。②

附表

元结事迹简表

时间	年龄	事迹	简注
玄宗开元七年（719年）	1	出生于鲁山县南商余山（在今鲁山县东南伏牛山余脉）	《元结事迹杂考》
开元二十三年（735年）	17	少不羁，十七乃折节向学，师事族兄鲁山县令元德秀	《新唐书·元结传》;《全唐文》卷344《元次山碑》
天宝五载（746年）	28	沿隋大运河乘船至淮阴，访得隋人《冤歌》五篇，广其歌意，为《闵荒诗》一篇。	《全唐诗》卷241《二风诗并序》
天宝六载（747年）	29	以诏征入长安应试，因奸相李林甫作梗，元结等"布衣之士，无有第者"。著《皇谟》三篇、《二风诗》十篇	《全唐文》卷383《喻友》;《全唐诗》卷241
天宝七载（748年）	30	游长安，与丐者为友，遂撰《丐论》	《全唐文》卷382《丐论》
天宝九载（750年）	32	归隐商余山东少余山	《全唐文》卷383《述居》
天宝十载（751年）	33	天宝辛未[卯]中，将前世尝可称叹为诗十二首，总名曰《系乐府》。	《全唐诗》卷240《系乐府》

①《全唐诗》卷241元结《漫酬贾沔州并序》《送孟校书往南海并序》。《全唐文》卷381元结《送张元武序》《别韩方源序》《别王佐卿序》《别崔曼序》。

②《全唐诗》卷241元结《与瀼溪邻里并序》《喻瀼溪乡旧游》《樊上漫作》《漫问相里黄州》《喻旧部曲》。《全唐文》卷381元结《举处士张季秀状》《请收养孤弱状》《张处士表》《丐论》。

时间	年龄	事迹	简注
天宝十二载（753年）	35	举进士，作《文编》，受到试官礼部侍郎杨浚等高度赏识，遂登高科。未授官，仍归故里商余山。是岁，又撰《订古》五篇	《新唐书》卷143《元结传》；《全唐文》卷344《元次山碑》，卷383《订古五篇》
天宝十三载（754年）	36	族兄并师友、前鲁山县令元德秀卒，元结"哭之哀"，作《元鲁县墓表》	《全唐文》卷383《元鲁县墓表》
天宝十四载（755年）	37	此前自号"元子"，自编文集《元子》	《全唐文》卷381《别韩方源序》
肃宗至德元载（756年）	38	避安史之乱，徙居猗玗洞（在今鲁山西南80里伏牛山中）。自号"猗玗子"，自编文集《猗玗子》。不久，又招集邻里二百家（或称千余家）迁襄阳（今湖北襄樊市）	《全唐文》卷381《别韩方源序》，卷344《元次山碑》；《唐国史补》
乾元元年（758年）	40	携家再迁于瀼溪（在今江西瑞昌县西北）。著《浪说》，自号"瀼溪浪士"。玄宗异其存活邻里事迹而征召之，因移居瀼溪而罢	《全唐文》卷344《元次山碑》，卷382《瀼溪铭并序》
乾元二年（759年）	41	天子召见，献《时议》三篇，博得龙颜大悦，遂擢右金吾兵曹参军、摄监察御史、山南东道节度参谋。并奉诏于唐、邓、汝、蔡四州募得"山棚军"五千余人，镇守泌南。掩埋战死尸骨，名曰"哀邱"	《全唐文》卷344《元次山碑》；《新唐书》卷143《元结传》；《元结事迹杂考》；《全唐文》卷383《哀邱表》
上元元年（760年）	42	率"山棚军"于泌阳（今河南唐河县）等地大败叛军，"大压贼境，于（史）思明挫锐，不敢南侵"，因而保全十五城。以讨贼等功，真拜监察御史。以诏命益兵荆南节度，拜水部员外郎，兼殿中侍御史，充荆南节度判官。元结"起家十月，超拜至此，时论荣之"。是年编《箧中集》	《全唐文》卷344《元次山碑》；《新唐书》卷143《元结传》；《全唐文》卷381《箧中集序》
上元元年（761年）	43	率兵镇守九江（在今湖北广济、黄梅县一带），驻地距瀼溪较近，遂作诗《与瀼溪乡里并序》	《全唐诗》卷241《寄源休并序》；《与瀼溪乡里并序》

时 间	年龄	事 迹	简 注
代宗宝应元年 （762年）	44	二月，荆南道节度使吕諲薨，元结知节度事，"经八月境内晏然。"代宗登基，"节度留后者例加封邑"，元结非但逊让不受，还以侍亲为名，辞职归隐樊上（今湖北鄂城县西北），"修耕钓以自资。"辞职时，拜著作郎，所以自云："天子许安亲，官又得闲散。"撰《漫歌八曲》	《全唐文》卷344《元次山碑》； 《全唐诗》卷241《漫歌八曲并序》《漫酬贾沔州》《元结事迹杂考》
广德元年（763年）	45	自称是年四十五岁，拟"顷日浪游吴中"。被人戏称"聋叟""漫郎"。当年九月，"救授道州刺史"。因吐蕃内寇，天子播迁，道路受阻，至十二月元结才奉到救牒，及至到任，已是来年五月	《全唐文》卷381《别王佐卿序》、卷380《谢上表》
广德二年 （764年）	46	五月二十二日至道州刺史治所（今湖南道县）。不久前，道州为西原蛮所陷，大劫之后，"城池井邑，但生荒草；登高极望，不见人烟"；"人十无一，户才满千"。结"下车行古人之政，二年间，归者万余家"。是年，西原蛮余众"复围道州，刺史元结固守不能下，进攻永州，陷邵州，留数日而去"。撰《春陵行》《贼退示官吏》	《全唐文》卷380《谢上表》； 《元次山碑》； 《新唐书》卷222下《南蛮传下》； 《全唐诗》卷241《春陵行》《贼退示官吏》
永泰元年 （765年）	47	以"使持节道州诸军事、守道州刺史"的身份，至虞舜葬地苍梧九嶷山，立祠，刻石为表（即元结亲撰《舜祠表》）以祭舜帝。是年，并撰《崔潭州表》《茅阁记》等文	《全唐文》卷384《舜祠表》《崔潭州表》
大历元年 （766年）	48	永泰二年（是年十一月改元大历），任满。"百姓诣阙，请立生祠，仍乞再留"。由是朝廷再授元结道州刺史。撰《寒亭记》《九嶷山图记》等文	《元次山碑》； 《全唐文》卷380《再谢上表》

时间	年龄	事迹	简注
大历二年 （767年）	49	时为道州刺史,以军事诣荆南节度府,还州途中,作《欸乃曲五首》。在旧编的基础上,成新的《文编》,凡十卷二百零三篇	《全唐诗》卷241欸乃曲五首; 《全唐文》卷381《文编序》
大历三年 （768年）	50	自云在道州刺史任上"黾勉六岁"。再授任满,勅授元结"使持节都督容州诸军事、守容州刺史、御史中丞、充本管经略·守捉使"。此前治所容州(今广西北流县)为西原蛮所占据,所隶诸州亦相继沦陷。结到任后,寄治苍梧(今广西梧州市),面对"所管皆固山谷",不顾个人安危,"单车入洞,亲自谕抚,六旬而收复八州"	《全唐文》卷380《让容州表》; 卷344《元次山碑》
大历四年 （769年）	51	四月,拜左金吾卫将军兼御史中丞,本管使如故。时丁母(陈郡太夫人)忧,"百姓诣使请留"。元结"矢死陈乞者再三",天子许可其为母停职守丧	《全唐文》卷344《元次山碑》; 《新唐书》卷6《代宗纪》。《元结事迹杂考》
大历五年 （770年）— 六年（771年）	50–53	为母陈郡太夫人守丧	《元结事迹杂考》
大历七年 （772年）	54	正月,朝京师,"上深礼重,方加位秩,不幸遇疾,中使临问者相望"。四月庚午(二十日),即公元772年5月26日,薨于万年县永崇坊(今西安市城南雁塔北路陕西省委至西安科技大学一带)之旅馆。其年十一月壬寅(二十六日),葬于鲁山青岭泉陂原(今鲁山城北三十里泉上村北青条岭)	《全唐文》卷344《元次山碑》; 《元结事迹杂考》

（原载《尧神》2012年第4期）

羁旅长安的新罗人

——说唐代东亚文化圈现象之一

一、引言

以汉字为载体，以传统儒家文化和华化佛教文化为基本内容的东亚文化圈，正式形成于唐代。长安作为圈内汉蕃的"文化共都"，仅在唐前期就曾接待过300多个国家和民族的代表。[①]在这些羁旅长安的客人中，来长安最勤、客源最经久不衰，并能伴唐始终者，唯新罗一家。

有人统计，在有唐300年中，新罗国至少派出过120次遣唐使团，也有人认为遣唐使团当不少于130次。其实，据笔者爬梳《三国史记》《册府元龟》等文献记载，新罗国以各种名目遣使入唐，绝不少于145次，羁旅长安且有姓名可考的新罗人更超过160人。而每次的正副使者和随从以及附使团的留学生、求法僧等人数，少说也有二十余人。也就是说，前后入长安的各类人员的总数，绝不会少于3000人。这是比较保守的估计，若以文宗开成二年（837年）仅国学内就有新罗习业学生216名推断，[②]全唐时期

①《大唐六典》卷4《尚书礼部·主客郎中》："凡四蕃之国，经朝贡已后，自相诛绝及有罪见灭者，盖三百余国。今所在者，有七十余蕃。"

②《唐会要》卷36《附学读书》。

客居长安的新罗人又岂止区区3000人。

如此之多的新罗人为何甘冒惊涛之险，不避万里之艰而远来长安？他们曾受到过朝廷怎样的接待？他们在京师的活动情况如何？在沟通唐罗的各方面交流上，他们曾发挥过怎样的作用？拙文拟就这些问题，试作如下论述。

二、入唐之新罗人何以将长安作首选之地？

严耕望先生认为：

> 中国文化之四播，以朝鲜半岛所感受者为最深。唐世，四邻诸国与中国邦交最睦者莫过于新罗，而接受华化之彻底，倾慕华风之热忱，尤以新罗为最，至于正朔衣冠皆遵唐制，他可知矣。……在此亲睦气氛中，最足表现新罗倾慕华风锐意华化者，莫过于青年学子犯骇浪泛沧海留学中华之蔚为风尚矣。[①]

诚如严先生所论，唐罗"邦交最睦"、新罗"倾慕华风"和"锐意华化"，为新罗人（尤其是青年学子）热衷于入唐（当然首选地是文教最称发达的京师）的根本原因。下边补说几条严先生未曾涉及或未详说的情况。

其一，新罗王频遣使人入长安是为了对唐朝履行诸多封建义务。

早在唐朝建国初期的武德四年（621年），新罗真平王就遣使入唐朝贡。[②]三年后，唐高祖又"遣使册拜金真平为柱国，封乐浪郡王、新罗王上"。[③]由之唐罗两国建立了册封与被册封的政治隶属关系。龙朔三年（663年）四月，唐高宗又下诏"以新罗国为鸡林大都督府，以新罗王金法敏为鸡林州大都督"。[④]自是，新罗国又被纳入唐羁縻国、羁縻府州的范畴，每

---

①严耕望：《唐史研究丛稿》第九篇《新罗留唐学生与僧徒》，香港新亚研究所，1968年。
②《册府元龟》卷970《外臣部·朝贡三》。
③《旧唐书》卷199上《新罗传》。
④《册府元龟》卷964《外臣部·封册二》。

一代受唐册封的新罗王的头衔照例要加"鸡林州大都督"。武周长寿二年（693年），新被册封的新罗王金理洪，除袭先王的官封外，朝廷又加其"辅国大将军行左豹韬卫大将军"。[1]开元二十一年（733年），因"渤海靺鞨掠登州，（新罗王金）兴光击走之"，唐玄宗遂"进兴光宁海军大使"。[2]自此以后，朝廷每册封新罗王，又在旧的官封之后加宁海军使。所有这些，无不表明较之唐朝的其他周边属国，新罗国于唐有更强的臣隶关系。因而要对唐朝履行繁多的封建义务，如"奉唐正朔""职贡不阙""混一车书""纳质宿卫""受唐遣发"等等。[3]高明士先生认为，以属国设置羁縻府州，这是"外臣内臣化"的表现。[4]既然新罗王兼有大唐"内臣"的特征，故其频遣使人入京，至有一年三次四次遣派入唐使节者。因而长安充斥着新罗诸色上层人士，如"贡使""贺使""朝集使""谢恩使""告哀使""请命使"等等。这些使人入唐，除完成朝贡、贺正、请命、纳质、宿卫等使命外，又肩负有巡礼观光、见习朝章、附国学读书等重大任务。所以早期入长安的新罗官方人员，几乎是清一色的新罗金姓王室人员，其归国者至少有四人继袭为国王（如金春秋、金法敏、金俊屋、金彦昇等）。后期由于地方豪强和贵族兴起，其大小首领和各级官吏，亦多有以出使为名被派到长安进行轮训者。

其二，因不满新罗"骨品"用人制度，而有入长安"自致荣路"者。

骨品制是新罗国根据世袭血统所规定的身份等级制度。如王室成员出自所谓"圣骨""真骨"，只有来自"圣骨""真骨"才能任高级官吏；一般贵族为"六头品""五头品""四头品"，中下级官吏多出身于这些头品；至于三、二、一头品，则为无权无势的普通人。故一般贵族和普通人对"骨品"用人制度深恶痛绝，为"自致荣路"，有不惜迢迢万里到长安发展者。如：

---

①金富轼：《三国史记》卷8《新罗史记八》，吉林文史出版社，2003年。

②《新唐书》卷220《新罗传》。

③参看拙著《唐代蕃将》第四章《在蕃蕃将使用制度》，三秦出版社，1990年。

④高明士：《隋唐天下秩序与羁縻府州制度》。

薛罽头，亦新罗衣冠子孙也。尝与亲友四人同会燕饮，各言其志。罽头曰："新罗用人论骨品，苟非族，虽有鸿才杰功不能逾越。我愿西游中华国，奋不世之略，立非常之功，自致荣路，备簪绅剑佩，出入天子之侧，足矣！"武德四年辛巳，潜随海舶入唐。[1]

一般贵族出身的薛罽头既然以"出入天子之侧"为目的，当然是来朝廷所在的长安。有迹象表明，薛罽头到京师后的仕途并不顺利；其自武德四年（621年）入唐，似乎二十余年都无大作为。直到贞观十八年（644年），因唐太宗亲征高丽，他才抓住了"立非常之功"的机会：

太宗文皇帝亲征高句丽，自荐为左武卫果毅。至辽东，与丽人战驻跸山下，深入疾斗而死，功一等。皇帝问是何许人？左右奏新罗人薛罽头也。皇帝泫然曰："吾人尚畏死，顾望不前，而外国人为吾死事，何以报其功乎！"问从者，闻其平生之愿。脱御衣覆之，授职为大将军，以礼葬之。[2]

像薛罽头这样，试图通过军功实现做"客卿"的愿望而结果得到的只是殁后殊荣，并不多见。最常见的是走曲线读书做官之路。

其三，入长安镀金，走曲线读书做官之路。

入长安读书者，主要有两类新罗学子。一为"宿卫学生"（或简称"宿卫生"[3]），即应国王请求，允许附国学读书的新罗公派留学生。这些人大都是具使节或质子身份的王室成员，他们学成归国后，由于多了层大唐学生出身的光环，大都被委任以有实权的达官贵职。另一类留学生应与薛罽头相似，属于骨品制下难有做官机会的人。由于新罗有留唐归国学生具做

---

①《三国史记》卷47《薛罽头传》。
②《三国史记》卷47《薛罽头传》。
③《三国史记》卷10有"宿卫学生（金）凤训""宿卫学生梁悦"云云。《唐会要》卷36更有简称新罗宿卫学生为"宿卫生"者。

官资格的不成文规定，故这类学子应为曲线读书做官者。

值得注意的是，严耕望先生在其《新罗留唐学生与僧徒》中，曾提到"派遣留学生之人数，因时而异"的问题，但对中晚唐时代新罗学生同时在长安者"可多至一二百人"的原因，并未细说。笔者认为，这个时代的新罗在京留学生人数众多，主要多在第二类学生的大量增加上。而增加的原因主要是"六头品"势力的兴起。所谓"六头品"势力，指新罗骨品制中的六头品至一头品共六个等级的社会势力。即新罗的小贵族、地方贵族和普通民众。他们本来是无缘做大官的，多数人在通常情况下，连做小官的资格都没有。在骨品制和王室日益衰落的形势下，他们强烈要求置身于统治阶级的上层，而只有熟读中华儒家经典或取得留唐归来的资格，他们才能得到破格任用。举例说：

〔元圣王五年（789年）〕 九月，以子玉为杨根县小守。执事史毛肖驳言："子玉不以文籍出身，不可委分忧之职。"侍中议云："虽不以文籍出身，曾入大唐为学生，不亦可用耶！"王从之。[1]

所谓"文籍出身"是指元圣王四年（788年）所定的"读书三品科"：

四年春，始定读书三品以出身。读《春秋左氏传》，若《礼记》，若《文选》，而能通其义兼明《论语》《孝经》者，为上；读《曲礼》《论语》《孝经》者，为中；读《曲礼》《孝礼》《孝经》者为下。若博通"五经""三史""诸子百家书"者，超擢用之。前只以弓箭选人，至是改之。[2]

这种以儒学经典考试成绩来遴选官吏的制度的产生，既表明了儒家文化的统治地位在新罗的确立，亦是"六头品"势力通过长期斗争而地位有

---

①《三国史记》卷10《新罗本纪十》。
②《三国史记》卷10《新罗本纪十》。

所上升的象征。由于儒家经典既是"六头品"势力的精神武器，亦是他们的晋身阶梯和破格擢官的敲门砖，所以他们热衷于到唐代儒学文化的中心长安观摩和习业。此外，晚唐时代的科举制中盛行宾贡进士科，以专门优待就试的外国留学生。登宾贡进士无异"登仙籍"，[①]因此，它更是新罗"六头品"出身的学子们做官的"终南捷径"。关于新罗留学生于晚唐时代宾贡进士及第情况，《东史纲目》称：

> 长庆初，金云卿始登宾贡科。所谓宾贡科者，每自别试，附名榜尾。自云卿后至唐末，登科者五十八人……其表表知名者，有崔利贞、金叔贞、朴季业、金允夫、金立之、朴亮之、李同、崔英、金茂先、杨颖、崔涣、崔匡裕、崔致远、崔慎之、金绍渤、朴仁范、金渥、崔承祐、金文蔚等，皆达于成材。而仁范以诗名，渥以礼称，致远、慎之、承祐尤其著也。又有元杰、王巨仁、金垂训等，并以文章著名，而史佚不传云。[②]

以上所列二十三人，出自"圣骨""真骨"第一姓金氏者九人，第二姓朴氏者3人；"六头品"出身者共十一人，其中崔姓七人，李、杨、元、王四姓各一人。虽然人数最多者仍为金姓，但崔姓不只远逾原为第二贵姓的朴氏人数，且紧逼第一贵姓金氏。可是中唐以前的新罗入唐留学生中，非但绝无李、杨、元、王诸姓，连崔氏也罕有其人。关于崔氏的由来，或云"其先周朝之尚父遗苗，齐国丁公之远裔。其后使乎〔玄〕菟郡，留寓鸡林"；[③]或称"其先汉族，冠盖山东。隋师征辽，多没骊貊，有降志而为遷畎者。爰其圣唐，囊括四郡"。[④]但不管怎么说，新罗崔氏祖上来自中国山东，绝非当地土著，则为新罗人的共识。若果为隋末战俘没入高丽之崔姓

---

①《全唐诗》卷638张乔《送宾贡金夷吾奉使归本国》。

②安鼎福：《东史纲目》卷5上，《韩国学基本丛书》第一辑，韩国：景仁文化社，1975年。

③《全唐文》卷1000崔仁滉《新罗国故两朝国师教谥朗空大师白月楼云之塔碑铭》。

④《唐文拾遗》卷44崔致远《有唐新罗国故知异山双溪寺教谥真鉴师碑铭并序》。

人后代，其归化为高丽人或新罗人的历史，充其量也不过三百年。又，魏晋以降，中华崔氏一直为山东四大郡姓之首，其在中国之地位，连胡、汉出身的皇帝都对之敬畏三分。也许是士族大姓的门风使然，流寓新罗的崔氏率先突破骨品制的限隔，通过读书习儒和入唐留学，成为新罗氏族中文化最高的姓氏之一。如唐末新罗宾贡进士中最为有名的被誉为"一代三鹤，金榜题名"者，则均出自崔姓（即崔致远、崔仁渷、崔承祐）。①

总之，以崔姓为代表的"六头品"势力的兴起，改变了过去公派留学生单一金姓（偶尔以朴姓为补充）势力的传统模式，并有可能出现非公派的自费生情况。如崔致远就曾自称：

> 年十二，离家西泛。当乘桴之际，亡父诫之曰："十年不第进士，则勿谓吾儿，吾亦不谓有儿。往矣勤哉，无隳乃力。"……观光六年，金名榜尾。②

而《三国史记·崔致远传》更明确地讲："乾符元年甲午礼部侍郎裴瓒下一举及第。"③致远既自称"观光六年，金名榜尾"，那么自乾符元年（874年）上推六年，其入唐时间应为咸通十年（869年），即新罗景文王九年。是年，《三国史记》对公派留学生有明确记载：

> 秋七月，遣王子苏判金胤等入唐谢恩兼进奉。……又遣学生李同等三人随进奉使金胤入唐习业，仍赐买书银三百两。④

从崔致远自述，从新罗正史记载，均阙崔致远为新罗公派留学生的资

①《全唐文》卷922纯白《新罗国石南故国师碑铭后记》。
②崔致远：《桂苑笔耕序》，《桂苑笔耕集校注》，中华书局，2007年。
③《三国史记》卷46。
④《三国史记》卷11《新罗纪十一》。

料。严耕望先生将其置入公派留学生之列，①似证据不足。但自费生有无公助？新罗王是否"亦赐买书银"，唐鸿胪寺是否亦"给资粮"？又，附国学读书的期限，也似乎长短有别；如崔致远六年完成学业，而其他公派生则一般需要十年。所有这些问题有待于深入研究。

三、羁旅长安的新罗人备受朝廷的优待

来长安的新罗人，无论是短期观光临时逗留，抑或是国学习业长期居住，都曾备受朝廷的优礼和良好的接待。

首先，宿卫学生用不着担忧"长安米贵"。

自贞观十四年（640年）新罗善德王遣子弟请入国学，至天祐三年（906年）以宾贡进士金文蔚为代表的新罗最后一批留唐学生归国，②凡二百六十六年，数以千计的新罗宿卫学生，或"鸿胪寺给资粮"，③或"京兆府支给逐月书粮"。④此外，每年冬春，天子还"恩赐时服"。⑤见朝廷和京兆府将新罗宿卫生的全部在京生活费用，都大包大揽起来，如是大度排场，为中外历史所罕见。

其次，朝廷给新罗来使以高规格接待。

由于新罗极为重视与大唐的邦交，所以其国王遣派的各类使者以及宿卫质子留学生乃至求法僧人等，大都为王弟、王子、王侄等新罗王室成员。而通过"辨其等位"来确定接待"四方夷狄"标准的朝廷，自然要以高规格接待新罗来人。如贞观二十二年（648年），新罗女王真德"遣其弟国相、

---

①严耕望：《新罗留唐学生与僧徒》。
②《三国史记》卷12《新罗纪十二》。
③《三国史记》卷10《新罗纪十》。
④徐居正：《东文选》卷47崔致远《遣宿卫学生首领等入朝状》，东京：朝鲜古书刊行会，1914年。
⑤《东文选》卷47崔致远《遣宿卫学生首领等入朝状》。

伊赞干金春秋及其子文王来朝"，①金春秋父子在长安期间，自始至终都受到了天子的崇高礼遇：

> 金春秋及其子文王朝唐，太宗遣光禄卿柳亨郊劳之。既至，见春秋仪表英伟，厚待之。春秋请诣国学观释奠及讲论。太宗许之。仍赐御制《温汤》及《晋祠碑》并新撰《晋书》。尝召燕见，赐以金帛尤厚。……春秋又请改其章服，以从中华制。于是，内出珍服赐春秋及其从者。……〔将〕还国，诏令三品已上燕饯之，优礼甚备。②

由于金春秋有可能为新罗王位接班人〔按，永徽五年（654年），女王真德薨，金春秋袭王位〕，所以如此隆重的接待，也是相宜的。

再次，天子每有比较丰厚的赐予。

逗留长安的新罗公派人员，大都曾得到过天子比较丰厚的赐予，这种情况在开元盛世时，表现得尤其突出：

> 〔开元二年（714年）〕王子金守忠入唐宿卫，玄宗赐宅及帛以宠之。
>
> 〔十八年（730年）〕新罗王（金兴光）遣王族金志满朝唐。……玄宗赐志满绢一百匹、紫袍、锦钿带，仍留宿卫。
>
> 〔十九年（731年）〕金兴光遣金志良入唐贺正。玄宗赐帛六十匹。
>
> 〔二十一年（733年）〕金兴光遣侄金志廉来朝谢恩，玄宗诏飨志廉内殿，赐以束帛。
>
> 〔二十二年（734年）〕金兴光遣大臣金端竭丹来贺正。帝于内殿宴之，赐绯襕袍、平漫银带及绢六十匹。③等等。

---

①《旧唐书·新罗传》谓金春秋为真德女王弟。但《三国史记·新罗纪》则称：春秋为真智王孙，真德为真智王曾孙女，则春秋应为真德王叔。又，真德王的堂姐善德女王的胞姐嫁春秋之父，是春秋则又应为二女王的堂侄。

②《三国史记》卷5《新罗本纪五》。

③《册府元龟》卷974~975《外臣邦·褒异》；《三国史记》卷8《新罗本纪八》。

第四，以唐官官之。

入长安的新罗人，朝廷还根据其蕃望大小、地位高低和在唐宿卫时间长短以及科举考试等情况，授以各类不同官职。

贞观二十二年（648年），新罗真德女王派遣国相金春秋及春秋子文王入朝，"诏授春秋为特进，文王为左武卫将军"。[1]

永徽元年（650年），金春秋嫡子金法敏入唐报捷（新罗"大破百济之众"）和献女王《太平颂》织锦，"帝美其意，擢法敏太府卿。"[2]

金春秋子金仁问于高宗武后时代，"七入大唐，在朝宿卫计月日凡二十二年"，高官厚禄，官封至辅国大将军、上柱国、临海郡开国公、左羽林军将军。[3]

乾封元年（666年），新罗文武王金法敏遣国相金庾信长子金三光入唐宿卫，高宗授三光左武卫翊府中郎将。[4]

开元二年（714年），圣德王金兴光遣大臣朴裕入唐贺正，赐朝散大夫员外奉御。[5]

开元三年（715年），金枫厚以贺正使被遣入朝，一年后被玄宗授员外郎放还。[6]

新罗王弟金钦质于开元十四年（726年）入朝，授郎将放还。[7]

开元十六年（728年），金兴光遣从弟金嗣宗朝贡，玄宗授嗣宗果毅都尉，留宿卫。[8]

开元十八年（730年），金兴光遣侄子金志满朝贡，玄宗授志满太仆员

①《册府元龟》卷974《外臣邦·褒异一》；《旧唐书》卷199上《东夷传·新罗》。

②《新唐书》卷220《东夷传·新罗》；《唐会要》卷95《新罗传》。

③《三国史记》卷44《金仁问传》。

④《三国史记》卷6《新罗本纪六》、卷43《金庾信传》。

⑤《三国史记》卷8《新罗本纪八》。

⑥《三国史记》卷8《新罗本纪八》。

⑦《册府元龟》卷975《外臣部·褒异二》。

⑧《册府元龟》卷975《外臣部·褒异二》。

外卿，留宿卫。①次年，金志良入朝贺正，授太仆员外少卿放还。②

开元二十一年（733年），金兴光遣侄金志廉入朝谢恩（谢帝赐物），玄宗赐志廉以束帛，并留宿卫，次年授鸿胪少卿。③

开元二十二年（734年），新罗大臣金端竭丹入朝贺正，玄宗宴之于内殿，授其为卫尉员外少卿。④

大历七年（772年），惠恭王金乾运遣伊飡⑤金标石入唐贺正，代宗授卫尉员外少卿放还。⑥

建中四年（783年），唐德宗为避朱泚之乱，仓促逃至奉天（今陕西乾县），新罗宿卫学生梁悦因"从难有功""帝授右赞善大夫"。⑦

元和元年（806年），宪宗放宿卫的新罗王子金献忠归国，"仍加试秘书监"。⑧

元和七年（812年），归国的新罗质子金沔，在长安宿卫时，曾先后授卫尉少卿、光禄少卿。⑨

文宗开成元年（836年），新罗国质子试光禄卿紫金鱼袋金允夫进状称："充质二十六年"，"三蒙改授试官，再当本国宣慰及册立等副使，准往例皆蒙特授正官"。由是，金允夫授武成王庙令。⑩

---

①《册府元龟》卷975《外臣部·褒异二》；《三国史记》卷8《新罗本纪八》。
②《册府元龟》卷975《外臣部·褒异二》；《三国史记》卷8《新罗本纪八》。
③《册府元龟》卷975《外臣部·褒异二》；《三国史记》卷8《新罗本纪八》。
④《册府元龟》卷975《外臣部·褒异二》；《三国史记》卷8《新罗本纪八》。
⑤据《三国史记》卷38《杂志第七·职官上》：新罗官有十七等，一曰伊伐飡，二曰伊尺飡（或云"伊飡"），三曰迎飡，四曰波珍飡，五曰大阿飡，六曰阿飡，七曰一吉飡，八曰沙飡，九曰级伐飡，十曰大奈麻，十一曰奈麻，十二曰大舍，十三曰舍知，十四曰吉士，十五曰大乌，十六曰小乌，十七曰造位。
⑥《册府元龟》卷976《外臣部·褒异三》；《旧唐书》卷199上《东夷传·新罗》；《三国史记》卷9《新罗本纪九》。
⑦《三国史记》卷10《新罗本纪十》。
⑧《册府元龟》卷976《外臣部·褒异三》；《旧唐书》卷199上《东夷传·新罗》；《三国史记》卷9《新罗本纪九》。
⑨《册府元龟》卷976《外臣部·褒异三》。
⑩《册府元龟》卷996《外臣部·纳质》。

新罗贵族出身的入唐留学生金云卿，于穆宗长庆中（821—824年）登宾贡科进士，历官兖州都督府司马，后又于武宗会昌元年（841年）授淄州长史。[①]

会昌中（841—846年），曾在长安热心帮助日本求法僧圆仁的新罗人李元佐，其官衔为：左神策军押衙、银青光禄大夫、检校国子祭酒、殿中监察侍御史、上柱国。[②]

继金云卿之后，在晚唐中宾贡进士的新罗学子多达五十八人，其中有不少人在京师或地方任唐朝官员。如金绍游（一作"渤"）任太学博士；[③]金文蔚官至工部员外郎、沂王府咨议参军；[④]崔致远乾符元年（874年）登宾贡进士第，授溧水县尉，迁侍御史，为淮南节度使高骈从事，掌书记。[⑤]

中晚唐时的大画家新罗人金忠义，其画作"巧绝过人，迹皆精妙"。[⑥]由于"艺通权倖"，遂"以机巧进，至少府监，荫其子为两馆生"。[⑦]等等。

综上可知，羁旅京师的新罗人，由于系自唐属国派来，所以朝廷视其为"外臣"，每以宾礼优容之。然而，新罗又是被纳入大唐羁縻州体制的国家，由于内臣化，其同唐中央的亲密程度和对唐入贡之勤，又绝非其他属国所可比拟。故其派往长安的代表备受朝廷优宠，就不足为奇了。

四、新罗人在长安的活动

新罗人在长安的活动内容，主要集中在政治、经济、习业、宗教、婚姻、社交等方面。

①《册府元龟》卷976《外臣部·褒异三》。

②（日）圆仁撰，（日）小野胜年校注：《入唐求法巡礼行记校注》卷4，花山文艺出版社，2007年。

③《东文选》卷47崔致远《奏请宿卫学生还蕃状》。

④《三国史记》卷12《新罗本纪十二》。

⑤《三国史记》卷46《崔致远传》。

⑥张彦远：《历代名画记》，浙江人民美术出版社，2011年。

⑦《旧唐书》卷158《韦贯之传》。

1.政治上，积极从事沟通和协调唐罗关系的活动

唐武德年间（618—626年）和贞观（627—649年）前期，唐对朝鲜半岛上的三个国家是一视同仁的，从某种意义上，朝廷同高丽、百济上层间的关系，似乎更为密切。如率先同唐建交，"思禀正朔"，"远修职员"的高丽国。①对于高丽、百济侵掠新罗，朝廷也只是调停说和，迟迟不愿发兵动真格的。至于太宗后来亲征高丽，也主要是借口高丽莫离支泉盖苏文"弑逆其主，酷害其臣"。②朝廷对新罗的求援之所以不愿迅速做出决断，是因为唐对新罗王尚缺乏必要的信任。举例说，新罗王虽屡屡遣使表示"归命大国"但却"别称年号"。为此，太宗对新罗心存芥蒂。所以当贞观十七年（643年）高丽、百济连兵，攻袭新罗数十城，女王遣使告急，称其国"社稷必不获全"时，太宗竟以嘲谑的口吻为新罗划策。他对新罗使者说：

> "我少发边兵总契丹、鞨鞨直入辽东，尔国自解，可缓尔一年之围。此后知无继兵，还肆侵侮，四国俱扰，于尔未安。此为一策。我又能给尔数千朱袍、丹帜，两国兵至，建而陈之。彼见者，以为我军，必皆奔走。此为二策。……尔国以妇人为主，为邻国轻侮，失主延寇，靡岁休宁。我遣一宗支，与为尔国主，而自不可独王，当遣兵营护，待尔国安，任尔自守。此为三策。尔宜思之，将从何事。"使人但唯而无对。帝叹其庸鄙，非乞师告急之才也。③

唐太宗的前二策是权宜之计，压根就不打算从根本上解决问题。第三策由于涉及新罗国的主权，就更为荒唐。"三策"中无一上策，难怪使者无言可对。出现这种情况，是基于太宗并不真正信任新罗。太宗从根本上改变对新罗的态度，应是贞观二十二年（648年）冬接踵两起新罗使到长安之后：

---

① 《全唐文》卷3高祖《赐高丽王建武书》。
② 《全唐文》卷7太宗《亲征高丽手诏》。
③ 《三国史记》卷5《新罗本纪五》。

冬使邯帙许朝唐，太宗敕御史问："新罗臣事大朝，何以别称年号？"帙许言："曾是天朝未颁正朔，是故先祖法兴王以来，私有纪年。若大朝有命，小国又何敢焉！"太宗然之。①

由于新罗使人邯帙许回答得体有理，所以太宗豁然开朗，消除了对新罗的误会，并在宴见是冬第二批使者金春秋时，主动询问有何要求：

春秋跪奏曰："臣之本国，僻在海隅，伏事天朝，积有岁年。而百济强猾，屡肆侵凌。况往年大举深入，攻陷数十城，以塞朝宗之路。若陛下不借天兵剪除凶恶，则敝邑人民尽为所虏，则梯航述职无复望矣！"太宗深然之，许以出师。②

至是因为来长安的新罗权臣金春秋等沟通和协调了唐罗间最上层的关系，太宗才决计从根本上解决高丽、百济对新罗的威胁。在既遣右武卫将军薛万彻等渡海破高丽泊灼城于前，又命江南造大船、遣陕州刺史孙伏伽召募勇敢之士、莱州刺史李道裕运粮及器械，"将欲大举以伐高丽"于后。但由于帝崩，有关三韩命运大战的既定方针，才暂时推迟贯彻。

为了取信和取悦于唐朝，邯帙许、金春秋归国的当年和次年，新罗就颁布了至少两项加深唐罗关系的措施，一是"始服中朝衣冠"，二是"始行中国永徽年号"（即"奉唐正朔"）。③特别让唐高宗感动的是，真德女王竟特遣春秋子法敏入唐，献上为大唐歌功颂德的织锦五言《太平诗》。诗曰：

大唐开鸿业，巍巍皇猷昌。止戈戎衣定，修文继百王。统天崇雨施，理物体含章。深仁偕日月，抚运迈时康。幡旗既赫赫，钲鼓何锽锽。外夷违命者，翦覆被天殃。和风凝宇宙，遐迩竞呈祥。四时调玉

① 《三国史记》卷5《新罗本纪五》。
② 《三国史记》卷5《新罗本纪五》。
③ 《三国史记》卷5《新罗本纪五》

246

烛，七耀巡万方。维岳降宰辅，维帝用忠良。三五咸一德，昭我皇家唐。①

携此谀辞以讨好唐朝，天子自然很受用，金法敏当然不辱使命；史称"帝美其意，擢法敏太府卿"。②

如果说唐罗间政治友好的关系是靠金春秋、金法敏（当然还有春秋另外数子文王、文注等）等遣唐使奠基的话，那么在春秋、法敏相继袭王位之后的唐罗政治关系，则主要靠在京师宿卫的春秋庶子金仁问等维系，仁问并对讨伐百济、高丽战争的胜利，起着无人可以替代的作用。金仁问自永徽二年（651年）入唐朝贡并留宿卫，至载初元年（689年）卒于帝都，除去中间六度归国共十六年，其在唐（主要在长安）凡二十三年。三十八年中，金仁问为唐罗的政治交好和军事合作，主要做了四件事：①充任唐军向导和副大总管，参与平灭百济的战争。显庆五年（660年）初，唐高宗将命将征百济，"帝征仁问，问道路险易，去就便宜。仁问应对尤详。帝悦。制授神丘道副大总管，敕赴军中"。③②在唐与高丽的战争中，帝数遣仁问归国征兵。总章元年（668年），在灭高丽的最后一战中，应征的新罗兵竟达二十万人。④③扈驾登封泰山。时在乾封元年（666年），因而加授右骁卫员外大将军。④危机时的唐罗关系的唯一维系人。上元元年（674年）新罗文武王金法敏"既纳高丽叛众，又据百济故地"。⑤致使唐罗关系十分紧张，惹得天子大怒，在长安的新罗使者或被遣归（如金钦纯等），或被囚禁乃至有死于狱中者（如金良图），并诏削法敏官爵，以在京的法敏弟仁问为鸡林州大都督、新罗王。"仁问想辞不得命，遂上道"。⑥取代乃兄为王，

①《全唐诗》卷797金真德《太平诗》。
②《新唐书》卷220《东夷·新罗传》。
③《三国史记》卷44《金仁问传》。
④《三国史记》卷44《金仁问传》。
⑤《资治通鉴》卷220唐高宗上元元年正月条。
⑥《三国史记》卷44《金仁问传》。

并非仁问所愿，所以，当"行至中路，闻新罗降，仁问乃还"。①所谓"闻新罗降"实际上是指金法敏"遣使谢罪"。由于唐高宗对金仁问信任有加，更因为唐对新罗本来就无土地要求，遂因谢罪使至，赦免法敏，复其官爵，并默认新罗"尽有百济之地及高句丽南境"。②在唐罗反目、关系危急时刻，由于金仁问冷静克制，使得双方关系未能再恶化下去。

在唐宿卫的新罗人，还有一项对唐罗关系有重大影响的任使，即"委以出疆之任"。也就是以天子敕使（多为副使）的名义归国行册命宣慰等事宜。据《三国史记·新罗本纪》和《册府元龟·外臣部》等记载，为密切和加强唐罗间册封体制下的政治关系，以吊祭、册封、宣慰副使等头衔归国的有姓名可考的新罗人主要有：金仁问、金良图、金元器、金贞宗、金思兰、金忠信、金士信、金允夫、金沔、金云卿、金文蔚、金夷吾、金少卿等。本来，按照唐中宗敕令"应差册立诸国使，并须选择汉官，不得差蕃官去"。③但对新罗在京蕃官而言，则是例外。宪宗元和十三年（817年）二月，新罗质子试太子中允、赐紫金鱼袋金士信奏称：

> 臣本国朝天二百余载，尝差质子宿卫阙庭。每有天使临蕃，即充副使，转通圣旨，下告国中。今在城宿卫质子，臣次当行之。④

表明有唐近三百年所遣数十次入新罗使团中，多数的副使则由在京的新罗宿卫人员担当。由于这些副使对故国的蕃情和朝廷的意图都比较熟悉，且精通汉、朝两种语言，所以只要有他们在，自可"转通圣旨，下告国中"，顺利完成使命。宿卫人员金仁问曾六归新罗，金良图曾五归新罗，其实都当是以天子敕使归国。而晚唐时代，曾入长安充质二十六年的金允夫，

---

①《唐会要》卷95《新罗》。
②《唐会要》卷95《新罗》。
③《唐文拾遗》卷2中宗《册立使不得差蕃官敕》。
④《册府元龟》卷996《外臣部·纳质》。

亦曾两次任"本国宣慰及册立等副使"。①选谁为入新罗使，似乎有严格的规定，要不金士信的奏言中也不会讲"今在城宿卫质子，臣次当行之"。中唐诗人张籍称金少卿以副使归国风光非常，"到家犹自着朝衣"，"光彩如君定是稀"。②晚唐诗人张乔称羡宾贡进士金夷吾奉使归国是"还家备汉仪"。③如此的衣锦还乡，当然会使新罗宿卫者孜孜以求。直至大唐即将寿终正寝时，仍有在京的新罗人受天子之命充使归国。如唐末的宾贡进士金文蔚（在唐官至工部员外郎、沂王府咨议参军），就为有文献记载的唐朝最后一个新罗人敕使：唐哀帝天祐三年（906年），文蔚"充册命使而还"。④

总之，在长安的新罗使者以及宿卫学生们，既是新罗国的耳目，更是取信于朝廷的质子，正是这些人士构建了联系唐罗两国的政治桥梁。

2.经济上，巨额贡品和回赐的见证人

由于唐代的民间对外贸易有诸多限制，所以唐对周边国家的经济交流多以诸蕃朝贡和朝廷"回赐"的贸易补充形式进行。中、晚唐时，唐罗间虽然兴起海上贸易，但最正宗和最受两国上层重视的还是这种实为物物交换的礼尚往来。有一条史料最能说明所谓"朝贡"和"回赐"的实质不过是一种特殊的贸易形式：贞元十五年（799年），即昭圣王金俊邕即位的当年七月，"得人参九尺，甚异之，遣使如唐进奉"。可是识货的唐德宗却认为"非人参，不受"。⑤进贡"巨参"的目的是邀赐，而天子发现是假参，为不上当，就不客气地退回假货。当然也就免了回赐、报赠之浪费。根据规定，四裔民族的贡品要"计价酬答"。⑥而贡品的估价，则由鸿胪寺、少府监、互市监等有关官员和识货的行家"定价量事奏送"。⑦再经中书省裁审，报告皇上。最后在天子引见贡使时，以回赐形式报赠以相应的（通常是优厚的）物品。这

①《册府元龟》卷996《外臣部·纳质》。

②《全唐诗》卷385《送金少卿副使归新罗》。

③《全唐诗》卷638张乔《送宾贡金夷吾奉使归本国》。

④《三国史记》卷12《新罗本纪十二》。

⑤《三国史记》卷10《新罗本纪十》

⑥《册府元龟》卷168《帝王部·却贡献》。

⑦《唐六典》卷18《鸿胪寺》。

种国家上层领域间的物资交易，都是通过被遣入长安的贡使进行。据《三国史记·新罗本纪》等记载，唐罗两国通过贡使进行经济交流的规模相当庞大，并有一百多次之繁。试举盛唐三例和唐末一例于下：

开元十一年（723）四月　〔圣德王〕遣使入唐，献果下马一匹、牛黄、人参、美髢、朝霞绸、鱼牙铜、缕鹰铃、海豹皮、金、银等。……玄宗降书曰："卿每承正朔，朝贡阙庭……物既精丽，深表卿心。今赐卿锦袍、金带及彩素共二千匹，以答诚献。"[1]

开元十八年（730年）二月　〔圣德王〕遣王族〔金〕志满朝唐，献小马五匹、狗一头、金二千两、头发八十两、海豹皮十张。……冬十月，（又）遣使朝唐，贡献方物。玄宗赐物有差。[2]

开元十九年（731年）二月　〔圣德王〕遣金志良入唐贺正。玄宗……降诏书曰："所进牛黄及金银等物省表……今赐卿绫彩五百匹、帛二千五百匹。"[3]

咸通十年（869年）七月　〔景文王〕遣王子苏判金胤等入唐谢恩，兼进奉：马二匹，麸金一百两，银二百两，牛黄十五两，人参一百斤，大花鱼牙锦一十匹，小花鱼牙锦一十匹，朝霞锦二十匹，四十升白叠布四十匹，三十升苎衫段四十匹，四尺五寸头发百五十两，三尺五寸头发三百两，金钗头五色綦带并班胸各一十条，鹰金年镟镞子并纷镕红帕二十副，新样鹰金镟镞子纷镕五色帕三十副，鹰银镟镞子纷镕红帕二十副，新样鹰银镟镞子纷镕五色帕三十幅，鹞子金镟镞子纷镕红帕二十幅，新样鹞子金镟镞子纷镕五色帕三十副，鹞子银镟镞子纷镕帕袷二十副，新样鹞子银镟镞子纷镕五色帕三十副，金花鹰铃子二百颗，金花鹞子铃子二百颗，金镂鹰尾筒五十双，金缕鹞子尾筒五十双，银镂鹰尾筒五十双，银镂鹞子尾筒五十双，系鹰绯缬皮一百双，

①《三国史记》卷8《新罗本纪八》。
②《三国史记》卷8《新罗本纪八》。
③《三国史记》卷8《新罗本纪八》。

系鹤子绯缅皮一百双，瑟瑟钿金针筒三十具，金花银针筒三十具，针一千五百。[1]（按：唐懿宗回赐阙载。）

从以上举例看，罗方贡品主要为唐朝所缺的土特产品和工艺品。这些物品不只是种类多，数量大，且造形奇特，工艺水平高，价值不菲。而天子的回赐更为优厚，动辄赠以数以千匹计的丝织等物品。这种唐罗间的特殊的物资交流，对于促进两国的经济发展起着较大的作用。然而，若没有新罗贡使们自始至终参与其间，像这样涉及宗主国与属国、天子与蕃王间的贸易，是无法成交的。

3. 新罗宿卫生在国子监诸学馆的习业活动

自贞观十四年（640年）始，《三国史记》屡有新罗王"遣子弟于唐，请入国学"的记载。国学即国子学，或泛指亦隶于国子监的太学、广文馆、四门馆、律学、书学、算学等国立学校。在唐太宗时代，包括新罗留学生在内的国学之中，增筑学舍一千二百间，容纳学生八千余人，"国学之盛，近古未有"。[2]与国子学同为全国最高学府，学址又同在京师务本坊的太学，[3]有"诸生三千员，新罗、日本诸国，皆遣子入朝受业"。[4]又，"国子监内，独有新罗马道，在四门馆北廊中"。[5]可知不只国子学（又称国子馆）、太学（又称太学馆）内有新罗学生，四门馆也不例外。入国学各类学校读书的新罗子弟被称为"宿卫学生"或"宿卫生"。这是因为同唐建有册封与被册封政治隶属关系的新罗国王，必须履行遣子弟入朝"纳质""宿卫"的义务，而天子应国王的请求，又往往优待这些宿卫的质子，允许他们附国子监所属的学校读书习业，后来这种宿卫子弟附国学读书，在唐中宗时正式被立成一项制度。[6]因新罗质子（其他诸蕃质子亦然）兼有宿卫和

---

① 《三国史记》卷11《新罗本纪十一》。

② 《唐会要》卷35《学校》。

③ 务本坊遗址在今西安城南东后地与文艺北路一带。总面积约350000平方米。

④ 《唐语林》卷5《补遗》。

⑤ 《东文选》卷47崔致远《遣宿卫学生首领等入朝状》。

⑥ 《新唐书》卷44《选举志上》。

留学生两种身份，故称"宿卫学生"。由于入质宿卫的实际结果是到唐朝国立最高学府读书，所以本来是臣子的纳质义务却成为乐此不疲的一种权利追求。不只新罗王遣子弟做宿卫生，连新罗国的一些权臣也极力为其子弟请求入质机会。如新罗国相金春秋，就曾对唐太宗表示："臣有七子，愿使不离圣明宿卫。"[1]事实上七子中至少有金法敏、金文王、金文注、金仁问等四人曾到长安宿卫和附学习业。太宗武烈王（即金春秋，公元654—662年在位）和文武王（即金法敏，公元662—681年在位）的权臣金庾信，亦曾派自己的爱子金三光等为宿卫学生。[2]宿卫学生人数极多，羁旅长安的新罗人，主要就指这些留学生。已故学术大师严耕望先生，早在二十世纪六十年代就已对新罗留学生的研究有权威的结论，他在《新罗留唐学生与僧徒》中总结新罗宿卫生在京生活说：

> 第一，留学时限通常为十年。第二，买书银由新罗政府给付，而生活衣着费用则由中国政府支给。第三，所派遣来唐习业者除正式学生外，又有大小首领等名目。按崔致远年十二来唐留学，盖学生皆青年学子，来唐作正式习业学生。大小首领则彼国各级官吏来唐进修者耳，非正式学生也。第四，派遣留学之人数，因时而异，最少每次二人，多则七八人，甚至近二十人。……同时在唐之新罗学生可多至一二百人也。[3]

此外，严先生还就晚唐时代宾贡科进士及第的新罗学生金云卿等二十六人的部分事迹作了某些考证。严先生对新罗留学生的研究至为深刻，故不赘说。

4.新罗人在长安的宗教活动

入长安的新罗人，从事求法、巡礼、潜修等宗教活动有姓名可考者，

---

① 《三国史记》卷5《新罗本纪五》。
② 《三国史记》卷43《金庾信传》。
③ 严耕望：《唐史研究丛稿》第九篇《新罗留学生与僧徒》。

不少于三十九人。其中金可记为最有名的道教代表人物，慈藏、圆测、慧超等为最有成就的佛教高僧。

关于金可记在长安的事迹，《太平广记》引《续仙传》称：

> 金可记，新罗人也，宾贡进士。性沉静好道，不尚华侈。或服气炼形，自以为乐。博学强记，属文清丽。美姿容，举动言谈，迥有中华之风。俄擢第，于终南山子午谷葺居。怀隐逸之趣，手植奇花异果极多。常焚香静坐，若有思念。又诵《道德》及诸《仙经》不辍。后三年，思归本国，航海而去。复来，衣道服，却入终南。务行阴德，人有所求，初无阻拒。精勤为事，人不可偕也。唐大中十一年十二月，忽上表言："臣奉玉皇诏，为英文台侍郎，明年二月二十五日当上升。"时宣宗极以为异，遣中使征入内。固辞不就。又求玉皇诏辞，以为别仙所掌，不留人间。遂赐宫女四人，香药金彩。又遣中使二人，专伏侍者。可记独居静室，宫女、中使多不接近。每夜，闻室内常有客谈笑声。中使窥窃之，但见仙官、仙女，各坐龙凤之上，俨然相对，复有侍卫非少。而宫女中使，不敢辄惊。二月二十五日，春景妍媚，花卉烂漫。果有五云唤鹤，翔鸾白鹄，笙箫金石，羽盖琼轮，幡幢满空，仙伏极众，升天而去。[1]

撇却上引中的神秘荒诞色彩，金可记之为新罗人，入唐后中宾贡进士，复葺居终南山子午谷，一度归国三年，复来长安后，仍入终南潜修，后"升天"于大中十二年（858年）二月二十五日，这些记载则完全可信，且同今人的考察成果吻合。二十世纪八十年代初，西北大学李之勤教授于金可记当年修道处（即子午道玄都坛）发现内容同于上引《金可记传》的摩崖石刻。[2]又，唐人沈汾之《续仙传》，记载道教所谓"飞升"者仅一十六人，而金可记则备其一，可见其在道教内地位之高。

---

①《太平广记》卷53《金可记》。
②李之勤：《再论子午道的路线和改线问题》，《西北历史研究》，1987年。

新罗的佛教为自中国传入的华化佛教，而唐都长安系当时中国佛教的中心，为佛教诸大宗派荟萃之地，故新罗入唐求法巡礼僧人大都到过长安。据严耕望《新罗留唐学生与僧徒》和黄有福、陈景富《中朝佛教文化交流史》的考证和统计，先后来长安短期逗留或长期定居的新罗僧人有：圆胜、色观、慈藏、僧实、圆安、明朗、惠通、智仁、阿难耶跋摩、惠业、玄泰、求本、玄游、神昉、圆测、顺璟、玄照、玄恪、慧轮、义湘、胜诠、孝忠、无相、梵修、无漏、慧超、道证、冲虚、道说、慧昭、无染、云居院主、行寂、玄昱、惠日、雅觉等。其中最为有名且于千年后犹有遗迹可寻的有慈藏、圆测、慧超等。

慈藏，俗姓金，出身于新罗王室。其于本国，"物望所归，位当宰相，频征不就"；贞观十二年（638年），率门人僧实等十余人来到长安，受到朝廷的"厚礼殊供"：

> 蒙敕慰抚胜光别院，厚礼殊供，人物繁拥。……从受戒者，日有千计。性乐栖静，启敕入山。于终南云际寺东悬崿之上架室居焉。……〔居三年〕既而入京，蒙敕慰问。赐绢二百匹，用充衣服。贞观十七年，本国请还。启敕蒙许，引藏入宫。赐纳一领、杂彩五百段，东宫赐二百段。仍于弘福寺为国设大斋，大德法集，并度八人。又敕太常九部供养。藏以本朝经像凋落未全，遂得藏经一部并诸妙像幡花，盖具堪为福利者赍还本国。①

慈藏初入长安所居之胜光寺别院，故址应在今西安市大学南路至友谊西路一带西南隅。据《长安志》载：鄠县（今陕西省西安市鄠邑区）东南六十里有云际山大定寺（又称云际寺）和新罗王子台。②可知当年慈藏依悬崿构室而居处，应即新罗王子台，慈藏族出"真骨"，为王室子弟也。

圆测，俗姓金，亦出自新罗王室，并自幼出家。贞观二年（628年），

---

①《续高僧传》卷25《唐新罗国大僧统释慈藏传》，中华书局，2014年。
②《长安志》卷15《新罗王子台》《云际山》条。

只有十五岁的圆测来到长安，师从法常、僧辩学法。后居玄法寺（位于安邑坊十字街之北），专攻《成实》《俱舍》《毗昙》《婆娑》等论。玄奘归国后，已是"古今章疏，无不娴晓"的圆测，又师从玄奘。成为唯识宗中地位仅次于玄奘、与窥基相等的大师。而其明敏聪慧，则为窥基所不及：

> 三藏奘师为慈恩基师讲新翻唯识论，测赂守门者隐听，归则缉缀义章。将欲罢讲，测于西明寺鸣钟召众，称讲《唯识》。基慊其有夺人之心，遂让测讲训。奘讲《瑜伽》，还同前盗听受之，而亦不后基也。迫高宗之末，天后之初，应义解之选，入译经馆，众皆推挹。①

所谓"慈恩基"指，玄奘另一弟子慈恩寺大德僧窥基。由于圆测为西明寺大德僧，所以在玄奘圆寂后，唯识宗形成西明、慈恩（窥基）两大流派。武后时代，新罗王数请朝廷将圆测放归，但由于武则天不忍割爱，屡"优诏显拒"。②万岁通天元年（696年），圆测终于洛阳译所。其弟子将遗骨的一部分葬于终南山丰德寺东岭上。北宋时，广越法师又将圆测在丰德寺的部分遗骨葬于兴教寺玄奘法师塔左，与塔右之窥基灵塔相对称。圆测的灵塔至今犹存。

慧超，少年时代就入唐习法。大约开元七年（719年），慧超附海舶经佛逝、狮子等国到五天竺观光巡礼。又西行至波斯、大食、拂林等国。复经中亚各国，于开元十五年（727年）回到长安。其西游所记《往五天竺国传》三卷残本，于近年在敦煌发现，对于研究中世南亚、西亚、中亚诸国历史有着弥足珍贵的价值。慧超在长安居住了五十余年，先后师从金刚智三藏、不空三藏习法，为不空的六大著名弟子之第二人。③2001年，由时任韩国总统的金大中题字，中韩两国共建慧超纪念碑于西安周至县仙游寺。慧超曾奉敕于大历九年（774年）二月五日赴仙游寺附近的玉女潭祈雨，故

---

① 《宋高僧传》卷4《唐京师西明寺圆测传》。
② 崔致远：《故翻经证议大德圆测和尚讳日文》。
③ 藤田丰八：《慧超传考》，转引自《新罗留唐学生与僧徒》。

纪念碑建于仙游寺。

5.长安新罗人的婚姻与社交

贞观二年（628年）六月十六日敕：诸蕃使人所娶得汉妇女为妾者，并不得将还蕃。①这就是说，你只要不把所娶汉妇女带回本蕃，只在唐内地生活，尽可婚娶自由，构建新的家庭。因此，在长安短期逗留的新罗观光客人，当然没有娶妾的必要，而一住就是一二十年的质子和定居长安的诸多官员则自然要娶妻生子。如宪宗元和中（806—820年），大画家新罗人金忠义"以工巧幸，擢少府监，荫子补斋郎"；②金忠义在长安既然有子可荫，当然表明他早已定居京城并娶有妻室。又如，武宗会昌中（841—846年），家住长安永昌坊（坊址在今西安城内西五路至革命公园一带）的左神策军押牙李元佐，"本是新罗人"，在日僧圆仁即将离开长安时，李元佐"与外甥阮十三郎同来相问"。③阮姓显非新罗姓氏，李元佐既然有阮姓外甥早已成人，其同客居地汉人联姻，自当由来已久。

由于来长安的新罗人多为文人出身的上层人士，所以其在长安的社交面也就多限于文人圈子和官僚阶层。《全唐诗》中存有大量的反映唐代诗人与在京新罗人友情的诗篇，就是新罗人在长安的社交活动的生动记实。友情诗主要集中于为新罗宿卫学生和僧徒送行、惜别方面。如玄宗时代（713—755年）的进士，历任太常修士、礼部员外郎的陶翰，与新罗使者金卿友善，及金卿归，陶以《送金卿归新罗》诗相赠：

> 奉义朝中国，殊恩及远臣。乡心遥渡海，客路再经春。落日谁同望，孤舟独可亲。拂波衔木鸟，偶宿泣珠人。礼乐夷风变，衣冠汉制新。青云已干吕，知妆重来宾。④

---

①《唐会要》卷100《杂录》。
②《新唐书》卷169《韦贯之传》。
③圆仁：《入唐求法巡礼行记校注》卷4，花山文艺出版社，1992年。
④《全唐诗》卷147陶翰《送金卿归新罗》。

"落日谁同望，孤舟独可亲"等诗句将两位挚友依依惜别的心情表现得十分深沉。宾贡进士金夷吾（一作"鱼"）归国时，其在长安结识的朋友张乔、许棠（均为懿宗咸通末进士）等均有诗相赠，如许棠《送金吾侍御奉使日东》诗云：

> 还乡兼作使，到日倍荣亲。向化虽多国，如公有几人！孤山无返照，积水含苍旻。膝下知难住，金章已系身。[①]

金吾即宿卫学生金夷吾，其中宾贡进士后，曾授侍御史等官职。这首送别诗，突破传统的惜别伤感的内容，表达了作者对友人"还乡兼作使"衣锦荣归的喜悦心情。会昌五年（845年）赐进士及第的诗人顾非熊，对老友新罗人朴处士的离去，则表现出某种惆怅的情绪：

> 少年离本国，今去已成翁。客梦孤舟里，乡山积水东。鳌沉崩巨岸，龙斗出遥空。学得中华语，将归谁与同？[②]

像朴处士那样"少年离本国，今去已成翁"的现象在羁旅长安的新罗人中极为普遍。如张乔《送僧雅觉归海东》中有"老别关中寺，禅归海外峰"诗句，[③]可知雅觉在京师所在的关中的寺院居住很久。张乔还有《送朴充侍御归海东》诗，讲朴充"天涯离二纪，阙下历三朝"，久居长安数十年的情况。[④]张乔同这些学问僧和留学生的私交极好，其在《全唐诗》中有关为新罗朋友的送别诗至少有七篇之多。为新罗友人的送别场面往往很大：像盛唐时代诗人孙逖的《送新罗法师还国》，就有"异域今无外，高僧代所

---

① 《全唐诗》卷604许棠《送金吾侍御奉使日东》。
② 《全唐诗》卷509顾非熊《送朴处士归新罗》。
③ 《全唐诗》卷638张乔《送僧雅觉归东海》。
④ 《全唐诗》卷638张乔《送朴充侍御归海东》。

稀"，"上卿挥别藻，中禁下禅衣"的诗句①；表明了某些"上卿"乃至"中禁"中人，都参与了送别活动。这是来长安的新罗人在统治阶级上层广结善缘的生动反映。

据粗略统计，《全唐诗》反映唐人与新罗人交往的诗篇，至少有四十余首，独占唐代中外交往诗的鳌头。由之可见羁旅长安的新罗人在唐代上流社会中的地位。

五、长安新罗人现象之意义

大批新罗人远来旅居长安的现象，其实在唐代是一种普遍的文化现象。由于倾慕中华文明，不只新罗人入朝最勤，连同唐未建立政治隶属关系的日本也数十次派遣唐使和留学生入长安。正是主要靠这些文化掮客艰苦卓绝的不懈努力，先进的中华文明才被引进和融合于周边（特别是东亚）国家，以汉字为载体以儒学文化为基本内容的东亚文化圈才能在唐代最后形成。

一个国家的兴盛，最重要的是人才的培养和建设，新罗国正是不断地派遣宗室大臣、王家子弟入长安观光、轮训和读书习业，才为自己积累了雄厚的人才资源，才造就了本国的华化改革派中坚。如慈藏于贞观十七年（643年）归国后，立即被委任为大国统。"凡僧尼一切规猷，总委僧统主之"。他不仅在新罗僧尼管理上进行大刀阔斧的改革，在国家的典章制度上乃至服饰上都进行了华化革新：

> 尝以邦国服章不同诸夏，举议于朝，签允曰藏。乃以真德王三年己酉（按：即贞观二十三年，公元649年）始服中朝衣冠。明年庚戌，又奉正朔，始行永徽号。自后每有朝觐，列为上蕃。藏之功也。②

像慈藏那样主张"归崇正朔""一唯唐仪""并同华夏"③的留唐归来人

---

① 《全唐诗》卷118孙逖《送新罗法师还国》。
② 《三国遗事》卷4《慈藏定律条》。
③ 《续高僧传》卷25《唐新罗国大僧统释慈藏传》。

员还有很多。这些先进的文化人，有的后来继承王位，有的被委任王国的宰相，多数人擢为新罗各级政府的官吏。正是这些人的推波逐浪，新罗国才不断地进行华化改革，将先进的中华文化与自己固有的文化融为一体。不断完善的仿唐革新，曾涉及政治、经济、文化教育等各个方面。如在政治制度方面，执事省和六部制确立，地方州郡制和九州的划分；经济制度方面，户籍制、丁田制及租庸调法的推行；教育制度方面，仿唐设国学、太学等，以儒家经典为学校教材，并改革旧的用人制度，设读书出身科，"始定读书三品以出身"；科技文化方面，唐先进的历法、雕版印刷术、唐诗范文、书法艺术都先后被引进，并形成自己的风格。特别是，由于汉字的长期使用，新罗的学者还创造了吏读文字……所有这些新罗社会的进步，经济的繁荣，文化的发展，甚至国家的统一，无不有自长安归来的佼佼者参与其间。

总之，新罗国之所以能被唐玄宗等高度评价为"君子之国，颇知书记，有类中华"，即被视为东亚中华文化圈的成员，与羁旅长安的新罗人备受中华文明的洗礼，因而归国后成为传播大唐文化的急先锋，不无莫大的关系。

附表：旅居长安的新罗人简表

时间	姓名	简要事迹	简注
武德四年（621年）；真平王四十三年	薛罽头	因不满本国"骨品"用人制度，入唐"自致荣路"。会唐太宗征高丽，遂自荐为左武卫果毅。于驻跸山下，"深入疾斗而死"。太宗脱御衣覆之，授大将军，以礼葬之	《三国史记》卷47
贞观初年	圆胜色观	入长安学僧律，后与慈藏等归国。圆胜为新罗律宗之祖。	《续高僧传》卷25
贞观六年（632年）；善德王元年	明朗	贞观九年（635年）归国。为新罗神印宗（早期密宗）之祖	《三国遗事》卷5
唐初	智仁	师事"南山律宗"创始人道宣	《律宗纲要》

时　间	姓　名	简要事迹	简　注
贞观中 （627—649年）	圆测，姓金氏，出自新罗王室	十五岁入唐，先后住长安元法寺、西明寺，并曾在终南山云际寺静修八年。后师从玄奘，创唯识宗西明寺派。其地位仅次于玄奘，而与窥基大师并列。万岁通天元年（696年）圆寂，灵骨初葬丰德寺东岭，北宋时，部分灵骨改葬于兴教寺玄奘塔左	《宋高僧传》卷4
	圆安	初住京寺，特进萧瑀奏请住于蓝田县所造津梁寺，四事供给，无替六时	《续高僧传》卷13
	阿难耶跋摩	自长安西游五天竺	《大唐西域求法高僧传》
贞观十二年（638年）；善德王七年	慈藏，姓金氏，王室出身	一入长安，即受到朝廷的"厚礼殊供"。后于终南山云际寺东嶂构室而居。贞观十七年（643年）归国，被女王委以大国统，主持一系列华化变革	《续高僧传》卷25；《三国遗事》卷4
	僧实等十余人	慈藏门人，从慈藏入长安求法	《续高僧传》卷25；《三国遗事》卷4
贞观二十二年（648年）；真德王二年	邯帙许	以新罗贡使入长安，当年归国	《三国史记》卷5
	金春秋	王室出身，初任宰相。女王薨，春秋袭位，是为太宗武烈王。春秋在长安期间，备受天子优礼，次年归国	《旧唐书》卷199上；《册府元龟》卷974
	金文王（春秋子）	从金春秋入朝，授左武卫将军。自是，文王多次入唐宿卫	《三国史记》卷5
贞观二十二年？	金文注等	文注为金春秋子，春秋曾对太宗称："臣有七子，愿使不离圣明宿卫""乃命其子文注与大监□□□"。疑缺字为"留宿卫"	《三国史记》卷5
永徽元年（650年）真德王四年	金法敏	金春秋嫡长子。献真德女王织锦五言诗《太平颂》。帝嘉之，授法敏太府卿。法敏后袭王位，是为文武王	《旧唐书》卷199上；《三国史记》卷5
	义湘，俗姓朴	入长安终南山至相寺，师从华严宗二祖智俨，与贤首大师同学。咸亨元年（670年）归国，"号海东华严初祖"	《宋高僧传》卷4；《三国遗事》卷4

时间	姓名	简要事迹	简注
永徽二年(651年) 真德王五年	金仁问	金春秋子,以贡使留宿卫。自是,仁问曾七入长安宿卫,凡二十三年	《三国史记》卷5、卷44
贞观永徽中(627-655年)	惠业、玄泰、求本、玄游	自长安经吐蕃、尼波罗(尼泊尔)至中印度。唯玄泰先返归唐	《大唐西域求法高僧传》;《三国遗事》卷4
	普耀	永徽元年,赍《大藏经》归国	《三国遗事》卷4
显庆五年(660年);武烈王七年	金儒敦 金中知	与苏定方等偕行。留宿卫。儒敦于龙朔元年(661年)回国	《三国史记》卷5
乾封元年(666年);文武王六年	顺璟	随贡使入长安。由于"得奘师真唯识量",所以"声振唐蕃","海外时称独步"。顺璟为东传新罗的法相宗第一大师	《宋高僧传》卷4
	金汉林 金三光	皆以"奈麻"入唐宿卫。三光为新罗权臣金庾信长子,高宗授其左武卫翊府中郎将,总章元年(668年)回国	《三国史记》卷6
?	玄照、玄恪、慧轮	麟德二年(665年),奉敕西行求法。途经吐蕃,由文成公主送往天竺	《大唐西域求法高僧传》
?	金智镜 金恺元	唐高宗于乾封二年(667年)以智镜、恺元为将军,赴辽东之役	《三国史记》卷6
乾封二年(667年);文武王七年	汁恒世 (大奈麻)	以贡使身份入长安	《三国史记》卷6
?	胜诠	师事华严三祖贤首大师(即康藏国师)。武周时归国	《三国遗事》卷4
?	孝忠	师从贤首大师学华严经	《三国遗事》卷4
总章元年(668年);文武王八年	金元器 渊净土	以朝贡入长安,净土留不归。渊净土原为高丽渊氏家族成员,与入唐之泉男生当为兄弟(男生等避李渊名讳改泉氏)。唐灭高丽时,净土以城十二降新罗。净土入住长安后,其子安胜被新罗文武王先后册立为高句丽王、报德王,并赐姓金	《三国史记》卷6

时间	姓名	简要事迹	简注
	金助州（大阿飡）、金仁泰、金义福、金薮世、金天光、金兴元	随英国公李勣入朝。金助州等为唐罗联军灭高丽的立功将领	
总章二年（669年）；文武王九年	金祗珍、金钦纯、金良图、金福汉、仇珍川	金祗珍，贡使，献磁石；金钦纯、金良图为谢罪使，以求天子原有新罗据百济高丽故地；仇珍川被征入长安制弩；金福汉入朝献制弩木材。金钦纯等于次年回国。金良图留不遣，终死于囚狱	《三国史记》卷6
？	金德福（大奈麻）	入唐宿卫，学历术。上元元年（674年）回国。当年新罗改用新历法	《三国史记》卷7
咸亨三年（672年）；文武王十二年	金原川（级飡）金边山（奈麻）	送还所俘唐将士及所获唐船，并入朝请罪和进贡	《三国史记》卷7
？	道证	长寿元年（692年）归国，向新罗孝昭王上《天文图》	《三国史记》卷8
？	金凤训	入长安宿卫，并附国学读书。上元二年（675年）薛仁贵以凤训父真珠被新罗王所诛，遂引凤训于军中效力	《三国史记》卷7
？	金大问	曾入长安读书。留学归来，于圣德王三年（704年）任汉山州都督。著述极丰	《三国史记》卷46
长安三年（703年）；圣德王二年	金思让（阿飡）	以朝贡入唐，次年归国	《三国史记》卷8
神龙元年（705年）；圣德王四年	金志诚	入唐朝贡	《册府元龟》卷970
景龙四年（710年）；圣德王九年	金枫厚	以贺正使入长安。开元三年（715年），再入唐贺正，授员外郎，于次年归国	《册府元龟》卷971

262

时间	姓名	简要事迹	简注
开元元年（713年）；圣德王十二年	金贞宗	二月入唐，十月以天子敕使归国，宣诏书册国王金兴光官封	《三国史记》卷8
开元二年（714年）；圣德王十三年	金守忠（王子）	入唐宿卫。玄宗赐宅及帛以崇之，并赐宴于朝堂。开元五年（717年）回国，献文宣王、十哲、七十二弟子图于新罗太学	《三国史记》卷8
	朴裕（级飡）	入唐贺正	《三国史记》卷8
开元六年（718年）；圣德王十七年	金守中	入唐贺正，授郎将还	《三国史记》卷8
开元十年（722年）；圣德王二十一年	金仁壹（大奈麻）	入唐贺正，献方物	《三国史记》卷8
开元十一年（723年）；圣德王二十二年	金抱贞金贞菀	新罗王遣使献抱贞、贞菀二美女于玄宗。玄宗曰："女皆王姑姐妹…朕不忍留。"遂厚赐还之	《三国史记》卷8
开元十二年（724年）；圣德王二十三年	金武勋	入唐贺正	《册府元龟》卷971；《三国史记》卷8
开元十四年（726年）；圣德王二十五年	金忠臣	正月入唐贺正	《册府元龟》卷971；《三国史记》卷8
	金钦质（王弟）	五月入唐朝贡，授郎将还	
开元十六年（728年）；圣德王二十七年	金嗣宗（王弟）	入唐献方物兼表请子弟入国学。诏许之。授嗣宗果毅，留宿卫	《册府元龟》卷971；《三国史记》卷8
?	无相，俗姓金，新罗王子	入长安后，受到玄宗召见，隶名于禅定寺（即京城西南隅大庄严寺）。后至成都居净众寺。时中国禅宗门派七家，三属无相系统	《宋高僧传》卷19；《历代法宝记》
?	慧超	少年入唐，后附海舶至五天竺。又西行到波斯、大食、拂林，再经中亚东归。开元十六年返长安，先后师从金刚智三藏、不空三藏，居荐福、大兴善等寺。建中元年（780年）至五台山。其《往五天竺传》残卷的发现，受到学术界广泛重视	《慧超传考》

时间	姓名	简要事迹	简注
开元十八年(730年);圣德王二十九年	金志满(王侄)	朝贡。授志满太仆卿,留宿卫。赐绢一百匹、紫袍、锦钿带	《三国史记》卷8
开元十九年(731年);圣德王三十年	金志良(王族)	入唐贺正。授太仆员外少卿,赐帛六十匹	《三国史记》卷8
?	金思兰(王族)	先因入朝恭而有礼,留宿卫。开元二十一年(733年)七月,以渤海靺鞨入寇登州,玄宗遣时任太仆员外卿的金思兰归国发兵击靺鞨南境	《旧唐书》卷199上
开元二十一年(733年);圣德王三十二年	金志廉(王侄)	朝唐谢恩。诏宴志廉于内殿,并赐束帛。留宿卫,授鸿胪少卿,后病故长安	《册府元龟》卷975
?	金忠信(王族)、金孝方(王族)	先因入唐宿卫,授左领军卫员外将军。开元二十二年(734年),应忠信奏请,以副使回国。孝方为宿卫替人,死于长安	《三国史记》卷8
开元二十二年(734年);圣德王三十三年	金端竭丹(大臣)	入唐贺正。玄宗宴见于内殿,授卫尉少卿,赐绯襕袍、平漫银带及绢六十匹	《三国史记》卷8
开元二十三年(735年);圣德三十四年	金义忠、金荣(副使)	入唐贺正。副使金荣于二月死于唐土,赠光禄少卿。义忠以敕使身份归国	《册府元龟》卷975
开元二十四年(736年);圣德王三十五年	金相(王从弟)	朝唐卒于途。帝深悼之,赠卫尉卿	《三国史记》卷8
开元二十五年(737年);圣德王三十六年	金抱质(沙飡)	入唐贺正,献方物。次年十月归国	《三国史记》卷8、卷9
开元二十六年(738年);孝成王二年	金元玄	入唐贺正	《册府元龟》卷971
?	无漏(新罗王子)	新罗王因其为嫡长子,拟立为太子。为避嫡位,逃入唐土。继游西域。返归途中,入贺兰山修行。肃宗即位灵武,命郭子仪接至行宫供养。安史乱平,置之内寺供养	《宋高僧传》卷21

时间	姓名	简要事迹	简注
？	金文学	开元末进士沈颂有《送金文学还日东》诗	《全唐诗》卷202
？	金卿	玄宗时代的进士、历任太常博士、礼部员外郎的陶翰有《送金卿归新罗》诗	《全唐诗》卷146
？	薛文学	开元二十一年(733年)进士刘眘虚有《海上诗送薛文学归海东》	《全唐诗》卷256
？	道悦	开元中,师从一行和尚。归国后大倡阴阳五行之说	《道教概说》
？	金岩(伊飡)	少壮入长安宿卫,就师学阴阳家法。代宗时归国,被任为司天大博士	《三国史记》卷43
大历三年(768年);惠恭王三年	金隐居(伊飡)	入唐贡方物,并请册命其新王	《三国史记》卷9
大历七年(772年);惠恭王八年	金标石(伊飡)	入唐贺正,授卫尉员外少卿	《三国史记》卷9
贞元二年(786年);圣德王二年	金元全	入唐朝贡	《三国史记》卷10
？	子玉	留唐学生,元圣王五年(789年),以归国宿卫生资格授杨根县小守	《三国史记》卷10
贞元五年(789年);元圣王五年	金俊邕(王子、后袭王位)	奉使大唐朝贡	《三国史记》卷10
贞元六年(790年);元圣王六年	金彦昇(王叔)后袭王位	奉使朝贡	《三国史记》卷10
？	梵修	入长安求法,得《华严经》新译本。贞元十五年(799年)归国	《三国遗事》卷4
？	梁悦	唐德宗幸奉天,"悦以从难有功",授右赞善大夫。贞元中归国,哀庄王授悦豆肹小守	《三国史记》卷10
？	金献忠	入唐宿卫。元和元年(806年)归国	《册府元龟》卷996

时 间	姓名	简要事迹	简注
贞 元 八 年 （792 年）；元圣王八年	金井兰	金井兰因"国色身香"，被献于唐德宗	《三国史记》卷10
贞元二十年（804年）；哀庄王五年	慧昭（俗姓崔）	入唐后，曾住少林寺。后入终南山，潜修三年。大和四年（830年）归国	《唐文拾遗》卷440
元 和 三 年 （808年）；哀庄王九年	金力奇	入唐朝贡	《旧唐书》卷199上
元 和 四 年 （809年）；哀庄王十年	金陆珍（大阿飡）	入唐朝贡	《三国史记》卷10
	金昌南（伊飡）	入唐告哀	《三国史记》卷10
？	金士信	以质子入长安。元和四年（809年）以副吊祭册立使归国。元和十一年（816年），复入唐宿卫	《三国史记》卷10；《册府元龟》996
元 和 五 年 （810年）；宪德王二年	金宪章（王子）	入唐献金银佛像和佛经幡等	《三国史记》卷10；《册府元龟》996
	冲虚	随金宪章至长安	《全唐文》卷665
元 和 十 二 年 （817）；宪德王九月	金张廉（王子）	入唐朝贡	《三国史记》卷10
元和中 （806—820年）	金献贞	入唐宿卫	《册府元龟》卷999
	崔利贞、金叔真、朴季业	约在长庆末登宾贡进士。宝历元年（825年）归国	
长 庆 元 年 （821年）；宪德王十三年	无 染（俗姓金）	西游终南山，问道佛光寺如满禅师。后又去蒲州，谒麻谷宝彻和尚，得真传。在唐三十余年	《唐文拾遗》卷44
长 庆 三 年 （823年）；宪德王十四年	金柱弼	入唐朝贡	《旧唐书》卷199

时间	姓名	简要事迹	简注
宝历元年(825年);宪德王十七年	金昕(王子)、金允夫、金立之、朴亮之等十二人	入长安为宿卫生,"配国子监习业,鸿胪寺给资粮"。后金允夫等登宾贡进士第	《册府元龟》卷999;《三国史记》卷44
?	金云卿	长庆初登宾贡进士第,历官兖州都督府司马,后以宣慰副使身份归国。会昌元年(841年),授淄州长史,并授册立使归国	《旧唐书》卷199上;《三国史记》卷11
?	金大廉	入唐朝贡,大和二年(829年),持茶种子归国	《三国史记》卷10
?	金忠义	入长安定居的大画家,官至少府监	《旧唐书》卷158;《历代名画记》
?	金沔	元和中先后授卫尉少卿、光禄少卿。	《册府元龟》卷976
?	李元佐	会昌中(841-846年),任左神策军押牙,宅于永昌坊	《入唐求法巡礼行记》
大和五年(831年);兴德王六年	金能儒(王子)并僧九人	入唐朝贡。归途中,溺海死。	《三国史记》卷10
开成元年(836年);兴德王十一年	金义琮(王子)	入唐谢恩兼宿卫。次年回国	《旧唐书》卷199上
?	金忠信	开成二年(837年),唐文宗"赐宿卫金忠信等锦彩有差"。按:唐玄宗开元时代亦有宿卫者与金忠信同姓名者	《三国史记》卷10
?	玄昱	师从长安章敬寺怀恽	《景德传灯录》卷9
?	惠日	青龙寺惠果大师(密宗)的六大弟子之一	空海《大唐神都青龙寺惠果和尚碑》
?	金元弘(阿飡);云居院主	大中五年(851年)元弘以"入唐使"身份"赍佛经并佛牙"归新罗。云居院主于大中九年(855年)住长安兴龙寺	《三国史记》卷11;圆珍《行历抄》

时间	姓名	简要事迹	简注
?	金可纪（一作"记"）	宾贡进士及第后，隐居终南山子午谷。一度回国。归来时，"衣道服，却入终南，务行阴德"。"飞昇"于大中十二年（859年）二月二十五日。至今其当年于子午谷葺居处尚有金可纪摩崖石刻	《太平广记》卷53《金可记传》
咸通三年（862年）；景文王二年	金富良（阿湌）	是年八月，入唐使金富良一行人海上溺没	《三国史记》卷11
咸通十年（869年）；景文王九年	崔致远	十二岁自费入长安习业，十八岁中宾贡进士。授溧水县尉，迁侍御史，为高骈从事，掌书记。中和五年（885年），以帝使身份归国	《桂苑笔耕集》
	崔匡裕	与崔致远游学中华，继致远之后，宾贡进士及第	《海东绎史》卷67
	金胤(王子)	入唐谢恩兼进贡方物	《三国史记》卷11
	李同等三人	随进奉使金胤入唐习业。新罗王赐买书银三百两。李同后中宾贡进士	《三国史记》卷11
咸通十一年（870年）；景文王十年	金因(沙湌)	入长安宿卫	《三国史记》卷11
	行寂(俗姓崔)	附贡使入长安，敕居左街宝堂寺。中和五年（885年）回国	《全唐文》卷1000
?	雅觉	咸通中（860—873年），进士张乔有《送僧雅觉归海东》诗，有"老别关中寺，禅归海外峰"等句	《全唐诗》卷638
?	朴球	张乔有《送棋待诏朴球归新罗》诗	《全唐诗》卷638
?	朴充	张乔有《送朴充侍御归海东诗》诗。诗称侍御朴充"天涯离二纪，阙下历三朝"	《全唐诗》卷638
f	金夷鱼（一作"夷吾"）	张乔有《送宾贡金夷吾奉使归本国》诗	《全唐诗》卷638

时间	姓名	简要事迹	简注
龙纪二年(890年);真圣王三年	崔承祐	入国学读书。景福二年(893年),登宾贡进士第	《三国史记》卷46;《东史纲目》卷5上
?	金渥、朴仁范	乾符四年(877年)春登宾贡进士	《东文选》卷47
乾符三年(876年);宪康王二年	金茂先、杨颖、崔涣	唐僖宗末或昭宗初年中宾贡进士	《东文选》卷47
?	崔仁浼	与同时的崔致远、崔承祐被誉为"一代三鹤"。仁浼中宾贡第后归国,官居"大相"	《全唐文》卷922
光启元年(885年);宪康王十一年	崔填之(即崔彦挶)	天祐三年(903年)登宾贡进士第。约在后梁开平三年(909年)归国,任执事侍郎,瑞书院学士	《三国史记》卷46;《高丽史》卷92
大顺二年(891年);真圣王五年	崔元	入朝贺唐昭宗登基。	《东文选》卷47
	崔霙	充宿卫学生,随贺使崔元入朝。	
?	元杰	入长安读书,中宾贡进士,并有文字传世	《三国史记》卷46;《东史纲目》卷5上
?	巨仁	入长安读书,中宾贡进士,并有文字传世	《三国史记》卷46;《东史纲目》卷5上
	金垂训	入长安读书,中宾贡进士,并有文字传世	《三国史记》卷46;《东史纲目》卷5上
	金绍渤(游)	登宾贡进士,文德元年(888年)仕至太学博士,是年归国	《东文选》卷47
景福二年(893年)真圣王七年	金处海(兵部侍郎)	入唐纳旌,溺于大海	《三国史记》卷11
?	金文蔚	登宾贡进士第。官至工部员外郎、沂王府参军。天祐三年(906年),以入新罗册命使身份归国	《三国史记》卷12

唐太宗与蕃将

在唐太宗李世民的数十年戎马生涯中，曾与蕃将（即少数民族出身的将领）结下了不解之缘。如果说，李世民在藩邸时之武力构成主要是"山东豪杰"，而用蕃将只属个别现象的话，那么到了贞观四年之后，几乎每次战争都有蕃将、蕃兵参加。仅贞观四年的降附，"擢酋豪为将军、郎将者五百余人，奉朝请者且百员"。①数目之巨，颇为惊人。如果说，在唐太宗的前期，出征的蕃将要受地位更高的汉将节制的话，那么到了他的晚年，蕃将就基本上取代了汉将，不少人的地位上升到诸汉将之上。

在那"非我族类，其心必异"②的落后的民族意识占统治地位的时代，唐太宗为什么要重用蕃将，他又是如何驾驭他们的，这些少数民族的上层分子又是怎样衷心拥戴他的，这确实是值得探索的重要问题。笔者试图就此谈点粗浅的意见，以就教于史学界的同志们。

一

唐太宗之所以信赖蕃将，是时代使然。具体原因有四：

---

①《新唐书》卷215上《突厥传上》。
②《晋书》卷56《江统传》。

首先，说说唐初府兵"不堪攻战"的情况。

贞观初年，根据宰相封德彝的建议，唐太宗欲点不到服役年龄的"中男"入军。对此，以谏诤为己任的魏徵提出了强烈的批评意见。他说："比年国家卫士，不堪攻战。岂为其少，但为礼遇失所，遂使人无斗心。若多点取人，还充杂使，其数虽众，终是无用。"①由此可知，自武德初年恢复府兵制，迄贞观初年，府兵（即国家卫士）人数虽多，似当时"乱离甫尔，户口单弱，一人就役，举家便废"，②因此"人无斗心""不堪攻战"乃势所必然。

贞观十年（636年），唐太宗对府兵进行了一些整顿。效果如何呢？我们从贞观十六年七月庚申发出的一道制书中可以窥测出某些问题。制书说："自今有自伤残者，据法加罪，仍从赋役。"③原来在隋末，百姓为了逃避赋役，往往自残肢体，谓之"福手""福足"，直到贞观中、后期，此种"遗风犹存"。④既然人们以当府兵为耻，并不惜以自残肢体来逃避，那么府兵士气之低落亦可想而知。

历代史学家对于唐初的府兵"不堪攻战"亦有评述。明代王夫之认为府兵等于"无兵"，等于"优人之戏"，"太宗之以弱天下者也"。⑤现代的史学家岑仲勉先生也说，府兵的人数近六十八万，"上值者不过八万人"。以此微薄兵力，只堪"内巩京畿"，若"外济征御"，则根本不可能。⑥陈寅恪先生更明确地指出："太宗以'府兵不堪攻战'，而以蕃将为其武力之主要部分。"⑦

其次，部落兵优于汉兵。

古代战争，由于交通极不发达，通讯联络原始，战线相对拉长，而少

①《贞观政要》卷2《纳谏第五》。
②《旧唐书》卷70《戴胄传》。
③《资治通鉴》卷196唐太宗贞观十六年秋七月条。
④《资治通鉴》卷196唐太宗贞观十六年秋七月条。
⑤《读通鉴论》卷20《太宗》。
⑥岑仲勉：《隋唐史》上册，高等教育出版社，1957年。
⑦陈寅恪：《金明馆丛稿初编·论唐代之蕃将与府兵》，上海古籍出版社，1992年。

数民族部落兵的生活习俗和组织形式，尤其是他们擅长于骑射的特点，最宜于在这种战争中驰突鹰腾、克敌制胜。这一点，早在隋炀帝大业十二年（616年），李渊就对人讲过："突厥所长，惟恃骑射。见利即前，知难便走，风驰电卷，不恒其阵，以弓矢为爪牙，以甲胄为常服。队不列行，营无定所。逐水草为居室，以羊马为军粮，胜止求财，败无惭色。无警夜巡昼之劳，无构垒馈粮之费。中国兵行，皆反于是。与之角战，罕能立功。"①因此，李渊按照突厥部落兵的模式，对其部伍进行了重大的改革，"乃简使能骑射者二千余人，饮食起居，一同突厥。随逐水草，远置斥堠，每逢突厥候骑，旁若无人，驰骋射猎，以曜威武"。②当时，李渊与马邑郡守王仁恭的兵力合起来不过五千人，而竟拿出近半的人马进行改革，可见李渊集团对部落兵的组织形式及其战斗力是何等的向往和重视。改革后的李渊军队多次与突厥兵遭遇，对方"咸谓以（似）其所为，疑其部落。有司（引）帝而战者，常不敢当，辟易而去"。③这确是一支蕃化了的汉兵，其蕃化程度达到了乱真的地步。

李世民尤其欣赏蕃兵之"劲马奔冲"，④他不只满足于统领乃父的蕃化汉兵，而且直接依赖蕃将、蕃兵。太原起兵时，他主谋向东突厥借兵；⑤兼并战争中，西突厥特勤史大奈，靺鞨酋长突地稽曾为他用；⑥贞观年间，他对蕃将、蕃兵的倚赖，更达到了前无古人的程度。

第三，蕃将有深厚的社会基础。

蕃将代表着唐帝国的一股强大的社会势力。贞观十一年（637年），全国户口"比于隋时才十分之一"，⑦仅有九十万户；贞观中，"户不满三百

①《大唐创业起居注》卷1。
②《大唐创业起居注》卷1。
③《大唐创业起居注》卷1。
④《李卫公问对校注》卷上，中华书局，1983年。
⑤《大唐创业起居注》卷1。
⑥《新唐书》卷110《诸夷蕃将传》。
⑦《贞观政要》卷6《奢纵第二十五》。

万”。①高宗永徽三年（652年），全国有户三百八十万；②《通典》中则认为，贞观二十三年（649年）就已达到了这个数字。③但有一点可以肯定：贞观年间的编户绝不会超出三百八十万户。可是，贞观时期少数民族内附的人数却十分惊人。仅部分史籍所见，贞观三年至二十二年（629—648年），归附于唐朝的少数民族有百余部，近二百万户。④少数民族内属者，“即其部落列置州县”，谓之羁縻州，其“贡赋版籍，多不上户部”。⑤贞观年间（或永徽三年）的户口数，基本上不包括少数民族在内。那么，蕃、汉比数为一比二，当不是夸大其词。内附的少数民族，以铁勒诸部族的人数最多，仅贞观二十年（646年），就有百余万户“委身内属，请同编列，并为州郡”。⑥仅这一年的铁勒诸部内附户数就相当于汉数三分之一。

由上可知，作为各内附少数民族的代表——蕃将，有着雄厚的社会基础。若对他们处理不善，必然会成为唐帝国的重大不安定因素。唐太宗为了长治久安，也必对降附的各少数民族上层分子给予重用和信任，“置州府以安之，以名爵玉帛以恩之……而以威惠羁縻之”。⑦

第四，唐太宗与少数民族有着某种共同的心理状态。

从魏晋南北朝至隋唐，出现了空前的民族大融合局面。到隋唐，曾活跃一时的匈奴、鲜卑、羯、氐等族，都基本上与汉族融合。一代风流人物唐太宗，就是这个民族融合时代的产儿。

李唐诸帝自称陇西成纪人，远祖西汉名将李广，近祖凉武昭王李暠。可是，贞观时僧人法琳当着唐太宗的面揭露说，李唐的姓氏出自鲜卑拓拔

①《册府元龟》卷486《邦计部·户籍》。

②《旧唐书》卷4《高宗纪》。

③《通典》卷7《食货典·历代盛衰户口》。

④《新唐书》卷215上《突厥传上》；《通典》卷197《边防典十三》；《册府元龟》卷I2《帝王部·告功》、卷977《外臣部·降附》。

⑤《新唐书》卷43下《地理志七下》。

⑥《册府元龟》卷12《帝王部·告功》。

⑦《旧唐书》卷195《回纥传·史臣曰》。

达阇（达阇，即汉语李姓），乃"阴山贵种"，不该"弃代北而认陇西"；[①]王世充的骁将单雄信曾嘲弄李元吉为"胡儿"；[②]唐人的著述中更有不少关于太宗"胡貌"的写实，[③]李唐为蕃姓的问题，史学界业已讨论了数十年之久。[④]即使依李唐自云，唐太宗至少也是混血儿。因其祖母独孤氏为匈奴人，生母窦氏为鲜卑人。

唐太宗热心于同突厥贵族（如突利可汗、阿史那思摩、莫贺设等）结拜香火；[⑤]娶妻鲜卑族长孙氏，妻死，又袭少数民族风俗，欲立弟妇杨氏为后；[⑥]其二十一女，嫁蕃姓的达七人；[⑦]嗜好胡药，至死不悔；[⑧]昭陵制度，多少突厥化；[⑨]太子承乾好胡歌、胡舞、胡服、胡食、胡语、胡俗、胡友，并发誓要"委身思摩"，甘为"一设"；[⑩]四子李治妻其父妾武曌；[⑪]等等。唐太宗父子酷爱胡风如此，这不正说明他们与少数民族有着某种共同的文化和共通的心理素质吗！难怪宋人评论，"唐有天下，号称治平，然亦有夷狄之风"；[⑫]"唐源流出于夷狄，故闺门无理之事，不足为异"。[⑬]由这种共同的心理状态出发，理所当然地要重用、信任一大批少数民族出身的将领。

二

至于唐太宗如何驾驭蕃将的问题，学者们有不少论述，概括起来基本

---

①《唐护法沙门法琳别传》中、下。

②《隋唐嘉话》上。

③《独异志》卷上；《酉阳杂俎》卷1；《清异录·说郛》卷61。

④冯承钧《唐代华北蕃胡考》，刘盼遂《李唐为蕃姓考》，陈寅恪《李唐氏族之推测》《李唐氏族之推测后记》《三论李唐氏族问题》，林惠祥《中国民族史》。

⑤《旧唐书》卷194上《突厥传上》；《贞观政要》卷6注；《新唐书》卷215下《突厥传下》。

⑥《新唐书》卷76《后妃传上》、卷82《太宗诸子传》。

⑦《新唐书》卷83《诸帝公主传》。

⑧《旧唐书》卷84《郝处俊传》；《廿二史札记》卷19《唐诸帝多饵丹药》。

⑨《隋唐史》上册。

⑩《新唐书》卷82《太宗诸子传》

⑪《旧唐书》卷6《则天皇后纪》

⑫《近思录》卷8《治体》。

⑬《朱子语类》卷136《历代三》。

上还是欧阳修讲过的一段话："夫用之以权，制之以谋，惟太宗能之。"①权者，"轻重适如其分之准也"。②也就是说，唐太宗的心里有一杆大体上公平的秤，对蕃汉将领能基本上做到"爱之如一"。③谋者，计谋策略之谓也。也就是说，唐太宗惯于使用纵横捭阖的手段，利用矛盾，"以夷制汉""以汉制夷""以夷制夷"，以达蕃将为其驯服工具之目的。恩威并行，权谋互用，恩威权谋互为表里，这就是唐太宗之所以能使大批蕃将就范并为其所用的重要原因。

首先说"权"的使用。唐太宗在一定程度上做到了对蕃将的优待、信任、爱重、持平。

（1）优待。最突出的例子是优待东突厥降附。贞观四年（630年），唐太宗击灭了东突厥，并生擒颉利可汗。对这个几乎岁岁犯边、威胁唐帝国生存的头号强敌，唐太宗不念旧恶，给予宽大、优容，"悉还其家属，馆于太仆，禀食之"。④为了使其"不失物性"，授以虢州刺史，"以彼土多獐鹿，纵其畋猎"。⑤因颉利不愿赴职，又改授右卫大将军，赐以田宅，留在朝中供职。贞观八年，颉利卒，"诏其国人葬之，从其俗礼，焚尸于灞桥之东"，"葬事所须，随用供给"。⑥并诏中书侍郎岑文本制文以纪之。颉利的重臣，太宗也都给以高官厚禄。如阿史那思摩被封为怀化郡王、右武侯大将军、北开州都督，让其统领颉利旧众；⑦阿史那苏尼失为怀德郡王、北宁州都督；⑧其他随降酋帅，"皆拜将军，布列朝廷，五品以上百余人，殆与朝士相半"。⑨贞观时期，先后有数十个少数民族内附，"皆以酋领为都督、刺

①《新唐书》卷217下《回鹘传下》。

②《读通鉴论》卷20《唐高祖》。

③《资治通鉴》卷198唐太宗贞观二十一年五月条。

④《新唐书》卷215上《突厥传上》。

⑤《旧唐书》卷194上《突厥传上》。

⑥《册府元龟》卷974《外臣部·襃异》。

⑦《资治通鉴》卷193唐太宗贞观四年三月条。

⑧《资治通鉴》卷193唐太宗贞观四年五月条。

⑨《通典》卷197《边防典十三》。

史、长史、司马"①。

（2）信任。颉利子叠罗支事母至孝，唐太宗大发感叹："天禀仁孝，讵限华夷哉！"②又尝云："夷狄亦人耳，其情与中夏不殊。人主患德泽不加，不必猜忌异类。"③"君无猜贰，夷狄可以效忠"。④唐太宗从这种"无猜"的思想出发，对许多少数民族将领委以重任，给予必要的信任。

西突厥特勤史大奈，为太原起兵时的元从，又从太宗破薛举，平王世充、窦建德、刘黑闼，有殊功。贞观初，擢右武卫大将军，封窦国公，食邑三百户。⑤靺鞨酋长突地稽，率部从太宗平刘黑闼、击高开道，以战功封耆国公，贞观初，进右卫将军，赐姓李。⑥南越蛮族大首领冯盎，被高祖授以上柱国、高州总管，封越国公。贞观初，有人告盎反叛，太宗采纳魏徵的意见，派一介之使持节慰谕，冯盎很受感动，遣儿子冯智戴入朝，"南方遂定"。⑦东突厥特勤阿史那思摩，太宗"嘉其忠"，让他统领颉利旧众，复又册立为可汗，并赐姓李。⑧东突厥贵族子弟阿史那忠，太宗以其擒颉利功，拜左屯卫将军，妻以宗女定襄县主。⑨贞观十三年（639年），会立阿史那思摩为可汗，太宗又以忠为左贤王。⑩东突厥酋帅执失思力，敢于逆龙鳞，多次进谏太宗，"帝异其言"，大加信任，数派出征讨，频立战功，尚以九江公主，拜驸马都尉，封安国公。⑪铁勒族契苾何力，贞观六年率部内附，太宗以其为左领军将军。后征讨有功，诏宿卫皇宫要隘玄武门，尚以宗女临洮公主。贞观十六年（642年），何力为薛延陀所拘，有人说坏话：

---

①《新唐书》卷217上《回鹘传上》。
②《新唐书》卷215上《突厥传上》。
③《资治通鉴》卷197唐太宗贞观十八年十二月条。
④《册府元龟》卷46《帝王部·智识》。
⑤《旧唐书》卷194下《突厥传下》。
⑥《新唐书》卷110《诸夷蕃将传》。
⑦《新唐书》卷110《诸夷蕃将·冯盎传》、卷222下《南蛮·南平獠传》。
⑧《旧唐书》卷194上《突厥传上》。
⑨《旧唐书》卷109《阿史那社尔附阿史那忠传》。
⑩《新唐书》卷110《诸夷蕃将·阿史那社尔附阿史那忠传》。
⑪《新唐书》卷110《诸夷蕃将·执失思力传》。

"何力入延陀如涸鱼得水，其脱必遽"。太宗则认为何力"心如铁石"，力辩"殆不背我"。何力入朝后升迁右骁卫大将军，太宗对其言听计从，给予异乎寻常的信任。①西突厥都布可汗阿史那社尔率部内附后，太宗对他十分欣赏和格外器重，委以守卫玄武门重任，并多次派他出征，在征讨龟兹的战争中，太宗以他为行军主帅，地位在诸汉、蕃将之上。②回纥族酋长吐迷度，以击薛延陀之功，拜为怀化大将军、瀚海都督。③西突厥叶护阿史那贺鲁，于贞观二十一年（647年）率众内附，太宗率文武大臣隆重地接见他，并"解所服之衣以赐"④。寻授左骁卫将军、瑶池都督。⑤契丹酋长窟哥于贞观二十二年率部众内属，太宗以其为左领军将军兼松漠府都督，封无极县男，赐姓李氏。⑥等等。

又，唐代于少数民族聚居地区设置的羁縻府州的都督、刺史，均由当地的少数民族首领充任，并"皆得世袭"⑦。这类州府的设置，最盛时为八百五十六个。⑧虽然贞观时期羁縻州府远没有达到这个数目，但绝不会少于内地州府的数字。这就是说，幅员辽阔的大唐帝国，在贞观年间的封疆大吏多半由蕃将们担任，如此信赖实属罕有。

（3）爱重。在武德年间和贞观初，为李世民所爱重的蕃将主要是汉化蕃将；贞观四年（630年）后，其爱重的对象转移到新附的蕃将身上。

汉化蕃将中，有祖上为鲜卑、匈奴、于阗等族的长孙顺德、长孙无忌、宇文士及、于志宁、屈突通、侯君集、尉迟敬德等。正是这些人和"山东豪杰"群集在太宗的周围，克顽敌、削群雄，为完成统一大业建立了不世之功。贞观十七年（643年），太宗命图画功臣长孙无忌等二十四人于凌烟

①《新唐书》卷110《诸夷蕃将·契苾何力传》。
②《新唐书》卷110《诸夷蕃将·阿史那社尔传》。
③《新唐书》卷217上《回鹘传上》。
④《册府元龟》卷109《帝王部·宴享一》。
⑤《新唐书》卷215下《突厥传下》。
⑥《册府元龟》卷964《外臣部·封册二》。
⑦《新唐书》卷43下《地理志七下》。
⑧《新唐书》卷43下《地理志七下》。

阁,汉化蕃将的人数多达三分之一。[1]正是这些人积极参与"玄武门之变"的策划活动,将李世民捧上皇帝的宝座。事后论功行赏,"敬德与长孙无忌为第一,各赐绢万匹,齐王府财币器物,封其全邸,尽赐敬德"。[2]

贞观四年(630年)后,太宗的爱重,稍稍转移到新附的蕃将身上。贞观四年(630年),太宗早年的结拜兄弟东突厥突利可汗被授以右卫大将军、北平郡王、顺州都督。授职时,太宗对突利谆谆诲导:"我欲中国安,尔宗族不亡,故授尔都督,毋相侵掠,长为我北蕃。"[3]次年,突利卒,"太宗为之举哀"。[4]阿史那社尔以廉洁奉公著称,太宗很赏识他的品德,赐高昌宝刀,杂绿千段,累迁左骁卫大将军、鸿胪卿、右卫大将军,封毕国公,尚衡阳长公主,为驸马都尉,典卫屯兵。[5]阿史那思摩从征辽东,"为流矢所中,太宗亲为吮血"。[6]贞观十六年(642年),契苾何力去凉州探亲,为薛延陀所拘,何力自称"唐烈士",割耳明志,誓不投降。消息传到长安,"帝泣下",并以许嫁公主于薛延陀,赎回何力。[7]在征高丽的一次战斗中,何力腰中敌槊,伤势很重,太宗亲自为他敷药,为安慰何力,还特地将刺伤何力的人"付何力使自杀之"。[8]

唐太宗曾总结自己的统治经验时说:"自古皆贵中华、贱夷狄,朕独爱之如一。"[9]他对突利等的表示,说明唐太宗确实身体力行过蕃汉"爱之如一"的统治思想。

(4)持平。唐太宗在处理蕃汉将领之间的矛盾和纠纷时极为慎重,他绝不偏袒汉将,如证实错在汉将,处分决不宽贷。贞观九年,契苾何力从

①《资治通鉴》卷196唐太宗贞观十七年二月条。
②《旧唐书》卷68《尉迟敬德传》。
③《新唐书》卷215上《突厥传上》。
④《旧唐书》卷194上《突厥传上》。
⑤《新唐书》卷110《诸夷蕃将·阿史那社尔传》。
⑥《旧唐书》卷194上《突厥传上》。
⑦《新唐书》卷110《诸夷蕃将·契苾何力传》。
⑧《资治通鉴》卷198唐太宗贞观十九年六月条。
⑨《资治通鉴》卷198唐太宗贞观二十一年五月条。

薛万均、薛万彻兄弟征吐谷浑，薛氏兄弟由于轻敌被围，何力冒死奋击，打退了敌人并救出薛氏兄弟。接着，何力又不顾万均怯敌阻挠，自选精骑千余破吐谷浑王慕容伏允的牙帐，杀敌数千，获驼马牛羊二十万头，俘虏了伏允的妻、子。可是，等到论功行赏时，万均却贪何力之功为己有，何力不胜愤怒，拔刀欲杀万均。这场纠纷闹到太宗那里，最初太宗因不了解内情责备何力。何力如实地汇报了战场上的情形后，太宗大怒，要解万均的官职给何力。何力见太宗如此公断，平息了自己的气愤，反过来为万均求情。太宗"善之而止"。①由于太宗妥善地处理了蕃、汉将领的这场纠纷，更由于何力的高姿态也教育感染了薛家兄弟。贞观十九年，何力从征高丽，在一次战斗中"挺身陷阵，槊中其腰"，万均的弟弟万备单骑救之，"拔何力于万众之中而还"。②这真是民族关系史上的一段佳话。

就在何力与万均发生纠葛的同年，唐太宗还严惩了一个破坏民族关系的汉将。当时太宗遣军击吐谷浑，并让党项酋长拓拔赤辞等充任大军的向导。为了顺利进军，诸将与赤辞订立了盟约。可是行军总管李道彦见赤辞没有戒备，"袭之，获牛羊数千头"。太宗十分恼火，将无端挑起民族纠纷和破坏蕃汉将关系的李道彦"坐减死徙边"。③李道彦是太宗的宗室兄弟，即使像这样的皇亲贵胄，一旦在民族问题上出了差错，也照样惩办。

总之，为了"臣古人所不能臣"，唐太宗在笼络蕃将方面的确下了不少功夫，前代帝王不易办到的，他做得有声有色，并收到预期的效果。

可是，作为封建帝王的唐太宗，对蕃将"制之以谋"，则表现了他惯用诡诈、权术的另一面。他广泛地利用各族间的矛盾，远交近攻，离强合弱，使之互相制约，彼此牵制，他则安坐，收渔人之利。其计划策略，可概括为三点：

（1）"以夷制汉"。太原起兵时，东突厥"控弦百余万，北狄之盛，未

---

①《资治通鉴》卷194唐太宗贞观九年七月条。

②《资治通鉴》卷197唐太宗贞观十九年五月条。

③《资治通鉴》卷194唐太宗贞观九年七月条。

之有也"。①如此庞然大物，当时没有任何力量敢同其较量，不仅契丹、室韦、吐谷浑、高昌诸国皆属于它，而且北方所有的地主割据集团，甚至某些农民领袖，为了求得生存和发展无不争先恐后地取悦讨好于它。如薛举、王世充、刘武周、梁师都、李轨、高开道、窦建德，"俱北面称臣，受其可汗之号"。②李世民深知如果不同东突厥暂时妥协，必然"敌乘于后，死亡须臾而至"。③因此，他通过刘文静等极力劝说李渊，改旗易帜称臣突厥。当其父犹豫不决时，他的将士几乎要用兵谏来要挟。④李渊只好"以众议驰报突厥"。⑤东突厥始毕可汗即遣其柱国康鞘利等"送马千匹来太原交市，仍许遣兵送帝（即李渊）往西京"。⑥接着，刘文静出使东突厥对始毕可汗说："愿与可汗兵马同入京师，人众土地入唐公，财帛金宝入突厥。"⑦始毕大喜，随即派康鞘利率骑两千，赐马千匹以助李渊。关于李世民主谋称臣突厥事，陈寅恪先生考证甚详。⑧我想说明的是，李世民之所以要不惜以屈辱条件换取东突厥的援助，是因为只有如此才可达到一石两鸟之功效。一可以"假突厥之名，以恐吓河东关中，而遥以震惊李密"；⑨二可以暂时稳住东突厥，化敌为友，敌为我用。由于东突厥可汗的默许、中立乃至助兵，不仅使李渊顺利地占领了关中，从容地称帝，而且使李世民亲自指挥的统一战争进行得极为得心应手。武德元年，东突厥不仅归还了隋末沦于突厥的五原之地，并应唐请一度断绝了对薛举、梁师都等割据集团的支持。为壮大李世民的声势，东突厥还主动发兵"并会于太宗军所"。⑩尤其有趣的是，武德二年突厥与刘武周合兵南下，进犯唐朝，可是李世民一出现，处

①《旧唐书》卷194上《突厥传上》。
②《通典》卷197《边防典十三》。
③《旧唐书》卷2《太宗本纪上》。
④《大唐创业起居注》卷1。
⑤《大唐创业起居注》卷1。
⑥《大唐创业起居注》卷1。
⑦《旧唐书》卷57《刘文静传》。
⑧《寒柳堂集·论唐高祖称臣于突厥事》，上海古籍出版社，1992年。
⑨《读通鉴论》卷19《隋炀帝》。
⑩《旧唐书》卷194上《突厥传上》。

罗可汗（始毕弟）的态度就来了一个一百八十度的大转弯，"遣其弟步利设率二千骑助唐"，合兵打败刘武周，突厥还留兵助唐守土。[1]东突厥如此信任李世民和甘心为其所用的史实，表明了李世民的"以夷制汉"策略的运用是成功的。

（2）"以汉制夷"。一是指太宗任用一大批在统一战争中崭露头角的汉将去对付东突厥颉利可汗等；二是指用汉将驾驭一大批新附蕃将。

当武德四年各地的群雄基本上被削平后，利用东突厥来恐吓威胁汉族割据集团的策略就失去了存在的前提。加之唐的势力已发展到可以同东突厥抗衡的地步，唐对东突厥的态度也就逐渐由前恭转变为后倨。这样，二者的矛盾就日渐激化起来，东突厥内犯的情形与日俱增，一场大规模的决战终于在贞观四年爆发。最后唐朝终于出奇制胜一举灭掉了东突厥，并生擒颉利可汗。这次战争，除间接利用东突厥内部的矛盾以及东突厥与薛延陀的矛盾外，主要靠的是以李靖为首的一批汉将。这些汉将中，除薛万彻祖上为敦煌人，[2]李勣状貌类胡，[3]有汉化蕃将嫌疑外，其他全是汉将。这批汉将久历战场，尤其是在武德年间的统一战争中经受过严峻的考验和锻炼，其士卒亦非后来的府兵可比。

但是，随着原有将士的老化，而补充上来的府兵又"不堪攻战"，唐太宗的"以汉制夷"策略不得不有所修正。从贞观四年起，数以百计的少数民族出身的将领为唐太宗所用。总的说来唐太宗对这些蕃将是信任的，但在没有完全证明这些人对他忠贞不贰之前，在使用上不能不有所考虑。所以从贞观四年到二十年（630—646年），尽管每次战争都有蕃将蕃兵参加，甚至让他们为前锋，打头阵，可是这些蕃将都由汉将为其顶头上司，他们要受地位更高的汉将节制。

（3）"以夷制夷"。历史上中原王朝的统治者都惯于使用"以蛮夷攻蛮夷"的伎俩，以达到统治各少数民族的目的。善于"以古人为鉴"的唐太

---

① 《旧唐书》卷194上《突厥传上》。

② 《旧唐书》卷69《薛万彻传》。

③ 《大唐新语》卷8《聪敏类》。

宗，对此策略之运用更是娴熟。其实施办法是：在敌对民族的上层和各族之间制造裂痕，然后利用矛盾，分化瓦解，各个击破；广泛任用忠于他的蕃将去攻打那些尚未臣服的民族，直到迫使那些桀骜不驯的酋帅就范为止。

试说几种情况。

其一，离间颉利、突利叔侄。武德七年（624年）八月，颉利叔侄举国入寇，李世民派人对突利说："尔往与我盟，急难相救，尔今将兵来，何无香火之情也？"颉利闻香火之言，"乃阴猜突利"。[1]早在太原起兵的过程中，李世民既为称臣突厥之主谋，为固结始毕可汗之欢心，曾与始毕嫡子突利结为兄弟。[2]多年后世民有意地在阵前重提昔盟，再温旧好，巧妙地在颉利叔侄间制造了一道裂痕。由于突利"悦而归心"，使得"其叔侄内离"的情况愈演愈烈，以至于发展到贞观二年的"突利遣使奏言与颉利有隙，奏请击之"[3]的地步。正因为从内部攻破了敌人的营垒，太宗灭东突厥、擒拿颉利的时机也就成熟了。

其二，在东突厥的背后扶植薛延陀，与颉利抗衡。贞观二年（628年），铁勒诸部多叛颉利，他们共推薛延陀酋长夷男为可汗，但"夷男不敢当"。[4]太宗为了使薛延陀等部与东突厥的矛盾加深，就慷慨地册封夷男为真珠毗伽可汗，夷男大喜，"遣使贡方物"。[5]由于太宗在东突厥的背后煽风点火，扶植了一支与颉利抗衡的强大势力，颉利如芒在背，惊惧不安。为摆脱腹背受敌的困境，赶忙向唐廷大献殷勤，"始遣使称臣，请尚公主，修婿礼"。[6]可是，为时已晚，东突厥终于在唐廷与薛延陀的夹缝中灭亡。

其三，分薛延陀之势。东突厥灭亡后，薛延陀迅速崛起。太宗恐为后患，于贞观十二年（638年）册封夷男的两个儿子为小可汗，"外示优崇，

---

①《旧唐书》卷194上《突厥传上》。

②《寒柳堂集·论唐高祖称臣于突厥事》。

③《旧唐书》卷194上《突厥传上》。

④《资治通鉴》卷193唐太宗贞观二年十二月条。

⑤《旧唐书》卷199下《北狄·铁勒传》。

⑥《资治通鉴》卷193唐太宗贞观三年八月条。

实欲分其势也"。①贞观十九年（645），夷男卒，两小可汗争夺嗣位，弟杀兄自立，"其下不附"，②太宗乘机灭掉了薛延陀。

其四，大量任用蕃将、蕃兵攻打其他敌对民族。从贞观五年到二十三年（631—649年）的战争情况看，有以下几个特点：一，唐太宗所进行的战争的对象全是少数民族比较集中的地区或周边邻国，计有对獠族、吐谷浑、吐蕃、高昌、高丽、薛延陀、龟兹、北突厥、中天竺等大小十多次战争。二，把帝国内几乎所有的民族都卷入相互间的战争中去。除汉族外，参加战争的还有突厥、党项、铁勒诸部、鲜卑、降胡、蛮、契丹、靺鞨、焉耆、于阗、龟兹、吐蕃等；用甲打乙，再用乙打甲，再驱使甲乙合兵打丙的事例屡见不鲜。三，少数民族兵将，对战争的胜利往往起着关键作用。这反映在：①打头阵和充任向导的常是蕃将蕃兵，如冯盎平獠，③契苾何力击吐谷浑、高昌、高丽，④李思摩、执失思力打薛延陀，⑤拓拔赤辞充任向导打吐谷浑，⑥栗婆准带路击焉耆；⑦②决定性战役的胜利多为蕃将蕃兵所取得，如契苾何力袭破伏允牙帐，⑧执失思力、吐迷度击薛延陀，⑨阿史那社尔败龟兹；⑩③少数民族参与后勤供应，如征讨龟兹，西突厥、于阗、安国等"争馈驼马军粮"，⑪太宗再伐高丽时，剑南"诸獠皆半役"建造船只。⑫四，蕃将所统，一般都为部落兵。如冯盎统本部蛮兵，执失思力所统

①《旧唐书》卷199下《北狄·铁勒传》。

②《旧唐书》卷199下《北狄·铁勒传》。

③《资治通鉴》卷193唐太宗贞观五年。

④《旧唐书》卷109《契苾何力传》；《册府元龟》卷1000《外臣部·亡灭》。

⑤《册府元龟》卷973《外臣部·助国征讨》；《资治通鉴》卷198唐太宗贞观十九年十二月条。

⑥《资治通鉴》卷194唐太宗贞观九年七月条。

⑦《资治通鉴》卷197唐太宗贞观十八年九月条。

⑧《资治通鉴》卷194唐太宗贞观九年五月条。

⑨《资治通鉴》卷198唐太宗贞观二十年六月条。

⑩《资治通鉴》卷198唐太宗贞观二十一年十二月条。

⑪《资治通鉴》卷199唐太宗贞观二十二年十二月条。

⑫《新唐书》卷222下《南蛮·南平獠传》。

多为突厥兵，契苾何力统本部契苾兵和凉州胡兵，吐迷度统回纥兵，阿史那社尔统突厥、铁勒、吐蕃、吐谷浑兵，阿史那贺鲁统西突厥兵，李思摩统颉利旧部。此外，汉将统蕃兵的也很多，如张俭带领过奚、契丹、霄兵，李世勣统率过降胡兵。五，利用附国兵打仗。征高丽时，曾发百济、新罗兵；[①]王玄策击中天竺，除吐蕃兵参战外，还征发泥婆罗兵。[②]六，对蕃将蕃兵的依赖逐渐加深。参加战争最多的蕃将是执失思力、契苾何力、阿史那社尔等人，开始他们都要受汉将节制，可是经过战争的考验，到了贞观末年，他们都锻炼成为独立指挥战争的大将军，地位升到大多数汉将之上。就连"才兼文武、出将入相"的李靖都对他们推崇备至，认为"此皆蕃臣之知兵者"。[③]加深对蕃将的依赖，意味着将更多的蕃兵投入战场。随着时间的推移，蕃将蕃兵日益成为帝国政治、军事生活中的重大因素，他们是繁荣昌盛的大唐帝国不容忽略的社会基础。

三

唐太宗晚年，曾对太子说过："顾吾弘济苍生，其益多；肇造区夏，其功大。益多损少，故人不怨；功大过微，故业不堕。"[④]诚如是言。就以其对待少数民族酋长们的态度看，"权"的因素毕竟要大于"谋"。即使其"谋"，不免有许多诡诈奸巧的因素，但其客观效果是"肇造区夏"，即促进了国家的统一和中华民族的融合、进步，这是符合整个中华民族的共同要求和愿望的。所以一些曾是太宗的敌人的少数民族及其君长，并不因太宗曾沉重地打击过他们而怨恨；一些山高皇帝远、自古未通中原的民族及其君长，也不因太宗鞭长莫及而不主动内附。大量的生动史例说明，唐帝国境内（也包括某些域外）的民族，尤其是君长（包括在唐廷任职的蕃将们），对唐太宗如星辰捧日月，衷心地景仰，诚挚地拥戴。

---

①《资治通鉴》卷197唐太宗贞观十八年十二月条。

②《新唐书》卷221上《西域·泥婆罗传》。

③《李卫公问对校注》卷上。

④《资治通鉴》卷198唐太宗贞观二十二年正月条。

李世民早在藩邸时，其声名就远播域外。武德年间，中亚曹国使者曾向高祖请求："本国以臣为健儿，闻秦王神武，欲隶麾下。"①远在南亚的天竺国王尸罗逸多也早闻李世民英名。在他接待唐高僧玄奘时，急切地询问："师从支那来，弟子闻彼国有《秦王破阵乐》歌舞之曲。未知秦王是何人？复有何功德，致此称扬？"当玄奘向他解释了秦王即当今中国天子，并讲了秦王如何神武时，天竺王肃然起敬，禁不住称颂，"如此之人，乃天所以遣为物主也"，②"我当东面朝之"。③贞观四年（630年），由于东突厥的破亡，不仅解除了对唐的威胁，也把西北各族从突厥的世代奴役下解脱出来，各族君长感恩戴德，请求太宗为各族的共主——"天可汗"。太宗高兴地表示："我为大唐天子，又下行可汗事乎！"此后，大唐皇帝以玺书赐西北君长，"皆称天可汗"。④东突厥灭亡后，唐太宗将降附安置在"肥饶之地"，并开仓赈济穷乏，对他们"恩侔中夏""礼均旧臣"，使东突厥族所在呈现一派生机，"年谷屡登，众种增多，畜牧蕃息；缯絮无乏，咸弃其毡裘；菽粟有余，靡资于狐兔"。⑤贞观十三年又册立阿史那思摩为乙弥泥孰俟利苾可汗，主颉利旧部。思摩感激涕零，说："破亡之余，陛下使存骨旧乡，愿子孙世世事唐，以报厚德。"⑥阿史那忠与太宗的感情尤其深厚，史称其"及入塞，怀慕中国，见使者必泣涕请入侍，诏许之"。⑦数年后，由于阿史那思摩"不能抚其众"，⑧导致了其部落的叛离。但这些蕃众叛思摩并不叛太宗，他们不去北投与其"嗜欲且同"⑨的薛延陀，却南渡黄河依附太宗，被"诏许之处于胜、夏二州之间"。⑩这时的阿史那思摩成了光杆可汗，但

①《新唐书》卷221下《西域·康国传》。

②《大慈恩寺三藏法师传》卷5。

③《新唐书》卷221上《西域·天竺传》。

④《资治通鉴》卷193唐太宗贞观四年三月条。

⑤《册府元龟》卷964《外臣部·封册二》。

⑥《新唐书》卷216上《突厥传上》。

⑦《资治通鉴》卷195唐太宗贞观十三年七月条。

⑧《旧唐书》卷194上《突厥传上》。

⑨《册府元龟》卷46《帝王部·智识》。

⑩《册府元龟》卷46《帝王部·智识》。

也没有背离太宗，而是轻骑入朝听候处分，太宗对他信任如初。这件事最生动不过地说明，即使是敌对的民族，一旦为太宗所用，就对太宗表现出无比的忠诚。其他蕃将像执失思力、契苾何力、阿史那社尔等，对太宗有更多的动人表示，连高宗时一度叛离的阿史那贺鲁，都念念不忘"先帝厚我"。①

到了贞观末年，各族君长心悦诚服地崇拜唐太宗的盛况，更是史不绝书。二十年（646年）八月，回纥等十一部族各遣使入贡，主动"归命天子"，并"乞置官司"；②同年九月，太宗出巡灵州，铁勒诸部酋长派代表数千人到太宗驻地表示忠诚："愿得天至尊为奴等天可汗，子子孙孙常为天至尊奴，死无所恨。"③二十一年（647年）正月，西北各族君长为"往来天至尊所，如诣父母"，奏请开辟"参天可汗道"。太宗许之，沿途置驿站六十八所，"各有马及酒肉以供过使"；④二十二年（648年）二月，自古未通中原的结骨酋长失钵屈阿栈入朝，他请求太宗授予唐朝官职，认为"执笏而归，诚百事之幸"；⑤是时，周边大小君长争先恐后地遣使朝拜太宗，"每元正朝贺，常数百千人"；⑥更有意思的是，少数民族中还有不远数千里来请判断官司的，"碛外蕃人争牧马出界，帝亲临断决，然后咸服"。黄门侍郎褚遂良认为，这样的事"振古以来未所闻也"；⑦二十三年（649年）五月，太宗驾崩，在朝蕃将及朝贡者数百人"闻丧皆恸哭，剪发、劙面、割耳，流血洒地"；⑧葬太宗于昭陵时，阿史那社尔、契苾何力痛不欲生，"请杀身殉葬"。颉利、突利、李思摩、阿史那社尔、夷男、松赞干布、诺曷钵、诃黎布失毕、伏阁信、龙突骑支、麹智勇等少数民族君长及林邑王范头黎、

---

①《旧唐书》卷194下《突厥传下》。

②《资治通鉴》卷198唐太宗贞观二十年八月条。

③《资治通鉴》卷198唐太宗贞观二十年九月条。

④《资治通鉴》卷198唐太宗贞观二十一年正月条。

⑤《资治通鉴》卷198唐太宗贞观二十二年二月条。

⑥《资治通鉴》卷198唐太宗贞观二十二年二月条。

⑦《册府元龟》卷37《帝王部·颂德》。

⑧《资治通鉴》卷199唐太宗贞观二十三年五月条。

新罗王金真德、中天竺王阿罗那顺等十四人，"皆琢石为其像，刻名列于北司马门内"[①]。李思摩、阿史那社尔、契苾何力等至少有十一名蕃将死后陪葬于昭陵，君臣相得，可谓生死不渝。

"读史至唐文皇，亦觉心开目明"[②]。身边蕃将的忠诚，四夷君长的"咸服"，臣上古所不能臣，制既往所不能制，"善任将，必其功"[③]，"分典禁卫，执戟行间"[④]，拓疆千里，四海宁一、太宗之功大矣！

（原载《唐太宗与昭陵》——《人文杂志》第六辑，1985年）

---

①《资治通鉴》卷199唐太宗贞观二十三年八月条。

②《史评纲要·唐纪》。

③《新唐书》卷215下《突厥传赞》。

④《贞观政要·征伐第三十五》。

蕃将与武则天政权

本文所讲的武则天时代，始自显庆年间（656—660年）武后"参予国政"，止于神龙元年（705年），中宗复位，首尾贯穿半个世纪。在这个时代里，蕃将（即非汉族出身的将领）曾给高宗武后政权打上重要的印记：它既是大唐、大周帝国大厦的坚强柱石，又是逼武则天退位、再造李唐社稷的重要力量。

在武则天当政的年代，从中央到地方，蕃人出身的文武官员，其数目之巨，让人不可思议，仅充武职的蕃将一项，就当以千计。有姓名可考的，粗略统计，擢将军、郎将的，不下百余人。这些人加入武则天时代蕃将的行列，其来源主要有蕃将的遗老、遗少；降附；羁縻国君长等。此外还有以上书奏事、遣子弟入侍为质、贡使等被授官拜将的蕃人。限于篇幅，兹不赘述。

以上种种，可概括为两类蕃将：一曰入朝蕃将，二曰在蕃蕃将。所谓入朝蕃将，是指那些基本上脱离了本蕃并在朝内或内地地方任职的蕃人将领，如阿史那忠、契苾何力、李谨行、泉男生、黑齿常之等及其后人；即是所谓在蕃蕃将，是谓羁縻府州的都督、刺史和羁縻国的官授武职的君长、首领等，这些人世袭官封，受边州都督、都护押领，并要向朝廷履行诸多封建义务，像回纥婆闰、吐谷浑慕容诺曷钵、契丹李尽忠、新罗金政明、东女敛臂等。

一

蕃将是帝国上层社会中一支不可小觑的力量，他们以自己的血肉之躯，以对国家的忠诚，担负着内巩京师、外备征御的重要任务，他们是国家武力的主要组成部分。蕃将的拥戴，是武则天称帝的重要条件。

拥戴武则天称帝。在武则天蓄谋称帝的过程中，其对蕃将的拥戴与否则异常关注。早在仪凤三年（678年），武后即以"天后"身份公开亮相，接受"蛮夷酋长"的朝见。①天授元年（690年），侍御史傅游艺组织"百姓"诣阙上表，"请改国号曰周，赐皇帝姓武氏"。但武则天却故作姿态，表示不愿当皇帝。直待以蕃将阿史那斛瑟罗为首的诸蕃长以及百官等"俱上表如游艺所请"时，才正式登基为大周"圣神皇帝"。②而斛瑟罗因劝进有功，被更号曰"竭忠事主可汗"。③此后，"蕃人上封事，多加官赏，有为右台御史者"。④连少数民族中的败类索元礼之流都因告密而平步青云，成为武则天镇压不同政见者的第一个最臭名昭著的酷吏。其声势显赫，即便武则天最可意的男宠薛怀义都尊他为"假父"。⑤由之可知，如果把武周政权比拟为一架庞大的天平，蕃将则起着举足轻重的砝码作用。这从下述禁军统领和行军将帅多由蕃将充任，尤可得到证明。

掌统禁军大权。唐代的禁军，乃"南、北衙兵"。⑥南衙将士肩负着保卫中央机关——南衙的重任。北衙官兵则组成宫城卫队，警卫着天子起居处北衙即皇宫的安全。唐前期的南衙兵是由番上的卫士充任，北衙兵则由卫士、"官户蕃口"中筛选出的少年骁勇者构成。不论南衙兵抑或是北衙

---

①《资治通鉴》卷202唐高宗仪凤三年正月条。

②《资治通鉴》卷204则天后天授元年九月条。

③《新唐书》卷215上《突厥传上》、卷215下《突厥传下》。

④《朝野佥载》卷4。

⑤《新唐书》卷209《索元礼传》

⑥《新唐书》卷50《兵志》。

兵，均由诸卫将军、大将军分统。①值得注意的是，武则天时代的诸卫将军，"多以外戚无能者及降虏处之"。②撇开"外戚无能者"不谈，因为其充任诸卫将军的人数远少于诸夷蕃将。据不完全统计，在武则天当政的半个世纪里，蕃将即所谓"降虏"中擢大将军的达数十人之多。除前云阿史那忠等数十人外，还有突厥阿史那都支为左骁卫大将军，阿史那斛瑟罗为左卫大将军，阿史那忠节为左武卫大将军，阿史那怀道为右武卫大将军，回纥婆闰为左卫大将军，铁勒契苾部契苾明为豹韬卫大将军，靺鞨李多祚为右羽林卫大将军，多览葛塞匐为右卫大将军，疏勒裴索为右骁卫大将军，③等等。此外从乾陵蕃臣石像衔名中还反映出西突厥阿史那益路、吐屯社利，葛逻禄昆职，铁勒仆固乞突、坚昆结黉蚕匐肤莫贺咄，波斯卑路斯等，均曾官拜大将军。④虽然上列数十人中有不少为在蕃蕃将，但唐代的在蕃蕃将均有番上宿卫的义务，⑤故他们大都有统领禁军的经历。至于入朝蕃将为禁军统领，更具任久而专的色彩。如阿史那忠自贞观四年（630年）降唐，至上元二年（675年）卒，宿卫四十五年，"无纤隙，人比之金日磾"。⑥李多祚历位羽林将军、大将军，"前后掌禁兵，北门宿卫二十余年"。⑦

出任屯防军使。"唐初，兵之戍边者，大曰军，小曰守捉，曰城，曰镇，而总之曰道"。"其军、城、镇、守捉皆有使，而道有大将一人"。⑧在武则天时的边防体制中，蕃将中多有人充屯防军使和大将等国防要职。如左鹰扬卫大将军兼贺兰都督契苾明，就曾有凉州镇守副大使燕然道镇守大

①《新唐书》卷50《兵志》。

②《玉海》卷138引《邺侯家传》。

③《册府元龟》卷964《外臣部·册封》；《全唐文》卷187《镇军大将军行左鹰扬卫大将军兼贺兰州都督上柱国凉国公契苾明府君碑铭》，卷272《唐故右骁卫大将军上柱国金河郡开国公裴公墓志铭》；《旧唐书》卷198《西戎传》；《新唐书》卷110《诸夷蕃将传》、卷221上《西域传》。

④据《长安志图》和陈国灿《唐乾陵石人像及其衔名的研究》等。

⑤参看拙著《唐代蕃将》第四章《在蕃蕃将的使用制度》。

⑥据昭陵博物馆藏《阿史那忠墓志》和《新唐书》卷110《阿史那忠传》。

⑦《旧唐书》卷109《李多祚传》。

⑧《新唐书》卷50《兵志》。

使、朔方道总管兼凉、甘、肃、瓜、沙五州经略使等经历。①黑齿常之在任河源道经略大使期间，"斥地置烽七十所，垦田五千顷"，"由是食衍士精，戍逻有备"，"凡莅军七年，吐蕃胆畏"。②李谨行以营州都督"入掌禁戎营校"，继又"出总归律烽候"，拜积石道经略大使，并于上元三年（676年）"破吐蕃数万众于青海"。③凉州胡人出身的安忠敬曾先后任新泉、赤水、临洮等军使：

> 其在军州，倾心下士，视人如子，无约而亲附，不言而条理。……身任疆场，以静总繁，以逸待劳；我无亡镞之费，敌有不战而屈，兹所谓一方之干城也。④

黑齿常之、安忠敬等边将之任使，既耕且战，对于发展边州经济、防范诸蕃内寇，曾做出过巨大的贡献。

受遣为行军将帅以征讨叛离。早在贞观时期，就因"府兵不堪攻战"，唐太宗不得不驱用大批蕃将蕃兵打仗。⑤到了武则天统治时期，"京师人相诋謷者即呼为'侍官'"。⑥"侍官"即宿卫府兵，因为地位是这样低下，就导致府兵大批地逃亡，以至于到了"宿卫不能给"的地步。⑦也就是说，既然府兵的基本职责"内巩京畿"都无法履行，"外备征御"就无从谈起。为解决"无兵"危机，武则天一方面大量募兵，乃至"免天下罪人及募诸色奴充兵讨击"，⑧另一方面，则大批地遣发蕃将蕃兵征战。据《册府元龟》

①《全唐文》卷187娄师德《契苾明碑》；《旧唐书》卷109《契苾何力传》。

②《新唐书》卷110《阿史那社尔传》附《阿史那道真传》，《黑齿常之传》，《泉男生传》附《泉献诚传》，《李多祚传》。

③《旧唐书》卷199下《北狄·靺鞨传》；《新唐书》卷110《李谨行传》。

④《张说集校注》卷16《河西节度副大使鄯州都督安公神道碑铭并序》。

⑤参看拙文《唐太宗与蕃将》，载《人文丛刊》第6辑《唐太宗与昭陵》一文。

⑥《玉海》卷138引《邺侯家传》。

⑦《新唐书》卷50《兵志》。

⑧陈子昂：《陈子昂集》（增订本）卷8《上军国机要事》，上海古籍出版社，2013年。

《通鉴》等提供的资料，仅自光宅元年（684年）至长安四年（704年），二十年间用蕃将蕃兵作战就达二十余次。这些征讨，具有如下特点：其一，以蕃制汉。如以黑齿常之为江南道大总管讨徐敬业之叛。其二，以蕃制蕃。如先后用黑齿常之、契苾明、李多祚、阿史那忠节、沙吒忠义、李楷固、李楷洛、骆务整、西突厥十姓酋长等讨击突厥、吐蕃、铁勒、契丹、室韦等。其三，以蕃兵为作战主体力量。如用西突厥十姓部落兵击铁勒九姓，用六胡州稽胡精兵、后突厥兵和奚族兵打契丹，用契丹降兵打靺鞨等等：其四，用亲信节制蕃将。如用男宠薛怀义节制契苾明、沙吒忠义、李多祚等。用诸武（武懿宗、武重规、武攸宜等）押领沙吒忠义等。其五，参加征讨的蕃将人数众多、民族成分复杂。如神功元年（697年）河内郡王武懿宗、建安郡王武攸宜讨伐契丹李尽忠、孙万荣之叛，其麾下有蕃人战将数十员。这些蕃将的族属极为复杂：阿史那毗伽、苏农婆罗、阿史〔那〕皎、阿史德奉职、阿史德伏麈支、执失守直、葛罗支延、车鼻施俟斤等为东、西突厥人，回鹘果别、俱罗罹淮、仆固骨支、契苾木昆等为铁勒人，安道买、何义本、何利深、康景休、康戍子、康元寂、康戡诞等为昭武九姓胡人，白善德、白君晉为龟兹人，沙吒忠义为百济人，金元济为新罗人，僧伽杜摩为东天竺人，吐火罗决斯为吐火罗人。此外还有许多难以确定民族的蕃将。①

兼领马政，任群牧使等职。"秦汉以来，唐马最盛"，②唐初诸帝锐志武事，故广引胡马良种，并每以长于养马、惟恃骑射的蕃将充任马官。武则天时代虽然"马政颇废"，但以蕃将兼领马政之遗风犹存。如高祖时代的凉州胡酋武侯大将军安兴贵的后人就以世代任监牧之职闻名。其子安元寿于永隆（680—681年）前后长期任夏州群牧使；③曾孙安忠敬则于武周后期以赤水军副使兼赤水、新泉两军监牧使，"其在农牧，大田多稼，如茨如梁，

①《张说集校注》卷30《神兵道为申平冀州贼契丹等露布》。
②《新唐书》卷50《兵志》。
③《唐会要》卷72《马》。

思马斯才，有弥有皇"。①凉州安姓胡，固为养马世家，而其他诸姓蕃人亦颇有擅长此道者，像祖上来自奚族定居原州的史道德，就曾于高宗武后时代任兰池正监。②

综上，不难得出这样的结论：蕃将是武则天时代武力的最重要组成部分。其实，不仅如此，蕃将兼领文职的也不乏其人，从中央的鸿胪、太仆等卿到内地地方的刺史、县令，也都有蕃将任职者，这里就不再赘说了。

二

武则天之所以能长久地君临天下，一条重要的原因，是她丝毫也不放松对军队的控制。诸卫将军的人选，她大都擢用"诸武无能者"及"降虏"。信用前者，是因其无本事，成不了大器，便于自己对军权的牢牢控制；使用后者，是因蕃将长于骑射、骁勇善战，有真正的战斗能力，而且对天子有一种朴素的忠诚。"常备军和警察是国家权力的主要强力工具。"③应当说，武周政权的长期维持，在一定程度上是借助于蕃将的支持。

遗憾的是，武则天在某些情况下并不珍视蕃将这支强力工具。她表面上信任蕃将，但骨子包藏着猜忌。她滥杀蕃将，她频加兵威于蕃众，她以及她的边疆大吏的诸多不善，多次地激起"蕃变"，搞得民族关系纷纷扬扬，矛盾激化。她自己也就在"人心思唐"的政治气氛中，被蕃汉上层的联合势力推落皇帝的宝座。

（1）滥诛。武则天自徐敬业之反，"疑天下人多图己，……欲大诛杀以威之"。④元老大臣，宗室诸王，甚至亲生骨肉，都几乎被杀殆尽。在这种人命危浅的严酷形势下，一些蕃将也在"谋反"的莫须有罪名下惨遭诛戮。

永昌元年（689年）右卫大将军黑齿常之为酷吏周兴诬告"谋反"，被

---

①《新唐书》卷50《兵志》。

②《文物》1985年11期载《宁夏固原史道德墓清理简报》云：史道德当是昭武九姓胡人。余考证为奚人，说见拙文《史道德的族属、籍贯及后人》。

③列宁：《国家与革命》。

④《资治通鉴》卷203则天后垂拱二年三月条。

则天关入大牢，"自缢而死"，"及死，时甚惜之"。[1]

天授元年（690年），杀将军阿史那惠。[2]

长寿元年（692年），右卫大将泉献诚，因酷吏来俊臣向其勒索钱财而没有得逞，遂"诬以谋反"，"缢杀之"。[3]

长寿二年（693年），西突厥兴昔亡可汗、左卫大将军阿史那元庆以"坐谒皇嗣"罪名，被腰斩，其子阿史那献也被流放。[4]

右豹韬卫将军契苾光，亦为酷吏所杀。[5]

俚族酋长、贞观时期名将冯盎的后人，在则天朝，以"矫诬罪"，"裂冠毁冕，籍没其家"。[6]连小孩也难逃劫运，冯盎的曾孙女被没入宫，曾孙冯元一（即被则天改名的高力士）净身为阉儿，被送往宫廷役使。[7]杨思勖之沦为阉寺，亦当因其养父罗州蛮大首领杨历被诛而受株连。[8]

蕃将中还有差一点掉了脑袋的。阿史那斛瑟罗家有善歌舞的婢女，酷吏来俊臣"欲得以为赏口"，使人诬告斛瑟罗"谋反"，"诸酋长诣阙，割耳剺面讼冤者数十人，乃得不卒"。[9]其实，若不是恰值来俊臣得罪了"诸武"和太平公主而被诛，只靠诸蕃长鸣冤，武则天又岂能轻易放过斛瑟罗，其大难不死纯属偶然。像斛瑟罗这样"竭忠事主"的蕃将尚且朝不保夕，其他蕃将能够躲过劫难，也实在是出于侥幸。

当然，许多无辜被杀蕃将后来有被平反昭雪的（如泉献诚等），可是人已身首异处，这些补过措施又值几何！

（2）杀降。整个贞观时期，很少能找到太宗杀死已降附的少数民族上

①《旧唐书》卷109《黑齿常之传》。

②《新唐书》卷4《则天皇后纪》。

③《资治通鉴》卷205则天后长寿元年一月条。

④《新唐书》卷215上《突厥传上》，卷215下《突厥传下》。

⑤《旧唐书》卷109《契苾何力传》。

⑥《高力士残碑》，载《考古与文物》1983年第2期。

⑦王兴瑞：《冼夫人与冯氏家族》，中华书局1984年版。

⑧《张说集校注》卷21《颍川郡太夫人陈氏碑》。

⑨《太平广记》卷267《来俊臣》。

层分子的事例。这种好的传统在高宗初年被承继下来。如西突厥阿史那贺鲁于永徽二年（651年）叛唐，高宗数遣蕃汉大军，苦战五年，才平定了叛乱。像贺鲁这样罪大恶极连自己都认为可杀的人，高宗都"特诏免死"。[①]可是当麟德元年（664年）武则天攫取到"黜陟、杀生，决于其口"[②]的大权后，杀降的事就发生了。

调露、开耀年间（679—681年），东突厥阿史德温傅、阿史那伏念反叛，礼部尚书裴行俭先后两次讨击之。行俭用反间计造成伏念、温傅互相猜贰，伏念缚温傅投降。本来，以"许其不死"，伏念才降的。可是当降酋到京后，伏念、温傅等五十四人竟被朝廷斩于都市。对此，裴行俭十分光火，感叹道："但恐杀降之后，无复来者。"[③]以后的事态，果被行俭言中。杀降事件发生的第二年，阿史那伏念的余党阿史那骨咄禄、阿史德元珍等复叛。二人死后，骨咄禄的弟弟阿史那默啜在整个武周时期，几乎年年犯边入寇。武则天对其软硬兼施，也无可奈何于他，最后竟到了黔驴技穷的地步。有意思的是，武则天称制后曾故作姿态，"追正宿枉，赠伏念太仆卿"。[④]但大错早已铸成，由之结出的蕃叛不息的苦果，也只能还得由她自食。

（3）频加兵威于蕃众。在武则天称帝期间，除对后突厥、契丹用兵，还西抗吐蕃，东戍安东，南击蛮俚，北讨铁勒，"频岁出师"，"调发日加"。[⑤]更有甚者，"雅州羌未尝一日为盗"，武则天竟要开蜀山为通途，"由雅州道剿生羌"，欲羌人"无罪蒙戮"。[⑥]

（4）改蕃将以恶名。恶蕃将而改其姓名，始于王莽。"王莽以单于囊知牙斯不顺命，改匈奴单于为降奴单于"。[⑦]以后历代皇帝虽有改臣下以恶姓

①《通典》卷198《边防典十四·突厥中》、卷199《边防典十五·突厥下》。

②《资治通鉴》卷201唐高宗麟德元年十月条。

③《旧唐书》卷84《裴行俭传》。

④《张说集校注》卷14《赠太尉裴公神道碑》。

⑤《全唐文》卷169狄仁杰《请罢百姓西戍疏勒等四镇疏》。

⑥《新唐书》卷107《陈子昂传》。

⑦《廿二史札记》卷19《改恶人姓名》。

名的，但绝少有改少数民族中的人为恶姓名的。但到了武则天时，此风大炽，她根据个人的好恶，除将一些宗室诸王、元老大臣、后妃贵戚改为蟒氏、枭氏、蝮氏、虺氏等恶姓外，又改一些不顺己的蕃将以恶名。如改后突厥酋长阿史那骨咄禄为"不卒禄"；①改契丹松漠府都督李尽忠为"李尽灭"；改契丹归诚州刺史孙万荣为"孙万斩"；②改后突厥可汗阿史那默啜为"斩啜"。③这种侮辱和仇视，只能给已经激化了的民族矛盾火上浇油，难怪赵翼评论这是"乱世不经之陋例"。④

（5）不重视赏功恤附。垂拱三年（686年），铁勒九姓联合吐蕃反叛，武则天诏将军田扬名发金山道西突厥十姓兵助国征讨，十姓酋渠奉诏之日，"若报私仇，莫不为国家克剪凶丑"；他们"自率兵马三万余骑，经途六月，自食私粮"。凯旋归来，这些于国家有功的在蕃蕃将请求入朝。可是则天非但不赏，不允所请，反责备他们在战争期间"不奉命擅破回纥，便于凉州发遣各回本部"。其实，这是"以田扬名妄破回纥之罪，坐及十姓诸豪"。⑤

垂拱初年，后突厥因饥荒丧乱，"携幼扶老，远来归降"，人数多达五千帐，企求国家赈赡。饥民集中在安北都护府治所同城，嗷嗷待哺。当时，安北府有官牛及羊六千头，积粟麦万余石，但对降附"皆未优秫"。这些蕃众，"莫非伤残羸饿，并无人色"，"自相屠戮"。这幅惨不忍睹的蕃落饥民图，为陈子昂从军途经同城时所亲见，他忿然批评武则天说："国家不赡恤来降之徒，空委此府安抚"，"而不救其死"，"非谓绥怀经远之长策"。⑥

（6）蕃将、蕃众反叛。则天时，派驻边疆的文武大吏不少人都是贪残暴虐之徒，以至激起"蕃变""蕃叛"的事件屡有发生。

岭南俚众，"旧输半课"，但交趾都护刘延祐却逼使"全输"。俚户不从，"延祐诛其魁首"。于是，垂拱三年（687年），以李思慎为首，率俚族

①《通典》卷198《边防典十四·突厥中》、卷199《边防十五·突厥下》。
②《资治通鉴》卷201则天后万岁通天元年五月条。
③《资治通鉴》卷206则天后圣历元年九月条。
④《廿二史札记》卷19《改恶人姓名》。
⑤陈子昂：《陈子昂集》（增订本）卷8《上西蕃边州安危事》。
⑥陈子昂：《陈子昂集》（增订本）卷8《上西蕃边州安危事》。

百姓暴动，攻破安南府城，并处死刘延祐。①

万岁通天元年（696年），契丹遭遇饥荒，营州都督赵文翙"骄沓，数侵侮其下"。②不仅不赈济饥蕃，且"视酋长如奴仆"。于是，契丹酋长松漠都督李尽忠与其妻兄归诚州刺史孙万荣"怨而反"。③

长安三年（703年），"始安獠首领欧阳倩，为吏所侵逼"，"举兵自救"。参加暴动的獠民达数万人，"攻陷州县"，声势之大，朝廷为之震动。④

高宗承太宗之余荫，"凡三十年，北方无戎马警。"⑤这种北边安宁的状况，至调露元年（679年）局势大变。是年，东突厥酋领阿史德温傅、奉职二部反，"二十四州酋长皆叛应之，众数十万"。⑥叛乱此伏彼起，经数年反覆，原本大唐的在蕃蕃将公然与朝廷分庭抗礼，建立后突厥汗国。与此同时，西突厥可汗阿史那都支及其别帅李遮匐"与吐蕃联和，侵逼安西"。⑦吐蕃也攻势凛厉，入寇事件与日俱增。至高宗驾崩之年（684年），"燕、代迫匈奴之侵，巴蜀婴吐蕃之患"，秦之首尾不全，"所余者独三辅之间耳"。⑧

应说明的是，高宗晚年开始的民族矛盾的激化，其责任基本在武则天。因为自麟德之后，"天子拱手而已"，而事实上的皇帝是武则天。⑨

高宗死后，民族矛盾更加尖锐，蕃叛事变除了上边提到的，尚有铁勒、靺鞨、室韦、奚等，甚至连旅居广州的商胡都因官吏"侵渔不已"而骚动起来。⑩

（7）蕃心思唐。耐人寻味的是，武则天统治时期的蕃将蕃众反叛，只

①《资治通鉴》卷204则天后垂拱三年七月条。

②《新唐书》卷219《北狄·契丹传》。

③《资治通鉴》卷203则天后万岁通天元年五月条。

④《资治通鉴》卷207则天后长安三年十一月条。

⑤《新唐书》卷215上《突厥传上》。

⑥《资治通鉴》卷202唐高宗调露元年十月条。

⑦《资治通鉴》卷202唐高宗调露元年六月条。

⑧陈子昂:《陈子昂集》(增订本)卷9《谏灵驾入京书》。

⑨陈子昂:《陈子昂集》(增订本)卷9《谏灵驾入京书》。

⑩《资治通鉴》卷203则天后光宅元年七月条。

叛武周而不叛李唐。

契丹反叛期间，孙万荣移檄朝廷曰："何不归我庐陵王？"①

后突厥可汗阿史那默啜声称："我突厥积代以来，降附李家，今闻李家天子种末总尽，唯有两儿在，我今将兵助立。"②于是统兵大举南下。

民心、蕃心思唐的形势，连武则天的亲信吉顼和男宠张易之、张昌宗等都感觉到了，他们为了自保，不得不向武则天陈说："天下士庶未忘唐德，咸复思庐陵王。"劝则天恢复三子庐陵王李哲的太子地位。③

正是在这种怀旧的政治气氛下，李哲才被召回京城，复立为太子。其皇太子地位的巩固，也是借重于"叛蕃"的力量。名将薛仁贵之子薛讷建言武则天："丑虏凭暴，以庐陵王藉言，今虽还东京，议不坚信，若太子无动，贼不讨而解。""太后深然之"。④

如果说太子地位的确定与巩固，是李唐复辟的第一步，而这一步是靠"叛蕃"力量间接推动的话，那么，第二步，赶武则天下台，中宗复位，则主要靠武则天身边的蕃将。在光复李唐的宫廷政变中，多亏了李多祚的坚决支持。

李多祚，其先靺鞨酋长。多祚与黑齿常之等，原为裴行俭帐下偏裨，由于行俭进拔，"尽名为将"。武则天晚年，擢右羽林大将军，"遂领北门卫兵"。唐代的多次宫廷政变，无论是在长安抑或是洛阳，多在宫城北门——玄武门发动。因此多祚所领是个最敏感最要害的所在。他既然执掌统领玄武门禁兵的大权，以武力逼则天逊位，其人选非他莫属。于是，在宰相张柬之的策动下，为报李唐厚恩，多祚"不敢顾身及妻子"，毅然地同张柬之等发动了倒武政变，杀死武则天的男宠，并逼女帝传位太子。由是，李唐社稷在中断20年之后，正式得以复辟。时在神龙元年（705年）正月。

张柬之在对李多祚作策反工作时，曾说过"国家废兴在将军"。诚如是

---

①《资治通鉴》卷206则天后圣历元年二月条。
②《旧唐书》卷194上《突厥传上》。
③《资治通鉴》卷206则天后圣历元年二月条。
④《资治通鉴》卷206则天后圣历元年九月条。

言，复唐社稷的首功应推李多祚。事后，他被封为辽东郡王，从而打破了太宗以来异姓不封王的旧例，就足以说明在李唐社稷再造中他曾起过怎样的作用。

数以千万计的入朝和在蕃两类蕃将，是唐朝国家武力构成的主要部分。这种情况，在武则天时代亦不例外。因此，武则天在夺取和巩固政权的过程中，不得不在较大程度上借助于蕃将的力量。但由于武则天并不真正信任他们，无端地猜忌和滥诛蕃将，以及对蕃将的社会基础——广大蕃众的压迫，造成了她与蕃将之间一条深深的鸿沟，而最后她也就在蕃叛不息、蕃心思唐乃至蕃将逼宫的统治危机中被逐出历史舞台。

（原载《许昌师专学报·社科版》1991年第4期）

史道德的族属、籍贯及后人

　　宁夏固原博物馆于《文物》1985年第11期上发表了《宁夏固原唐史道德墓清理简报》，结语中据墓志"其先建康飞桥人"的记载，推测"史道德可能是昭武九姓中史姓胡人的后裔"。时隔一年，赵超同志的文章《对史道德墓志及其族属的一点看法》（载《文物》1986年第12期）对胡人后裔说提出质疑，认为"史氏汉姓各分支中，也有祖籍河西建康的一支"，意谓史道德乃十六国时期流寓凉州的汉人史淑的后裔。又两年之后，罗丰同志的文章《也谈史道德族属及相关问题——答赵超同志》（载《文物》1988年第11期），不同意赵文的意见，进一步肯定了简报作者关于史道德族属的基本看法。拜读上述三篇文章，颇受启发，为使讨论深入，不揣冒昧，更提出第三种意见，以就教于简报作者和赵、罗等同志。

　　史道德究竟为何民族出身，《旧唐书》为我们提供了重要的线索：

　　　　史宪诚，其先出于奚虏，今为灵武建康人。祖道德，开府仪同三司、试太常卿、上柱国、怀泽郡王。父周洛，为魏博军校，事田季安，至兵马大使、银青光禄大夫、检校太子宾客、兼御史中丞、柱国、北海郡王。[①]

"世为魏博将"并于长庆二年（822年）乘乱夺帅的史宪诚，诸史籍对其先出于奚族的记载均明确无误。[②]如果《旧唐书》所记宪诚之祖——怀泽郡王史道德即墓志所述兰池正监史道德，问题就不言自明。且看墓志：

公讳道德，字万安，其先建康飞桥人事。……远祖因宦来徙平高，其后子孙家焉，故今为县人也。曾祖度，河、渭、鄯三州诸军事；祖多，随（隋）开府仪同左卫安化府骠骑将军。……考皇朝正议大夫、平凉县开国侯……（道德）起家东宫左勋卫。……总章二年，拜给事郎，迁玉亭监。……又龙朔三年，诏除兰池监。……以仪凤三年三月十九日遘疾终于原州平高县招远里之私第，春秋六十六。……嗣子文瓌等痛乾荫以将倾，恐山移于有力，庶图玄石，式播清徽，乃作铭云（以下略）。[③]

以兰池正监史道德与怀泽郡王史道德的事迹对照，两者小同大异。小同，谓籍贯同中有异；大异，指二人在官职、子嗣名等方面存在着很大差别。然而，透过小同大异的现象，我们不仅可以求索出两个史道德的潜在联系，且必然会作出两者实为一人的判断。

关于籍贯。唐代贵门第出身，盛行浪托攀附之风。"言李悉出陇西，言刘悉出彭城，悠悠世胙，讫无考按，冠冕皂隶，混为一区"。[④]如武周时代归降朝廷的契丹酋长李楷洛（李光弼父），本"柳城（今辽宁朝阳）李

①《旧唐书》卷181《史宪诚传》。

②《新唐书》卷210《藩镇魏博·史宪诚传》;《资治通鉴》卷242等史籍均谓宪诚"其先，奚人也"。

③《唐给事郎兰池正监史府君墓志并序》，载《文物》1985年第11期《宁夏固原史道德墓清理简报·附录》。

④《新唐书》卷95《高俭传赞》。

氏"①，却杜撰郡望云"本出于陇西"，并自谓"吾乃祖本汉将（按指李陵），辱于单于之庭"②。像唐初名将阿史那忠，本东突厥"特勤"（王子），却自称"有夏之苗裔"——冒认华夏远古帝王大禹为先人，以"代人"一变而为"京兆之万年人"③，本人及子孙后人的姓氏都简化为"史"④。诸如此类的族望、郡望乃至民族心理的汉化变迁，自北朝迄隋唐，乃是一种司空见惯的社会现象⑤。因是，《旧唐书·史宪诚传》中籍贯建康说，《史道德墓志》里谓先人史鱼、史丹云云，均不足信。但是，撇开这些附会不论，仍有蛛丝马迹表明两个史道德有同一籍贯。《史宪诚传》云"今为灵武建康人"，曰"建康"为浪托，而曰"灵武"又何指？按，唐代灵武（今宁夏灵武西南）属关内道，建康（今甘肃高台南）属陇右道，两者相距千里，风马牛不相及。而《史道德墓志》谓"今为"平高县人，平高（今宁夏固原）为原州治所所在，灵武与原州同属关内道，彼此相近。然而，就战略地位言，灵武远较原州优越。天宝十五载（756年），太子李亨为避安禄山之兵，先至平凉（即原州）逗留，大臣相与谋曰："平凉散地，非屯兵之所，灵武兵食完富，若迎太子至此，……南向以定中原，此万世一时也。"⑥不久，李亨即位灵武，并以此为唐室中兴基地，卒平安史之乱。又，在乾元（758—759年）之后，凤翔以西，邠州以北，数十州湮没于吐蕃的情况下，灵武作为"关中之屏障"，"河陇之噤喉"，犹为唐守，"窥伺者未敢争"⑦。唐后期有不少蕃将附籍灵武（如康承训、何进滔等），大概也正是基于"人杰"

---

①《新唐书》卷75下《宰相世系表》。

②《全唐文》卷422杨及《唐赠范阳大都督忠烈公李公神道碑铭并序》《云麾将军李府君神道碑》。

③昭陵博物馆藏《阿史那忠墓志》。

④《元和姓纂》卷6《六止》。

②参看冯承钧《唐代华化蕃胡考》，《东方杂志》1930年27卷17期；（日）桑原骘藏著、王桐龄译《隋唐时代西域归化人考》，《师大月刊》1935年22、26、27卷；何建民《隋唐时代西域人华化考》，中华书局，1939年；姚薇元《北朝胡姓考》，科学出版社，1958年；马驰《唐代蕃将》，三秦出版社，1990年。

⑥《资治通鉴》卷218唐肃宗至德元载六月。

⑦《旧唐书》卷196上《吐蕃传上》；《读史方舆纪要》卷62《陕西十一·宁夏镇》。

附会"地灵"的心理原因。怀泽郡王史道德裔孙宪诚之所以在籍贯上冠以"灵武",也很可能是出于攀附地望的世俗观念。而更重要的原因,是其祖上曾于此长期为官。史道德终官兰池正监,监"因地为之名"①。由是推之,兰池正监是主管兰池牧场的马政官。从神龙三年(707年)以突厥降户所置兰池都督府"隶灵州都督府"②,可知兰池监牧当在灵州境内。事实上,就在灵州治所灵武城附近,早在汉代即以有国家牧场驰名③。史道德于龙朔三年(663年)"诏除兰池监",除中间一度徙玉亭监,至仪凤三年(678年)病卒,其官职经久未变。这就是说,其官宦生涯基本上是在灵州度过的。唐代不乏这样的史例:某人久在某地为官,其本人或子孙往往自报门户为该地人,且以该地为本人的代称。怀泽郡王裔孙史宪诚籍贯"灵武",正是因为其祖上长期在灵州为官,这正可说明怀泽郡王史道德就是兰池正监史道德。然而,史宪诚的真正籍贯既不是灵武,也不是建康,而是原州平高县。关于这点,《史孝章碑》中有所反映。宪诚子孝章以39岁卒于开成三年(838年),刘禹锡应孝章未亡人崔氏之请为之撰碑,碑铭曰:

> 斗极之下,崆峒播气,钟于侍中,孔武且贵,奉上致命,宜昌后嗣,仆射承之,良弓不坠。④

所谓侍中,为宪诚生前带职;仆射,为孝章死后赠官。侍中、仆射分别为宪诚、孝章父子的代称。所谓"崆峒播气,钟于侍中","仆射承之",是说崆峒山的风脉好,造就了像史宪诚、孝章如斯人杰。崆峒云何?据《元和郡县图志》记,原州平高县西一百里有山曰"笄头山,一名崆峒山",传为黄帝谒广成子学道之处⑤。有趣的是,《史道德墓志铭》中亦有"重构

①《新唐书》卷50《兵志》。

②《新唐书》卷43下《地理志·羁縻州》。

③《读史方舆纪要》卷62《陕西十一·灵州城》,中华书局,2005年。

④《全唐文》卷609刘禹锡《唐故邠宁庆等州节度观察处置使朝散大夫检校户部尚书兼御史大夫赐紫金鱼袋史公神道碑》。

⑤《元和郡县图志》卷3《关内道·原州平高县》,中华书局,1983年。

崆峒"云云。两个史道德的地望如此一致，足证二人实为一人。籍贯附会建康亦好，灵武亦好，但万变不离其宗，归根结底还是原州平高人。

关于官封。唐代牧监按牧马多少分上、中、下三等，上牧监的官品为从五品下，中牧监正六品下，下牧监从六品下，"诸牧监掌群牧孳课之事"①。史道德既授兰池正监，其官职充其量也超不过从五品下。可是，《史宪诚传》中的史道德的官封阶品却为开府仪同三司（文散官从一品）、试太常卿（虚职正三品）、上柱国（视正二品勋官）、怀泽郡王（从一品爵位）。既然两个史道德实为一人，而其生前与身后的官封阶品的差别竟如此之大，这又应作何解释？对此，《史孝章碑》透露了答案：

> 仆射名孝章，字得仁。本北方之强，世雄朔野。其后因仕中国，遂为灵武建康人。曾祖道德，赠右散骑常侍，封怀泽郡王。②

一个"赠"字表明了史道德的官职为殁后追赠，郡王亦为追封。按，唐朝例行子孙贵显后以朝命追赠其先人官封的制度，史宪诚为河朔割据藩镇中最跋扈的节度使之一，天子力不能制，只得忍耻含垢，对其姑息笼络，除对宪诚接踵加官晋爵，并不惜虚名高位追封其先人。宪诚子孝章一反乃父所为，唯朝命是从，天子为嘉奖其"忠节"，在累授其三镇节度的同时，更免不了在封赠其先人官爵上大作文章。因此，史道德生前虽仅为从五品以下的官吏，但卒后百年，竟以裔孙飞黄腾达，获致身后殊荣。又，史道德墓清理简报中曾提出墓主人的丧葬形制的"僭越行为"："唐代初期，丧葬制度比较严格，往往只有皇室贵族、勋臣名将才能修建多天井的墓。但史道德只是一个八品给事郎，任兰池正监的马政官，其墓葬居然有七个天井。……这是一种僭越行为，还是另有别的原因，值得探讨。……随葬品似乎与其墓葬形制一样超出史道德的身份。这反映了什么问题，也值得注

---

①《唐六典》卷17《太仆寺》。

②《全唐文》卷609刘禹锡《唐故邠宁庆等州节度观察处置使朝散大夫检校户部尚书兼御史大夫赐紫金鱼袋史公神道碑》。

意。"这个问题提得好，但答案很简单：史道德墓为墓主人追赠官封后的改葬墓，二次葬时，既已升格为"郡王"，当然要按照"皇室贵族、勋臣名将"的规格修建多天井的坟墓，随葬品亦自然要反映死者的高贵身份。只是由于改葬时仍保留初葬时的墓志，由于怀泽郡王史道德即兰池正监史道德这一事实还不清楚，史道德墓的"僭越行为"难免令人大惑不解。

关于子孙后裔。《旧唐书·史宪诚传》谓道德子周洛，而《史道德墓志》则曰"嗣子文璨"。说后者为道德之子当然无可怀疑，而谓周洛为道德之子则大有问题。传称周洛"事田季安"，由魏博军校至兵马大使、北海郡王。按，田季安初任魏博节度使的时间是在贞元十二年（796年），至元和七年（812年）卒，任魏博镇帅十六年①。周洛既为田季安部将，自然与季安为同时代人。而这个时代上距史道德卒年（678年）百余载，周洛焉能为道德之子！还有，《新唐书·史宪诚传》云"三世署魏博将"。所谓"三世"应指宪诚祖、父和本人。如果说如同《旧唐书》宪诚本传所云道德为其祖，则意味着高宗时代的道德就已署魏博将，这绝无可能。因为在当时根本不存在魏博藩镇。这就是说，在道德和周洛之间当至少还有一世。笔者试作这样一个假设：武则天晚年，朝廷为讨伐"两蕃"（契丹和奚）的需要，从关内等道调发军队，道德子文璨由是从军到河北道。及至数十年后安史之乱发生，文璨又隶田承嗣参与反叛。乱平，朝廷姑息叛党，田承嗣因擢魏博节度使，文璨遂为魏博牙将。其后，子周洛、孙宪诚等又继为魏博将校。如果这一假设能成立，则可纠正《旧康书·史宪诚传》和《史孝章碑》中关于史道德世系的漏记。又，周洛还有次子宪忠，会昌至大中年间（841—859年）累擢泾原、朔方、振武等镇节度使，军声政绩颇佳②。再，孝章有子名焕，"生七年而孤"③。综上，平高史道德一族的世系可列表如下：

①《唐方镇年表》卷4《魏博》。
②《新唐书》卷148《史孝章附叔宪忠传》。
③《全唐文》卷609刘禹锡《唐故邠宁庆等州节度观察处置使朝散大夫检校户部尚书兼御史大夫赐紫金鱼袋史公神道碑》。

```
                              ┌ 宪诚—孝章—焕
度—多—？—道德—文瓖—周洛—┤
                              └ 宪忠
```

关于远祖何时徙籍平高。墓志仅云"远祖因宦来徙平高",而远祖为谁,又于何时不远数千里由东北徙家西北,这简直如大海捞针,难以寻踪觅迹。笔者姑且作如下两点推测:

其一,贞观初年随东突厥降户徙家。据史籍记载:

> 贞观六年,(于原州萧关)置缘州,领突厥降户,寄治于平高县界他楼城。[①]

按,隋末唐初奚族役属于东突厥,像东突厥可汗颉利之侄突利就"牙直于幽州之北,管奚、密等数十部"[②]。贞观四年(630年)东突厥汗国为唐破灭,唐太宗"处突厥降众,东自幽州,西至灵州"[③]。道德先人随突厥降户被安置于侨治平高的羁縻州——缘州,这不无可能。但墓志谓道德祖多,仕隋为开府仪同左卫安化府骠骑将军,似乎又排除了贞观初年徙家的可能。

其二,史归因宦来徙平高。北魏末年,原州刺史有姓名称史归者,因附于宇文泰的政敌侯莫陈悦,泰于永熙三年(534年)遣兵将会同高平(即平高)令李贤擒斩史归[④]。疑史归即为道德"因宦来徙平高"之远祖。因为,遍查史籍,北朝时期史姓中人在原州做官者仅史归一人。按,奚族始见于北魏,"本曰库莫奚"[⑤],"至隋始去'库真〔莫〕',但曰奚"[⑥]。奚为

---

①《旧唐书》卷38《地理志·关内道·原州中都督府》。

②《通典》卷197《边防典十二·突厥上》。

③《资治通鉴》卷193唐太宗贞观四年三月条。

④《周书》卷1《文帝本纪》、卷18《侯莫陈崇传》;《资治通鉴》卷156梁武帝中大通六年正月条。

⑤《北史》卷94《奚传》。

⑥《新唐书》卷219《北狄·奚传》。

306

游牧民族，逐水草活动于潢水（今西拉木伦河）中游和土河（今老哈河）流域。早在北魏登国三年（388年），拓跋珪就曾亲征库莫奚，俘获其四部落。此后虽款服朝廷，但又"辄入塞内"或"每求入塞"[1]。可见奚族对内地文明极为向往，故流寓中原乃至仕魏者当大有人在。史道德的远祖于这个时代充原州刺史并徙家平高，应不是偶然的历史现象。

总括上述，史道德既非昭武九姓胡中史姓人之裔，也不是汉人建康史氏之后，据诸种史籍记载，其实为奚族内徙者之后裔。其远祖"因宦来徙平高"的时间，可追溯到北魏王朝统治的年代。

（原载《文物》1991年第5期）

---

① 《魏书》卷100《库莫奚传》，中华书局，1974年。

李谨行家世和生平事迹考

李谨行（619—683年），唐高宗、武后时代的大将，为陪葬乾陵的十七位功臣密戚中仅有的少数民族出身者。关于其家世和本人生平事迹，《旧唐书·靺鞨传》和《新唐书·李谨行传》，只用寥寥二百一十五字概言之，而近年出土的《李谨行墓志铭》，从中也难以窥探墓主人的家族之谜和生前的基本活动。有鉴于此，笔者曾以《〈新唐书·李谨行传〉补阙及考辨》为题，试对其本传进行增补和考证。①但意犹未尽，遂又草就此篇，以就教于对乾陵学②感兴趣的先生们。

一、族出和父辈的活动

关于李谨行民族出身和父辈事迹，诸史籍记载多有出入。

《旧唐书·靺鞨传》《新唐书·李谨行传》云："李谨行，靺鞨人。"笼而统之说谨行来自靺鞨，这固然不错。可是，《通典》等又谓靺鞨种类繁

---

①拙文载《文博》1993年第1期。

②乾陵学应是以乾陵地面石刻以及陵墓已出土的历史文献、文物、陵墓主人武则天等为主要研究对象的学科。可以预见，随着乾陵的发掘，乾陵学终将成为可同敦煌学、吐鲁番学并驾齐驱的显学。

多，"邑落各自有长，不相总一，凡七种"：

> 其一号粟末部，与高丽相接；二曰汩咄部，在粟末之北；三曰安车骨部，在汩咄东北；四曰拂涅部，在汩咄东；五曰号室部，在拂涅东；六曰黑水部，在安车骨西北；七曰白山部，在粟末东南。[①]

在互不统属的七种靺鞨民族中，李谨行究竟出身于哪一种？《册府元龟》认为：

> 黑水靺鞨，后魏谓之勿吉。有酋帅突地稽者，隋末率其部落千余家内属，处之营州，炀帝授以辽西太守。[②]

按，据《新唐书·李谨行传》，突地稽即李谨行父。是谨行应出自黑水靺鞨。然而，对此说不能不产生疑问。因为黑水靺鞨的地理分布，在今黑龙江下游地区，非但不同隋境邻接，且南为靺鞨其他诸部阻塞，与高丽也不相连，渠帅突地稽又何能遍越其南的号室等部和同隋抗衡的高丽而远来内属？如果有内属者，亦首先应是距隋界"唯粟末、白山为近"[③]的这两个靺鞨民族。《李谨行墓志铭》则为我们释疑说：

> 公讳谨行……其先盖肃慎之苗裔、涑沫之后也。[④]

按，"涑沫"即"粟末"或"速末"之异写，以分布于速末水（今吉林第二松花江）流域而得名，是李谨行乃族出粟末靺鞨，《册府元龟》之"黑

---

①《通典》卷186《边防典二·勿吉》。
②《册府元龟》卷956《外臣部·种族》。
③《北史》卷94《勿吉传》。
④廖彩梁《乾陵稽古》附录《大唐故右卫员外大将军燕国公李谨行墓志铭》，黄山书社，1986年。

水”云显误。不过，这种说法也有疑问。据诸史记载，粟末靺鞨居高丽之北并臣隶于高丽，在隋与高丽交恶的情况下，高丽又怎么会容许其穿越其境而归属于隋？对此，《隋书》回答说：

> 炀帝初与高丽战，频败其众，渠帅突地稽率部来降。①

按，李谨行父突地稽本臣于高丽，炀帝初征高丽时（大业八年，612年），受高丽遣发而参加抗隋战争，由于隋军“频败其众”，而被迫以部落千余家投降。少数民族兵制，以部落为单位，集军事、行政、生产为一体，一有大的战事，往往倾部落投入，这也正是粟末靺鞨突地稽部能远离本土降隋之原因所在。这里需要更正的是，真正以酋长身份率部降隋者为另一个人：

> 突地稽者，靺鞨之渠长也。隋大业中，与兄瞒咄率其部内属于营州。瞒咄死，代总其众，拜辽西太守，封扶余侯。②

率部降隋者主要应是突地稽兄瞒咄，而非突地稽本人。靺鞨语称酋长为“大莫弗瞒咄”，③这就是说突地稽兄长具有酋长的身份，在“内属”的行动中，突地稽只具追随或协助的作用，他“代总”部众，则是在其兄率部既降并在其兄亡后，有迹象表明，瞒咄死时，当在大业八年（612年）其降隋不久。

关于李谨行父辈以上世系，其《墓志》还称其曾祖、祖“并代为蕃长”。《李秀碑》更云，祖名“溢，辽东都督”。④祖父的官号，显系因突地稽父子显贵后为朝廷所追赠。穷检史籍，其曾祖、祖父的事迹均无可考，

---

①《隋书》卷81《东夷·靺鞨传》。
②《册府元龟》卷970《外臣部·朝贡三》。
③《北史》卷94《勿吉传》。
④岑仲勉：《金石论丛·李秀碑》。

但有一点可以肯定，在瞒咄率部内属时，谨行的曾祖和祖父当早已亡故。

至于突地稽降隋后事迹，诸史籍则多有记载，归纳起来，主要有以下六点。

其一，在官称、地望、习俗诸方面迅速汉化。

突地稽在承袭酋长后，不称"瞒咄"，而是全盘接受炀帝所授官封：金紫光禄大夫、辽西太守、扶余侯。①

炀帝置辽西郡（治今辽宁义县东南王民屯）以处其部，突地稽则居于营州治所所在地柳城（今辽宁朝阳市）。②二十余年后，再次率部南迁，后人更以范阳（今北京）为地望。③

突地稽"悦中国风俗"，请求朝廷同意他们着汉人冠带，炀帝为嘉奖其诚，"赐以锦绮而宠之"。④后来以战功被唐天子赐以李姓后，其子孙后代连姓名都全盘汉化。⑤

其二，勤于王事，向朝廷履行诸多封建义务。

突地稽既臣于隋，就忠实地履行臣子对皇上的封建义务。当炀帝二征、三征高丽时，突地稽则"帅其徒以从"，且"每有战功"，受到天子优厚的赏赐。⑥即便是隋亡前义军蜂起、遍地狼烟、炀帝以巡幸为名避祸于东南一隅之地时，突地稽犹不忘臣子义务，率部从数百人朝觐炀帝于江都。⑦

其三，北归途中的不寻常经历。

大业十四年（618年），宇文化及弑炀帝于江都，突地稽羞于颜事化及，遂率其徒间道北还，途经瓦岗军防地，李密遣兵邀击，"前后十余战，仅而得免"。及至逃到高阳（今河北高阳县东高阳县旧城），又被义军王须拔部所俘。不久，又遁归割据幽州（今北京）的罗艺，才绝处逢生，北还

---

①《新唐书》卷110《李谨行传》；《册府元龟》卷970《外臣部·朝贡三》。

②《读史方舆纪要》卷18《直隶九·怀远城》；《隋书》卷81《东夷·靺鞨传》。

③岑仲勉：《金石论丛·李秀碑》。

④《旧唐书》卷199下《北狄·靺鞨传》；岑仲勉：《金石论丛·李秀碑》。

⑤岑仲勉：《金石论丛·李秀碑》。

⑥《隋书》卷81《东夷·靺鞨传》。

⑦《册府元龟》卷970《外臣部·朝贡三》。

柳城。①

其四，建唐初期，再次率部内属。

武德二年（619年）十月，罗艺归顺唐朝，授以幽州总管。突地稽步罗艺后尘，即于当月派遣贡使入朝。是年，李谨行出生于柳城。②四年（621年）初，突地稽再次遣使入长安，请求正式内属。③是年三月，突地稽被授以燕州（辽西郡改置）总管。④六月，营州胡人石世则执总管晋文衍，于是举州反叛，"奉靺鞨突地稽为主"。⑤但营州之乱并未影响朝廷对突地稽的信任。

其五，从李世民平定河北刘黑闼之乱和"徙部居昌平"。

就在突地稽被石世则拥立为"主"的次月，原窦建德的部将刘黑闼反于漳南（今河北故城县东漳南故城），仅半年时间，建德旧境尽复，大受震动的朝廷急忙派秦王李世民前去镇压。武德五年（622年）二月，突地稽亲自到定州（今河北定县）上书秦王，请受节度，以参加平叛。乱平，"以战功封耆国公。"⑥参与平叛的这支靺鞨部落兵于事后并未返归营州，而是就地安置，"徙部居昌平"（今北京昌平区）。⑦而原居地燕州建置，也随之南迁，于武德六年（623年）"寄治于幽州城内。"南迁后的燕州"所领户出粟皆（末）靺鞨别种，户五百"。到天宝中（742—755年），繁衍至2045户，11603口。⑧由此可知，所谓"徙部"，并不是举全部落南迁，徙居昌平者仅五百户，不足突地稽原在营州所拥户的半数。按，燕州应为侨置羁縻州，其同内地汉州的最大区别，是州刺史世袭；突地稽南徙后的官职由燕州总

<hr>

①《册府元龟》卷970《外臣部·朝贡三》；《隋书》卷81《东夷·靺鞨传》。

②两《唐书》卷1《高祖纪》；《册府元龟》卷970《外臣部·朝贡三》；《李谨行墓志铭》。

③《册府元龟》卷977《外臣部·降附》。

④《资治通鉴》卷189唐高祖武德四年三月庚申条。按：庚申条下胡注谓武德元年改辽西郡曰燕州。时辽西郡尚未入唐，疑改置时间有误，或为他人所改亦未可知。

⑤《资治通鉴》卷189唐高祖武德四年六月庚子条。

⑥《旧唐书》卷199下《北狄·靺鞨传》；《新唐书》卷110《李谨行传》。

⑦《旧唐书》卷199下《北狄·靺鞨传》；《新唐书》卷110《李谨行传》。

⑧《旧唐书》卷39《地理志·河北道》。

管改授燕州刺史，^①死后，承袭刺史者，则为其长子李元正。^②

其六，抗御突厥内寇，受加官赐姓之荣。

武德六年（623年）五月，割据渔阳（今天津市蓟县）的高开道引突厥入寇幽州，负有守土之责的突地稽亲自率兵邀击，并打败了来犯之敌。贞观初年，进右卫将军，赐姓李氏。^③卒，追赠左卫大将军。^④

二、关于李谨行的早期和中期活动

如果将李谨行的"解褐"入仕时间作为他早期活动的开始，那么其早期活动的大部分时间应是在京城长安和洛阳度过。假若将他出任营州都督的时间算作其中期活动的起点，我们将会看到，其足迹基本上被限定于大唐东北边境和属国高丽、新罗等地。

诸史籍对李谨行的早年事迹鲜有记述，幸有《李谨行墓志铭》出土，使我们得窥其一豹：

> 爰登弱弄，已肆旌旗之游；甫及童年，备尽玉钤之□。故能气凌外域，声振中朝，解褐右武卫翊卫校尉，加游骑将军、上柱国，封五原县男。转右武卫怀□府□果毅都尉，历左屯卫龙泉府左果毅、右武侯肃慎府折冲。转左屯、右骁二卫翊府左郎将，进封五原郡开国公，加明威将军，行左屯卫翊府左郎将、左骁卫翊卫中郎将，累迁右骁卫、左监门、右武卫、右领军将军。^⑤

上引表明生于蕃将之家的李谨行，自小受到尚武气氛的熏陶，因而洞悉军旅之事，熟知兵书韬略。及长，则以门荫入仕，离开故土远至京师，

---

①廖彩梁：《乾陵稽古》附录《大唐故右卫员外大将军燕国公李谨行墓志铭》。

②《全唐文》卷7《命将征高丽诏》；《册府元龟》卷117《帝王部·亲征》。

③《旧唐书》卷199下《北狄·靺鞨传》；《新唐书》卷110《李谨行传》。

④廖彩梁：《乾陵稽古》附录《大唐故右卫员外大将军燕国公李谨行墓志铭》。

⑤廖彩梁：《乾陵稽古》附录《大唐故右卫员外大将军燕国公李谨行墓志铭》。

任府兵制下中央禁军中的下级武官；"解褐"即充右武卫翊卫校尉。据《旧唐书·职官志》："若以门资入仕，则先授亲、勋、翊卫。"[①]"三卫"官（即亲勋翊卫）例由五品以上官子孙充任，谨行父生前为三品将军，故谨行初入仕途得以授翊卫校尉（正六品），这是掌宿卫宫禁的府兵制下的"内府"官员。又，"凡三卫皆规年二十一已上"。[②]谨行以六十四岁卒于永淳二年（683年），若以二十一岁即授三卫官，其"解褐"入仕的时间约在贞观十四年（640年）。此后，转"外府"（即府兵制下的地方军府）任职，历任怀□府□果毅都尉（五品）、龙泉府左果毅都尉、肃慎府折冲都尉（四品）。再入朝任"内府"三卫官，先后转左屯、右骁二卫翊府左郎将，擢左骁卫翊卫中郎将、右典卫将军。谨行从二十一岁任统领三百人的"三卫"军官，逐次升转，至龙朔中（661—663年）即在四十三岁左右，官至从三品将军。[③]

关于李谨行早期事迹，《墓志铭》只是详列了他在"入掌禁戎营校"期间的官职，至于具体活动又仅泛称他"志怀忠义"，"以之增□"。而两《唐书》中讲得稍微实在些，说他不仅有一副"伟容貌"，而且"武力绝人""勇冠军中"。[④]至于貌伟如何，则从其子李秀的"美髯颡颔"中可作具体推想。[⑤]

又，如前述，其兄李元正承袭了侨置羁縻州——燕州刺史，而羁縻府州的都督、刺史在享有世袭官职特权的同时，还必须向朝廷履行派子弟入侍等封建义务。入侍者又称"质子"，以侍卫天子和取信朝廷。李谨行的早期之所以长期待在京城，也当与其"质子"的身份有关。

麟德元年（664年）起，李谨行被天子遣出以封疆大吏和行军大将的身

---

①《旧唐书》卷42《职官志一》。

②《唐会要》卷5《尚书兵部》。

③《新唐书·高宗纪》称：乾封元年（666年），谨行时为左监门卫将军。《旧唐书·靺鞨传》谓：谨行于麟德中（664—665年）历任营州都督。故谨行拜右骁卫将军（从三品）的时间应不迟于龙朔年间（661—663年）。

④《旧唐书》卷199下《北狄·靺鞨传》；《新唐书》卷110《李谨行传》。

⑤廖彩梁《乾陵稽古》附录《大唐故右卫员外大将军燕国公李谨行墓志铭》。

份，开始了在唐东北边境和今朝鲜境内的政治军事活动，其经历进入了中期阶段。

《旧唐书·靺鞨传》对李谨行的中期事迹，仅以二十七字概述：

> 麟德中，历迁营州都督。其部落家僮数千人，以财力雄边，为夷人所惮。

其为营州（治今辽宁朝阳市）都督的时间，《新唐书·李谨行传》阙记，而《旧唐书》也只是泛云在麟德中（664—665年）。由乾封元年（666年）的营州都督为高偘，[①]可证谨行至迟在麟德二年（665年）已另派他用。也就是说其在营州都督任上只有一年左右的时间。营州为谨行家族及部属内徙过程的第一站，当初其父辈曾以千余家入居营州境，再徙昌平时，其部落至少有半数的人仍留居营州地区。所以，当谨行授任为那里的军政长官时，自然受到父辈旧部的竭诚拥戴，这也正是其"部落家僮"多至数千人的原因所在。又，营州为多民族杂居地区，居民中除汉人、粟末靺鞨外，还有突厥、契丹、昭武九姓胡、奚、室韦、高丽降户等十余种民族或部落云集于此。因此，这里历来是多事之地，自唐高祖武德年间至武则天晚年，营州曾多次发生当地蕃胡排斥和杀戮汉人都督事件。到天宝末年，营州"杂胡"出身的安禄山，更"一切驱之为寇，遂扰中原"。[②]李谨行既系蕃人出身，又为当地诸蕃胡旧主之后，因在该地拥有强大的社会基础，所以能"以财力雄边，为夷人所惮"。其在边州都督的任期内，应当说是有良好的政绩的。

大约在麟德二年（665年），李谨行被朝廷调回京城，拜左监门卫将军。按，唐前期的中央军共有十六卫之多。而左、右监门卫将军不领府兵，专掌宫城"诸门禁卫及门籍。"[③]凡文武百官入宫朝参、奏事或仪仗、物品须

---

①《旧唐书》卷5《高宗纪下》；《新唐书》卷3《高宗纪》。
②《旧唐书》卷39《地理志·河北道》。
③《新唐书》卷49《百官志四上》。

入宫者，均要通过左监门将军仔细检验，始能放行。可见这是关系宫禁安危的极重要任使。开元中，玄宗最为信任的宦官高力士就曾任过监门卫将军。但是，不久天子又以征高丽需要，谨行被诏遣征讨。自是，十年有余，李谨行一直是在高丽和新罗的疆场上活动。

李谨行在高丽、新罗战场的事迹，《旧唐书·靺鞨传》《新唐书·李谨行传》《李瑾行墓志铭》均无记载，笔者则从《册府元龟》等书中检索到一些史料，按时间顺序排列于下：

[乾封元年（666年）六月壬寅]　高丽泉男生请内附，右骁卫大将军契苾何力为辽东安抚大使，率兵援之。左金吾卫将军庞同善、营州都督高侃为辽东道行军总管，左武卫将军薛仁贵、左监门卫将军李谨行为后援。①

[总章元年（668年）十二月]　以……右监门将军、五原郡公李谨行为右武卫大将军，赏平高丽之功也。②

[咸亨元年（670年）四月庚午]　高丽酋长钳牟岑叛，寇边，左监门卫大将军高侃为东州道行军总管，右领军卫大将军李谨行为燕山道行军总管，以伐之。③

[咸亨三年（672年）]　高侃与高丽余众战于白水山，大破之。时新罗还〔遣〕将救高丽以拒官军，侃与副将李谨行等引兵迎击高丽，斩首三千级。④

[咸亨四年（673年）闰五月]　燕山道总管、右领军大将军李谨行大破高丽叛者于瓠芦河之西，俘获数千人，余众皆奔新罗。时谨行妻刘氏留伐奴城，高丽引靺鞨攻之，刘氏援甲帅众守城，久之，虏退。

①《新唐书》卷3《高宗纪》。
②《册府元龟》卷128《帝王部·明赏二》。
③《新唐书》卷3《高宗纪》。
④《册府元龟》卷358《将帅部·立功一一》。

上嘉其功，封燕国夫人。①

［咸亨五年（674年）正月壬午］　以左庶子、同中书门下三品刘仁轨为鸡林道大总管，卫尉卿李弼、右领军大将军李谨行副之，发兵讨新罗。②

［上元二年（675年）正月］　刘仁轨大破新罗之众于七重城，又使靺鞨浮海，略新罗之南境，斩获甚众。仁轨引兵还。诏以李谨行为安东镇抚大使，屯新罗之买肖城以经略之，三战皆捷，新罗乃遣使入贡，且谢罪。③

从上引史料中，可知李谨行在"三韩"地区的十年（666—676年）征战生涯，应是他一生中最辉煌的阶段：当乾封元年（666年）被遣出征高丽时，还只是个从三品的左监门卫将军，不久，即以平高丽功晋升正三品右武卫大将军；后来又作为一个方面军的主帅，取得了瓠芦河（在高丽南界）大捷，最终解决了在高丽的战事；其妻刘氏亦在守城战斗中建立奇功，被封燕国夫人，更给谨行的功业锦上添花；咸亨五年（674年），谨行又以鸡林道副大总管从宰相刘仁轨出师新罗，当上元二年（675年）大败新罗军，仁轨班师后，谨行更以留屯新罗的最高长官，通过"三战皆捷"迫使新罗王向朝廷"谢罪"。

三、晚年事迹杂考

据《旧唐书·靺鞨传》和《新唐书·李谨行传》的记载，李谨行晚年被朝廷调到西边战场，并以积石道经略大使于上元三年（676年）"破吐蕃于青海"，以功进封燕国公。后卒于永淳元年（682年），赠幽州都督，陪葬

①《资治通鉴》卷202唐高宗咸亨四年闰五月条；《旧唐书》卷5《高宗纪下》；《新唐书》卷220《高丽传》；《册府元龟》卷358《将帅部·立功一一》。
②《册府元龟》卷986《外臣部·征讨五》；《旧唐书》卷5《高宗纪下》；《资治通鉴》卷202唐高宗咸亨五年正月条。
③《册府元龟》卷986《外臣部·征讨五》；《旧唐书》卷5《高宗纪下》；《资治通鉴》卷202唐高宗上元二年正月条。

乾陵。从笔者所掌握的史料看，两《唐书》所记李谨行晚年事迹不仅过于简略，且在具体时间上也有严重的错讹。

其一，何时调往西线？

岑仲勉先生在《金石论丛·李秀碑》中认为：

> 如果依《旧唐书·靺鞨传》上元三年之前，谨行已破吐蕃于湟中，则谨行在上元二年二三月后，便应被调到西边战场，但通观各史文，这一年并没有吐蕃入寇湟中的记事。

谨行究竟何时被调往西线，岑仲勉先生谓应在上元二年（675年）二三月后。但岑先生又以这一年并无吐蕃入寇湟（今青海湟水两岸地区）的记事，遂又疑之。笔者认为，谨行西调，当在仪凤二年（677年）。理由是：①廓州（治所在今青海化隆西黄河北岸）境内的积石军（今青海贵德）置于仪凤二年，故谨行当于是年出镇积石军，为积石道经略大使。②谨行曾于咸亨五年（674年）和上元二年（675年）以刘仁轨的副手讨击新罗，两人配合默契，相得益彰，谨行得拜安东镇抚大使，无疑为仁轨奏请的结果。及至仪凤二年（677年）仁轨为洮河道行军镇守大使，为使其镇所鄯州（治今青海乐都县）与廓州构成对吐蕃的犄角之势，在仁轨看来，镇守廓州的理想人选非谨行莫属；谨行得为积石道经略大使，极有可能亦为仁轨引荐。③自仪凤元年（676年）吐蕃大举入寇，朝廷频遣大军征讨，仅是年闰三月就有刘审礼等十二总管调至西部战场，至二年（677年）八月至十二月，在既遣宰相刘仁轨出任洮河道大总管兼安抚大使和代理鄯州都督后，复又"诏大发兵讨吐蕃"。[1]这时的李谨行已早于二月前被召回京城代理右羽林大将军（由二月后"高丽旧城没于新罗"可知，参看《资治通鉴》卷二〇二），以刘仁轨举荐，遂擢积石道经略大使并代理廓州刺史。

其二，何年"破吐蕃于青海"？

---

[1]《资治通鉴》卷202唐高宗仪凤二年十二月条。

谨行被遣往西部战场当为仪凤二年（675年）八至十二月间事，那么，青海战役发生的时间就只能在此之后而绝不可能在这之前，检索诸史文记载，只有在仪凤三年（678年）九月唐军曾"与吐蕃将论钦陵战于青海之上"。[①]时刘仁轨已被召回京城，取代仁轨为洮河道大总管兼安抚大使的为"非将帅才"的李敬玄，敬玄先于是年七月同吐蕃战于龙支县（治所在今青海民和县东南），小胜。复于九月丙寅以十八万兵力同兼将相之任的吐蕃主帅论钦陵决战于青海之上，结果敬玄因"懦怯"而遭到严重的损兵折将，幸赖百济人出身的左领军将军黑齿常之率敢死队夜袭敌营，才救敬玄于重围之中。[②]可见青海之战，就全局讲是唐军大败，从局部看则是黑齿常之"破吐蕃于青海"而建立奇功。按，黑齿常之原为百济酋帅，龙朔三年（663年）为刘仁轨招降并受到信任。当李谨行于咸亨五年（674年）为鸡林道副大总管佐刘仁轨征讨新罗时，当仁轨还朝谨行拜安东镇抚大使时，黑齿常之作为当地的蕃人将领和洋州刺史，[③]则隶属于谨行。所以，又当李谨行调任积石道经略大使时，常之因系旧部将而再隶于谨行乃顺理成章。是所谓"上元三年破吐蕃于青海"云，应为"上元"二字误替"仪凤"，而部将立功记在主将头上，虽非大错，但具体事实需要理清。又，两《唐书》还称早在上元三年（676年）前曾以"空城计"止寇湟中的论钦陵的十万大军。[④]据上考，李谨行此时尚在东线或京城，又何能同吐蕃大军遭遇！此事应发生于仪凤二年（677年）底或三年（678年）初。

其三，关于谨行的卒年和卒地。

《新唐书·李谨行传》中卒年阙载，《旧唐书·靺鞨传》则称谨行卒于永淳元年（682年），而《李谨行墓志铭》谓：永淳二年（683年）七月二日薨于鄯州河源军（在今青海西宁市），春秋六十有四，自以后者为是。还

---

①《资治通鉴》卷202唐高宗仪凤三年九月条。

②《新唐书》卷110《黑齿常之传》、卷216上《吐蕃传上》。

③《旧唐书》卷84《刘仁轨传》、卷109《黑齿常之传》；《新唐书》卷110《黑齿常之传》；《曲石精庐藏唐墓志》25《黑齿常之墓志铭》。

④《旧唐书》卷199下《北狄·靺鞨传》；《新唐书》卷110《李谨行传》。

有相同的关于卒地的记载可证墓志之不诬：

> 　　将军黑齿常之镇河源军，城极严峻。有三口狼入营，绕官舍，不
> 知从何而至，军士射杀，黑齿忌之，移之外。奏讨三曲党项，奉敕许，
> 遂差将军李谨行充替。谨行到军，旬日病卒。[①]

　　按，这时的黑齿常之，已非昔比；因屡立战功，累拜河源军副使、河源道经略大使，其职位已同旧主不相上下，故常之移镇后，朝廷命谨行充替。岂料谨行到河源军后仅十日就一病身亡。

　　其四，关于其妻室和后人。

　　李谨行至少有两位夫人：一为前述留守伐奴城（今朝鲜平壤城西北）建功因而封燕国夫人的刘氏；另一为《李谨行墓志铭》中所记临汾郡夫人傅氏。两人孰先孰后，不得而知。但傅氏能反映于谨行墓志之中，似应为正室，刘氏则应为侧室。然而，刘氏名气很大，诸史中多有所闻，治史者应给予较多的注意。

　　李谨行究竟有几个儿子，有待深入考证。据笔者所掌握的资料，至少有两位公子，这从《李谨行墓志铭》中所记"有子思敬等"可知。思敬既排行在前，则应为长子，关于李思敬的事迹，诸主要史籍均有记载：

> 　　开元二年（714年）　李思敬从薛讷讨契丹，败衄，讷归罪于崔宣道及蕃将李思敬等八人，诏皆斩之。[②]

　　可是史文有关李思敬的事迹，也仅限于因主帅薛讷委过而被玄宗处死的记述。就是这个被诏斩的思敬，还有学者将其断为拥玄宗登基的功臣、

---

①《朝野金载》卷6。
②《册府元龟》卷443《将帅部·败衄》；《资治通鉴》卷211唐玄宗开元二年七月戊戌条；《旧唐书》卷93、《新唐书》卷111《薛讷传》。

320

高丽人李仁德之子，[①]这绝无可能。据《李仁德墓志铭》：仁德卒于开元二十一年（733年），其丧事为长子右骁卫中候思敏办理。[②]如果其子早于开元二年（714年）就被处死，又何来二十年后的复出！由此可知，开元初讨契丹的蕃将李思敬，应即李谨行的长子。李谨行的另一公子名秀。关于李秀的事迹，《全唐文》卷二六五载有唐大书法家李邕（678—747年）撰书之《云麾将军碑》残文，岑仲勉先生据法源寺碑拓本改补还原，知秀"曾祖讳溢"，"祖讳稽"，"考讳谨行"，秀累官至云麾将军、右豹韬卫翊府中郎将，封辽西郡开国公，于开元四年（716年），以六十二岁薨于家乡范阳郡之私第，葬于范阳福禄乡原上。秀子李偃官居景城郡太守兼横海军使、河北海运副使。[③]

据上，可大致列出李谨行上下五代人百余年间的世系：

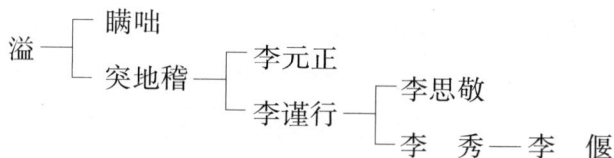

```
        ┌── 瞒咄
溢 ──┤             ┌── 李元正 ── 李思敬
        └── 突地稽 ──┤
                          └── 李 秀 ── 李 偃
```

其五，谨行何以能陪葬乾陵。

墓志云，谨行卒后两年，于垂拱元年（685年）七月十七日陪葬于乾陵。按，唐代的陪陵制度，本因袭汉代旧制，兴于唐高祖陵（六十七人陪葬），盛于太宗昭陵（已知的有一百六十七人），衰于盛唐（乾陵十七人，定陵八人，桥陵七人，泰陵仅高力士一人）。在陪陵制度日渐衰微的盛唐时代，李谨行何德何能竟能在死后享陪陵之哀荣？关于这个问题，笔者拟专文另说，以下只表示些提纲式看法：

1.具备了陪陵要求的基本条件

根据贞观八年（634年）的诏书，陪陵者必须是"功臣密戚及德业佐时者"。[④]观谨行一生东征西讨，屡建战功，急朝廷之所急，解天子之忧，其

---

①参看章群：《唐代蕃将研究》，台北联经出版事业公司，1985年。

②《唐文拾遗》卷66。

③廖彩梁：《乾陵稽古》附录《大唐故右卫员外大将军燕国公李谨行墓志铭》。

④《唐会要》卷21《陪陵名位》。

为"功臣"及"德业佐时者"，固不待言。而谨行父子受赐国姓之荣，"类同本之枝干"，又可备"懿成宗臣"之数，表明谨行确实具备了陪陵的最基本条件。

2.天子优待蕃将

自贞观四年（630年）后至高宗时代，由于"府兵不堪攻战"，[1]多以蕃将蕃兵征讨，蕃将在国家的军事活动中，具有举足轻重的地位。所以，天子对诸多蕃将恩宠备至，不仅酬以名爵玉帛，且给予赐姓配陵之荣，陪葬昭陵者，至少有十六人之多，[2]高宗袭太宗遗风，给出身于蕃将世家的李谨行以陪陵优待就不足为怪。

3.死得其时

李谨行的中晚期活动基本上都在帝国东、西部战场，由于十余年不在京城，所以没有迹象表明他曾卷入朝廷中的"帝党"和"后党"间的政争，应当属于无争议的大臣。而其死又恰在高宗晏驾的同年，却又早于高宗数月，高宗驾崩后，忠于李唐的诸多蕃将，大多陷入对武则天持观望的尴尬处境，由是武则天对他们不能不有所顾忌，但李谨行早死，不存在武则天对他产生"猜忌"的态度。这大概是李谨行得以陪葬乾陵的重要原因之一。

（原载《唐代历史与社会》，武汉大学出版社，1997年）

---

①《贞观政要》卷2《纳谏第五》。
②参看拙作《唐代蕃将》，三秦出版社，1990年。

李光弼生父生母考

一、李光弼的生父为谁?

治唐史者几乎无不熟知唐代中兴名将李光弼的生父李楷洛。然而,光弼父辈时代有两个李楷洛,并同出自契丹,且都冠以"契丹酋长"称号。由是,古今史家多有人将两者合二为一。究竟谁是李光弼之父,这似乎是桩扑朔迷离的公案。

将两个李楷洛(或落、雒)混为一谈者始自《资治通鉴》。《通鉴》谓光弼"契丹王楷洛之子也。"胡三省更注云:"开元初,李楷洛封为契丹王。"①今人论著亦有谓光弼父楷洛曾封王并授松漠都督。(张正明《契丹史略》,中华书局,1979年)。

可是,查两《唐书·李光弼传》,并无光弼父封王授松漠都督府都督的记载。《旧唐书》称:

> 李光弼,营州柳城人。其先,契丹之酋长。父楷洛,开元初,左

---

①《资治通鉴》卷215唐玄宗天宝六载十月条及胡注。

323

羽林将军同正、朔方节度副使，封蓟国公，以骁果闻。

《新唐书》则说：

> 李光弼，营州柳城人。父楷洛，本契丹酋长，武后时入朝，累官
> 左羽林大将军，封蓟郡公。吐蕃寇河源，楷洛率精兵击走之。初行，
> 谓人曰："贼平，吾不归矣。"师还，卒于道，赠营州都督，谥曰忠烈。

两《唐书》所记，虽小有差异，但在李楷洛未曾封王授松漠都督上却
完全一致。而《新唐书》记述较详，显然据杨炎所撰李楷洛二碑。其《云
麾将军李府君神道碑》追述楷洛自契丹率部归降朝廷后，被武则天重委，
"特拜玉钤卫将军"，"又拜左奉宸内供奉"。并在武则天晚年至唐玄宗开元
年间，累次遣出征讨，北击后突厥、靺鞨、"两蕃"（契丹、奚）等，西御
吐蕃，"前后录功凡二十四命，食邑二千七百户，封蓟郡开国公，又加云麾
将军"。终年67岁，"追赠营州都督"（《全唐文》卷422）。其《唐赠范阳
大都督忠烈公李公神道碑铭并序》，在楷洛事迹的时间概念上讲得尤为清
楚：其一，曾参与松漠都督李尽忠于万岁通天中（696年）发动的反叛中央
的活动，直到久视中（700年），即叛乱被基本平定之后，李楷洛犹"骁骑
岁入于辽，西临太原，南震燕赵"，武则天"有命招谕"，楷洛遂于是岁
"以控弦之士七百骑垂橐入塞，解甲来朝"，授玉钤卫将军。其二，归降朝
廷后，颇为武则天之后诸帝所信任：中宗时（705—710年），"开朔方之地
四百里"；睿宗时（710—712年），"食佐命之邑三千户"；玄宗开元时（713
—741年），"则主禁卫"。其三，天宝元年（742年）五月二十日，"自河源
薨于怀远县之师次，春秋六十七，赠营府都督"。第二年，以诏令葬于富平
县檀山原（在今陕西富平县境）。其四，乾元中（758—759年），因两子李
光弼、李光进贵显，肃宗遂对楷洛"谥曰忠烈，赠司空、范阳大都督"。

综上可知，李楷洛自久视元年（700年）以契丹部落酋帅的身份归降朝
廷，至天宝元年（742年）卒于怀远县（今宁夏银川市），在长达四十三年

中，他或在京城宫禁北军中供职，或遣出征讨，没有任何迹象能表明他曾被遣归本蕃，更不曾受封契丹王和授松漠府都督。这就是说，楷洛降后至终年，始终为典型的入朝蕃将。

所谓入朝蕃将是指那些在朝廷或内地任职的蕃人将领。唐代的蕃将中除了入朝蕃将还有大批在蕃蕃将。在蕃蕃将是指那些不脱离本藩并在羁縻府州或其他蕃区任职的蕃人将领。如契丹王李尽忠，在反叛前袭羁縻府松漠都督，像李尽忠内兄契丹部酋孙万荣，于起兵前世袭羁縻州归诚州刺史，就属于在蕃蕃将。

司马光等之所以误李光弼生父李楷洛曾受封契丹王和授松漠府都督，原因就在于他们混淆了"入朝"和"在蕃"两种不同的蕃将概念，错把入朝蕃将李楷洛当成在蕃蕃将李楷洛。

饶有趣味的是，李楷洛入朝后，在契丹又冒出一个姓名亦为"李楷洛"的酋长。据《册府元龟》卷975《外臣部·褒异二》载：开元十年（722年）七月，契丹大首领楷落来朝，"授郎将放还"。《新唐书》卷219《契丹传》称：天宝四载（645年），松漠都督李怀秀"杀公主叛去"，玄宗"更封其酋楷落为恭仁王，代松漠都督。"而《册府元龟》卷956《外臣部·封册三》则谓：天宝五载（646年）二月，"契丹王楷雒为恭仁王，仍授松漠府都督。"《通鉴》卷215天宝五载四月癸未条下云："契丹酋楷洛为恭仁王。"按楷落、楷雒或楷洛均为契丹人名的音译异写，故开元十年授郎将后又遣回本蕃的楷落，即天宝五载被册封为恭仁王、松漠府都督的楷洛（或雒），当无疑问。又，契丹王族，本姓大贺氏。贞观中，太宗因其君长窟哥举部内属，遂以其部置松漠都督府（治所在今内蒙古巴林右旗南）授窟哥松漠都督，赐姓李氏。自是，至少在唐朝前期，契丹王、松漠府都督，均以李姓为氏。并由之可以断定，玄宗时代的契丹君王、松漠都督楷洛（或落、雒），出自契丹李姓（即大贺氏）王室，亦当无疑。然而这个李楷洛，只具大唐在蕃蕃将的身份，与光弼父、入朝蕃将李楷洛，除同出契丹王族和姓名雷同外，两者在其他方面则毫不相干。

值得注意的是，尽管《通鉴》将在蕃蕃将契丹王兼松漠都督李楷落

（或雏）误为光弼之父而译写名字为楷洛，但无论是两《唐书·李光弼传》抑或两《李楷洛碑》，均不曾把光弼生父、入朝蕃将李楷洛的名字译写为楷落或楷雏。这一方面说明李楷洛因入朝已久，汉写名字早已固定化、规范化，同时也表明两《唐书》作者和碑铭撰者杨炎大概已意识到不能将光弼父李楷洛与在蕃蕃将李楷落（或雏）混为一谈。

二、李光弼的生母、外祖及其他

无独有偶，当《通鉴》等将两个李楷洛合二为一时，《新唐书》等却将李楷洛的夫人即李光弼的生母一分为二，对光弼的生母为李氏抑或武氏，争论不休，莫衷一是，至今犹为千古悬案。

关于光弼生母的姓氏，就史籍所见，不外有三种认识：

其一，李氏说。

《旧唐书·李光弼传》云：

> 母李氏，有须数十茎，长五六寸，以子贵，封韩国太夫人，二子皆节制一品。光弼十年间三入朝，与弟光进在京师，虽与光弼异母，性亦孝悌，双旌在门，鼎味就养，甲第并开，往来追欢，极一时之荣。

且不论上段文字中的光进是否为光弼的异母弟，李氏为光弼的生母都是明确无误的。

其二，继母李氏，生母不详说。

《新唐书·李光弼传》一方面谓光弼"母李"，"封韩国太夫人"，"死葬长安南原，将相奠祭凡四十五幄，时以为荣"。可是另一方面，在《赞》中又称美光弼"位王公事继母至孝"。这就是说，所谓"母李"不过是继母。那么，生母是谁呢？则语焉不详。又，《通鉴》代宗广德二年（764年）二月戊寅条谓：代宗播迁陕州（今河南陕县）以避吐蕃，亟盼诸侯勤王，而李光弼竟迁延不至，"上恐遂成嫌隙，其母在河中，数遣使存问之"。随后又"迎其母至长安，厚加供给，使其弟光进掌禁兵，遇之加厚"。在这里，未讲光弼生母出自何氏，只浑言"其母"云。应亦归入母氏不详说。

其三，生母武氏说。

> 初，天后万岁中（?），大将军燕国公武楷固为国大将，威振北陲。有女曰今韩国太夫人，才淑冠族。尝鉴之曰："尔后必生公侯之子。"因择蓟公（按，谓李楷洛）配焉。后果生公。（《全唐文》卷342）。

据此，清人王昶认为：

> 是光弼之母武氏也，传则云母李……，是以其母为李氏矣。疑子为李氏，不应母与同姓，史误显然（《金石萃编》卷92《李光弼碑跋》）。

以上三说，孰是孰非暂且不论，让我们先搞清大将军燕国公武楷固为何许人物：

> 久视元年，秋，七月，〔李楷固〕献俘于含枢殿。太后以楷固为左玉钤卫大将军、燕国公，赐姓武氏。[①]

原来武楷固本姓李，因战功受宠于武则天，被赐以武周政权的国姓。至于李楷固的来历，《旧唐书·狄仁杰传》介绍说：

> 楷固……契丹李尽忠之别帅也。初，尽忠之作乱，楷固等率兵以陷官军，后兵败来降，有司断以极法。仁杰议以为楷固等并有骁将之才，若恕其死，必能感恩效节，又奏请授其官爵，委以专征，制并从之。及楷固等凯旋，则天召仁杰预宴，因举觞亲劝，归赏仁杰。

---

① 《资治通鉴》卷207则天后久视元年七月条。

是楷固与楷洛同出契丹，他们在本蕃的身份同为酋帅，又都参与万岁通天中（695年）的契丹松漠都督李尽忠、归诚州刺史孙万荣的反叛活动，只是兵败后楷固最迟在久视元年（700年）初就投降朝廷，而楷洛直至是年冬才接受天子的招安。有迹象表明，楷洛的归降可能同楷固有关。杨炎两《李楷洛碑》称，久视中（700年），李楷洛"以骁骑岁入于辽，西临太原，南震燕赵，云火照于河上，天兵宿于北门，朝廷忧之"。武则天遂"密命奇士，要之信誓"。楷洛"由是奋跃辽海，翻飞上京"。联想到是岁"悉平""契丹余党"的为李楷固，①领受则天"密命"招降楷洛的"奇士"当为楷固。如是，楷洛既与楷固有大体相同的经历，又在关键时刻系命运于楷固，二人的关系非寻常可比。又，早在"天后万岁（登封或通天）中"（695-696年），两人就已结翁婿关系（《李光弼碑》）。由之先降于朝廷的李楷固受命招安女婿李楷洛，则更是顺理成章。

综上可知，光弼的生母本应为李氏，因外祖楷固被则天赐武氏，故外祖所生女儿自然要从其父新受姓氏。后来中宗复位，出于攀龙附凤的政治需要，楷固又当然要复姓李氏。所以《旧唐书·李光弼传》谓光弼生母李氏，而《李光弼碑》称光弼生母为武氏，应当说，都不错。只是二者，未将李楷固姓氏的变迁和还原交代清楚罢了。至于欧阳文忠公的"继母"云，王昶的"史误显然"云，只能表明他们为历史的表面现象所迷惑，不清楚李氏即武氏，至将一人误为二人，这才真正是史误显然。

（原载《唐史论丛》第六辑，陕西人民出版社，1995年）

---

①《资治通鉴》卷206则天后久视元年六月条;《新唐书·契丹传》。

铁勒契苾部与契苾何力家族

　　铁勒契苾部是我国中世民族史上一个扑朔迷离的民族。其最早以"高车解批部"见于《魏书》记载，并于隋炀帝大业元年（605年）突兀而起，击败称霸西域的西突厥泥撅处罗可汗，在贪汗山（今新疆博格多山）北建立了一个号令邻国的强大的铁勒汗国。但旋起旋落，建国仅十年左右，就复为西突厥所并。此后其族又销声匿迹二十余年。至唐太宗贞观六年（632年），于隋末西迁热海（今中亚伊塞克湖）之上的契苾民族，又在其酋长契苾何力的率领下东徙凉州（今甘肃武威）地区。然而自贞观十六年（642年）后，其族又呈现不识庐山真面目的状态：或徙于漠北而难窥其详，或隐于金山（今阿尔泰山）而难求其实，或融于突骑施而真相不明，或再现于凉州而复遁入回纥，直到晚唐五代，其踪迹又集中于振武（今内蒙古和林格尔西北）。而入朝蕃将契苾何力，虽两《唐书》特为立传，但其子孙后裔的事迹，既罕有记载，复语焉不详。本文针对以上问题，试图从蛛丝马迹中探求铁勒契苾部兴衰变迁，并对蕃将世家契苾何力家族在唐代的某些社会活动给予考察。

契苾，隋时异写为"契弊"，见于《隋书》和与《隋书》资料同源的《北史》。契弊一见于史籍记载，就以非同凡响的铁勒强部为史家所艳称。

据《隋书》卷84《铁勒传》称，铁勒之先，"匈奴之苗裔焉"。[①]其"种类最多"，自西海（今里海）之东，至独乐河（今土拉河）以北的广大地区，分布着七大群不下四十种的铁勒游牧部落。其中的白山群体中，则有契弊等部落：

> 伊吾以西，焉耆之北，傍白山，则有契弊、薄落职、乙咥、苏婆、那曷、乌讙、纥骨、也咥、于尼讙等，胜兵可二万。[②]

伊吾即今新疆哈密市，焉耆故址在今新疆焉耆回族自治县西南四十里处，白山今称天山，也就是说，在今新疆哈密以西、焉耆以北、沿天山北麓，于隋时分布着铁勒契弊等部落。其实，早在北魏时，这一带就有铁勒的先民——高车族徙来。铁勒的称谓为"敕勒"之讹，敕勒俗好高轮车，故中原人称其族名高车。高车族原居漠北今色楞格河一带，后徙鹿浑海（在今蒙古鄂尔浑河之东）西北百余里处，即隋唐时的漠北名山乌德健山（今蒙古杭爱山）北麓地区。据《魏书》卷103《高车传》记载，北魏太和十一年（487年），臣属于柔然，拥有十余万帐落的高车酋长阿伏至罗，因反对柔然可汗豆伦侵扰北魏边塞，"固谏不从"，遂怒而率部西迁至车师前部（今新疆吐鲁番）西北，即今天的新疆天山、阿尔泰山之间的准噶尔盆地，建高车国，阿伏至罗自立为王。按，高车有狄、袁纥（即回纥）、斛

---

①《旧唐书》卷199下《北狄·铁勒传》称："铁勒，本匈奴别种。"按，铁勒于战国秦汉时称"丁零"，曾两度被匈奴所征服，为匈奴所役属，故称"匈奴别种"则可，谓"匈奴之苗裔"（即后人），不确。丁零后称"敕勒""狄历""高车"等，北周、隋、唐时，讹为铁勒。

②《隋书》卷84《北狄·铁勒传》；《北史》卷99《铁勒传》：乌讙作"乌护"；于尼讙作"于尼护"。

律、解批等七大姓氏，①其中的"解批"即为契苾的原始异写，并据信追随阿伏至罗西迁者肯定有解批部落。卒于开元十八年（730年）的契苾酋后人契苾嵩，其墓志在追述祖上地望时，明确地讲，先祖"出于漠北□乌德建山焉"。②从而表明后来"傍白山"游牧的契弊部落，确系于北魏孝文帝时自漠北迁来。又，高车解批部西迁前，尚有南徙附北魏者。《魏书·高车传》云：北魏太祖道武帝时，高车解批莫弗（即酋长）幡豆建，"率其部三十余落内附"。姚薇元先生考证出解批幡豆建的内附为天兴四年（401年）事。③查《魏书》卷2《太祖纪》天兴四年正月条，有"高车别帅率其部三千余落内附"的记述。是《高车传》中"三十余落"云，实为"三千余落"之讹。如此之多的解批人降魏，其意义非同小可，故《魏书·官氏志》中将解枇（批）划入代北内入贵姓之列，并称"解批氏，后改为解氏"。④但西迁的高车解批部落，截至隋初却默默无闻，不见史载。直至隋炀帝大业元年（605年），臣于西突厥、世袭俟利发和俟斤的契弊酋长歌楞，却一跃而为西域政治舞台上的主要角色：

> 大业元年，突厥处罗可汗击铁勒诸部，厚税敛其物，又猜忌薛延陀等，恐为变，逐集其魁帅数百人，尽诛之。由是一时反叛，拒处罗，遂立俟利发俟斤契弊歌楞为易勿真莫何可汗，居贪汗山。复立薛延陀内俟斤，字也咥，为小可汗。处罗可汗既败，莫何可汗始大。莫何勇毅绝伦，甚得众心，为邻国所惮，伊吾、高昌、焉耆诸国悉附之。⑤

"俟斤"为突厥官号爵阶中的一种，一般只授给异姓突厥中实力较弱的部酋，而"俟利发"（或称"颉利发"）则授予强部酋长。西突厥"官有俟

①《魏书》卷103《高车传》。

②周绍良主编：《唐代墓志汇编》1374页《契苾嵩墓志》。

③《北朝胡姓考·内篇第三》。

④《魏书》卷113《官氏志》。

⑤《隋书》卷84《北狄·铁勒传》。并见《北史》卷99《铁勒传》；《通典》卷199《边防典十五·铁勒》；《旧唐书》卷199下《北狄·铁勒传》；《太平寰宇记》卷198《铁勒》等。

〔利〕发，阎洪达，以评议国事"；①俟利发"于蕃中官品称为第二"。②可见契苾歌楞在被推戴为可汗前，在既有"俟斤"官品之后，复被西突厥冠以显示其地位、实力的俟利发官号；其被铁勒诸部推向可汗宝座，绝非事出偶然。又，据《旧唐书·铁勒传》：也咥小可汗"居燕末山北"。前人考证，燕末山为金山（即阿尔泰山）支脉，在今蒙古科布多西南。是以契苾、薛延陀联盟为核心的铁勒汗国，南起白山，北至金山，即拥有今准噶尔盆地30余万平方公里的广域。

关于莫何可汗的事迹，史籍罕有记载，除上引《隋书·铁勒传》等"居贪汗山"（今新疆博格多山，莫何建牙于此）、"勇毅绝伦""为邻国所惮"等记述外，仅有个别零星资料。归纳起来，有以下四个方面。

其一，以战求存。

西突厥毕竟是西域的霸主，泥撅处罗可汗虽因暴敛、滥诛而诱发铁勒叛离，但对立足未稳的莫何政权而言，西突厥随时都有可能反扑过来，将新生的铁勒国扼杀于摇篮内。由是莫何可汗采取以战求存、以攻为守的战略。他主动进攻，数与处罗战，"屡破之"。③铁勒国因此得到巩固。

其二，以战促交。

在对西突厥近攻的同时，于辽远的隋帝国则推行交好的方针。其目的是为借大国的支持，以巩固和发展铁勒国在西域的地位。莫何即汗位不久，就同属国高昌一道派遣入隋使者"贡方物"。④这种主动同隋交好的姿态，似乎并未引起炀帝的注意，于是莫何出人意料地下了一步险棋，派军队入寇隋国西部边塞，试图以战促交。大业三年（607年）十月，炀帝遣将军冯孝慈西出敦煌迎击，结果隋军"不利"。莫何在既胜之后，却"遣使谢罪，请降"。⑤可见莫何"寇边"，其意图是希望通过在战场上显示实力，借以向

①《隋书》卷84《西突厥传》。
②《全唐文》卷435《唐维州刺史安侯神道碑》。
③《资治通鉴》卷180隋炀帝大业元年十二月条。
④《册府元龟》卷970《外臣部·朝贡三》。
⑤《资治通鉴》卷180隋炀帝大业三年十月条;《隋书》卷83《吐谷浑传》。

隋求和、促交。莫何此战，确为炀帝所刮目：在既遣黄门侍郎裴矩"慰抚之"之后，复又欲借重莫何兵力，"讽令击吐谷浑以自效"。这正符合莫何远交近攻的外交思想，于是，"铁勒许诺，即勒兵袭吐谷浑，大败之"。[①]吐谷浑可汗慕容伏允东走，保西平境（今青海乐都县）。炀帝抓住战机即令杨雄、宇文述出西平迎击伏允，大破其众。吐谷浑"东西四千里，南北二千里皆为隋有"，伏允无以自资，率其徒数千骑，客于党项。[②]

其三，支持隋对西域的经营。

吐谷浑既破，炀帝经营西域的胃口亦随之大开，就在同莫何东西夹击吐谷浑的当年，即涉足于铁勒国的势力范围。时通往西域的门户共有北、中、南三处，炀帝首先看中通西域的北道门户——伊吾。伊吾即今新疆哈密市，本为匈奴呼衍王庭所在，东汉取之以控制西域。隋时，"商胡杂居，胜兵千，附铁勒"。[③]炀帝不顾铁勒新近有功于隋，悍然决定以右翊卫将军薛世雄为玉门道行军大将，与东突厥启民可汗连兵击伊吾。当薛世雄师次玉门（今甘肃玉门市西北）时，启民竟背约不至。世雄只好"孤军度碛"。"伊吾初谓隋军不能至，皆不设备，及闻世雄兵已度碛，大惧请降，诣军门上牛酒"。世雄遂于汉旧伊吾城东筑新伊吾城，"以甲卒千余人戍之而还"。[④]薛世雄之所以兵不血刃就拿下伊吾，根本原因是伊吾的宗主国国君莫何可汗不愿同隋交恶，遂袖手旁观，听任隋军对伊吾的占领。尤其耐人寻味的是，大业五年（609年），炀帝西巡张掖，命裴矩"啖以厚利"，诱高昌王麴伯雅和伊吾吐屯设等及西域二十七国代表觐见天子。吐屯设等向慕中华文明并慑于大国之威，"献西域数千里之地"。[⑤]伊吾吐屯设竟有如此大手笔，其何许人也？胡三省云："吐屯设，意突厥所置，以守伊吾。"[⑥]笔者认为，此言不确。此时伊吾虽为隋军占领，但并不纯臣于隋，莫何既为

①《隋书》卷83《西域·吐谷浑传》。
②《北史》卷96《吐谷浑传》；《隋书》卷61《宇文述传》。
③《新唐书》卷221下《西域·伊吾传》。
④《隋书》卷65《薛世雄传》。
⑤《隋书》卷3《炀帝纪上》；《资治通鉴》卷181隋炀帝大业五年六月丙午条，并胡注。
⑥《隋书》卷3《炀帝纪上》；《资治通鉴》卷181隋炀帝大业五年六月丙午条，并胡注。

"邻国所惮"，伊吾在更大程度上附属于同隋交好的铁勒。所以伊吾等国的吐屯设，只能是由莫何派出。也就是说，吐屯设任何大的政治动作，只能是莫何意志的反映。由此可知，隋对伊吾的远征和驻军以及伊吾吐屯设等的献地举措，乃至后来隋于其地置伊吾郡，都是得到莫何的默许甚至积极支持的。

其四，对属国进行有效的控制。

莫何可汗是通过向属国派遣吐屯设而实施宗主国对属国的监护权和典兵权的。按，吐屯为监护官，设为方面典兵官，即某方面的领军统帅，二者合称为一，表明吐屯设权限极大，集监护权、军权于一身，实际是所在国的太上皇，是代表宗主国对属国进行控制的关键性人物。此种官制，盛行于突厥，而为铁勒国所沿袭。莫何可汗不仅向伊吾城邦国派遣吐屯设，据信亦曾在其他属国推行吐屯设制度。如，史称"铁勒恒遣重臣在高昌国，有商胡往来者，则税之送于铁勒"。[1]铁勒长驻高昌的重臣，应即吐屯设，说明吐屯设还兼有控制属国的财政税收等大权。

综上可知，早在北魏时，解批（即后来的契弊、契苾）就已是铁勒族先民，高车的七大种姓之一，他们中除部分人内属并同鲜卑、汉人融合后改姓解氏外，多数人则西迁至今新疆准噶尔盆地。在沉寂百余年后，于隋炀帝大业元年（605年）崛兴，其酋长契弊歌楞被推立为铁勒国莫何可汗。莫何"勇毅绝伦"，既数败西突厥于前，复击溃吐谷浑于后，并号令邻国，结好隋朝，且为隋提供据点，支持炀帝对西域的经营。

然而，莫何可汗的铁勒国，只是个昙花一现的政权。大业七年（611年）世代建牙于金山（今阿尔泰山）地区的阿波、泥利系统的西突厥大可汗泥撅处罗，被建牙于鹰娑川（即今新疆开都河上游）的室点密、达头系统的西面可汗射匮击破降隋，射匮遂自立为大可汗，自是，西突厥汗国复兴，再次成为西域的主人：

---

①《隋书》卷83《西域·高昌传》。

射匮可汗者，达头可汗之孙也。既立后，始开土宇，东至金山，西至海，自玉门已西诸国皆役属之。[1]

值得注意的是，被役属的诸国君王中，就有铁勒国的大、小可汗：

西突厥射匮可汗强盛，延陀、契苾二部并去可汗之号以臣之。[2]

莫何何时去可汗之号臣隶于射匮？史无确切年代记载。但有一点可以确定，那就是应在大业七年处罗入隋、射匮即大可汗位之后。更较确切地说，应为大业八年（612年）之后的更远一点时间。

大业八年冬，高昌王麴伯雅在追随炀帝征高丽后被遣归国。伯雅为取悦天子，曾下令其国"庶人以上皆宜解辫削衽"，即进行服饰汉化的改革。炀帝对其"变夷从夏"之举十分欣赏，特予下诏表彰。但高昌王的"变服"令并未能推行，原因是高昌是铁勒的属国，"而铁勒恒遣重臣在高昌国"，"虽有此令取悦中华，然竟畏铁勒而不敢改也"。[3]这说明至少在大业八年底，铁勒仍为西域强国并独立于西突厥之外。

又，《隋书·铁勒传》称："处罗可汗既败，莫何可汗始大。"这段文字既可理解为莫何数与处罗战，屡击破之，因而莫何"始大"。亦可解释为射匮兴兵袭处罗，处罗大败，东走降隋；鹬蚌相争，渔人得利，因而莫何"始大"。

二

西突厥射匮可汗死后，其弟统叶护可汗（约618—630年在位）代

①《旧唐书》卷194下《西突厥传》。
②《旧唐书》卷199下《北狄·铁勒传》。
③《隋书》卷83《西域·高昌传》。

立。①在统叶护统治时期，铁勒国为西突厥吞并，契苾部被强制迁徙，并分裂为东、西两支。统叶护之后，契苾西支又曾数度迁移，最终融合于回纥"外九姓"之中，至晚唐五代，能保留契苾部号者，仅数百帐。

史称统叶护可汗"战辄胜，因并铁勒"②。透露此前的铁勒只是沦为西突厥的属国，尚保持相对独立性。统叶护时代的铁勒契苾部，不再出现契苾（弊）歌楞的名字，应是此前歌楞业已不在人世。跃上历史舞台的歌楞之子葛，③正值铁勒国为西突厥吞并之时。史称契苾葛与其父"皆有勇"，④可见铁勒国破时，契苾葛当与统叶护有一场殊死较量。但史籍中找不到任何一点这方面的信息，仅记其率部西迁事：

> 契苾何力，其先铁勒别部之酋长也。父葛，隋大业中继为莫贺咄特勒，以地逼吐谷浑，所居隘狭，又多瘴病，遂入龟兹，居于热海之上。特勒死，何力时年九岁，降号大俟利发。⑤

上引就契苾葛之所以率部西迁，罗列了诸多理由，含蓄地讲了西迁过程。但真相如何，似乎另有情况。且看下引：

> 统叶护可汗，勇而有谋，善攻战。遂北并铁勒，西拒波斯，南接罽宾，悉归之，控弦数十万，霸有西域，据旧乌孙之地。又移庭于石国北千泉。其西域诸国王悉授颉利发，并遣吐屯一人监统之，督其征赋。西戎之盛，未之有也。⑥

---

①两《唐书·西突厥传》均谓统叶护为射匮弟，但《资治通鉴》卷187唐高祖武德二年七月条称统叶护为射匮子。

②《新唐书》卷215下《西突厥传》。

③按，《新唐书·回鹘传附契苾传》谓"莫贺咄特勒〔勤〕"（即契苾葛）为歌楞弟，同书《契苾何力传》则认为葛为歌楞子。证之《契苾明碑》，子为是。

④《新唐书》卷217下《回鹘传附契苾传》。

⑤《旧唐书》卷109《契苾何力传》。

⑥《旧唐书》卷194下《西突厥传》。

这里讲了与契苾西迁有潜在联系的三个问题：一曰"北并铁勒"，二称"移庭"于千泉，三谓"西域诸国王悉授颉利发"。下边试分析这些问题，以求得契苾葛率部西迁的真相。

史籍中既云铁勒为西突厥所并，那就必然有个如何统治战败民族的问题。联想到契苾葛西迁，第一站为"遂入龟兹"，自然会使人感到这是统叶护对战败民族的一种强制迁徙。为了便于对契苾部尤其是其汗室一脉的控制，最稳妥的措施是将他们迁徙到西突厥王庭所在地附近。《旧唐书·西突厥传》称，射匮可汗建庭于龟兹北三弥山（今新疆库车县北哈尔克山）。而统叶护未移庭千泉（在今中亚伊塞克湖以西吉尔吉斯山）前，将亦设汗庭于此。这恰是契苾葛部被强行迁徙"遂入龟兹"的最好注脚。

在契苾葛部迁入龟兹不久，统叶护又决定将政治中心西徙至千泉。于是契苾葛部在新居席不暇暖，又被迫按可汗的意志随迁至热海（今中亚伊塞克湖）之上。这说明契苾西迁的根本原因并不在于故土"地逼吐谷浑，所居隘狭，又多瘴疠"，而是胜利者对战败者采取的一种便于役使乃至严厉惩罚的措施。

统叶护对西迁后的契苾部以何种形式进行统治？我们从其对西域诸国王"悉授颉利发"，"并遣吐屯一人监统之，督其征赋"的记载，并从前引契苾葛死后其子何力"降号大俟利发"，可以知道西突厥对契苾的控制有所松动，视其部为属国。虽然何力由"特勤"降号俟利发（即颉利发异写），但俟利发为属国国君号，且为大俟利发，有"评议"西突厥"国事"的特权，显示出其地位高于西突厥一般的属国国王。

但契苾何力家族在热海地区只待了十余年时间复又东迁：

〔贞观〕六年十月，契苾何力率其部六十（疑为"千"字。）余家款塞，帝处之凉州。[1]

---

① 《册府元龟》卷977《外臣部·降附》。

是什么原因促使何力非东徙投唐不可？出土于咸阳北原的何力孙契苾嵩的墓志中云：

> 母谓公（按：谓何力）曰："观汝志大，在此荒隅，非是养德。比闻大唐圣君，六合归之，四夷慕义，将汝归附，汝意如何？"公跪而言曰："实有诚心，若至中华，死而不恨。"将部落入朝，姑臧安置。[1]

自贞观四年（630年）唐灭东突厥，大唐声威远播域外，诸蕃向慕而至络绎不绝，于是"四夷君长诣阙请上为天可汗"。[2]顺乎时代潮流，何力母子"慕义"归附，诚为契苾投唐的重要原因。但与西突厥内立、连战不息、形势不断恶化，更有直接原因。

贞观二年（628年），统叶护可汗为其伯父所弑而自立，是为莫贺咄侯屈利俟毗可汗。莫贺咄原为小可汗，及此自称大可汗，遭到国人的强烈抵制。与契苾部接壤的右厢五弩失毕诸部另立泥孰莫贺设为可汗。泥孰不愿接受，复迎立在康居（今哈萨克斯坦东南）避祸的统叶护之子咥力特勤，是为乙毗钵罗肆叶护可汗。于是，西突厥两可汗伯祖与侄孙互相攻伐，连战不息，达数年之久。"其西域诸国及铁勒先投属于西突厥者，悉叛之，国内虚耗"。[3]既然铁勒等"悉叛"，当然契苾部也卷入叛垒。至何力投唐前，肆叶护在混战中得势，莫贺咄遁于金山（今阿尔泰山）后被泥孰所杀。可是，肆叶护"性猜狠信谗"，且无统御之略，在既为大可汗后滥杀功臣，猜忌泥孰，导致"群下震骇，莫能自固"。又"大发兵北征铁勒"，反为薛延陀等所败。[4]肆叶护于众叛亲离、内外交困中，再次遁于康居而卒。在一派混乱的西突厥，当然不是有"大志"的契苾何力的"养德"之所，为寻觅

---

① 周绍良主编：《唐代墓志汇编》1374页《契苾嵩墓志》。
② 《资治通鉴》卷193唐太宗贞观四年三月条，并见《唐会要》卷100《杂录》。
③ 《通典》卷199《边防典十五·西突厥》。
④ 《旧唐书》卷194下《西突厥传》。

"净土"，何力遂不远万里入朝。

应补充说明的是，当初铁勒国破亡、特勤契苾葛西迁时，契苾部有一支北徙于金山（今阿尔泰山）之北，降于东突厥。突厥史专家薛宗正先生认为：此北迁者为契苾东支，以别于居热海之上的西支。此支被异译为"车鼻"或"车鼻施"，东突厥可汗派突利部的阿史那斛勃为车鼻部的监国吐屯。东突厥为唐所灭后，余部大都投附于斛勃，并推立斛勃为君，遂以车鼻部名建号为乙注车鼻可汗，建牙于金山之北。可汗所统，除车鼻部外，还有拔悉蜜、哥逻禄、处木昆、拔塞干等部，实力可观。薛延陀破灭后，余部依车鼻可汗。可汗因支持薛延陀余部反唐复国，导致唐朝于贞观二十三年（649年）、永徽元年（650年）两次出兵讨伐，将军高侃生擒车鼻可汗，此政权遂亡。[①]此说疑问虽多，但值得重视。

薛宗正先生还认为：契苾何力等投唐后，尚有余部仍留居热海地带，即伊丽水（今伊犁河）至真珠河（今中亚纳伦河）流域的费尔干那盆地一带。为车鼻施西支。至于契苾称谓，则为何力母子东徙河西降唐后的车鼻施改译。后来车鼻施西支发生了反唐叛乱，阿史那车薄即为领导这次反叛的领袖。突骑施汗国崛兴，车鼻施成为此一汗国三大主姓之一，后世涌现了车鼻施·苏禄这样的著名领袖。车鼻施人黑发、黑睛，属蒙古利亚种，同突骑施乌质勒、娑葛之裔的体质特征迥然有异。故二姓之争中苏禄之裔称黑姓可汗，以别于黄姓可汗。[②]果若薛氏所言，则西迁热海的一支，除返东而迁的六千家，其余则融合于西突厥突骑施部之中。

内附后，酋长契苾何力入朝，授将军，定居京师。母封姑臧夫人，与擢为贺兰府都督的何力弟沙门置家于凉州，直接管押部落，处于在蕃蕃将地位。自贞观七年（633年）至十四年（640年），何力曾多次被遣率领凉州契苾兵参与征讨吐谷浑、高昌的战争，屡建殊功，备受天子优崇，尚临洮县主。[③]

①薛宗正：《突厥史》第六章，中国社会科学出版社，1992年。
②薛宗正：《突厥史》第七章。
③《旧唐书》卷109《契苾何力传》；《新唐书》卷110《契苾何力传》。

在唐时最为有名的契苾人为徙凉州（治姑臧县，今甘肃武威市）的六千户。

但凉州的契苾部，在贞观十六年（642年），竟有大部分人远走碛北，叛逃于薛延陀汗国，乃至奉命归里探母的契苾何力也被挟持，献于薛延陀真珠毗伽可汗：

> 先是左领军将军契苾何力母姑臧夫人及弟贺兰州都督沙门皆在凉州，上遣何力归觐，且抚其部落。时薛延陀方强，契苾部落皆欲归之，何力大惊曰："主上厚恩如是，奈何遽为叛逆！"其徒曰："夫人、都督先已诣彼，若之何不往！"何力曰："沙门孝于亲，我忠于君，必不汝从！"其徒执之诣薛延陀，置真珠牙帐前。何力箕踞，拔佩刀东向大呼曰："岂有唐烈士而受屈虏庭，天地日月，愿知我心！"因割左耳以誓。真珠欲杀之，其妻谏而止。[1]

消息传至朝廷，太宗为何力的大义凛然感动得落泪，以嫁新兴公主于真珠可汗为条件，求回何力。

何力的被执虽事出意外，但从契苾部落"皆欲归之"和何力母、弟"先已诣彼"看，叛逃阴谋当酝酿已久，绝非偶发性事件。经这年的集体大叛逃，凉州地区的契苾人当所剩无几。贞观六年特为内徙契苾部所置贺兰州都督府，至是废弃。

叛逃薛延陀的契苾部落结局如何？从贞观二十年（646年）六月太宗的诏书中可略窥消息：

> 诏曰："……延陀恶积祸盈，今日夷灭，丑徒内溃，凶党外离，契苾送款来降，其余相率归附。唯仆骨、同罗，犹怀假息……故欲暂往灵州，亲自招抚。"[2]

---

①《资治通鉴》卷196唐太宗贞观十六年十月条。
②《册府元龟》卷136《帝王部·慰劳》。

可见薛延陀穷途末路时，率先"送款来降"的是契苾部落。

太宗对契苾等归附十分高兴，更遣李勣与九姓铁勒共图薛延陀，李勣则派行军副总管刘仁愿"迎接车鼻，安抚九姓铁勒"[①]。此车鼻即漠北契苾部俟斤。是年八月，唐太宗在赴灵州（今宁夏灵武西南）途中，包括仆骨、同罗在内的铁勒十一姓酋长各遣使入贡，表示"归命天子，愿赐哀怜，乞置官司，养育奴等"[②]。太宗再次发布诏书：

> 其契苾车必俟斤及铁勒诸姓回纥胡禄俟利发等，总统百余万户，散处北溟，远遣使人，委身内属，请同编列，并为州郡。……朕当暂幸灵州，亲抚归附。[③]

诏书中似乎点出了契苾酋长之名，但细推敲，颇多疑问。按，俟斤为铁勒诸中小部落酋长的官号，契苾则为部姓，而"车必"为"契苾"或"车鼻"的异写，又何尝不是姓氏！是"契苾车必俟斤"只道出了契苾酋长的姓氏和官称，其真正名字是什么？是否为何力弟沙门，就不得而知了。但可以肯定，契苾俟斤所统部众即沙门母子原统或至少为原统的一部分，当无疑问。因为遍查史籍，再无其他契苾部人附薛延陀者。就是这支自凉州叛逃的契苾部，在薛延陀"内溃"时，因熟知朝廷优待降附的政策，所以率先内属。雄才大略的唐太宗隐其旧恶，既往不咎，且在诏书中将契苾排名铁勒诸部之首。但在贞观二十一年（647年）以铁勒诸部置府州时，却以回纥等六部置府，契苾等七部置州，这当与铁勒诸降附部落的大小和酋长的位望高（如为俟利发）低（如为俟斤）有直接关系。

以契苾所置称榆溪州。《新唐书·回纥传附契苾传》谓：贞观六年（632年），契苾何力率部内属，"诏处之甘、凉间，以其地为榆溪州"。大

①《金石续编》卷21《刘仁愿纪功碑》。
②《资治通鉴》卷198唐太宗贞观二十年八月条。
③《册府元龟》卷12《帝王部·告功》。

误！当年寄治凉州的为贺兰州都督府，而榆溪州则是以河西契苾叛逃者置，其地必在漠北。按，同传又称："契苾亦曰契苾羽，在焉耆西北鹰沙川，多览葛之南。"鹰沙川即鹰（或"应"）娑川异译，今新疆焉耆回族自治县开都河上游，原为西突厥可汗两王庭之一所在，亦为契苾西迁前的主要分布地。《新唐书》"鹰沙川"云系指原居地，非谓自凉州叛逃后居"多览葛之南"的契苾部也。故《通典》等对漠北契苾的地理方位的记述则直截了当：

> 契苾羽在多滥葛南，两姓合居，胜兵三千。[1]

而多滥葛的分布为：

> 在薛延陀东界，居近同罗水。[2]

又，契苾羽为契苾、苾羽"两姓合居"。但《唐会要》在介绍诸蕃马种时，竟出现契苾三姓马种：

> 契马，与阿跌马相似。在阎洪达井已北，独乐水已南，今榆溪州。
> 苾羽马，与回纥〔马〕同种。
> 契苾马，与碛南突厥〔马〕相似，在凉州阙氏岑，移向特勒山住。[3]

是漠北契苾或契苾羽部，竟为三姓之综合体！契苾、苾羽既为"两姓合居"，其地理分布应在"多览葛南"，即同罗水（今蒙古土拉河）以南地带，而其中的契苾姓人的方位尤为具体，原居冻州（今武威）阙氏岑（今地待考），北迁后住于特勒山。特勒山当为特勒山之讹，即漠北名山乌德健山（今蒙古杭爱山），东突厥、薛延陀、回纥均曾将汗庭建于此。乌德健山

---

① 《通典》卷199《边防典十四·契苾羽》。并见《太平寰宇记》卷198《契苾羽》等。
② 《册府元龟》卷958《外臣部·种族》。
③ 《唐会要》卷72《诸蕃马印》。

又称郁都军山，"在京师（按：谓长安）西北六千里。"[1]我们是否可以这样认识贞观十六年的凉州契苾的北迁线路：先至薛延陀可汗牙帐所在地，在特勤山一带游牧。后多数人东南迁徙于同罗水南更远的地方，并与当地人杂处，造成契苾、苾羽"两姓合居"的局面。再后，又与阎洪达井（今地不详，疑在"两姓"之南）以北契姓众融合，遂综合三姓为部号，以契苾羽为称。是契苾羽部除在特勒（勤）山有孑遗外，主要分布在今土拉河以东南的地带，榆溪州则置于主要为契姓种落的阎洪达井以北的地方。

《唐会要·诸蕃马印》还记有"处苾山马"。处苾应即"契苾"或"车鼻"异译。《会要》在行文时，将"处苾"排在"沙陀"之后，或为沙陀部分布地以北金山（今阿尔泰）的车鼻施部落。

反映契苾部分布与迁徙情况的还有贺兰州及府的再置问题。

永徽元年（650年）九月八日，因东突厥余孽车鼻可汗被执，"分其地置单于、瀚海二都护府"。"瀚海领金微、新黎七都督府、仙萼、贺兰等八州，各以首领为都督、刺史"。[2]此条史料大有问题。据岑仲勉先生考证："依本年制，此之单于，应改作燕然。"[3]而《旧唐书》更认为：贺兰州"寄在凉州界内。"[4]由是推知，贺兰州并非分东突厥车鼻可汗之地所置，而是分其部徙凉州界内复置于贞观十六年（642年）废弃的贺兰州。至永徽四年（653年），又以契苾部为贺兰都督府，隶燕然都护。[5]这当是州升府，且为废弃的贺兰府的复置。贺兰府州复置后的都督、刺史为谁？有迹象表明，很可能仍出自契苾何力家族，从《契苾明碑》和《契苾嵩墓志》等碑志资料所反映的情况看，至少自麟德中（664—665年）起，何力的子孙曾相继兼任贺兰都督。[6]

---

①《旧唐书》卷199下《北狄·铁勒传》。

②《唐会要》卷73《单于都护府》。

③岑仲勉：《突厥集史》上册卷7，中华书局，2004年。

④《旧唐书》卷40《地理志三·凉州中都督府》。

⑤《新唐书》卷217下《回纥附契苾传》。

⑥《全唐文》卷187《契苾明碑》；《唐代墓志汇编》1374页《契苾嵩墓志》；《文苑英华》卷459《命薛讷等北伐制》等。

唐代羁縻府州（又称蕃州）的设置原则是："即其部落列置州县。其大者为都督府，以其首领为都督、刺史，皆得世袭。"①由之提醒我们，贺兰州府的复置，应以凉州界的契苾已恢复为大部落为前提。此一问题。限于史料不足，只能试做某些分析。其一，贞观十六年的凉州契苾叛逃时，并未裹走全数部众。其二，漠北契苾返迁。从回纥部的"其都督亲属及部落征战有功者，并自碛北移居甘州界"②的记载看，贞观十六年叛逃碛北的契苾人，更有理由大批返迁故园。其三，外来户徙入。金山地带的车鼻施人应大量迁入，要不就不可能于凉州境重建贺兰州。

寄治凉州的贺兰州都督府，在武周政权时代，其所管部落更益壮大：

> 至则天时，突厥强盛，铁勒诸部在漠北者渐为所并。回纥、契苾、思结、浑部徙于甘、凉二州之地。③

但绝不是漠北契苾全数返迁。如开元三年（715年）八月，郁射施大首领鹘屈利俟斤自后突厥率部降附，玄宗在授鹘屈利俟斤为左骁卫员外将军的同时，并赏赐其妻契苾氏丝织物一百五十段。同年十月，在漠北的契苾都督邪没施亦率部降唐，玄宗擢邪没施为右威卫将军。④此外，在开元十八年（730年）、十九年（731年）、二十三年（735年）、二十五年（737年）的后突厥贡使中，均有车鼻施俟斤，⑤表明虽有开元初因后突厥中衰而契苾都督邪没施等率部降唐，但不久伴随着后突厥的复兴，漠北契苾部又成气候，以至于其部落都督（即车鼻施俟斤）为可汗所器重，屡被小杀、登利委以出使唐朝的重任。总之，漠北契苾虽有不少人返迁凉州和开元三年的契苾都督率部内属，但每经挫折之后，元气很快恢复，从未一蹶不振，一

---

①《新唐书》卷43下《地理志七下·羁縻州》。

②《唐会要》卷98《回纥》。

③《旧唐书》卷199下《北狄·铁勒传》。

④《册府元龟》卷974《外臣部·褒异一》。

⑤《册府元龟》卷971《外臣部·朝贡四》、卷975《外臣部·褒异二》。

直为漠北较强的部落之一。

就在漠北契苾旋衰旋兴的同时，凉州契苾却如日薄西山，很快衰落下去。至少有三桩大事在加速着凉州契苾的衰败过程。

其一，后突厥侵略。

据《旧唐书·许钦明传》，早在万岁通天元年（696年），后突厥可汗默啜就曾亲率大军数万，兵临贺兰府所在的凉州城下，都督许钦明拒战，"久之，力屈被执"，后来钦明为默啜杀害。又据《大唐新语》，在许钦明被害之后，后突厥的铁蹄屡次光顾凉州，"频至城下，百姓苦之"。默啜之后的毗伽可汗（即小杀）表面与朝廷通好，一有机可乘，就入寇甘（今甘肃张掖）、凉等州，以其有契苾、回纥等部落可掠也。如开元八年（720年）九月，小杀的最重要的谋臣暾欲谷统军入寇甘、凉二州，"凉州都督杨敬述为其所败，掠契苾部落而归"。两个月后，后突厥又寇凉州，"杀人，掠羊马万计而去"。①

其二，在被诬事件中受到严重伤害。

唐代羁縻府州的行政管理体制中，存在着要接受边州都督、都护押领的重要管理环节。凉州界有回纥、契苾等部落所置蕃州（即羁縻府州），其都督、刺史统受凉州都督节度。开元十五年（727年），凉州都督王君㚟以个人恩怨，向天子诬告瀚海府大都督回纥承宗等"潜有叛谋"。由是，回纥承宗长流瀼州（今广西上思县西南），皋兰府都督浑大德长流吉州（今江西吉水县东北），贺兰都督契苾承明长流藤州（今广西藤县东北），卢山都督思结归国长流琼州（今海南琼山县东南）。在京为官的契苾承明的父亲契苾嵩也被株连，贬为连州（今广东连县）别驾。由之激变回纥等部，瀚海府司马护输"乘众怨，共杀君㚟，梗绝安西诸国朝贡道"。朝廷派大军讨逐，护输等"退保乌德健山"②。乌德健山即漠北的今蒙古杭爱山。在"众怨"难以遏制的情况下，契苾等部亦应卷入护输的反叛，也当有相当数量的契苾部众遁走漠北。

①《旧唐书》卷8《玄宗纪》。

②《旧唐书》卷103《王君㚟传》、卷195《回纥传》；《新唐书》卷217上《回鹘传》上。

其三，"安史之乱"导致贺兰等府尽陷吐蕃。

在"安史之乱"中，哥舒翰曾率河西铁勒契苾等部落兵守潼关，致全军覆没，潼关陷落，领凉州契苾兵的将军契苾宁于兵败后不知所终。消息传至河西诸胡部落，引致一派混乱。据《通鉴》卷218肃宗至德元载（756年）六月丙午条记：当诸胡闻其都护〔督〕"皆从哥舒翰没于潼关"时，因群龙无首，"争自立，相攻击"。于是朝廷赶快派在外的河西兵马使周泌为河西节度使，返镇"招其部落"。次年正月，凉州城内又爆发胡人聚众六万、杀节度使周泌的恶性事件，时凉州大城内有小城七个，反叛者竟据其五。内乱犹可平定，但对外患，朝廷则束手无策，至广德元年（763年），吐蕃尽取河西陇右之地。以契苾所置贺兰州都督府，当然也就不复存在。

吐蕃占领凉州后的契苾去向如何？由于早在天宝初年回纥汗国就已崛起漠北，同气相求，与回纥同为铁勒部族的契苾，最有可能也是最好的归宿，是返迁漠北，与那里的契苾人结合，并最后融合于回纥之中。唐后期许多铁勒部落不再见于史籍，其根本原因就在于这些部落已完全融于回纥民族。而契苾部虽有文献记载，但却是作为回纥的"外九姓"存在。回纥有药罗葛（汗室姓）等"内九姓"构成回纥汗国的统治阶层，而"外九姓"中除"回纥"外，则是作为拱卫可汗的藩部出现：

> 一曰回纥，二曰仆固，三曰浑，四曰拔曳固，五曰同罗，六曰思结，七曰契苾，……八曰阿布思，九曰骨仑屋骨恐。①

其九姓部落，"一部落置一都督，于本族中选有人望者为之"。②在回纥助平"安史之乱"中，从登里可汗征讨的就有地位很高的名曰吐拨裴罗的车鼻（契苾）将军。他不仅敢于斥责雍王（即以后的唐德宗）不懂礼数，

①《唐会要》卷98《回纥》。
②《唐会要》卷98《回纥》。

不对可汗"舞蹈",而且榜捶朝廷大臣致死。①这个车鼻将军当出自"外九姓"中的契苾部上层。

回鹘（元和四年回纥所易名）汗国破亡时，"外九姓"中的契苾不知所终，只有部分帐落南下附唐：

〔太和〕六年春正月……戊戌，振武李泳招收得黑山外契苾部落四百七十三帐。②

振武，方镇名，领单于都护府和麟、胜二州，治所在今内蒙古和林格尔西北。李泳时为振武节度使。黑山，在今内蒙古包头市西北。这支黑山外契苾部落的首领，有迹象表明，应即契苾何力的玄孙契苾漪。从其任胜州刺史兼本州押蕃落义勇军使，③可知其部落被安置于振武所管的胜州（今内蒙古准格尔旗东北黄河南岸十二连城）。契苾漪子契苾通作为"蕃中王子"随父投唐，官至振武节度使。④其族人契苾璋继通之后，亦曾授振武镇帅。⑤到唐末主哀帝即位的当年（905年），振武曾发生一起由镇将契苾让牵头驱逐他姓镇帅的事件，⑥足以说明，自漠北归来的这支契苾部落，经数代人在振武经营，这一带地方已成为他们的势力范围。

五代后唐时，振武移治于朔州（今山西朔州市），其所管契苾、退浑（即吐谷浑）等部族也随迁朔州附近。后唐明宗长兴元年（930年）六月、七月，分别有"契苾指挥使李骨西等来朝"，"振武张方进呈纳契苾木书二

---

① 《旧唐书》卷195《回纥传》；《新唐书》卷217上《回鹘传上》。并见《资治通鉴》卷222唐肃宗宝应元年十月条。

② 《旧唐书》卷17下《文宗纪下》；《新唐书》卷217下《回鹘传附契苾传》；《册府元龟》卷977《外臣部·降附》将此条误置于元和六年条。

③ 《全唐文补遗》第一辑第358页《契苾通墓志铭》；《全唐文》卷705《请何清朝等分领李思忠下蕃兵状》。

④ 《全唐文补遗》第一辑第358页《契苾通墓志铭》；《全唐文》卷705《请何清朝等分领李思忠下蕃兵状》。

⑤ 吴廷燮:《唐方镇年表》卷1《振武》。

⑥ 《旧五代史》卷52《李嗣昭传》。

封"的记事，①不仅说明振武一带集中大批的契苾部人，也透露出契苾部酋被赐国姓的史实。自是，史籍罕有契苾姓氏的记载，是否为其已融于李姓之中？

三

上云有唐一代，铁勒契苾部经频繁的迁徙和政治磨难，最终见于史载者只有自漠北归来的契苾何力之裔所统的四百余户。关于契苾何力后人的世系，已有学者作过很有见地的考证，②本文不再赘说，仅就个别遗漏和这个家族的某些特征，如文化修养、籍贯变迁、婚姻状况、蕃将世家等试作说明如下：

其一，文化特征。

契苾何力来自中亚，此前，由于西突厥尚未划入唐朝版图，其很少接触汉族文化，当无疑问。可是自贞观六年（632年）入唐，仅十余年时间，就已具备很宽厚的汉文学功底：

> 司稼卿梁孝仁，高宗时造蓬莱宫，诸庭院列树白杨。将军契苾何力，铁勒之渠率也，于宫中纵观。孝仁指白杨曰："此木易长，三数年间宫中可得阴映。"何力一无所应，但诵古诗云："白杨多悲风，萧萧愁杀人。"意谓比是冢墓间木，非宫中所宜种。孝仁遽令拔去，更植梧桐也。③

《白杨》诗见南朝梁昭明太子萧统所编《文选》中的《古诗十九首》，何力脱口诵出，足见其汉文学功力不凡。别说多数"不知书"的蕃将们难与比拟，就连一般汉将的文学修养也远不及何力。其子契苾明更是了不得，碑云：

---

① 《册府元龟》卷972《外臣部·朝贡五》、卷980《外臣部·通好》。
② 陈根远：《唐〈契苾通墓志〉及相关问题》，载于《碑林集刊》1994年第2辑。
③ 《隋唐嘉话》卷中。

亭亭有千丈之干，其高非易仰；汪汪如万顷之波，其深不可测。有硕学焉，有令问焉；擅班、马之雄辩，蓄灵蛇之雅作。……高名振朝野之际。①

碑志多谀辞，《契苾明碑》不无溢美之嫌，但正史中也有盛称契苾明"性淹厚喜学，长辩论"者，②可见出自蕃人将门的契苾明文武兼备，绝非武夫中的等闲之辈，碑文当有所据。特别应称道的是，何力裔孙中的一支因避祸遁入漠北七十余年，至四世孙契苾漪时，于太和六年（832年）携子归来，数年后其子契苾通擢振武都头。通承袭何力一脉"阅礼敦诗"的家风，尤喜同汉族士人交游：

契苾公乃为振武都头。权操万余兵，致名最盛。往来贤士君子，多游其门，饮食必精，沾赉必厚。虽由于大贤特达，并繇内成美也。③

可见成就契苾通好士好名声的，还有他的贤内助作用。家风如是，男女皆然。后来，契苾通官历胜、蔚（今河北蔚县）、仪（今山西左权县）、丹（今陕西宜川县）等州刺史。会昌二年（842年）契苾通调离蔚州任所，受命统契苾等蕃兵征讨回鹘可汗，大诗人李商隐就有诗赠别与他。诗曰：

何年部落到阴陵，奕世勤王国史称。
夜卷牙旗千帐雪，朝飞羽骑一河冰。
蕃儿襁负来青塚，狄女壶浆出白登。
日晚鸊鹈泉畔猎，路人遥识郅都鹰。④

---

① 《全唐文》卷187《契苾明碑》。
② 《新唐书》卷110《契苾何力传附契苾明传》。
③ 《唐代墓志汇编》下册2260页《契苾公妻何氏慕志》。
④ 《全唐诗》卷541李商隐《赠别前蔚州契苾使君》。

《赠别》诗寄托了诗人同契苾通的深厚友情，既有对"奕世勤王"的契苾家族的称颂，又有对军旅环境艰苦的担忧，并坚信契苾通能旗开得胜，受到蕃儿狄女的襁负、荷浆式的热烈欢迎。由李商隐都"游其门"，可知其他文人骚客对契苾通当更是趋之若鹜。

据上，不难看出契苾何力家族的汉化程度之快速和高深。当然，这个家庭在文化上也保有蕃人的某些特征，如契苾何力被部下绑架后"割耳"明志，因唐太宗驾崩而陵侧割耳且"请杀身殉葬"，[1]以及在婚姻关系上偏重于同蕃姓联姻（此点后文将涉及），等等，都是蕃人固有风俗文化的反映。

其二，籍贯的变迁。

契苾何力家族早先的族出和地望一如前述。至何力世，诣沙州（今甘肃敦煌市）内属，被安置于凉州，遂以姑臧（即凉州治所武威姑臧县）为籍贯。然而由于这个家族成员有"在蕃"和"入朝"的区别，其籍贯竟有"姑臧"（或武威）、"京兆""神京"等多种差异。

当契苾何力的母、弟和部落被安置于凉州时，其母、弟等当然被认为是姑臧人。可是，何力本人却一直住在京师，授将军，尚县主，遂籍贯京兆，"望乃万年"。[2]万年为京城长安两县之一，大约相当于今西安市的东半部。至其子契苾明时，竟又一身三种籍贯：

> 君讳明，字若水，本出武威，姑臧人也。圣期爱始，赐贯神京，而香逐芝兰，辛随姜桂，今属洛州永昌县，以光盛业焉。[3]

是契苾明以时事变迁，竟一人累积有"姑臧""万年""永昌"三个籍

---

①《资治通鉴》卷196唐纪太宗贞观十六年十月条、卷199唐太宗贞观二十三年八月条。

②周绍良主编：《唐代墓志汇编》1374页《契苾嵩墓志》。

③《全唐文》卷187《契苾明碑》。

贯。这种有多重籍贯的现象，在蕃将中并不少见。如稍晚于契苾明的吐蕃降将论弓仁，其部落置于银州（今陕西横山县东），朝廷即其部落设归德州，以弓仁为世袭都督，是银州为论氏家族的籍贯。可是其家族又在京师静恭里有私第，城南洪固乡有坟茔，因而京城也为其籍所系之地。这种双重籍贯，就造成了其家族"因家自银州至于京兆"①的奇特现象。若再加上其父、祖籍匹拨川（今西藏琼结县），则一人亦有三重籍贯。

契苾明主要生活在武周政权时代，故其家族不仅在籍贯上而且在姓氏上都打上了时代的政治烙印（其母、妻均赐姓武氏）。随着李唐的复辟，契苾家族或称"凉州姑臧人也"，②或称"望乃万年"，③或因久遁漠北，讳言郡望，④再无人称曾"赐贯神京"。但万变不离其宗，契苾明次子嵩于开元十八年（730年）薨于道州（今湖南道县西）别驾任所，契苾何力五世孙契苾通于大中八年（854年）薨于振武镇（今内蒙古和林格尔县西北）官舍，其后人都不远数千里扶枢归葬京郊咸阳北原祖茔。这种叶落归根现象，反映了在何力裔孙的心目中，京兆万年县才是永恒的籍贯。

其三，婚姻状况。

与宗室联姻。唐太宗为酬契苾何力征讨吐谷浑殊功，"敕尚临洮县主"。⑤县主出自李唐宗室何枝，史籍阙载。县主长子契苾明的妻子为凉国夫人李氏，"唐胶西公孝义之长女也"。⑥李孝义系唐高祖李渊的堂弟开国功臣李神通之子。⑦唐代多有姑母与姑侄女同嫁一族者，颇疑临洮县主为李神通女。有趣的是，武则天当政时，凉国夫人同临洮县主"并蒙赐姓武氏"。⑧象征着即便是在武周政权下，两代人依然是同宗室联姻。

---

①《文苑英华》卷90《论惟贤碑》。

②《全唐文补遗》第二辑442页《契苾夫人墓志》。

③《唐代墓志汇编》1374页《契苾嵩墓志》。

④《全唐文补遗》第一辑358页《契苾通墓志》。

⑤《旧唐书》卷109《契苾何力传》。

⑥《全唐文》卷187《契苾明碑》。

⑦《旧唐书》卷60《宗室·李神通传》。

⑧《全唐文》卷187《契苾明碑》。

同他姓蕃人联姻。契苾何力还将女儿嫁于突厥贵族出身的蕃将。1973年5月出土于陕西礼泉县烟霞乡兴隆村西约100米处（即昭陵陪葬区内）的《契苾夫人墓志》称：

> 夫人姓契苾氏，……父何力，……夫人即公之第六女也。……以妙年归我右金吾将军、常山县开国公史氏。[①]

据《唐会要》卷二十一《陪陵名位》，陪葬昭陵的共有三家史姓人：一为大将军史大奈及其子驸马都尉史仁表；二为原州都督史幼虔；三为大将军史奕。史大奈原为入隋的西突厥特勤阿史那大奈，以追随李渊从平长安功，赐姓史氏。[②]其子尚太宗女普安公主。[③]又，唐初有开国功臣史国人出身的"长安大侠"史万宝，但万宝不在昭陵"陪陵名位"数，可以排除史幼虔、史奕为史万宝之后。再，唐初开国功臣中，无汉人姓史者，亦应排除上二人为汉姓人之后。还有，唐初东突厥降酋中亦有单姓史者，如贞观四年（630）的北抚州都督曰史善应者，胡三省谓其"应阿史那族，史单书其姓耳"[④]。惜乎史善应亦不在昭陵陪葬名录。此外，东突厥贵族阿史那忠，被太宗妻以宗女定襄县主，赐"单称史氏"[⑤]，但在昭陵陪葬区出土的《阿史那忠墓志》，并无"单称史氏"的记述。在昭陵"陪陵名位"中还有东突厥阿史那社尔、〔阿史那〕苏泥热（孰）、李（阿史那）思摩、阿史那道真和西突厥阿史那步真等，而这些姓阿史那者，在开元中，都以诏命改为史姓和"注〔籍〕长安"[⑥]。契苾夫人卒于开元八年（720年），其夫史氏，若不是改姓后的史幼虔或史奕（二者应是功臣阿史那氏的后人祔葬者），定是其他东、西突厥汗室的后人。故契苾夫人的丈夫的民族出身，别

---

① 《全唐文补遗》第二辑442页《契苾夫人墓志》。
② 《新唐书》卷110《史大奈传》。
③ 《元和姓纂》卷6；《新唐书》卷83《诸帝公主传》。
④ 《资治通鉴》卷193唐太宗贞观四年六月丁酉条胡注。
⑤ 《旧唐书》卷409《阿史那社尔附阿史那忠传》。
⑥ 《元和姓纂》卷5。

无选择，只能是突厥。

契苾何力的五世孙契苾通，夫人何氏，亦疑为出自蕃人：

> 夫人何氏，望在庐江郡，……考单于府兵曹参军讳□甫，其先皆有功劳，代为将家，门传武略，威名驰振，人皆慕也。[1]

唐代何姓人，多滥托庐江为郡望，乃至朝廷亦参与和助长这种附会。像晚唐时代的大将军、鄜坊丹延节度使何文哲，像陵州刺史何溢，像魏博节度使何弘敬，等等，都明明为中亚昭武九姓胡何国人出身，但爵封均为庐江郡开国公。[2]可见契苾通夫人"望在庐江"并不可信。攀附名人郡望，这是有唐一代的社会风气，作为蕃人的何夫人家当更不会例外。何氏的父亲任单于都护府（治所在今内蒙古和林格尔县西北土城子）兵曹参军，而契苾通之父则任距单于府不远的胜州刺史，又同隶振武镇，加之同为蕃人，同气相求，故结为儿女亲家。又武宗会昌初，朝廷以银州刺史何清朝和蔚州刺史契苾通俱"是蕃人"，令二人各"管一厢"蕃兵，"受李思忠指挥"，以对骚扰振武一带的回鹘乌介可汗作战。[3]通与清朝早年俱效职于单于府，至是又"分将河东蕃兵诣振武"协同作战。[4]颇疑何清朝的父辈为契苾通夫人的父亲单于府兵曹参军何□甫。果如是，通夫人何氏的祖上当来自何国。

此外，有消息说，近年在宁夏某地出土的墓志中，有皋兰州铁勒浑氏同贺兰府契苾氏联姻记载。惜不得详。

同汉姓段氏联姻。在碑志资料中，还发现有契苾何力的曾孙女嫁于晋陵郡长史段承宗者。承宗出自武威士家大族段氏，为李渊太原起兵时元从

---

①《唐代墓志汇编》下册2260页《契苾公妻何氏墓志》。

②《全唐文补遗》第一辑282页《何文哲墓志》、347页《何溢墓志》；《旧唐书》卷18上《武宗纪》。

③《资治通鉴》卷246唐武宗会昌二年九月条；《全唐文》卷705《请契苾通等分领沙陀退浑马军共六千人状》《请何清朝等分领李思忠下蕃兵状》。

④《资治通鉴》卷246唐武宗会昌二年九月条；《全唐文》卷705《请契苾通等分领沙陀退浑马军共六千人状》《请何清朝等分领李思忠下蕃兵状》。

功臣、"陪葬昭陵""图形于凌烟阁"的段志玄的曾孙，两《唐书》均有《段志玄传》。段承宗葬于大历十三年（778年），其墓志云：

> 夫人姑臧县君契苾氏，皇云麾将军、守左威卫大将军、武威郡开
> 国公鉴之季女。[①]

契苾鉴为何力之孙。据《旧唐书·契苾何力传》，何力有明、光、贞三子。又据《契苾明碑》，明子有〔嵸〕、嵩、崇等。而鉴为明子抑光、贞子，暂难确定。

联姻是一种政治行为，是通过论婚扩大自己实力的最有效的机会。首先，它讲究高攀。何力家族与宗室联姻，不仅是他们固有蕃人贵族地位得到承认的标志，也是他们置身最高层婚姻圈从而成为中原新贵的象征。其次，它重视门当户对。何力家族同蕃人贵族联姻，正是这方面情况的反映。再次，它偶尔也讲点突破。何力家族突破传统的蕃人婚姻圈，同汉人士族段氏论婚，不只表明他们汉化程度已深，也是他们希图挤入汉人士族阶层的尝试。总之，不论哪种情况，何力家族自始至终都未摆脱上层联姻的圈子，当然他们也绝不愿意选择其他。

其四，蕃将世家。

蕃人世代为将者，谓之"蕃将世家"。此概念为香港大学章群教授所发明。[②]契苾何力家族至少有六代人为将，时间跨度三百年，为典型的蕃将世家。

本人在十余年前撰写《唐代蕃将》书稿时，曾试将蕃将（即汉人之外的唐朝将领）分为入朝蕃将和在蕃蕃将以及综合型蕃将三大类。所谓入朝蕃将，是指那些已基本上脱离开本蕃并在内地（朝中或地方）任职、直接听命于朝廷调遣的蕃人将领；在蕃蕃将是指那些一般不脱离开本蕃，并受边州都督、都护或节度使押领的羁縻府州世袭唐朝官封的蕃人君长；综合

---

①李希泌编：《曲石精庐藏唐墓志》卷70《段承宗迁葬志》。

②章群：《唐代蕃将研究》，台北联经出版事业公司，1986年版。

型蕃将是兼有"入朝"和"在蕃"双重身份的蕃将。①蕃将世家契苾何力家族则三类蕃将俱全。

契苾何力家族每代至少有一人为在蕃蕃将或综合型蕃将。其余多为入朝蕃将。

第一代。何力弟沙门于贞观六年（632年）至十六年（642年）任贺兰府都督，因贺兰府是即内属的契苾部落所置，故沙门有直接治理部众的责任，其身份则为在蕃蕃将。何力则定居京师，累任诸卫将军、大将军，直接听命于朝廷，屡被遣出征讨，是谓入朝蕃将。

第二代。契苾明自小生长于京华，"孺褓授上柱国，封渔阳县公"。麟德中，以入朝蕃将改授贺兰府都督，遂为在蕃蕃将。后来，官至朔方道总管兼凉、甘、肃、瓜、沙五州经略使，而任贺兰都督依旧，兼有"入朝"和"在蕃"双重职任，应为综合型蕃将。其两个弟弟契苾光和契苾贞则于朝内为官，系入朝蕃将。

第三代。明长子契苾縱袭贺兰都督，后与突厥战，"为虏所擒，荒外身亡"。次子契苾嵩遂以入朝蕃将身份，袭贺兰都督。嵩三弟崇则在朝为右铃卫郎将。疑为契苾光或契苾贞子的契苾峰为左武卫大将军、契苾崟为左威卫大将军。崇、峰、崟等当为入朝蕃将。②

第四代。此代情况比较复杂。约在开元初年或以前，贺兰都督契苾嵩"表请入朝侍奉，留子检校部落"③。其长子契苾承祖、次子契苾承明先后承袭贺兰都督。关于契苾承祖，正史阙载。但开元四年（716年）正月的《命薛讷与九姓共伐默啜制》中透露，任西道副大总管的有左武卫将军兼贺兰州都督契苾承祖等，时承祖统有骑兵二万参与对后突厥可汗阿史那默啜的征讨。④既然上代贺兰都督契苾嵩入朝后留子检校部落，那么承祖无疑应

①马驰:《唐代蕃将》,三秦出版社,1990年。

②契苾何力以下三代人官职,见两《唐书·契苾何力传》《契苾明碑》《契苾嵩墓志》《契苾通墓志》《段承宗迁葬志》等。

③周绍良主编:《唐代墓志汇编》1374页《契苾嵩墓志》。

④《全唐文》卷253《命薛讷与九姓共伐默啜制》。按,《文苑英华》卷459所载同一制书中,称契苾承祖统有五万骑兵。

为嵩子，其父子移交部落都督的时间绝不会晚于开元四年正月。开元十五年（727年），发生王君㚟诬构回纥、契苾等四部落都督的事件，被流放藤州的贺兰都督是契苾承明而不是承祖，表明此前承明早已袭兄官位。袭位的原因最好的解释是承祖夭卒，故"兄终弟及"。承明被流放后，谁又袭都督，史书阙载。所谓"首恶"回纥承宗长流后，朝廷犹安排回纥伏帝难为瀚海大都督，贺兰都督不可能没有人接任。从天宝十四载（755年）哥舒翰守潼关时，"契苾宁以本部隶麾下"可知，契苾宁当继承明之后为贺兰都督。[1]契苾宁当与承明等同辈，并理应为何力曾孙，但应排除为契苾嵩之子。由于潼关失守，契苾宁及所领契苾兵同主帅哥舒翰一道全军覆没，逃归者仅有思结都护〔督〕思结进明等极个别人。由是导致凉州境内的铁勒诸部自相攻伐，争夺酋长地位。混战未已，吐蕃压境，为逃避劫难，时在凉州的契苾峰携子嘉宾率契苾部北投回纥汗国。其迁徙漠北的时间应在至德元载（756年）至广德元年（763年）之间。

第五、六代。太和六年（832年），因回鹘政衰、破亡在即，漠北契苾部的一支，即契苾峰之孙、契苾嘉宾之子契苾漪率473帐南徙至黑山（在今内蒙古包头市西北）北部一带，被振武节度使招抚，安置于胜州（今内蒙古准格尔旗东北）境内。何以知"黑山外契苾部落"为契苾漪所统？理由有二：①宰相李德裕称契苾通为"蕃中王子"。会昌二年（842年），为解除回鹘乌介可汗对振武和天德军（今内蒙古乌拉特前旗东北）一带的骚扰，宰相李德裕采取"以夷制夷"的策略，命新降回鹘王子李思忠（嗢没斯赐名）率部下回鹘将士讨击。为壮大思忠部实力，遂命蕃将银州刺史何清朝和蔚州刺史契苾通分统沙陀、退浑、契苾等部落兵归李思忠统一指挥。既而又担心契苾通等"不受思忠指挥"，在举棋不定之后又分析契苾通的情况：

> 契苾通本自蕃中王子，先在蔚州，且遣分领，必上下情通，更无

①《新唐书》卷135《哥舒翰传》。

所虑。又思忠虽志诚效顺，然使用之初，亦未可独任；汉将分领，事亦得宜。契苾通等虽是蕃人，任使已熟，切更诚励，岂敢不顺思忠！①

李德裕的一席话道出了契苾通来历的真相：原来他"本自蕃中王子"。这就充分说明通父漪应为"黑山外契苾部落"的酋长。至于"任使已熟"，则指通自太和六年（832年）随父降唐，"始效职于单于府，即居上介"，"都督贺兰府事"，又迁振武"都押衙马部都知兵马使"（即所谓"振武都头"），"次授东受降城"，"后历胜、蔚"等州刺史。②至会昌二年（842年），已兼有"在蕃"和"入朝"蕃将职任整十年时间。其官号中有"都督贺兰府"，说明曾以"黑山外契苾"复置贺兰府。但由于河西尚未收复，贺兰府只能设在契苾部落所在的胜州。又，其在蔚州刺史任上，就已分领蕃兵，说明他自胜州徙职蔚州时，当带有本部契苾兵过去。契苾通应为其家族中第六代综合型蕃将。②从契苾漪的官称中可知他原为契苾部酋长。契苾漪的官号为广持节都督胜州诸军事、胜州刺史，充本州押蕃落义勇军等使。③这说明契苾漪率部接受招安后，以其部置义勇军，以漪为军使，因部落被安置于胜州，朝廷又擢其为胜州刺史。至于漪父嘉宾任"云麾将军，左金吾卫大将军兼庐州郡太守"，④则当为漪、通父子贵显后朝廷对其父祖的追赠官职。胜州为边州而非蕃州（即羁縻州），故既管政又管军的胜州刺史应归入"入朝蕃将"之列，但契苾漪又直接统押本部落，又带有"在蕃蕃将"性质，故其身份应同其子一样，为"综合型蕃将"。

第七代。契苾何力家族第六代蕃将契苾通于对回鹘作战胜利后，又历仪（今山西左权县）、丹（今陕西宜川县）二州刺史、"宣谕突厥使""大将军充街使"、振武节度使。大中八年（854年）薨于振武官舍。其子十一人，除早夭和"幼小未仕"外，大都在朝内或诸藩镇任武官。表明第七代人多

①《全唐文》卷705《请何清朝等分领李思忠下蕃兵状》。
②《全唐文补遗》第一辑358页《契苾通墓志》。
③《全唐文补遗》第一辑358页《契苾通墓志》。
④《全唐文补遗》第一辑358页《契苾通墓志》。

为入朝蕃将。那么，由谁来管理部落或在部落所在地区任职呢？从中和元年（881年）至四年（884年）的振武节度为契苾璋①，推知契苾璋可能袭契苾部落领袖。关于契苾璋事迹的史料，除自振武帅任上入朝改拜右武卫上将军外②，其他资料均反映其活动范围在振武地区，仅偶尔出境同沙陀李克用争战。③按，契苾通诸子中长子庆郎、次子公度，均于通生前夭亡，其他九子为公文、公应、公廉、公庑、公瑜、公武、公约、公绥、公廙。其中之公文，其官职为□贺□□□□兼节度押衙④。若将阙字补为贺兼节度押衙，则豁然贯通；其长兄，次兄既然早死，其当然应为事实上长子，由其承袭蕃州官长，自在情理之中。是继通之后，兼部落都督者非公文英属。而公文由振武节度押衙终至镇帅，尤为顺理成章。岑仲勉先生认为，"璋殆亦何力之裔"，⑤所见极是。若璋为公文易名，或璋为名，公文为字，则不无可能，且讲得通。是璋（或曰公文）为何力家族第七代蕃将中的代表人物。

唐亡前夕，有振武将契苾让者，有可能为何力家族中的第八代蕃将，即便同何力一脉无直接血缘关系，契苾让应为黑山契苾部落出身。

（原载《法门寺文化研究通讯》第11期——《98法门寺唐文化国际学术讨论会专号》，陕西人民出版社，2000年。）

---

①吴廷燮：《唐方镇年表》卷1《振武》。

②《文苑英华》卷401《授契苾璋威卫上将军制》。

③《资治通鉴》卷254唐僖宗中和元年、二年条。

④《唐代墓志汇编》下册2260页《契苾公妻何氏墓志》。

⑤《唐方镇年表》附岑仲勉《唐方镇年表正补》。

沙吒忠义的族出及事迹考

仕唐蕃将沙吒忠义，屡见于两《唐书》《资治通鉴》等记载，但迄今为止，至少在中国唐史学界尚无人对其作专门论述。鉴于沙吒忠义在武则天、唐中宗时代的军事、政治舞台上曾扮演过重要角色，早在十多年前，张群、马驰就于各自的专著中对沙吒忠义族出百济和部分事迹有所涉及。[①]1996年，在韩国忠南大学校召开的百济史国际学术讨论会上，马驰再次提到沙吒忠义的问题，受到与会学者的关注。此外，在同卞麟锡教授和韩国新闻媒体的交往中，马驰更屡屡谈到应给沙吒忠义以应有的重视。值得庆幸的是，卞教授已在新近的著作中对沙吒忠义作了简介。[②]韩国 HIM 制作公司和中国北京新弘影视文化公司等部门亦做出规划，拟就沙吒忠义的在唐事迹，对马驰做专题采访。

基于在韩国能产生抛砖引玉的考虑，我们拟就沙吒忠义的族出和主要事迹简说如下。

其一，关于沙吒忠义的族出。

---

①章群:《唐代蕃将研究》,台北联经出版事业公司,1985年;马驰:《唐代蕃将》,三秦出版社,1990年。

②卞麟锡:《唐长安的新罗史籍》,(韩)亚细亚文化社,2000年。

古今学者在沙吒氏和沙吒忠义的族属问题上颇多枝节，至少有五种意见：即"北蕃舍利部大人"说、"代北复姓"说、"沙陀"说、"契丹猛将"说、"百济"说。

持"北蕃舍利部大人"说者为唐人林宝的《元和姓纂》。该书称，沙吒氏出自"北蕃酋帅舍利部大人，因氏焉。龙朔中，右威卫大将军沙吒阿博曾孙葛丹兼御史大夫赐姓李氏名奉国，从兄弟澄，武卫大将军"。①但南宋史学家郑樵发现《姓纂》记载有严重错误，他认为所谓"沙吒阿博"乃"舍利阿博"之讹。②前贤岑仲勉先生亦通过考证认为："验诸《通志》，乃知此（按，谓沙吒）乃'舍利'之文，否则不得云'因氏'也。"③其实，正史中也有不少资料可辨《姓纂》之误。如两《唐书·李光进传》及附传均称葛旃（即"丹"）姓舍利，为中晚唐时代的名将铁勒阿跌部出身的李光进、李光颜兄弟的姐夫。并云舍利葛旃"善骑射"，"光进兄弟少依葛旃，因家于太原"。④"北蕃"通常为分布于大唐北边的东突厥（或后突厥）、铁勒等北方民族的代称，唐太宗平定东突厥后，曾以舍利部置舍利州，隶于云中都督府（治今内蒙古和林格尔县西北土城子）。⑤可知舍利阿博、舍利葛旃（即李奉国）、舍利澄族出突厥舍利部贵姓，与沙吒氏无涉，只是由于《姓纂》资料错置，才将二姓混为一谈。附带指出两点：一是章群先生在断沙吒氏族出百济（按，这无疑是正确的）的同时，却又认为阿博一系为百济人，让人殊难理解。二是突厥舍利氏虽同三韩人无瓜葛，却是唐渤海国王室的本源。据《新唐书·渤海靺鞨传》，渤海郡国的缔造者大祚荣之父的姓名为舍利乞乞仲象。是乞乞仲象应来自突厥舍利部落，原为颉利可汗的右部之一。由之可知，渤海王室大氏，既非靺鞨，更不是"高丽别种"。⑥

"代北复姓"说出自《通志》。该书将长孙氏等144个复姓统归入"代

①林宝：《元和姓纂》卷5《沙吒氏条》。

②《通志》卷29《氏族略五》。

③岑仲勉：《元和姓纂四校记》，商务印书馆，1948年。

④《旧唐书》卷161、《新唐书》卷171《李光进传》及附《李光颜传》。

⑤《新唐书》卷43下《地理志·羁縻州》。

⑥马驰：《李光弼》，陕西师范大学出版社，1996年。

北复姓"条下，且认为其中的契苾、阿跌、仆固、高车、哥舒、执世、舍利、沙吒、沙陀、苏农、似和、大拔、嗫刺等共十四姓，"并唐朝归化"。[①]这里需要说明的是，魏晋以降的"代北复姓"，主要是指"五胡"种的匈奴、鲜卑等民族，而唐代新归化的"代北复姓"，则专指突厥、铁勒等汉化倾向浓重者。说得明白点，《通志》将沙吒氏归入其中，依然未跳出《姓纂》所误置的"北蕃"怪圈。

在《姓纂》把不相干的"沙吒""舍利"二氏合而为一的同时，在"沙陀氏"条下，系入"神龙骁卫大将军郕国公沙陀忠义"的内容。按，武则天、唐中宗时期的郕国公为沙吒忠义，忠义为沙陀氏说，错误显然。

最近，又有学者称沙吒忠义为"契丹猛将"，[②]此说更不知源何形成。

其实，沙吒氏和沙吒忠义不论氏族出东、西突厥说，还是"契丹猛将"说，统统是错误的。马驰早于二十世纪八十年代初在为《唐代蕃将》积累资料时，就发现多条有关沙吒氏族源的文献，如于武则天晚年曾数度拜相的李峤，就至少撰有两道与沙吒忠义有关的制诰传世，并透露了忠义的族出。其《封右武威卫将军沙吒忠义郕国公制》称：

> 清边中道前军总管、冠军大将军、行右武威卫将军、上柱国、眉山郡开国公沙吒忠义，三韩旧族，九种名家，凤奉戎麾，遂参文卫。蕃夷豕荐，虏骑蜂屯。频出奇谟，屡摧凶党。昔临雁塞，能羁缚马之妖；今拒狼河，更剪奔鲸之孽。勤功允著，诚效克宣。宜酬矢石之劳，用广山河之赋。可封郕国公，食邑三千户。[③]

上引明确指出沙吒忠义来自"三韩旧族，九种名家"。所谓"三韩"，乃指高丽、百济、新罗三国；所谓"九种"，是说今朝鲜半岛、日本列岛和

①《通志》卷25《氏族略一》。

②李鸿宾：《唐朝朔方军研究——兼论唐廷与西北诸族的关系及其演变》，吉林人民出版社，2000年，第72页。

③《文苑英华》卷416《中书制诰》。

中国东北的延边地带，在古代曾居住分布着玄菟、乐浪、高丽、倭人等九种"东夷"；所谓"旧族""名家"，则谓沙吒忠义来自三韩的贵族、贵姓之家。又，李峤《授沙吒忠义等官爵制》称忠义"辽东壮杰，名盖于狼河"。辽东泛指"三韩"，狼河谓辽水或高丽旧郡所置狼川郡。不管怎么说，沙吒忠义原为"三韩"人，则确定无疑。那么，又如何能断定其为三韩之一的百济人？理由有二：一是两《唐书·刘仁轨传》等载，在唐朝占领军镇压百济余部反抗中，与黑齿常之一道降于刘仁轨的还有"百济首领沙吒相如"。[1]可见沙吒氏为百济豪族土著。二是据《隋书·百济传》等载，百济"国中大姓有八族"，而沙氏则列为"八族"之首。从百济王室"夫（或扶）余氏"屡被正史简称为"余"，[2]可推知沙吒氏当为百济八大贵姓之首的沙氏略称。

其二，试说沙吒忠义家世的间接信息。

由于沙吒忠义正史无传，有关他的家世，只能从一些间接资料中，捕捉到某些信息。

沙吒忠义首次见于正史记载的时间，为武则天长寿三年（694年）。是年三月，女皇命内宠薛怀义为朔方道行军大总管，率契苾明、曹仁师、沙吒忠义等十八将军，以遏止后突厥可汗阿史那默啜对灵州（治今宁夏灵武县西南）的侵犯。[3]在这之前，有关沙吒忠义的直接信息，史书中竟无只字报道，而涉及百济沙吒氏的，也仍只有上述的龙朔三年（663年）降唐的"百济首领"沙吒相如。现全录《实录》中的一段有关相如的史料，或者可以由中推测到沙吒忠义家世的某些消息：

> 刘仁轨为带方州刺史，与熊津道行军总管孙仁师、都督刘仁愿大破百济，唯贼帅迟受信据任存城不降。先是百济首领沙吒相如、黑齿常之自苏定方军回后，鸠集亡散，各据险以应福信。至是率其众降。

①《旧唐书》卷84《刘仁轨传》。
②《魏书》卷100《百济传》；《周书》卷49《百济传》；《北史》卷94《百济传》。
③《资治通鉴》卷205则天后长寿元年三月甲申条。

仁轨谕以恩信，令自领子弟以取任存城。又欲分兵助之。仁师曰："相如等兽心难信，若授以甲仗，是资寇兵也。"仁轨曰："吾观相如、常之，皆忠勇有谋感激之士，从我则成，背我则灭，因机立效，在于此日，不须疑也。"于是给其粮仗，分兵随之。遂拔任存城，迟受信弃其子，走投高丽。于是，百济之余烬悉平，仁轨〔愿〕与仁愿〔轨〕振旅而还，诏仁轨代仁愿率兵镇守。①

这条资料向我们透露了以下信息：一，沙吒相如排名在以后成为入唐名将的黑齿常之之前，可见相如在故土的社会地位高于常之，而常之原为百济的"达率兼郡将"，②相如原官职当不低于常之。二，沙吒相如与黑齿常之反戈一击，最终结束了长达三年的百济余部的反叛，因之同立了不世之大功。由是，常之累迁沙泮州刺史、左领军将军兼熊津都督府司马，爵封浮阳郡开国公。③既然在论功时相如在常之前面，那么相如在唐于百济故地所置的羁縻府州中的官封，亦不可能低于常之。三，沙吒相如与黑齿常之同为刘仁轨最为信任的百济"忠勇有谋感激之士"。有迹象表明，常之的入唐和发展，得益于已为宰相的刘仁轨的推荐。④既然相如亦为仁轨的爱将，因仁轨招引而入仕唐朝本土，将不无可能。四，黑齿常之入唐后，"隶为万年县人"。万年为唐都长安城两县之一，如果沙吒相如入唐为官，其新籍贯亦当隶于京师的两县之一（长安县或万年县）。联想到相如曾"领子弟以取任存城"，假若他入籍长安果有其事，其子弟亦当然会随至京城，籍贯于长安县或万年县。有记载的京师中姓沙吒的人极为罕见，除平时在京、战时被遣出征的沙吒忠义外，还有肃宗时讨安史之乱新立功、"恩宠殊等"的"蕃将沙吒利"，其宅第则在万年县的道政坊附近。⑤由于沙吒为京城中

①《册府元龟》卷405《将帅部·识略四》。
②《旧唐书》卷109《黑齿常之传》。
③李希泌：《曲石精庐藏唐墓志》25《燕国公黑齿常之志》。
④马驰：《〈旧唐书·黑齿常之传〉补阙及考辨》。
⑤《太平广记》卷485《柳氏传》。

的稀姓，沙吒忠义、沙吒利为沙吒相如子孙后裔，亦极有可能。五，黑齿常之约在上元三年（676年）入唐，以60岁暴终于永昌元年（689年），而其子黑齿俊则以31岁病卒于神龙二年（706年），[1]也就是说，常之约在47岁左右即在其入唐前后时才得子。沙吒相如与黑齿常之为同辈人，估计年龄不会相差太大。如果二人同时入唐，且假定忠义即相如之子，鉴于长寿三年（694年）即在黑齿俊年纪18岁时，忠义就已官至将军，可推知忠义应出生于百济本土，其年龄要比黑齿俊大得多。

在唐代，一个武官要熬到将军位上，实在难乎其难。除主要靠战功迁升外，其门资背景更不可忽视。黑齿常之有那么大的声望，其子黑齿俊临终前也不过做到中郎将的官位。而沙吒忠义早在黑齿俊官擢中郎将的十三年前，就已是青史留名的"十八将军"之一。这一方面表明其早期的军事活动中曾频立战功，另一方面更透露出他出身于一个显赫的蕃将世家，而这个世代簪缨之家的最初掌门人，舍沙吒相如又能其谁！

其三，沙吒忠义的军事活动。

自武则天长寿三年（694年）迄唐中宗神龙二年（706年），沙吒忠义曾率军参加过四次对后突厥和契丹的军事行动。据正史记载，似乎战绩都不佳，但我们并不这么看。试说如下：

1.参与遏止长寿三年（694年）后突厥对灵州的入侵

后突厥阿史那默啜一即可汗位即谋南下，长寿三年（694年）初，"始攻灵州，多杀略士民"。由于朝廷认真备战，以女皇挚爱亲信为行军统帅，以宰相为行军司马，以蕃汉著名将领如李多祚（靺鞨人）、契苾明（铁勒人）、沙吒忠义等将军分统十八路大军征讨，先声夺人，所以入寇者闻风遁逃，虽然"不见虏，还"，[2]但却起到兵不血刃而边患解除的上好效果。

2.以清边中道前军总管的身份参加对契丹反叛势力的镇压

万岁通天元年（696年），营州契丹松漠都督李尽忠和内兄归诚州刺史孙万荣举兵造反。叛军攻陷营州（治今辽宁朝阳市），杀都督赵文翙，攻城

---

[1]《曲石精庐藏唐墓志》30《黑齿俊墓志》。
[2]《新唐书》卷215上《突厥传上》。

略地，所向皆下。乃至进围檀州（治今北京密云县），攻破冀州（治今河北冀县），并在黄麞谷（在今河北卢龙县西）战役中全歼迎战的官军。复于东峡石谷（在今河北卢龙东）战役致官军主帅王孝杰战殁。为煞住叛军不可一世的气焰，武则天于万岁通天二年（697年）四、五月间，在既遣侄子河内王武懿宗为神兵道行军大总管后，又以御史大夫娄师德为清边道副大总管，右武威卫将军沙吒忠义为清边中道前军总管，率兵二十万讨契丹。[1]与之同时，突厥默啜可汗也以援兵助战，竟剿了契丹在营州西北400里修筑的新城据点。被契丹叛酋挟持造反的奚族兵众更反戈一击，为朝廷效力。就这样，用了仅两个月的时间，就平定了历经三个年头的契丹反叛势力。虽然正史中对沙吒忠义的战绩语焉不详，但战后论功行赏时，朝廷盛赞他"频出奇谟，屡摧凶党"，还追述其过去在代北地区备御后突厥的功劳，"昔临雁塞，能羁缚马之妖"，并进一步表彰他能再立新功，"今拒狼河，更剪奔鲸之孽"。由于"勤功允著，诚效克宣"，所以爵封由眉山郡开国公（正二品）升为郇国公（从一品）。[2]唐朝前期爵封制度不封异姓王，对非宗室出身的人来说，地位能升至国公，就算是封爵达到了光辉的顶点。

3.兼两道行军总管，追蹑北遁蕃寇

圣历元年（698年）八月，后突厥默啜率众袭靖难（在今陕西彬县）、平狄（在今山西代县）、清夷（在今河北怀来县）等军，靖难军使慕容玄崱竟以该军5000兵众投降后突厥。"贼军由是大振"，"进寇妫（治今河北涿鹿县西南）、檀（治今北京密云县）等州"。为抗御内寇北蕃，武则天命司属卿、高平王武重归为天兵中道大总管，右武威卫将军沙吒忠义为天兵西道前军总管，幽州都督张仁愿为天兵东道总管，"率兵三十万，以讨默啜"。[3]诸路大军尚未来得及开赴前线，默啜就已攻破蔚州飞狐（在今河北涞源），并进残定州（治今河北定县），杀刺史孙彦高，复攻围赵州（治今河北赵县），入城杀刺史高睿，兵锋直达相州（治今河南安阳市）。由于河

①《册府元龟》卷986《外臣部·征讨五》。
②《文苑英华》卷416《封右武威卫将军沙吒忠义郇国公制》。
③《册府元龟》卷986《外臣部·征讨五》。

北危急，"诏沙吒忠义为河北道前军总管，李多祚为后军总管，将军嵎夷公福富顺为奇兵总管，击虏"。又拜新立皇太子为行军大元帅，宰相狄仁杰为副元帅，率将军扶余文宣（百济人）等六人为子总管，浩浩荡荡进军河北。"默啜闻之，取赵定所略男女八九万悉坑之，出五回道去"。①及至朝廷大军赶至，默啜早已遁走。史称："沙吒忠义等但引兵蹑之，不敢逼。"连副元帅狄仁杰"将兵十万追之"也"无所及"。②时默啜兵锋正锐，且突厥铁骑来去如风，所向无敌，故"河朔诸州怖其兵威，不敢追蹑"。③在一派恐敌氛围中，仅有沙吒忠义和宰相狄仁杰敢于引兵追蹑敌后，这在当时的形势下亦算难得。

4. "鸣沙之役"惨败，沙吒忠义坐此免官

公元698年之后，沙吒忠义的军事活动史书阙载。但宰相李峤所撰《授沙吒忠义等官爵制》透露：这时的忠义主要在"右奉宸卫内供奉"，即宿卫宫禁外，还曾"轻赍绝险，以应青丘之别军"，大概是清剿契丹叛党余部。由于"屈指告捷，未待于经年"，所以受到朝廷褒奖并迁官转职。④到唐中宗复位后，沙吒忠义官职的迁升更达到了其一生职履的顶峰，在"鸣沙之役"前，官至骁卫大将军（正三品武职事官，统领宫廷警卫之法）、灵武军大总管。然而，由于神龙二年（706年）的"鸣沙之役"惨败，自是沙吒忠义地位一落千丈。

据《通鉴》等载，神龙二年（706年）十二月己卯（九日），"突厥默啜寇鸣沙，灵武军大总管沙吒忠义与战，军败，死者六千余人。丁巳〔辛巳〕（十一日），突厥进寇原、会等州，掠陇右牧马万匹而去。免忠义官"。⑤按，灵武军大总管应即朔方节度使的前身，灵武军大本营当在今宁夏灵武市西南。其大总管所统诸军应主要为备御突厥而设，从西、北两个方向构成保

---

①《新唐书》卷215上《突厥传上》。
②《资治通鉴》卷206则天后圣历元年九月癸未条。
③《资治通鉴》卷206则天后圣历元年九月癸未条胡注引《统纪》。
④《文苑英华》卷416《封右武威卫将军沙吒忠义郕国公制》。
⑤《资治通鉴》卷208唐中宗神龙二年十二月条。

护京师不受突厥骚扰的重要军事屏障。该军具有举足轻重的战略地位。鸣沙，即鸣沙县，在今宁夏青铜峡西南黄河东岸丰安县故城。原州，治所在今宁夏固原市。会州，治所在今甘肃靖远县。关于唐军鸣沙之役惨败的原因，在次年正月右补阙卢俌的上疏中，曾做过一些分析。他认为："蕃将沙吒忠义等身虽骁悍，志无远图。此乃骑将之材，本不可当大任。"这是从忠义的个人修养、自身条件的局限找战役失败的原因，也间接批评了朝廷的选帅不当。卢俌进而指出沙吒忠义的直接责任："鸣沙之役，主将先逃。……中军既败，阵乱矢穷。义勇之士，犹能死战。"可见鸣沙之役中，沙吒忠义作为主将竟临阵率先脱逃，造成麾下将士的重大牺牲和原、会等州的劫难。

尽管沙吒忠义对鸣沙之败难辞其咎，但不能以成败论英雄。敌我双方实力对比的悬殊、战场形势的瞬息万变都极大地影响着战局。尤其是沙吒忠义面对的是凶悍的突厥骑兵，早在隋末时，李渊就对其"惟恃骑射""风驰电卷""与之角战，罕能立功"深有感触。[1]敌强我弱的客观条件，大概是鸣沙之役惨败的主要原因。卢俌讲沙吒忠义是"骑将之材"而不是帅才，且对其既往的作战"骁悍"给予肯定，这种评价应当说是中肯的。

其四，沙吒忠义之死。

沙吒忠义被免去灵武军大总管后，被降级使用，以将军身份在宫禁宿卫。政治失意又不甘寂寞的忠义，半年后因参加了一次不成功的宫廷政变而命丧无常。

中宗景龙元年（707年）七月辛丑（六日），在长安太极宫发生了一起未遂的宫廷政变，《通鉴》比较详细地记述了政变的过程：

> 太子与左羽林大将军李多祚、将军李思冲、李承况、独孤祎之、沙吒忠义等，矫制发羽林千骑兵三百余人，杀〔武〕三思、〔武〕崇训于其第，并亲党十余人。……太子与多祚引兵自肃章门斩关而入，叩阁索

①《大唐创业起居注》卷1。

上官婕好。……多祚先至玄武楼下，欲升楼，宿卫拒之。多祚与太子狐疑，按兵不战，冀上问之。宫闱令石城杨思勖在上侧，请击之。多祚婿羽林中郎将野呼利为前锋总管，思勖挺刃斩之，多祚军夺气。上据槛俯谓多祚所将千骑曰："汝辈皆朕宿卫之士，何为从多祚反？苟能斩反者，勿患不富贵。"于是千骑斩多祚、承况、祎之、忠义，余众皆溃。[1]

自武则天神龙元年（705年）迄玄宗开元元年（713年），在不到十年的时间内，曾先后于洛阳和长安发生过四次宫廷政变。第一次旨在逼武则天退位，复辟李唐；第二次是为了清君侧，铲除乱政的后党；第三次拥立了睿宗复位；第四次排除了太平公主干政，玄宗登上了皇帝宝座。四次中有三次获得成功。第二次之所以失败，原因之一是缺乏高人幕后策划和支持，加之仓促起事，未来得及充分酝酿和准备。四次政变虽然属于上层统治者内部矛盾性质，但都有诸多积极意义。如果没有这些繁多的变数，不唯李唐复辟不能水到渠成，"开元盛世"的局面亦将推迟出现。特别应指出的是，四次政变都有蕃将发动和参加，仅李多祚（靺鞨人）就发动过两次。至于百济裔沙吒忠义，从其与李多祚屡为战场上的搭档，同时又来自唐帝国东北境内外，我坚信他一定也参加过为李唐反正的首次政变。沙吒忠义等参与朝廷上层的权力争夺，标志着蕃将们的政治觉醒，他们不再满足于单纯的从事军事活动，他们要参政议政，要以积极的角色置身于唐朝最高的政治舞台。

就才能和战功而论，沙吒忠义当然要比名将黑齿常之逊色得多，但就政治觉悟言，逆来顺受的常之又哪里能同忠义相比！"成者王侯败者贼"，设若政变成功，沙吒忠义的前途将不可限量，其对唐朝的作用，又岂是黑齿常之所可比拟！

（原载《春史卞麟锡教授停年纪念论丛》，韩国釜山：图书出版公司，2000年。）

---

①《资治通鉴》卷210唐中宗景龙元年七月辛丑条。

《新唐书·李谨行传》补阙及考辨

李谨行（619—683年），高宗武后时大将，为陪葬乾陵的十七位功臣密戚中唯一蕃酋出身者。《新唐书》卷110《诸夷蕃将传》中立有《李谨行传》，其传通篇仅215字，为《旧唐书·靺鞨传》之节抄。近年文物考古部门曾对李谨行墓发掘，出墓志一合。然而，不论是《新唐书·李谨行传》抑所本《旧唐书·靺鞨传》，还是新出土之《李谨行墓志铭》，关于其事迹的记载均语焉不详，不甚了了。有鉴于此，本文从《册府元龟》、两《唐书》《资治通鉴》（以下简称《通鉴》）《云麾将军碑》（即《李秀碑》）等文献中录出有关李谨行事迹、家世等资料，并参照《李谨行墓志铭》，将所辑史料系于《李谨行传》之中，以补本传所阙。对本传中明显的错讹，亦作某些必要的考辨。

李谨行，靺鞨人。

①《李谨行墓志铭》："其先盖肃慎之苗裔，靺鞨之后也。"

②《通典》卷186《边防典二·勿吉》；"勿吉，又曰靺鞨"，"后魏通焉。在高句丽北，亦古肃慎国地。邑落各自有长，不相总一。凡七种，其一曰粟末部，与高丽相接……"

③《新唐书》卷219《北狄·黑水靺鞨传》："其著者曰粟末部，居最

南，抵太白山，亦曰徒太山，依粟末水而居，水源于山西，北注它漏河。”

④《册府元龟》卷956《外臣部·种族》："黑水靺鞨，后魏谓之勿吉。有酋帅突地稽者，隋末率其部落千余家内属，处之营州，炀帝授以辽西太守。"

⑤《新唐书》卷39《地理志三·河北道·幽州》："隋于营州之境汝罗故城置辽西郡，以处粟末靺鞨降人。"

按：《墓志》云谨行族出涑沫。涑沫即粟末之异写，为靺鞨七部之一，其部因依粟末水（今吉林第二松花江）而居得名。《册府元龟》等将谨行父突地稽事迹系于黑水靺鞨条下，史误显然。

父突地稽，部酋长也。隋末，率其属千余内附，居营州，授金紫光禄大夫、辽西太守。

①《隋书》卷81《东夷·靺鞨传》："炀帝初与高丽战，频败其众，渠帅度地稽率其部来降。拜为右光禄大夫，居之柳城，与边人来往。悦中国风俗，请被冠带，帝嘉之，赐以锦绮而褒宠之。及辽东之役，度地稽率其徒以从，每有战功，赏赐优厚。"

②《通鉴》卷189唐高祖武德四年（621年）庚申条胡注："突地稽，《隋书》作度地稽。"

③《册府元龟》卷970《外臣部·朝贡三》武德二年条："突地稽者，靺鞨之渠长也，隋大业中与兄瞒咄率其部内属于营州。瞒咄死，代总其众，拜辽西太守，封扶余侯。"

④岑仲勉《金石论丛·李秀碑》："公讳秀，字玄秀，范阳人也。……曾祖讳溢府君，……祖讳稽府君，……考讳谨行府君。"

⑤《读史方舆纪要》卷18《直隶九·怀远诚》："隋大业中，于营州境汝罗故城置辽西郡，领辽西、泸河、怀远三县。盖初置郡以处靺鞨降人。"

按：《新唐书·李谨行传》对突地稽在隋末事迹的叙述含混不清。其一，率部降隋者为酋长瞒咄，突地稽不过是从兄瞒咄归降；其二，瞒咄等降隋原因，是由于炀帝初征高丽，"频败其众"。"其众"含有臣附于高丽的靺鞨。是以瞒咄为酋长的粟末靺鞨的一支降隋，是在大军压境慑于隋威的情况下发生的。时在大业八年（612年）。其三"其属千余"的真实含意是"千余家"。其四，突地稽是在兄瞒咄卒后才继为酋长。时间当在降后不久。其五，突地稽在承袭酋长后，悦汉俗，请冠带，并率本部兵从征高丽，且每有战功，为炀帝褒宠，授金紫光禄大夫、辽西郡太守，封扶余侯。其六，据《李秀碑》知突地稽父名溢。其七，辽西郡当在今辽宁朝阳东南，扣绵州北境。

武德初，奉朝贡，以其部为燕州，授总管。

①《隋书》卷81《东夷·靺鞨传》：大业十三年（617年），突地稽"从帝幸江都，寻放归柳城。在途遇李密之乱，密遣兵邀之，前后十余战，仅而得免。至高阳，复没于王须拔。未几，遁归罗艺"。

②《册府元龟》卷970《外臣部·朝贡三》。武德二年（619年）十月条："〔靺鞨首师帅〕突地稽遣使朝贡。……〔大业十三年〕朝炀帝于江都，属化及之乱，以其徒数百间行归柳城。至是通使焉。"

③两《唐书》卷1《高宗纪》：武德二年（619年）十月，割据幽州的隋官罗艺降，封幽州总管，为燕郡王，赐姓李氏。

④《册府元龟》卷977《外臣部·降附》、两《唐书·北狄·契丹传》：武德四年（621年），契丹别部酋帅孙敖曹与靺鞨酋长突地稽俱遣使请内附。

⑤《通鉴》卷189唐高祖武德四年（621年）三月庚申条："以靺鞨渠帅突地稽为燕州总管。"《胡注》："隋于营州之境汝罗故城置辽西郡，以处靺鞨降人，武德元年曰燕州。"六月庚子条："营州人石世则执总管晋文衍，举州叛，奉靺鞨突地稽为主。"

按：突地稽于隋朝灭亡前后约两年间在内地有一段不平凡的经历：他曾追随炀帝至江都，并在宇文化及执帝后率部从数百人北归。途中遭遇瓦岗军邀击，经苦战脱逃后又被农民军王须拔部所俘，最后逃归割据幽州的罗艺，并由是得返柳城（今辽宁朝阳市）。其与李唐发生关系，当与罗艺降唐有关。突地稽既为罗艺的附庸，所以当罗艺于武德二年（619年）十月归顺唐朝，突地稽即于同月遣贡使入朝。至武德四年（621年）初，突地稽又正式请求内附，高祖遂于是年三月授以燕州总管。燕州即隋置辽西郡于武德元年（618年）的易名，寄治于营州，因属于羁縻州建置，突地稽作为燕州总管，应接受边州营州总管（后称都督）的统押。这种隶属关系之间，极容易发生矛盾和摩擦。所以在突地稽被朝廷任命后三个月，就出现了胡人石世则执营州总管晋文衍，并参突地稽为主的严重事件。意味深长的是，朝廷并未因此而降罪于突地稽，唐初开明的民族政策，为随后突地稽主动请缨助国征讨创造了良好的前提。

刘黑闼叛，突地稽身到定州，上书秦王，请节度。以战功封耆国公，徙部居昌平。

①两《唐书·刘黑闼传》《通鉴》卷189唐高祖武德四年（621年），原窦建德部将刘黑闼于七月甲戌反于漳南，半岁之间，尽复建德旧境。十二月，诏以秦王李世民讨黑闼。次年正月至三月，秦王与黑闼数战于河北，黑闼兵败奔突厥，"山东悉平"。

②《旧唐书》卷199下《北狄·靺鞨传》：突地稽"以战功封耆国公。"《李谨行墓志铭》："父稽左卫大将军燕州刺史、耆国公。""所领户出粟皆（末）靺鞨别种，户五百。天宝户二千四十五，口一万一千六百三。"

按：突地稽上书秦王请受节度、助讨刘黑闼，当为武德五年（622年）一至三月间事，其以战功赐爵应在是年三月之后。率部南徙时在武德六年（623），其部五百户被置于昌平县（今北京昌平区），而侨置羁縻州燕州的治所则寄于幽州城（今北京）。

高开道以突厥兵攻幽州，突地稽邀击，败之。贞观初，进右卫将军，赐氏李，卒。

①《通鉴》卷190唐高祖武德六年（623年）五月癸卯条："高开道引突厥寇幽州，突地稽将兵邀击，破之。"

②《李谨行墓志铭》："父稽，左卫大将军、燕州刺史、耆国公。"

③《李秀碑》："祖讳稽府君，左卫大将军、持节燕州刺史，英算雄举，武谊超绝，猿臂贯革，鹤阵搴旗。"

④《册府元龟》卷967《外臣部·继袭二》："汉（唐）武帝（德）三（二?）年，其部酋长突地稽遣使朝贡，以其部置燕州，拜突地稽为总管。贞观初有功赐姓李氏，封耆国公。卒，子谨行嗣封燕国公。"

⑤《新唐书》卷39《地理三·河北道·幽州》：燕州"以首领世袭刺史"。

⑥《全唐文》卷7《命将征高丽诏》《册府元龟》卷117《帝王部·亲征》：贞观十八年（644年）十二月甲寅，太宗拟亲征高丽，遂诏曰："燕州刺史李元正等，各率其众，绝其走伏。"

按：突地稽邀击高开道，时在武德六年（623年）五月。《李谨行传》云突地稽于贞观初拜右卫将军（三品），《李谨行墓志铭》《李秀碑》均谓左卫大将军（二品），其实并不矛盾，前者为生前官职，后者为死后赠官。又，武德初年的州郡军政长官称总管，后改曰刺史，故传称突地稽授燕州总管，而碑志曰燕州刺史。再，燕州为刺史世袭羁縻州，而贞观十八年（644年）的燕州刺史李元正当为突地稽的袭封嗣子。果如是，突地稽当至少有两子。

谨行伟容貌，勇盖军中，累迁营州都督，家僮至数千，以财自雄，夷人畏之。

①《李秀碑》：谨行子秀，"硕肤海口，美髯燕颔"。

②《李谨行墓志铭》："爰登弱弄，已肆旌旗之游；甫及童年，备尽玉钤之□。故能气凌外域，声振中朝。解褐右武卫翊卫校尉，加游骑将军、

上柱国、封五原县男，转右卫武怀□府□果毅都尉，历左屯卫龙泉府左果、右武候肃慎府折转左屯、右骁二卫翊府左郎将，进封五原郡开国公，加明威将军，行左屯卫翊府左郎将、左骁卫翊卫中郎将，累迁右骁卫、左监门、右武卫、右领军将军、大将军、检校廓州刺史、积石道经略大使、检校右羽林军、右卫大将军。"

③《旧唐书》卷199下《北狄·靺鞨传》："（突地稽）子谨行，伟貌，武力绝人。麟德中，历迁营州都督。其部落家僮数千人，以财力雄边，为夷人所惮。"

④《新唐书》卷3《高宗纪》：乾封元年（666年）六月壬寅，"高丽泉男生请内附，右骁卫大将军契苾何力为辽东安抚大使，率兵援之。左金吾卫将军庞同善、营州都督高偘为辽东道行军总管，左武卫将军薛仁贵、左监门卫将军李谨行为后援。"（《新唐书》卷220《高丽传》乾封元年条与上引同）。

⑤《册府元龟》卷128《帝王部·明赏二》，高宗总章元年（668年）十二月，"以……右监门将军、五原郡公李谨行为右武卫大将军，赏平高丽之功也。"

⑥《新唐书》卷3《高宗纪》：咸亨元年（670年）四月庚午，"高丽酋长钳牟岑（《通鉴》卷201作剑牟岑）叛，寇边，左监门卫大将军高偘为东州道行军总管，右领军大将军李谨行为燕山道行军总管，以伐"。

⑦《册府元龟》卷358《将帅部·立功一一》：咸亨三年（672年），高偘"与高丽余众战于白水山，大破之。时新罗还（遣）将救高丽以拒官军，偘与副将李谨行等引兵迎击高丽，斩首三千级"。

⑧《旧唐书》卷5《高宗纪下》《新唐书》卷220《东夷·高丽传》《册府元龟》卷358《将帅部·立功一一》《通鉴》卷202唐高宗咸亨四年闰五月条：燕山道总管、右领军大将军李谨行大破高丽叛者于瓠芦河之西，俘获数千人，余众皆奔新罗。时谨行妻刘氏留伐双城，高丽引靺鞨攻之，刘氏擐甲帅众守城，久之，虏退。上嘉其功，封燕国夫人。谨行，靺鞨人突地稽之子也，武力绝人，为众夷所惮。

⑨《册府元龟》卷986《外臣部·征讨五》《旧唐书》卷5《高宗纪》《通鉴》卷202咸亨五年（674年）正月壬午："以左庶子、同中书门下三品刘仁轨为鸡林道大总管，卫尉卿李弼、右领军大将军李谨行副之，发兵讨新罗。"上元二年（675年）二月，"刘仁轨大破新罗于七重城；又使靺鞨浮海，略新罗之南境，斩获甚众。仁轨引兵还。诏以李谨行为安东镇抚大使，屯新罗之买肖城以经略之，三战皆捷，新罗乃遣使入贡，且谢罪"。

按：谨行本传对其早期活动和中期在高丽与新罗的征战鲜有叙述，仅以"伟容貌，勇盖军中，累迁营州都督，家僮至数千，以财自雄，夷人畏之"概言之。所谓"伟容貌"，由其子李秀之"硕肤海口，美髯燕颔"可知。"家僮至数千"，盖指其父率部南徙后的蕃户五百。其为营州都督，据《旧唐书·北狄·靺鞨传》，时间为麟德中（664—665年），由乾封元年（666年）的营州都督为高侃，表明谨行至迟在麟德二年（665年）已另派他用。史阙麟德前的谨行事迹记载，唯一所据是墓志铭：谨行生于蕃将之家，蕃人尚武风气的熏陶，其少年时代就已习军旅之事，同时，汉化的影响又使他有熟读兵书的环境。及长，以门荫入仕，由其"解褐"即充右武卫翊卫校尉可知。《旧唐书·职官志》云："若门资入仕，则先授亲勋翊卫。"三卫（即亲、勋、翊卫）例由五品以上官的子孙充任，谨行父生前为三品将军，故谨行初入仕途就得以授翊卫校尉，这是府兵制下的内府下级武官。又，"凡三卫皆限年二十一已上。"（《唐六典》卷5《尚书兵部》）据《李谨行墓志铭》，谨行以64岁卒于永淳二年（683年），若以21岁即授三卫官，时间约在贞观十四年（640年）。此后转外府即地方军府任职，历任怀□府□果毅都尉、龙泉府左果毅都尉、肃慎府折冲都尉。再入朝转左屯、右骁二卫翊府左郎将、左骁卫翊卫中郎将、右骁卫将军。谨行自解巾入仕，从21岁上任统领300人低级武官，逐级升迁，至龙朔中（661—663年），即在43岁左右，官至从三品将军。到44时，即麟德元年（664年），被遣出为封疆大吏边州营州都督。约一年，又被调回京师，授左监门卫将军。不久，高宗命将率师征讨高丽，谨行遂被遣出殿后。从此，谨行开始了在三韩地区的十年（666—676年）征战生涯。总章元年（668年），以平高丽功，升右武卫大将军；咸亨元年（670年），以右领军大将军任燕山道行军总管；咸亨四年（673年），由其亲自指挥的瓠芦河（在高丽南界）大捷，彻底解决了在高丽的战事；咸亨五年（674年），以鸡林道副大总管从宰相刘仁轨出师新罗；上元二年（675年），大败新罗军于七重城，仁轨班师，谨行以诏命为安东镇抚大使，驻军新罗之买肖城，复又"三战皆捷"，迫新罗王向朝廷"谢罪"。

为积石道经略大使，论钦陵众十万寇湟中，候逻不知，士樵采半散。谨行闻虏至，即植旗伐鼓，开门以伺。钦陵疑有伏，不敢进。上元三年，破吐蕃于青海，玺书劳勉，封燕国公。

①《旧唐书》卷199下《北狄·靺鞨传》："累拜右领军大将军，为积石道经略大使。"

②岑仲勉《金石论丛·李秀碑》：如果依《旧唐书·靺鞨传》上元三年（676年）之前，谨行已破吐蕃于湟中，则谨行在上元二年（675年）二三月后，便应被调到西边战场。但通观各史文，这一年并没有吐蕃入寇湟中的记事。唯上元三年即仪凤元年（676年）闰三月，吐蕃入寇鄯、廓、河、芳等四州（《旧唐书》卷5《高宗纪》），可算是入寇湟中，又唐兵跟吐蕃战于青海，是仪凤三年（678年）九月的事。《旧唐书·靺鞨传》因两事同是"三年"，遂至把"上元"两字误替"仪凤"。依此推测，大约仪凤三年（李）敬玄的大军虽败，而谨行偏师立功，跟同时的黑齿常之是一样的。

③《元和郡县图志》卷39《陇右道·鄯州》："积石军，廓州西一百八十里。仪凤二年置。管兵七千人，马一百匹。"《陇右道·廓州》：积石军"西临大涧，北枕黄河，即隋浇河郡所理"。

④《通鉴》卷202唐高宗仪凤二年（677年）八月，"命刘仁轨镇洮河军。（《胡注》：鄯州城内，有临洮军。）冬，十二月，己卯，诏大发兵讨吐蕃。"

⑤《李谨行墓志铭》：永隆二年（681年）诏曰："武夫出讨，战胜则

赏隆；良将守边，功多则禄厚。右骁卫大将军、检校右羽林军、上柱国五原郡开国公李谨行，志气刚健，千力沉勇，早标击剑之才，历践衔珠之秩。往征辽左，乌俗于是草音；今讨河西，犬戎由其遁迹。逋徒未歼，方仗秘谋，荣命所加，实谐佥议。可右卫大将军员外置，同正员，依旧检校右羽林军，封并如故。"永淳元年（682年）诏曰："开国甲命，义昭象，增邑畴庸，事光典策。右卫员外〔大〕将军、检校右羽林军兼检校廓州刺史、上柱国、五原郡开国公李谨行，门擅英豪，代承恩宠，入司禁掖，诚恪□□营校，出总师真，威略宣乎戎垒。日者凶寇狂狨，轻犯边陲，奋奇谋以应变，控佳兵而制敌，用能斩将戮丑，恤锐陷坚，致殊功于三捷，廓遗气于万里，宜加□宇，□茂河山。可封燕国公，食邑三千户，并赐物三口段，余并加如故。"

按：谨行何时调往西线，岑仲勉先生谓应在上元二年（675年）二三月后。但岑先生又以这一年并没吐蕃入寇湟中（今青海湟水两岸地区）的记事，遂又疑之。笔者认为，谨行西调，当在仪凤二年（677年）。理由有三：其一，廓州（治所在青海化隆西黄河北岸）境内的积石军（今青海贵德县）置于仪凤二年（677年），谨行当于是年出镇积石军，为积石道经略大使。其二，前云谨行曾于咸亨五年（674年）至上元二年（675年）以刘仁轨副手讨击新罗，两人配合默契，相得益彰，谨行得拜安东镇抚大使，无疑为仁轨奏请的结果。及至仪凤二年（677年）仁轨为洮河道行军镇守大使，为鄯、廓两州对吐蕃成犄角之势，镇守廓州的理想人选，非谨行莫属，谨行出任积石道经略大使，极有可能亦为仁轨引荐。其三，自仪凤元年（676年）吐蕃大举入寇鄯、廓、河、芳等州，朝廷频遣大军征讨，仅是年闰三月就有刘审礼等十二总管调至西边战场，至二年（677年）八月至十二月，在既遣宰相刘仁轨出任洮河道大总管兼安抚大使和代理鄯州都督之后，复又"诏大发兵讨吐蕃"。这时的李谨行已早于二月前被召回京师代理右羽林军大将军（由二月后"高丽旧城复没于新罗"可知。参看《通鉴》卷202），以刘仁轨举荐，遂擢积石道经略大使并代理廓州刺史。以上推理若能成立，则谨行以"空城计"止论钦陵十万寇湟中大军，应为仪凤二年底和三年

（678年）初间事。又，传谓上元三年（676年）"破吐蕃于青海，玺书劳勉，封燕国公"，岑氏认为"上元"两字误替"仪凤"，近是。然墓志所记"玺书劳勉"分别为永隆二年（681年）和永淳元年（682年）：前诏追叙谨行先在"辽东"、后在河西（当为青海）战功，因拜右卫员外大将军，后诏始册封谨行为燕国公。而《新唐书·李谨行传》及所本《旧唐书·靺鞨传》将此事系于上元三年条下，时间相差六、七年，错误显然。

卒，赠幽州都督，陪葬乾陵。

①《旧唐书》卷199下，《北狄·靺鞨传》："永淳元年卒。"

②《太平广记》卷143《黑齿常之》："唐将军黑齿常之镇河源军，城极严峻，有三口狼入营，绕官舍，不知从何而至，军士射杀。黑齿恶之，移之外，奏讨三曲党项，奉敕许。遂差将军李谨行充替。谨行到军，旬日病卒。"

③《李谨行墓志铭》："以永淳二年七月二日薨于鄯州河源军，春秋六十有四。……寻隆诏曰，'念功追往，列代恒□，节终加数，□国通典。故积石道经略大使、右卫员外大将军、检校右羽林军兼检校廓州刺史、上柱国燕国公李谨行，家擅蕃豪，代承朝宠，材略英果，志怀忠义，入掌禁戎营校，以之增□，出楹归律烽侯（候），由是□□。方振远图，掩苍松以作气；忽随促运，委白揪而告终，永言既没，斩悼□□，缛礼式表幽魂。可赠镇军大将军使持节都督幽、檀、妫、易等州诸军事、幽州刺史，大将军勋封并如故，赠物三百段、米粟三百石，丧事葬事所须，并宜官给。仍敕五品一人监护，悲夫！夫人临汾郡夫人傅氏，材德早闻，柔仪夙备，道光□师，□礼茂于公宫，而偕老慇祥，寿仁虚应，将凤梧而早落，与龙剑而先沉，春秋六十有一。有子思敬等，衔荼在疚，集蓼缠哀，痛门荫之云倾，仰闱慈而不逮，屠肝逾酷，泣血增迷，即□垂拱元年七月十七日陪葬于乾陵。"

④《册府元龟》卷433《将帅部·败衄三》：开元二年（714年）李思敬从薛讷讨契丹，败衄，讷"归罪于崔宣道及蕃将李思敬等八人，诏皆斩之"（并见《通鉴》卷211唐玄宗开元二年七月条、《旧唐书》卷93《薛讷

传》《新唐书》卷111《薛仁贵附子讷传》)。

⑤《李秀碑》："公讳秀，字玄秀，范阳人也。……考讳谨行府君，左金吾卫大将军，牙将昼巡，信臣夜拜，忠无二命，义有一心。公幼而英明，壮而特达，硕肤海口，美髯燕颔，读书益智，……诵习六韬……。及二九度辽，……公乃独出独入，一纵一横，□飞镞应弦以陷坚，回戈随手以包敌，议者以为良将之子，名公之家，……特拜游击将军。日者犬戎侵边，虎臣拥节，公以名数见召，入幕规划。时议休之。一战而吐蕃大败，恩加忠武将军、右卫翊府左郎将。累载，吐蕃投东门，掠西牧……。议者多之，听其言，行其策，旬有七夕，云雾晦，风沙昏，公乃暗号潜□，深入□振，吐蕃以为天兵总集，围师数重，尽其力以自诛，目其乱以自北，迟明而营垒□踏，亭午而道路系缧者不可胜数。我天子录异等，加懋功，特拜云麾将军、左豹韬卫翊府中郎将，封辽西郡开国公，食邑二千户，前后降宸翰、赐御衣金银□□锦服者至于八□，呜呼！日有侧，时有来，以开元四载四月一日，春秋六十有二，薨于范阳郡之私第……。夫宜室范阳郡夫人班氏，西河郡司马恩府君之息女，贤和淑慎，静恭贞白，移□而辅之以德，训子而教之以方，亦既有成，曾是无愧，以天宝元载合葬于范阳福禄乡原，礼也。胤子朝议大夫使持节景城郡诸军事守景城郡太守兼横海军使、赐紫金鱼袋、上柱国偓，智员谋长，体大心正，懿文壮武，广孝移忠，惟肖前人，克构丕业，形政尤异，立事通明，直绳闲邪，远量容物，赒悬军之急，海无惊波，恤巨防之虞，山不举燧，利倍往昔，功省今兹，名动藩维，福润河朔，夫子云，与其进者也。"（录自岑仲勉《金石论丛》289—291页《李秀碑》还原碑文，并参照《全唐文》卷265李邕《云麾将军碑》残文）

⑥《全唐文》卷173张鷟《鸿胪寺状》称："李秀职编沙苑，位缩牧司。"

按，传阙卒年，而《旧唐书·北狄·靺鞨传》谓卒于永淳元年（682年）。志记永淳二年（683年）七月二日卒，终年64岁。自应以墓志为是。其卒地不在廓州积石军却在鄯州河源军（治所在今青海西宁市东南），说明其生前确已调至鄯州以补河源军经略大使黑齿常之遗缺，并证明张鷟之

"李谨行充替""旬日而卒"非小说家之言。又，《李秀碑》记谨行生前官为左金吾卫大将军，诸史籍和墓志均不载。再，墓志对谨行赠官、赠物和垂拱元年（865年）陪葬乾陵等身后哀荣所道甚详，可补本传不足。值得注意的是，有关谨行的妻室和子息的记载，多有出入。墓志谓夫人为临汾郡夫人傅氏，先于瑾行而卒，春秋61。而诸史均称夫人刘氏，以留守伐奴城（今朝鲜平壤西北）功，封燕郡夫人。从傅氏以61岁先谨行卒看，或傅氏为正室，刘氏为侧氏，亦未可知。谨行究竟有几子，本传缺记，墓志仅云"有子思敬等"，亦语焉不详。就目前所见史料，至少有二子，长子思敬，次子秀。关于思敬事迹，只知道他于开元二年（714年）因薛讷委过被玄宗处死。就是这个被诏斩的思敬，章群先生断为拥玄宗登基的功臣，高丽人李仁德之子（参看章氏于86年在台北出版的《唐代蕃将研究》一书）。这绝不可能，据《唐文拾遗》卷66《李仁德墓志铭》，仁德卒于开元二十一年（733年），其丧事为长子右骁卫中候思敬办理，如果其子早于开元二年（714年）就被处死，又何来二十年后的复出！由之可知，开元初讨契丹的蕃将李思敬，应即李谨行之子。关于李秀，《全唐文》卷265载有唐大书法家李邕（678—747年）撰书之《云麾将军碑》残文，岑仲勉先生据法源寺碑拓本改补还原，知秀累官至云麾将军、右豹韬卫翊府中郎将，封辽西郡开国公，卒于开元四年（716年），与秀同时代的大文豪张鷟谓秀曾官沙苑监，二秀是否为一人，难以断定，姑且存疑。此外《李秀碑》称秀子偃于开元初就已官至景城郡（今河北景县）太守兼横海军使、河北海运副使。

此外，据上可为李谨行家族作世系表如下：

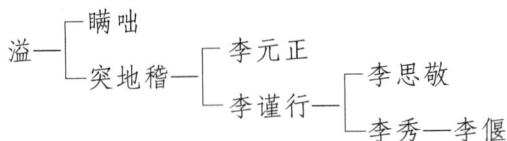

```
       ┌─瞒咄
溢─┤
       └─突地稽─┬─李元正──┬─李思敬
                   │          │
                   └─李谨行──┴─李秀──李偃
```

（原载《文博》1993年第1期）

《旧唐书·黑齿常之传》的补缺和考辨

众所周知，古代三韩被称为君子之国。①百济的义慈王更是被称为"海东曾子"。②慈悲贤明的义慈王因没有处理好对外关系招来了罗唐联军的进攻，导致百济亡国。但是，文化基础深厚的百济人，依然创立了灿烂的功绩。归顺唐朝的百济贵族后裔沙吒忠义、黑齿常之等人在唐边防中重振雄风。例如沙吒忠义曾多次带领大军征讨后突厥。③尤其是常胜将军黑齿常之，即使是古代号称名将者也少有能与其匹敌者。④然《旧唐书·黑齿常之传》中对黑齿常之的描述不超过千余字，内容简略。因此，笔者抱着对黑齿常之的敬意，希望通过收集他的相关文献资料来补充《旧唐书》列传之缺失，考辨不同史书记录的差异。如有疏漏，请各位韩国学者不吝赐教。

---

①《旧唐书》卷199上《东夷·新罗传》。

②《册府元龟》卷962《外臣部·贤行》。

③《全唐文》卷242《封右武卫将军沙吒忠义虢国公制》《授沙吒忠义右金吾卫将军制》；《册府元龟》卷989《将帅部·征讨五》。

④《旧唐书》卷109《黑齿常之传》。

一、黑齿常之的家系

《旧唐书》列传中没有对黑齿常之家系的记载，《新唐书》也是如此，但是1929年在洛阳发现的《黑齿常之墓志》可以弥补这一缺憾。《黑齿常之墓志》云：

> 府君讳常之，字恒元，百济人也。其先出自扶余氏，封于黑齿，子孙因以为氏焉。其家世相承为达率。达率之职，犹今兵部尚书，于本国二品官也。曾祖讳文大，祖讳德显，考讳沙次，并官至达率。[1]

根据以上引用的志文可以得知，黑齿常之的祖上出自百济王室，后因封地由扶余氏改为黑齿氏。黑齿氏作为王族的分支，代代承袭达率一职。在同时出土的《黑齿俊墓志》中，亦叙及相同的内容。[2]因此，我们可以清楚得知黑齿氏的五代世系为：

黑齿文—黑齿德（加亥）—黑齿沙次（沙子）—黑齿常之—黑齿俊

根据《大唐□部将军功德记》[3]，黑齿常之的一个女儿嫁给了一位出身于朝鲜半岛、在唐做官的人。如果文中乐浪郡夫人被认为是"中女"的话，那么黑齿常之至少有三名女儿。并且由此得知，当时在入唐的百济上流阶层中有与同族结婚的习俗。

对于黑齿常之入唐以前的官职以及其祖上官职，《旧唐书》列传记载他起初是本蕃的达率兼郡将，后来成为唐朝的刺史。《新唐书》列传中更详细地说明了他曾是百济达率兼风达郡将。《墓志》中记述他的家族世世代代为达率。达率一职相当于唐朝的兵部尚书，是百济的二品官。黑齿常之的曾

---

①《黑齿常之墓志》。

②《黑齿俊墓志》："公讳俊，即唐左领军卫大将军燕国公之子焉……曾祖加亥任本乡刺史，祖沙子任本乡户部尚书。"

③《全唐文》卷28《大唐□部将军功德记》："大唐天兵中副使右金吾卫将军上柱国遵化郡开国公□部珣，本枝东海……于神龙二年三月与内子乐浪郡夫人黑齿氏，即大将军燕公之中女也……敬造三世佛像并诸贤圣刻雕……故刻此东石以旌厥闻。"

祖父、祖父和父亲都曾任达率①一职。黑齿常之的家族到黑齿常之父亲为止都担任过达率，然而黑齿常之本人并没有担任过。两《唐书》中虽然都记载黑齿常之作为达率（二品）兼任郡将（四品），但是这种不同的官职不可能同时授予一个人。并且，唐廷最初规定的蕃州（羁縻府州）授职原则是根据部落的大小及个人地位和名望授予刺史以下官职。②麟德初，黑齿常之再次向唐朝投降以后，根据其名望除授折冲都尉，镇守熊津城。③府兵制下的折冲府长官折冲都尉根据管辖区情况分为上、中、下三等，因此都尉的品级分别为正四品上、从四品下、正五品下三种。④熊津府当然是上府或中府。黑齿常之最初授予的官职应该和他原来任职的郡将地位相当。黑齿常之在投降唐朝以前还未继承达率一职，并不是两《唐书》中说的刺史，也不是《墓志》记载的兵部尚书。他的官职是四品德率，是风达郡三名郡将中的一员。

二、黑齿常之的入唐经纬

根据两《唐书》列传⑤，似乎可以认定黑齿常之是当时反抗唐军占领的指导者，但事实并非如此。历史的真相是：第一，反唐的指导者是福信等人，黑齿常之不过是他的呼应者。显庆五年（660年），唐朝大将苏定方在攻下百济后，让他的郎将刘仁愿留守百济府城，继而收到唐廷的命令征战

---

①《周书》卷49《异域传上》；《北史》卷94《百济传》。《册府元龟》卷962《外臣部·官号》："达率三十人，二品。恩率三品；德率四品；杆率五品；奈率六品……自恩率以下，官无常员。各有部司，分掌众务……都有万家，分为五部，曰：上部、前部、中部、下部、后部。兵一千二百以下，七百人以上。城之内外民庶及余小城咸分隶焉。"

②《资治通鉴》卷200唐高宗显庆二年十二月乙丑条。

③《黑齿常之墓志》。

④《旧唐书》卷44《职官志三》。

⑤《旧唐书·黑齿常之传》："显庆五年，苏定方讨平百济，常之率所部随例送降款。时定方执王及太子隆，仍纵兵劫掠，丁壮者多被戮。常之恐惧，遂与左右十余人遁归本部，鸠集亡逸，共保任存山，筑栅以自固。旬日而附者三万余人。定方遣兵攻之，常之领敢死之士拒战。官军败绩，遂复本国二百余城，定方不能讨而还。龙朔三年，高宗遣使谕之，常之尽率其众降。"

高句丽。就在此时，已经去世的百济王扶余璋的质子福信和僧人道琛趁机占领周留城，拥立王子扶余丰为王。百济的西部、北部纷纷响应①，身为百济西部人的黑齿常之就是在此时响应反唐的。第二，道琛是镇守任存山的主将，黑齿常之是他麾下的将领之一。龙朔元年（661年）初，带方州刺史刘仁轨征集百济新罗士兵，和他们在熊津江入口激战，死伤万余人。百济大将道琛不得不退守任存城。②任存城在百济西面的任存山上，是黑齿常之原来的所在地。③之后道琛自称领军将军，和福信同时成为百济军的指导者。他们在广征兵马时，酋帅黑齿常之就在其麾下。第三，在道琛被福信所杀，福信又被扶余丰所杀后，黑齿常之仍没有成为百济西部的领军人物。道琛在退守任存城后被福信杀死，福信吞并了他的兵马，实力更加壮大。④福信在专权后与百济王扶余丰的矛盾加深，结果在意图谋害扶余丰时却被其反杀。此后，坚守任存城的任务被交给了百济别帅迟受信。龙朔三年（663年）唐罗联军在白江口击破外兵后，百济的众多城池再次归顺，但迟受信仍然没有投降。⑤当时黑齿常之和别将沙吒相如已经放弃了抵抗，归降唐朝，刘仁轨利用二人带领唐军攻陷了任存城，迟受信才向高句丽投降。直到此时，百济全部被平定。⑥百济抵抗唐军的过程说明了黑齿常之是呼应者而非指导者这一事实。因此，对他"遂复本国两百余城"的说法言过其实，他的作用是有限的。他的贡献不在于他主要对百济军做了什么，而在于他投降后结束了唐对百济的战争。

1. "华官参治"下的黑齿常之

百济原来有五部三十七郡二百城七十六万户。百济灭亡后，唐朝在熊津、马韩、东明、金连、德安设五都督府。熊津都督和带方州刺史由唐朝

---

①《旧唐书》卷199上《东夷·百济传》。
②《资治通鉴》卷200唐高宗龙朔元年三月丙申条并胡注。
③《资治通鉴》卷200唐高宗龙朔元年三月丙申条并胡注。
④《旧唐书》卷84《刘仁轨传》。
⑤《旧唐书》卷84《刘仁轨传》。
⑥《旧唐书》卷84《刘仁轨传》。

官吏任职，以唐军镇守府城。其他多数的羁縻州府则擢用酋渠长来管理。[①]
这个管理体制基本上和之后唐朝统治高句丽的方式是一样的，可以叫作
"华官参治"[②]。华官参治下的黑齿常之身居何职？有什么样的活动呢？《旧
唐书》列传中显庆五年（660年）至龙朔三年（663年）这段时间只记载了
他镇守任存城、反抗唐军的事实。他的其他事迹在《旧唐书》中并没有记
载，只写着"累转右领军员外将军"。《新唐书》也只说是升职为洋州刺史。
虽说《黑齿常之墓志》的记录中有一部分错误，但基本上可以补充黑齿常
之在百济活动的事迹。

《墓志》内容如下：

> 唐显庆中，遣邢国公苏定方平其国，与其主扶余隆俱入朝，隶为
> 万年县人也。[③]

黑齿常之跟着扶余隆入唐是不大可能的。被抓到唐朝的百济战俘共五
十八名。[④]其中除去百济王义慈、太子隆和小王孝演等王室成员外，剩下的
都是酋长。[⑤]百济有五部三十七郡二百城，虽然不知道有多少人有做酋长的
资格，但只有身居高位的大酋长才能进入长安。如果不是这样的话苏定方
如何向朝廷请功？如前所述，黑齿常之在投降以前不过是四品郡将，和他
同级的人在百济非常多。苏定方如何能用地位不高的人向天子请功呢？并
且苏定方于显庆五年（660年）十一月进献俘虏时比大军回来得早。他在十
二月和次年四月被委任平壤道行军大总管征伐高丽。[⑥]所以黑齿常之逃回本
部是从苏定方的战俘军营中逃走的，而不是入唐以后。这从苏定方派大军

①《新唐书》卷220《东夷·百济传》。
②《新唐书》卷220《东夷·高丽传》。
③《黑齿常之墓志》。
④《新唐书》卷220《东夷·百济传》。
⑤《新唐书》卷220《东夷·百济传》。
⑥《新唐书》卷3《高宗纪》。

攻击，黑齿常之投降一事中可以得知。①这是显庆五年（660年）八、九月间百济灭亡，苏定方在百济逗留时发生的。

黑齿常之再次投降后，作为蕃酋帅被委任蕃州官职。对此《墓志》有详细的记载：

> 麟德初，以人望授折冲都尉镇熊津城，大为士所悦。咸亨三年以功加忠武将军，行带方州长史，寻迁使持沙洋州诸军事、沙洋州刺史，授上柱国。以至公为己任，以忘私为大端。天子嘉之，转左领军将军，兼熊津都督府司马，加封浮阳郡开国公，食邑二千户。②

由此看来，黑齿常之麟德初（663年）任熊津府折冲都尉，咸亨中（670—673年）任左领军（员外）将军兼熊津都督府司马，封浮阳郡开国公。黑齿常之至少在百济所设羁縻府州里任职的十余年里成就卓越。然而从他在这十年中自四品升为从三品这一点来看，其晋升之路并不顺利。

这里要特别指出的是，《新唐书》中记载黑齿常之升任的洋州刺史，根据《墓志》等资料这应当是"沙洋州刺史"的误写。《三国史记》和《东国舆地胜览》中也只有沙洋州，并没有关于洋州的记录。唐的洋州是今天陕西省西乡县，百济的沙洋州在今天全罗南道罗州一带，这两个地方是完全不同的。显然史书是错的，墓志的记录是正确的。

并且应当说明的是，黑齿常之受到唐朝驻军百济的最高长官带方州刺史和熊津都督刘仁轨的重用。在黑齿常之再次投降之初，刘仁轨力排众议让他带领大军征战。③可惜的是刘仁轨在任命黑齿常之为折冲都尉后不久就

---

①《新唐书·黑齿常之传》；《资治通鉴》卷201唐高宗龙朔三年九月条；《旧唐书》卷84《刘仁轨传》。

②《黑齿常之墓志》。

③《册府元龟》卷405《将帅部·职略四》："(黑齿常之和沙吒相如)率其众降，仁轨谕以恩信，令自领子弟以取任存城，又欲分兵助之。(熊津道行军总管孙仁师极力反对)仁师(轨)曰：'相如、常之皆忠勇有谋、感激之士。从我则成，背我则灭。因机立效，在于此日，不须疑也。'于是，给其粮杖，分兵随之，遂拔任存城。"

回朝了。这可能是黑齿常之在百济晋升慢的原因之一。

唐代的蕃州中，外有边州都督、都护押领监护，内有汉族出身的官僚统治。作为唐军驻扎的蕃州官员，黑齿常之受到了许多牵制。

2. 入朝后防御吐蕃

由于缺乏记载，我们无从得知黑齿常之何时从故乡迁去做唐朝边将的。《旧唐书》记载，仪凤时吐蕃侵犯边境，黑齿常之跟随李敬玄击退了来军。《新唐书》列传中更为精确地记载了这件事发生的时间是在仪凤三年（678年）。然而，这并不意味着黑齿常之是在此时入唐的。他的入唐应该和他的长官刘仁轨有着联系。刘仁轨在麟德二年（665年）带领新罗、百济、耽罗、倭的酋长跟随唐高宗封禅泰山后，很长一段时间在朝廷做官。在这期间，刘仁轨乾封三年（668年）任熊津道安抚大使出兵高句丽，咸亨五年（674年）进军新罗。黑齿常之受其信任跟随作战。上元二年（675年）二月刘仁轨带领大军归还时，黑齿常之可能就是在这个时候跟随他入唐的。黑齿常之仪凤三年（678年）出现在防御吐蕃的西部战争中也与刘仁轨有关。仪凤二年八月，天子因吐蕃进犯任命刘仁轨为洮河道行军大总管镇守洮河。①黑齿常之也一同前往。第二年正月，因刘仁轨举荐，中书令李敬玄任洮河道大总管兼安抚大使、检校鄯州都督。从这时起黑齿常之隶属于李敬玄麾下。这仅是推测，事实真相到底如何还需以后更为深入的探讨。

上元三年（676年）黑齿常之已经身在青海。这一年闰三月，吐蕃进犯鄯（今青海乐都）、河（今甘肃临夏）、芳（今甘肃迭部县东南）等州，高宗派李显任洮州道行军元帅，带领十二总管征伐吐蕃。②十二总管中裴行俭任洮州道左二军总管。③入唐不久的黑齿常之就在裴行俭麾下。理由有二：第一，《裴行俭碑》中说裴行俭知人善用，他举荐的副将中黑齿常之等人都是名将。由此得知，黑齿常之在裴行俭麾下时是受其信任的。第二，黑齿常之作为裴行俭部下期间，是裴行俭担任洮州道行军总管的时候。这个原

---

① 《旧唐书》卷84《刘仁轨传》。

② 《册府元龟》卷986《外臣部·征讨五》。

③ 《文苑英华》卷883《裴行俭碑》；《旧唐书》卷84《裴行俭传》。

因很简单。首先，黑齿常之在家乡任职的时候，裴行俭没有去过百济。其次，在此之后黑齿常之没有再去过青海。裴行俭第二年离开此地平定了西突厥和后突厥，在永淳元年（682年）四月在京师延寿里去世。[①]黑齿常之离开青海的时间比这个更晚。

在《旧唐书》列传中，对黑齿常之在青海建立的功绩有详细描述。总的来说有三点：第一，黑齿常之因为救援陷入困境的李敬玄军队被升为河源军副使。第二，黑齿常之被擢升为河源经略大使。第三，黑齿常之设置烽屯田提高警戒，使吐蕃畏惧。他在军队的7年时间里升为左武卫大将军。《新唐书》列传中的记载大体与此相同。《墓志》中在称颂黑齿常之功绩的同时，还称赞他"傍无声色，居绝玩好"的高尚品德。除此之外，唐代的一些传奇故事中也有提及黑齿常之的，十分奇异。[②]靺鞨族出身的大将李谨行于永淳二年（683年）七月二日在鄯州河源军中去世[③]，这是黑齿常之征伐党项的证据。如列传记录的那样，黑齿常之仪凤二年至永淳二年在军队的7年间任河源军副使和大使。

《旧唐书》记述嗣圣元年（684年）黑齿常之擢升为左武卫大将军，代羽林军事。这说明此时黑齿常之已经由边将转为内朝，在唐廷任职。

3.朝廷任职和南北征伐

永淳二年（683年），黑齿常之讨伐三曲党项后回到京师，第二年任检校左羽林军。但是他在朝廷任职没多久就被派去南征北伐。黑齿常之的南征北伐主要指的是南面徐敬业的叛乱和北面后突厥的入侵。两《唐书》黑齿常之传中没有记载讨伐徐敬业一事，《墓志》可以补充这一点。

    垂拱之季，天命将革。骨卒禄，狂贼也，既不赌其微；徐敬业逆

---

  ①《文苑英华》卷883《裴行俭碑》；《旧唐书》卷84《裴行俭传》。

  ②《朝野佥载》卷6："将军黑齿常之镇河源军，城极严峻。有三口狼入营前官舍，不知从何而至。军士射杀，黑齿常之移之外，奏讨三曲党项，奉敕许。遂差将军李谨行充替。谨行到军，旬日病卒。"

  ③《李谨行墓志》，载于《乾陵稽古》，黄山书社，1986年。

恶也；又不量其力。南静淮海，北扫旗头，并有力焉。故威声大振。
制曰：局度温雅，机神爽晤。凤践仁义之途，聿蹈廉贞之域。言以昭
行，学以润躬。屡总戎麾，每申诚效。可封兼国公，食邑三千户。①

上述内容中引用的"骨卒禄"是则天武后时期对后突厥可汗阿史那骨
咄禄的蔑称。黑齿常之阻挡后突厥的情况会在后文说明，这里先分析他征
讨徐敬业的具体时间。根据《资治通鉴》记载，黑齿常之作为江南道行军
大总管讨伐武则天的南方政敌徐敬业（唐朝开国功臣李勣的孙子）是光宅
元年（684年）十一月辛亥（四日）以后。②在这之前可以推测他已经由左
武卫大将军调职为左鹰扬大将军。遗憾的是通过墓志只能知道黑齿常之讨
伐之后声威大震，没有更加详细的描述。在其他史书中也仅记录了黑齿常
之平定徐敬业叛乱的事实。③

《旧唐书》列传中仅记载了征伐后突厥的时间是垂拱二年（686年）。
《新唐书》列传中仅记载黑齿常之阻止突厥进犯和三年发生的黄花堆之战是
垂拱年间的事。《墓志》中记载了黑齿常之离开青海转任燕然道副大总管一
事。但《册府元龟》等资料中提供了更为详细的线索。④即可以证明《墓
志》中所说黑齿常之任燕然道副大总管的时间是垂拱元年（685年）十一
月。这是征讨南方之后的事，而不是像墓志说的那样是征讨南面以前的事。
这一年九月黑齿常之因带领大军抵御后突厥有功，被封为燕国公。垂拱三
年（687年）七月在与后突厥在黄花堆爆发战争时，史书对黑齿常之官职的
记载是燕然道行军大总管。⑤此外，根据墓志的记录，黑齿常之在防御后突
厥时，被授职为左武卫大将军、神武道经略大使，最后为怀远军经略大使。

---

①《黑齿常之墓志》。
②《资治通鉴》卷203则天后光宅元年条。
③《新唐书》卷93《李敬业传》。
④《册府元龟》卷986《外臣部·征讨五》，两《唐书·韦待价传》，《资治通鉴》卷203则天
后垂拱元年十月癸卯条："〔垂拱元年〕十一月命天官尚书韦待价为燕然道行军大总管，以
讨吐蕃（突厥）。"
⑤《资治通鉴》卷204则天后垂拱三年七月条。

4.黑齿常之的非命和雪冤

对于黑齿常之的死亡，两《唐书》中只是简略提及。黑齿常之在被周兴等人诬陷与赵怀节等人谋反，入狱后自裁。

正史中没有赵怀节的列传，不清楚他的生平事迹。但在《新唐书·则天皇后传》[1]中记载他和黑齿常之同时被杀。黑齿常之被判决死刑后，在行刑前以死明志。虽然黑齿常之是自杀，但唐廷仍判为刑杀。

为何说黑齿常之是受到酷吏的诬陷下狱自杀的呢？虽然史书对此没有记载，但是可以分析它的基本原因。

第一，受到别人的诬告仅是表象，其根源在于武则天的屠戮政策。[2]史书记载，武则天在徐敬业叛乱后疑心别人对自己图谋不轨，采取了屠戮政策。因而索元礼、周兴等一帮酷吏为获取武则天的信任，大肆罗织百官，不惜制造冤狱。[3]不仅宗室的元老功臣们被诛戮，而且连一些蕃将也难逃其死。在这种高压环境下，黑齿常之被诬陷而死也就不奇怪了。

第二，蕃将对皇权的威胁。早在贞观年间，太宗认为府兵的战斗力弱，把蕃将作为战争的主力。[4]到了高宗、武后时期，府兵进一步弱化。因此诸卫将军大部分由无能的外戚和内附蕃将充任。[5]无能的外戚之所以能掌握兵权首先是因为受到信任，其次是因为容易掌控。蕃将能掌握兵权是权宜之计，因为他们平时习武，武功赫赫。《新唐书·泉男生传》记载，皇帝选拔的善射者中就没有汉人。古代战争依靠骑射，而骑射正是蕃人的特长。武

---

①《新唐书》卷76《则天皇后传》：“〔永昌元年十月〕戊午，杀右威卫大将军黑齿常之、右鹰扬卫将军赵怀节。”

②《资治通鉴》卷303则天后垂拱三年三月戊申条。

③《新唐书》卷209《酷吏传序》。

④陈寅恪：《金明官丛稿初编·论唐代蕃将与府兵》。

⑤《玉海》卷138《邠侯家传》。

则天时代善射者大多不是汉人，甚至第一射手是三韩出身的蕃将泉献诚。①
由此可见，蕃将中海东出身者的武功首屈一指。并且突厥二十四州叛乱爆
发后，出征的将领大部分是百济出身的沙吒忠义和靺鞨人李多祚等蕃将，
特别是沙吒忠义几乎参与了全部战争。②黑齿常之在当副将的时候，统领他
的汉族将军大都是在战争中表现怯懦的无能之辈。他们胆怯如女子，根本
无法镇守洮河阵地和唐军的大本营鄯州。③而挽回这个局面的人就是作为蕃
将的黑齿常之。④主将李敬玄等人的军事能力是与黑齿常之完全不能比的。
黑齿常之凭借着过人的勇敢和智慧获得了天子的称赞，占据了主将的地位。
黑齿常之代替韦待价成为燕然道行军大总管一事，通过韦待价战败后被发
配秀州就可以看出，韦待价无法承担起大总管的职责才被黑齿常之取而代
之的。⑤

　　唐代蕃将在国家军事实力中扮演着重要角色，武则天就是靠重用蕃将
才平定了叛乱。但是权力越大对皇权的威胁也就越大。手握大权的蕃将自
然成为了天子的眼中钉。如果皇帝认为某个人的存在是潜在的政治威胁的

---

①《旧唐书》卷199上《东夷·高丽传》，《新唐书》卷110《泉男生传》："天授中，则天尝内
出金银宝物，令宰相及南北衙文武官内择善射者五人共赌之。内史张光辅先让〔高丽人右
卫大将军泉〕献诚为第一。献诚复让右玉钤卫大将军〔薛延陀人〕薛吐摩支，摩支又让献
诚。既而献诚奏曰：'陛下令简能射者五人，所得者多非汉官。臣恐自此以后，无汉官工射
之名。伏望停寝此射。'则天嘉而从之。"

②《册府元龟》卷986《外臣部·征讨五》；《旧唐书》卷194《突厥传上》；《资治通鉴》卷
205则天后延载元年三月条，卷206则天后神功元年条等。

③《朝野金载》卷4："唐中书令李敬玄为元帅讨吐蕃。至树墩城，闻刘尚书（按即工部
尚书刘审礼）没，幕着鞯不得，狼狈而走。时将军王杲、副总管曹怀舜等惊退。遣却□饭，
首尾千里，地上尺余。时军中谣曰：'姚（洮）河李阿婆，鄯州王伯母。见贼不能斗，总由曹
新妇。'"

④《册府元龟》卷384《将帅部·褒异十》："黑齿常之为左领军员外将军。高宗仪凤中，
吐蕃犯边，常之从李敬玄、刘审礼击之。审礼败，敬玄欲抽军，却阻泥沟，而计无所出。常
之夜率敢死士五百人进掩贼营。吐蕃大首领跋地设弃军宵遁，敬玄因此得还。高宗叹其
才略，擢授左武卫将军兼检校左羽林军……仍充河源军副使。吐蕃赞婆及业和贵等贼徒
三万余屯于良非川。常之率精骑三千夜袭营，杀获二千级，获羊马数万。赞婆等单骑而
遁。擢常之为河源道经略大使。"

⑤《旧唐书》卷77《韦待价传》。

话，那么即使是再小的罪过也能治他的罪。累授镇国大将军、行左威卫大将军的西突厥贵族阿史那元庆，因私自拜会时为皇嗣的李旦被坐罪腰斩[①]；右卫大将军高丽贵族泉献诚，也因被诬告谋反处以绞刑[②]；被视为效忠武则天的大将军西突厥可汗娑葛，也差一点被处死。[③]这些蕃将带兵能力和作战能力都不如黑齿常之，所以黑齿常之也当属被诛杀的范畴。

第三，黑齿常之死于非命或许与他的性格也有一定的关系。墓志中说："府君禀质英毅，资性明达，力能翘关，不以力自处；智能御寇，不以智自闻。每用晦而明，以蒙养正。"可见他的性格相对内向，喜欢藏拙，容易引起他人的误会和猜忌。此外，一个人的功绩和谦虚成正比，黑齿常之越是不显山露水，他的声望越高。早期他在蕃州任职的时候名望日高，征伐南方的时候更是名声大盛，晚年声望更是达到了顶点。由他亲自指挥的黄花堆大捷和爨宝璧的全军覆灭形成了鲜明的对比，遂成其遭受诬陷的祸端。这些史实不仅在《册府元龟》中可以看到，而且《资治通鉴》中也有明确的记载。[④]根据《资治通鉴》所说，黑齿常之能取得胜利是因为可以独自指挥，而爨宝璧的失败是因为朝廷的命令。[⑤]朝廷因此颜面扫地，为了掩盖事实杀掉了爨宝璧，黑齿常之也被牵连无功而返。[⑥]爨宝璧的大败不是黑齿常之的过错。事过两年后，酷吏周兴等人遵照武则天密旨又将此事牵扯出来。事件的经过是首先以谋反的罪名将黑齿常之部下的右鹰扬卫将军赵怀节等人下狱，通过严刑逼供使他们承认与黑齿常之意图谋反。无辜的黑齿常之的谋反罪名成立，于永昌元年（689年）十月在狱中自尽。此时他60岁，

①《新唐书》卷215《突厥传下》。

②《新唐书》卷110《泉男生传》。

③《新唐书》卷215《突厥传下》

④《册府元龟》卷933《总录部·诬构二》："周兴，则天时为秋官侍郎。垂拱中，左武卫大将军检校右羽林军封燕国公黑齿常之充大总管讨西突厥，大破之。时有中郎将爨宝璧表请追贼，遂全军而没。兴等诬构云：'与右鹰扬卫将军赵怀节等谋反。'遂自缢而死，时甚惜之。"

⑤《资治通鉴》卷204则天后垂拱三年十月条。

⑥《新唐书》卷110《黑齿常之传》。

许多人为他的死感到惋惜。①

在皇权至上的古代社会中，最高统治者可以借助某种政治理由杀害无辜的人。漫长的时间过去之后，又为文过饰非而平反。最擅长玩弄帝王权术的武则天就是这样的人，她下制澄清了对黑齿常之的诬告。②圣历二年（699年）一月二十二日，黑齿俊请求改葬自己的父亲。武则天下敕允许了他的请求，并派官辅助。③这一年的二月十七日，根据朝廷的命令，将黑齿常之移葬在邙山脚下，位于现在的洛阳市北郊邙山南麓。1929年10月出土的墓碑高2尺6寸，碑文共41行，每行41个字。④

附记

《黑齿常之墓志》和其子黑齿俊的墓志一同出土。中宗神龙二年（706年）五月二十三日，黑齿俊于洛阳病逝，年仅31岁。同年八月十三日被葬在了其父亲的墓旁。官职为右金吾卫翊府中郎将、上柱国、燕国公。坟墓的长高各为2尺。碑文用楷书书写，共26行，每行26个字。黑齿常之墓的棺椁高大，尸骨保存完好。棺椁一头长一头窄，长的地方近9尺。同时出土的还有大量的汉玉金银铜器、陶瓦器，被北京的古董商人购入。1932年初，李根源在洛阳参加"国难会议"时，花了2千大洋买下了黑齿常之以及其他唐人等93方墓志。移至苏州后，他建立了曲石精庐藏唐墓志，保管志石。同年9月，李根源邀请国学大师章太炎先生为黑齿常之等4人的墓志作跋。1937年日军逼近苏州，李根源深恐志石落入敌手，将志石移沉入小王山山麓关帝庙

①《新唐书》卷110《黑齿常之传》。
②《黑齿常之墓志》："故左武威卫大将军、检校左羽林卫、上柱国、燕国公黑齿常之，早袭衣冠,备经驱策,亟总师律,载宣绩效。往遘飞言,爰从讯狱,幽愤殒命,疑罪不分。比加检察,曾无反状。言念非辜,良深嗟悯,宜从雪免,庶慰茔魂,增以宠章,式光泉壤。可赠左玉钤卫大将军,勋封如故。其男游击将军、行兰州广武镇将上柱国俊……可右豹韬卫翊府左郎将,勋如故。"
③《黑齿常之墓志》："燕国公男俊所请改葬父者,赠物一百段。其葬事幔幕手力一事,以上官供,仍令京官六品一人检校。"
④《曲石唐志目》(《曲石精庐唐墓志》)。

前小池中。现在黑齿常之等92方志石保存在南京，其余移至北京。[1]

附录：黑齿常之的生平

★贞观四年（630年）—显庆五年（660年）七月（1—31岁）

黑齿常之，字恒元，是百济西部人。原始王族扶余氏，后因分封到黑齿，便改以黑齿为姓。黑齿氏代代承袭达率（相当于兵部尚书或刺史）一职。曾祖父是黑齿文，祖父是黑齿德（加亥），父亲是黑齿沙次（沙子）。黑齿常之自幼康健聪明，熟读《小学》《左传》和《汉书》。成年后身高7尺有余，骁毅有谋略。任四品德率，为风达郡将。

★显庆五年（660年）八月—龙朔三年（663年）（31—34岁）

苏定方灭百济，黑齿常之带领大军投降唐朝。为了抵抗苏定方占领军的暴行，黑齿常之带领身边的十余人回到本部，退守任存山。龙朔元年（661年），在百济的王质子福信等人据守周留城，拥立从日本回来的王子扶余丰。黑齿常之等人在百济西部响应福信引领的反唐活动，起兵攻陷城池200余座归附。然而其领导层互相残杀削弱了军队实力，黑齿常之退守任存山上的任存城。龙朔三年（663年）起兵失败，黑齿常之等人向唐将刘仁轨投降，同时帮助唐军攻陷任存城。

★麟德元年（664年）—咸亨二年（671年）（35—42岁）

黑齿常之声威大显，任折冲都尉镇守熊津城，获得了百姓的拥戴。

★咸亨三年（672年）—上元二年（675年）（43—46岁）

黑齿常之任忠武将军、行带方州长史，之后转任沙洋州刺史，授上柱国。因公私分明受到天子的称赞，擢左领军员外将军兼熊津都督府司马，封淳阳郡开国公，食邑两千户。

★上元三年（676年）—永淳二年（683年）（47—54岁）

最初隶属于洮州道左二军总管裴行俭，后跟随洮河道行军大总管刘仁

---

[1]《曲石精庐唐墓志》《前言》《附录》。

394

轨。刘仁轨回朝后转到大总管李敬玄麾下。常之在陇西道立下大功，为了营救危在旦夕的李敬玄大军，任河源军副使的黑齿常之在良非川取得了巨大胜利，擢授河源军经略大使。由于其御边严谨，吐蕃畏惧。伐党项后入朝。

★嗣圣元年（684年）—垂拱二年（686年）（55-57岁）

任左武卫大将军、检校左羽林军，光宅元年（684年9月改元）十一月任左鹰扬卫大将军，授江南道行军大总管征讨徐敬业。垂拱元年（685年）任燕然道行军副大总管，跟随韦待价征讨后突厥。

二年（686年），韦待价回朝，黑齿常之代理大总管职责。后突厥遁归后，被封为燕国公，食邑三千户。

★垂拱三年（687年）（58岁）

垂拱三年，后突厥侵扰朔州，燕然道大总管带领大将军李多祚等人在黄花堆大败后突厥。但是中郎将爨宝璧不顾与黑齿常之的约定，为了抢占功劳而冒进，所率万余将士全军尽没。因此爨宝璧被下令处死，黑齿常之被连累无功而返。

★垂拱四年（688年）（59岁）

授右武卫大将军、神武道经略大使，后升为怀远军经略大使。

★永昌元年（689年）（60岁）

被酷吏周兴等人诬陷与右鹰扬将军赵怀节等人谋反入狱。十月上吊自杀。黑齿常之有一男三女。圣历元年（698年）武则天为黑齿常之平反雪冤。常之之子黑齿俊请求官复其职，二年二月十七日移葬邙山南麓官道之北。1929年10月洛阳市北郊邙山南麓出土了黑齿常之父子的墓志。

（原载韩国《百济研究论丛》第五辑，1997年。原文为韩文，由〔韩国〕韩国学中央研究院博士生刘安琪翻译。）

《新唐书·元结传》辨误与补阙

　　元结，字次山，别号元子、漫叟等。其人才兼文武，不仅为盛唐与中唐之交的伟大诗人和古文运动先驱，还是中唐前期有较大影响的杰出政治家和军事家。故《新唐书》撰者特为其立传，使我们对他的生平事迹有一个大体的了解。不无遗憾的是，《新唐书·元结传》不只有多处误书硬伤，且在事迹叙述上有阙漏和交代不清之嫌。笔者不揣冒昧，试对该传做某些辨误和补阙。

一、母丧与元结享年

　　《新唐书·元结传》称，元结在容管经略使任上，"会母丧"，"罢还京师，卒，年五十，赠礼部侍郎"。[①]《元结传》资料表明，结卒与母丧应在同一时段，元结享年五十。

　　其实不然。

　　首先，元结的母丧和元结的逝世并不在同一时间段上。据元结生前好友颜真卿撰文并书丹的《唐故容州都督兼御史中丞本管经略使元君表墓碑

---

①《新唐书》卷143《元结传》。

铭并序》（以下简称《元次山碑》）记载：

> 丁陈郡太夫人忧，百姓诣使请留。大历四年夏四月，拜左金吾卫将军兼御史中丞，管使如故。君矢死陈乞者再三，优诏褒许。七年正月，朝京师，上深礼重，方加位秩，不幸遇疾，中使临问者相望。夏四月庚午，薨于永崇坊之旅馆，春秋五十，朝野震悼焉。①

上引清楚地说明，结母终丧于大历四年（769年），而结卒于为母守丧三年后的大历七年（772年）四月庚午（二十日；公历5月26日）。

其次，《新唐书·元结传》和《元次山碑》中的元结享年五十，均有大误。

以元结卒年大历七年（772年）上推五十年，则正史和碑文中的元结生年，应为开元十年（722年）。可是，结本人早于乾元二年（759年），即在接受唐肃宗召见期间，就曾对人讲自己上年即乾元元年（758年）的岁数为"四十"。②四年后，又在醉别友人王契的诗《序》中点明：

> 癸卯岁，京兆王契佐卿年四十六，河南元结次山年四十五。时次山顷日浪游吴中，佐卿顷日去西蜀，对酒欲别，此情易邪！在少年时，握手笑别，虽远不恨，以天下无事，志气犹壮；今与佐卿年近五十，又逢战争未息，相去万里，欲强笑别，其可得乎！……江畔主人鄂州刺史韦延安令四座作诗，命余为序，以送远去。③

按，癸卯岁，即唐代宗广德元年（763年），元结自云年四十五。上溯五年，即唐肃宗乾元元年（758年），元结又自报年龄为四十岁，可见元结

---

①《全唐文》卷344《唐故容州都督兼御史中丞本管经略使元君表墓碑铭并序》。碑藏河南鲁山文庙碑亭。

②《全唐文》卷381元结《与韦尚书书》。

③《全唐文》卷381元结《别王佐卿序》。

对自己岁数的说法是前后贯一的。由是可知，元结的诞辰应在己未岁，即唐玄宗开元七年（719年），迄大历七年（772年）薨，享年五十四岁。史传和碑铭中关于元次山享年五十的记载，错误显然。

附带说明一点，据《鲁山览胜》介绍，河南省鲁山县城北三十里的泉上村百姓，每年都要在元结墓茔所在的村北青条岭下举行"元次山陵祭祀"，而祭日就选在"每年农历六月三十日元结诞辰"。[1]这就是说，元结不仅给后人留有确切的逝世纪念日，即大历七年（772年）四月庚午（二十日；公历5月26日），还借助于故土乡亲一千多年口碑，流传下其出生纪念日，即开元七年（719年）六月三十日（丁亥，公历7月21日）。

二、"太原著姓"和"鲁山人"

《新唐书·元结传》引结《自释》："河南，元氏望也"。[2]这当然没错。因为自北魏孝文帝迁都洛阳推行汉化改革，改鲜卑复姓拓跋氏为汉人单姓元氏，天下元姓无不以洛阳（首都和河南郡治所在）为郡望。但郡望并不等于居家地或籍贯。元结究竟是何许人也？其本传则语焉不详。对此，《元和姓纂》为我们透露出部分信息：

> 唐都官郎中元善祎称昭成帝后。《南宫故事》云：代居太原，著姓。祎……元孙结，容府经略兼中丞，生友直，为京兆少府。[3]

所谓"昭成帝后"，是指元结的高祖善祎为五胡十六国时期代国君主拓跋什翼犍（北魏时被追封为昭成皇帝）的苗裔。元善祎既世代居住太原，并为其郡显著贵姓，则表明元结的祖上曾长期为太原人。

更有意思的是，新编《鲁山县志》称：

①《鲁山览胜》，河南人民出版社，2010年。
②《新唐书》卷143《元结传》。
③《元和姓纂》卷4《二十二元》。

> 元结，字次山，号漫叟，自称浪士。鲁山县商余山人。……大历七年（772年）……十一月壬寅葬于鲁山青条岭泉陕原。[1]

所谓商余山，是指伏牛山的东部余脉，分布在今河南省鲁山县马楼乡商余口村一带。本应是"太原人"的元结又是如何成"鲁山人"？《元次山碑》对此曾做过说明：

> 君讳结，字次山。……盖后魏昭成皇帝孙曰常山王遵之十二代孙。自遵七世王公相继，著在惇史。高祖善祎，皇朝尚书都官郎中、常山郡公。曾祖仁基，朝散大夫、襄信令，袭常山公。祖利贞，霍王府参军，随镇改襄州。父延祖，清静恬俭，历魏城主簿、延唐丞，思闲，辄自引去，以鲁县商余山多灵药，遂家焉。[2]

据《鲁山文史资料》介绍，商余山至今犹盛产动、植物类和矿物类中药材凡154种，占鲁山全县年产中药材242种的69%以上。前人留有"乘闲采遍商余药"的诗句，可见"鲁县商余山灵药"在人们休闲、养生生活中的重要，这也正是元结的父亲元延祖因思闲而携家迁鲁的重要原因。在元结54年的生涯中，至少有38年是在家乡鲁山县生活。此后，虽然因避战乱和做官的需要，先后曾暂且寄家于猗玗洞（在今鲁山西南80里伏牛山中）、襄阳（在今湖北省）、瀼溪（在今江西瑞昌县西北）、荆南（在今湖北江陵县）、樊上（今湖北鄂城县西北）、道州（今湖南道县）、苍梧（今广西梧州市）、浯溪（在今湖南祁阳县西南约2公里，湘江西岸）等地，但叶落归根，其子和朋友在元结薨于长安永崇坊（坊址在今西安市城南雁塔北路陕西省委至西安科技大学一带）旅馆后，根据遗嘱将其灵柩运回家乡鲁山，安葬于城北"青条岭泉陂原"（在今河南鲁山县梁洼镇泉上村青条岭下）。据元结坟茔所在的泉土村民传说，元结有个弟弟名元季川，有感于青条岭

---

[1]《鲁山县志》第33篇《人物》第一章《人物传略·元结》，中州古籍出版社，1994年。
[2]《全唐文》卷344《唐故容州都督兼御史中丞本管经略使元君表墓碑铭并序》。

一带风景猗媚，遂自商余山迁居泉上村。①这虽系民间传闻，但不无可能。

以上说明，河南（今洛阳市）虽为元氏的郡望，但元结的祖上则为"太原著姓"，父辈以下，则为"鲁山人"。对此，《新唐书·元结传》未作交代。

三、"一第恩子耳"

《新唐书·元结传》云：元结于35岁时，即天宝十二载（753年）这一年，赴京师长安应进士科考试。主考官礼部侍郎阳浚见其文，感叹道："一第恩子耳，有司得子是赖！"②这就是说，此前元结还曾有过一次进京应试，惜乎名落孙山。这究竟是怎么回事，《新唐书·元结传》无一字记载。

元结自己曾讲说第一次应试落第的情况：

> 天宝丁亥中，诏征天下士人，有一艺者皆得诣京师就选。相国晋公林甫以草野之士猥多，恐泄漏当时之机议于朝廷，曰："举人多卑贱，愚聩不识礼度，恐有俚言污浊圣听。"于是奏："待制者悉令尚书长官考试，御史中丞监之，试如常吏，如吏部试诗赋、论策。"已而，布衣之士无有第者。遂表贺人主，以为野无遗贤。元子时在举中……③

这场发生于天宝丁亥（六载，767年）年间让应试举人啼笑皆非的闹剧，《通鉴》等亦有与结文互相印证的记载：

> 上欲广求天下之士，命通一艺以上皆诣京师。李林甫恐草野之士对策斥言其奸恶，建言："举人多卑贱愚聩，恐有俚言污浊圣听。"乃命郡县长官精加试练，灼然超绝者，具名送省，委尚书覆试，御史中

---

① 荆建刚、郭斌献：《鲁山览胜》，河南人民出版社，2010年。
② 《新唐书》卷143《元结传》。
③ 《全唐文》卷383元结《喻友》。

丞监之，取名实相副者闻奏。既而至者皆试以诗、赋、论，遂无一人及第者。林甫乃上表贺野无遗贤。[1]

原来二十九岁那年科举落第，并不是因为元结才疏学浅，而是宰相李林甫"恐草野之士对策斥言其奸恶"而设置重重障碍，致使"无一人及第者"。所以至有六年后第二次科考时，试官为其大发旷世奇才曾被埋没和遭受污辱之感慨。

四、为元结"保全者千余家"

《新唐书·元结传》："天宝十二载举进士"，"果擢上第"。"会天下乱，沉浮人间"。[2]在元结沉浮民间的长达七年内，读书耕田，赋诗撰文，结识李白、杜甫，为乡里排忧解难，曾留下诸多生动事迹，可是其本传竟无一字道及。下边补说元结一则功德无量的业绩。

《元次山碑》："及羯胡首乱，〔元结〕逃难于猗玗洞，因招集邻里二百余家奔襄阳。玄宗异而征之，值君移居瀼溪乃寝。"[3]

《唐国史补》的编者认为，元结保全的邻里远不只二百余家：

> 元结，天宝之乱，自汝濆大率邻里，南投襄汉，保全者千余家。乃举义师宛、叶之间，有婴城捍寇之功。[4]

汝濆泛指元结故里商余山以东的汝水及其支流濆水流域。元结"自汝濆大率邻里"，南逃于安全地区，因而被"保全者千余家"，这在当时实在是个天文数字！因为即使在开元盛世，它都是一个中下县户口数。史载开元二十二年（734年）的县级户口规模：

①《资治通鉴》卷215唐玄宗天宝六载正月条。
②《新唐书》卷143《元结传》。
③《全唐文》卷344《唐故容州都督兼御史中丞本管经略使元君表墓碑铭并序》。
④《唐国史补》卷上。并见《太平广记》卷202《高逸》。

六千户已上为上县，二千户已上为中县，一千户已上为中下县，不满一千户皆为下县。①

又，元结家乡所在的鲁山县隶于汝州，汝州"旧领县三，户三千八百八十四，口一万七千五百三十四"。②也就是说，被元结存活的难民竟相当于当时鲁山全县的户口！也许"千余家"为《唐国史补》夸张溢美之词，诚如《元次山碑》所云为结保全者只有二百余家，那也不是个小数字。它不只是一个下县的民户，还是一个羁縻州的户数。所谓羁縻州，又称蕃州（或蛮州），是对内附少数民族"即其部落，列置州县"，③类似今天的民族自治的行政区划。有唐一代，曾先后在全国设置过八百多个羁縻州。其中，在关内道北部以突厥、回纥、党项、吐谷浑等民族设置九十个州，而这些蕃州的每州平均户数才只有一百七十余户。④

无职无权又无钱，只是候选待命的进士，竟在兵荒马乱之时奋大智大勇，救众多百姓于水深火热之中。如此惊天动地的壮举，连偏安成都的太上皇都为之动容。惜乎玄宗的"异而征之"，因元结又移徙瀼溪（今江西瑞昌县西北）而只好作罢。否则，元结因提前报效朝廷，其历史还不知道如何重写，也许更加辉煌。

五、"为山南西道节度参谋"

《元结传》：乾元二年（759年），因师友、忘年交国子司业苏源明推荐，元结蒙天子召见，以《时议》三篇博得龙颜大悦，遂"擢右金吾兵曹参军，摄监察御史，为山南西道节度参谋"。⑤《元次山碑》则称："乃拜右金吾兵

①《大唐六典》卷3《尚书户部》。
②《旧唐书》卷38《地理志一·关内道》。
③《新唐书》卷43下《地理志七下·羁縻州》。
④《旧唐书》卷38《地理志一·关内道》。
⑤《新唐书》卷143《元结传》。

曹，摄监察御史，充山南东道节度参谋"。元结初授官职中的"西道""东道"云，究竟以何说为是？

先来说道。道在这里是指行政区划名。唐太宗贞观元年（627年），在并省州郡的基础上，因山川行便分天下为十道，山南道则为其一。唐玄宗开元二十一年（733年），又析十道为十五道，山南东、西道，即为原山南道的一分为二。道初置采访使，职权如汉代刺史之职。肃宗至德（756—757年）以后，诸道皆有节度使之设。山南西道节度使，治所在兴元府（府治在今陕西汉中市东），管开（州治在今四川开县）、通（州治在今四川达县）、渠（州治在今四川渠县）、兴（州治在今陕西凤县凤州镇）、洋（州治在今陕西洋县）、蓬（州治在今四川仪陇县南）、利（州治在今四川广元市）、璧（州治在今四川通江县）、巴（州治在今四川巴中县）、阆（州治在今四川阆中县）、果（州治在今四川南充市北）、金（州治在今陕西安康市）、商（州治在陕西商州市）、文（州治在今甘肃文县西白龙江南岸）等州。山南东道节度使治所襄州（在今湖北襄樊市），管襄、复（州治在今湖北天门县）、均（州治在今湖北均县西北）、房（州治在今湖北房县）、邓（州治在今河南邓县）、唐（州治在今河南泌阳县）、随（州治在今湖北随县）、郢（州治在今湖北武昌）等州。山南西道辖境，相当于今陕西秦岭、甘肃嶓冢山以南，陕西佛坪、镇巴和四川城口、开县、大竹、涪陵等县以西，嘉陵江流域以东和四川江津、武陵等县以北地区；山南东道辖境，相当于今河南伏牛山、桐柏山西南，湖北随县、京山、沔阳等县以西，四川涪陵、万县和陕西紫阳、石泉等县以东，长江以北地区。总之，西道不出今陕、川、渝地区，东道不逾今鄂、豫和陕南部分地区。[1]

再考察元结授节度参谋以后的活动区域：①招募义士于唐、邓、汝（州治在今河南临汝县东）、蔡（州治在今河南汝南县）等州。②唐、邓二州隶山南东道，汝州隶都畿道河南府，蔡州隶河南道，均与山南西道无涉。

---

①《旧唐书》卷38《地理志一》、卷39《地理志二》；《新唐书》卷40《地理志四》；《唐方镇年表》卷4《山南东道》《山南西道》。

②《新唐书》卷143《元结传》。

②元结率五千"山棚军"，屯守泌阳城（山南东道之唐州州治所在），因而"大压贼境，于是思明挫锐，不敢南侵"，由之保全了十五座城池。①按，泌阳城以南地区，早在至德元载（756年）就为安禄山所陷，后来又是元结等与史思明部激战争锋之地，因而"杀伤劳苦言可极耶，街郭乱骨如古屠肆。"元结悉瘗收刻石立表，名之曰"哀邱"。②元结拜节度参谋后主要军事活动区域为泌阳城及以南地区，这是山南东道的军事要隘和辖区，与山南西道无丝毫瓜葛。③肃宗上元元年（760年）四月，襄州将张维瑾、曹玠杀山南东道节度使史翙，"据州反"。元结则以山南东道节度参谋和摄监察御史的身份奏报朝廷，"表请用兵"。③朝廷很快以陕西节度使来瑱为山南东道节度使，不到一个月时间，襄州反叛事件平息。由是元结立了大功，真拜监察御史。襄州为山南东道节度使治所，与山南西道风马牛不相及。元结既为山南东道监察官，其向朝廷及时反映道内反叛事件，乃是他的职责所在。④在襄州事件之后，朝廷以曾做过宰相的吕諲为荆南节度使，吕则"辞以无兵"，天子则称"元结有兵在泌阳"。于是拜结为水部员外郎兼殿中侍御史，"充諲节度判官"。④自是，元结的主要军事政治活动又转到荆南节度使所管的荆（州治在今湖北江陵市）、澧（州治在今湖南澧县）、朗（州治在今湖南常德市）、硖（州治在今湖北宜昌市）、忠（州治在今四川忠县）、涪（州治在今四川涪陵县）、衡（州治在今湖南衡阳市）、潭（州治在今长沙市）、岳（州治在今湖南岳阳市）、郴（州治在今湖南郴州市）、邵（州治在今湖南邵阳市）、永（州治在今湖南零陵县）、道（州治在今湖南道县）、连（州治在今广东连县）等一十七州。⑤又，元结还自称在任荆南节度判官时，曾长期将兵镇九江。⑥九江当指今湖北广济、黄梅县一带。

综上，自元结任节度参谋至升任节度判官到荆南，在长达近一年的时

①《全唐文》卷344《唐故容州都督兼御史中丞本管经略使元君表墓碑铭并序》。

②《全唐文》卷383元结《哀邱表》。

③《全唐文》卷380元结《辞监察御史表》。

④《全唐文》卷344《唐故容州都督兼御史中丞本管经略使元君表墓碑铭并序》。

⑤《全唐文》卷383元结《吕公表》;《唐方镇年表》卷5《荆南》。

⑥《全唐诗》卷241元结《寄源休并序》。

间内，除因募兵需要，"举义师宛、叶之间"，①到过汝、蔡等州外，其足迹从未离开过山南东道所辖区域。其实即便以后历官刺史、经略使，远涉岭南等地区，他也没有任职山南西道的经历。因之，我们可以完全确认，元结的初授官应为山南东道节度参谋，《新唐书·元结传》之"西道"云，乃大错特错。

六、山棚军

《新唐书·元结传》：乾元二年（759年），元结在擢山南西〔东〕道节度参谋后，奉诏"募义士于唐、邓、汝、蔡，降剧贼五千"。②既云"募义士"，复称"降剧贼"，元结新招士兵究竟是些什么人？结本传并未作清晰交代。

《元次山碑》则揭示了元结新募兵士构成的真相：

> 〔元结〕仍于唐、邓、汝、蔡等州招集义军，山棚高晃等率五千余人，一时归附，大压贼境。③

元结所募兵士原来是由"山棚"出身的高晃等所统领的"义军"组成。这支新军，或者可以称之为"山棚军"。那么"山棚"的含义是什么？《新唐书·吕元膺传》解释说：

> 东畿西南通邓、虢，川谷旷深，多麋鹿，人业射猎而不事农，迁徙无常，皆趫悍善斗，号曰"山棚"。权德舆居守，将羁縻之，未克。至是，元膺募为山河子弟，使卫宫城，诏可。④

①《唐国史补》卷上，并见《太平广记》卷202《高逸》。
②《新唐书》卷143《元结传》。
③《全唐文》卷344《唐故容州都督兼御史中丞本管经略使元君表墓碑铭并序》。
④《新唐书》卷162《吕元膺传》。

可见"山棚"是指唐代东都洛阳西南一带迁徙无常的山居猎户，是一支特殊群体的称谓。由于"趫悍善斗"，到了晚唐犹是国家招安对象。

"山棚"的含义，直到宋代才有了根本演变。南宋文人赵彦卫说：

> 唐之东都，连虢州，多猛兽，人习射猎，而不耕蚕，迁徙无常，俗呼为"山棚"。今人谓锡宴结彩山为"山棚"。①

应当指出的是，"山棚军"三字虽未出现在《新唐书·元结传》中，但"山棚军"却攸关元结以后建功立业，飞黄腾达。在元结指挥下，"大压贼境，于是思明挫锐，不敢南侵"；②"屯泌阳守险，全十五城，以讨贼功迁监察御史里行"；③因元结握有重兵，唐肃宗又拜结为"水部员外郎兼殿中侍御史，充〔吕〕谭节度判官"。结"起家十月，超拜至此，时论荣之"。④又，肃宗上元元年（760年），置南都于荆州（州治在今湖北江陵县），"以荆州为江陵府，仍置永平军团练兵三千人"。⑤由于此前元结的"山棚军"自山南东道调归"无兵"的荆南节度使吕谭节度，⑥颇疑永平军的中坚应即"山棚军"将士。

七、昭雪庞承鼎冤案和荆南"境内晏然"

自肃宗上元元年（760年）九月以后，元结调任荆南节度判官，至代宗宝应元年（762年）十月在"节度留后"任上辞职，首尾三年内，除曾一度统兵镇守九江（今湖北广济、黄梅县一带）等地外，⑦其无论是辅佐节度使吕谭还是"知节度观察使事"，政绩都十分突出。然而，《新唐书·元结传》

---

①《云麓漫钞》卷3。
②《全唐文》卷344《唐故容州都督兼御史中丞本管经略使元君表墓碑铭并序》。
③《新唐书》卷143《元结传》。
④《全唐文》卷344《唐故容州都督兼御史中丞本管经略使元君表墓碑铭并序》。
⑤《资治通鉴》卷221唐肃宗上元元年九月条;《全唐文》卷380元结《辞监察御史表》。
⑥《全唐文》卷344《唐故容州都督兼御史中丞本管经略使元君表墓碑铭并序》。
⑦《全唐诗》卷241元结《寄源休并序》。

竟无一字涉及。《元次山碑》补说如下：

> 属道士申泰芝诬湖南防御使庞承鼎谋反，并判官吴子宜等皆被决杀，推官严郢坐流，俾君按覆，君建明承鼎，获免者百余家。及谭卒，淮西节度使王仲鼎为贼所擒，裴茂与来瑱交恶，远近畏惧，莫敢谁何。君知节度观察使事，经八月，境内晏然。[1]

庞承鼎冤案，其事惊天动地，竟牵连到当时的皇帝唐肃宗：

> 吕谭镇江陵，表〔严郢〕为判官。方士申泰芝以术得幸肃宗，遨游湖、衡间，以妖幻诡众，奸赃巨万，潭州刺史庞承鼎按治。帝不信，召还泰芝，下承鼎江陵狱。郢具言泰芝左道，帝遣中人与谭杂讯有状，帝不为然。御史中丞敬羽白贷泰芝。郢方入朝，亟辨之。帝怒，叱郢去。郢复曰："承鼎劾泰芝诡奋有实，泰芝言承鼎验左不存。今缓有罪，急无罪，臣死不敢如诏。"帝卒杀承鼎，流郢建州。[2]

肃宗宠幸妖人申泰（又作"大"[3]）芝因而冤杀潭州刺史庞承鼎等，当为上元元年（760年）九月以前事。因为九月以后的节度判官已由元结充任，而结调任此职的原因，当不仅是由于其所统"山棚军"被改建为永平军，亦当与荆南节度判官严郢被革职流建州（治今福建建瓯县）因而留下空缺有关。耐人寻味的是，在元结受命复查此案时，竟能以回天之力使冤案大白于天下，让庞承鼎等冤死者得到昭雪，受株连的一百余家获免。这可能与肃宗对其信任有加不无关系。当元结以"布衣"身份向皇上上《时议》三篇时，肃宗高兴地表示："卿能破朕忧。"[4]后来又以屡建殊功，"起

---

①《全唐文》卷344《唐故容州都督兼御史中丞本管经略使元君表墓碑铭并序》。
②《新唐书》卷145《严郢传》、卷140《吕谭传》，并见《旧唐书》卷185下《良吏传下》。
③《旧唐书》卷52《后妃传下》。
④《新唐书》卷143《元结传》。

家数月之内，官乘台省，"①"不十月官至尚书郎"。②"超拜至此，时论荣之"。③朝廷既然如此看重元结，其秉公执法为庞承鼎等翻案，当然亦会受到最高当局的认可。

唐肃宗元年（762年）建卯月（即宝应元年二月），荆南节度使吕谭卒，④天子又以元结"知节度观察使事"，即执掌荆南节度、观察使职事。"知节度使事"，到代宗广德元年（763年）以后，有了一个正式的替代名称，曰"节度留后"，⑤即未授旌节的准节度使。在吕谭死后的八个月内，为元结的知荆南节度观察使时间。在这段日子里，邻镇的淮西节度使王仲鼎（按，《通鉴》等作"王仲昇"）所在申州（治今河南信阳市）为叛军史朝义围攻，山南东道节度使来瑱坐视不救，因而城破被俘；来瑱部将裴茙（按，两《唐书》《通鉴》作"裴茂"）觊觎帅位，因而与来瑱互相攻击，最后两败俱伤。⑥正是在邻镇纷纷扰扰、乱象丛生之时，由于元结治理有方，荆南区域则别有天地，呈现一派安逸和谐景象。

元结在荆南节度府属官的全称为：以水部员外郎兼殿中侍御史，充荆南节度判官。历官两年多时间，平反庞承鼎、吴子谊、严郢等冤假错案就发生在其任节度判官之初。其代理荆南节度时间，约在宝应元年（762年）二月至九月，"经八月境内晏然"。可惜在他创造出辉煌政绩的时候，因器重他的唐肃宗驾崩，遂辞职归隐樊口（今湖北鄂城西）侍奉母亲。⑦

①《全唐文》卷381元结《请节度使表》。

②《全唐文》卷381元结《与吕相公表》。

③《全唐文》卷344《唐故容州都督兼御史中丞本管经略使元君表墓碑铭并序》。

④《旧唐书》卷185下《良吏传下》。

⑤《新唐书》卷50《兵志》；《资治通鉴》卷222唐肃宗上元二年条。

⑥《旧唐书》卷114《来瑱传》《裴茙传》；《新唐书》卷144《来瑱传》附《裴茙传》；《资治通鉴》卷222唐代宗宝应元年建辰月条

⑦《全唐文》卷344《唐故容州都督兼御史中丞本管经略使元君表墓碑铭并序》。

八、"瑱诛，结摄领府事"

《新唐书·元结传》：山南东道节度使来瑱被诛之后，"结摄领府事"。[①]从时间上看，元结摄领山南东道节度府事，即"知"或"代理"该道节度使职事，绝无可能。

根据两《唐书》《通鉴》等记载，兼将相之任的山南东道节度使来瑱被太监程元振诬陷，以谋反罪被赐死于流放途中，具体时间为广德元年（763年）正月壬寅（二十八日）。[②]而如前述，元结自吕𬤇卒后，于宝应元年（762年）二月知荆南节度府事，"经八月境内晏然"。也就是说，约在当年九月，亦即来瑱赐死前的四个月，元结就已辞职，以名义官职著作郎的身份隐居樊口。这一归隐山林奉养老母，就长达一年又三个月时间，直到广德元年十二月，元结才奉到天子于九月发出授结道州刺史的敕牒，及至到任，已是来年（即764年）五月。[③]

以上说明，来瑱赐死时，正是元结早已辞职蒙允，"天子许安亲，官又得闲散"，并拟"顷日浪游吴中"之时。[④]樊口赋闲的一年多内，他从来都未曾摄领山南东道节度府事。《新唐书·元结传》为什么会出现如此硬伤？溯其源，还在于初授官"为山南西道节度参谋"的一句错话。元结既在"西道"供职，可是其军事活动却未逾越东道和后来的荆南，《新唐书》撰者为自圆其说，遂又在《元结传》加上一句"又参山南东道来瑱府"，由是，顺理成章地演绎为"瑱诛，结摄领府事"。[⑤]可谓一错再错。

事实上，来瑱死后任山南东道节度留后，并于以后颁旄节，正授节度者，为来瑱的右兵马使梁崇义，[⑥]与归隐山林、浪迹江湖的元结无涉。

---

① 《新唐书》卷143《元结传》。

② 《旧唐书》卷11、《新唐书》卷6《代宗纪》，《资治通鉴》卷222唐代宗广德元年正月条。

③ 《全唐文》卷380《谢上表》。

④ 《全唐诗》卷241元结《漫酬贾沔州》，《全唐文》卷381《别王佐卿序》。

⑤ 《新唐书》卷143《元结传》。

⑥ 《旧唐书》卷11《代宗纪》、卷121《梁崇义传》；《新唐书》卷6《代宗纪》、卷224上《叛臣传上》；《资治通鉴》卷222唐代宗广德元年三月条；《唐方镇年表》卷4《山南东道》。

九、再拜道州刺史及其他

《新唐书·元结传》："瑱诛，结摄领府事。会代宗立，固辞，丐侍亲樊上。……久之，拜道州刺史。……进授容管经略使。"①这段文字的最大错误，除上考"结摄领府事"为无中生有外，还有时间的概念错误和漏载。

先说时间概念错误。"瑱诛"，"会代宗立"云云，是说来瑱被诛在前，代宗即位在后。错！来瑱被诛于代宗广德元年（763年）正月壬寅（二十八日），如前述，这是不争史实。而代宗登基的具体时间为宝应元年（762年）四月己巳（二十日），②更是毫无悬念。也就是说，来瑱被诛于代宗即位后的九月又八天，又何来早在肃宗时就已死于非命！

关于元结辞职隐居樊上（又称樊口，今湖北鄂城西）的时间，前考约在宝应元年（762年）九月，至次年十二月，历时约一年又三个月。

关于元结起家为道州刺史的时间。《元结传》只浑言"久之"，不仅缺漏拜官的确切时间，更无任期的具体记载。且看元结自己怎么说：

> 去年九月，敕授道州刺史。属西戎侵轶，至十二月，臣始于鄂州授敕牒，即日赴任。……臣以五月二十二日到州上讫。③

"去年"谓广德元年（763年），是年九月，起复元结为道州刺史的敕牒就已发出。可是因西戎（即吐蕃）大举内寇，代宗播迁陕州（治今河南三门峡市西旧陕县），长安陷落，驿传受阻，三个多月后，元结才奉到敕牒。赴任途中，又长达六个多月，才到任所道州（治今湖南道县）。

元结在道州任上的时间，《元结传》中只有"明年"云云，而《元次山碑》亦仅有"既受代，百姓诣阙请立生祠，仍乞再留"的记述。④任期究竟

①《新唐书》卷143《元结传》。
②《旧唐书》卷11、《新唐书》卷6《代宗纪》；《资治通鉴》卷222唐代宗宝应元年四月条。
③《全唐文》卷380元结《谢上表》。
④《全唐文》卷344《唐故容州都督兼御史中丞本管经略使元君表墓碑铭并序》。

多长，"再留"与否，碑传均含糊其词。似乎元结道州刺史任上仅历两年。更莫名其妙的是，近人吴廷燮所撰《唐方镇年表》，竟据颜鲁公交代不清的碑文，硬将元结由道州刺史进授容管经略使的时间系在大历元年（766年）条下。①其实，元结在自己的诗文中，早已将自己的道州刺史履历交代清楚，他在永泰二年（766）所进《再谢上表》中云："某伏奉某月日敕，再授臣道州刺史，以某月日到州上讫。"②这就表明，因"百姓诣阙"请留，朝廷遂顺从民意，再授元结道州刺史，时间应在永泰二年十一月以前，以这年的十一月改元大历也。元结还在《欸乃曲五首序》中说："大历丁未中，漫叟结为道州刺史，以军事诣都使，还州。"③道州隶于荆南节度使，节度使府所在地为南都江陵，故兼江陵府尹的荆南节度使，或称"都使"。既然丁未年即大历二年（767年）元结犹在荆南道内履行其道州刺史职责，既说明他早已再拜道州刺史，更表示他不可能于大历元年（766年）就已迁转容管经略使。至于元结何时离任道州、转赴容管，已故史学大家岑仲勉先生认为：时在大历三年（768年）。④

综上，元结在辞职、樊口侍亲一年又三个月后，于广德元年（763年）九月起家为道州刺史。任满后，因"百姓诣阙"请留，再拜道州刺史，时在永泰二年（766年）。大历三年（768年），迁转容管经略使。其在道州任上，首尾长达六年之久。而此前之山南东道节度府属官十个月、荆南节度判官和节度留后凡两年又一个月，和以后的容州都督兼容管经略使一年多，三者才一共四年多，十年仕途生涯，大半逗留在道州任上。

①《唐方镇年表》卷7《容管》。
②《全唐文》卷380《再谢上表》。
③《全唐诗》卷2413元结《欸乃曲五首序》。
④《金石论丛》四《贞石证史·元公再临道州》。

《难元庆墓志》简释

　　承蒙西北大学李健超教授厚爱，以《难元庆墓志》拓片复印件相赠。因其中有许多字漫漶不可辨识，遂又自友人处借到复印纸所据的《新中国出土墓志》。[①]是书称：《难元庆墓志》为唐开元二十二年（734年）十一月三日书。志石高、宽各56厘米，厚9厘米。铭文29行，行30字。正书。该志已损，部分字迹不清。有盖，失拓。盖藏鲁山县小河张。与夫人甘氏合葬。1960年在河南省鲁山县张店乡张飞沟村出土，现藏鲁山县文化馆。此外，该书图版之前还录有编者点校的《志文》和编后《简跋》。《简跋》谓难元庆"为百济人"云云。

　　鉴于图版部分字迹不清和点校《志文》仍有缺字，我曾与韩国亚洲大学卞麟锡教授约定，拟借去年11月共同参加在洛阳举办的千唐志学术研讨会的机会，同去鲁山县文化馆寻觅难元庆志石。惜乎卞先生因故未能到会，我亦为公私事务繁冗匆匆返归学校。所幸会议参加者还有鲁山县政协的袁占才君，遂委托袁君代为查询难氏志石。不久，袁君函告称：难元庆墓志出土地张飞沟恰为袁君家乡。志石由县文化馆收藏，政协领导人存有拓片，

　　①《难元庆墓志》载于中国文物研究所、河南文物研究所合编的《新中国出土墓志·河南一》下册，文物出版社，1994年。

袁君遂抄录一份见赐。

以《新中国出土墓志》的图版和编者点校的《志文》同袁君抄件两相对照，笔者订正和填补了个别不易辨识的字及缺字，并改动了《志文》中某些标点。现将重新点校过的志文全录如下：

大唐故宣威将军左卫汾州清胜府折冲都尉上柱国难君墓志铭并序
□□君讳元庆，其先即黄帝之宗也，扶余之尔类焉。昔伯仲枝分，位居东表，兄弟同政，爰国臣韩。妙以治民之难，因为姓矣；孔丘序《舜典》，所谓历试诸难，即其义也。高祖珇，仕辽任达率官，亦犹今宗正卿焉。祖汗，入唐为熊津州都督府长史。父武，中大夫，使持节支浔州诸军事，守支浔州刺史，迁忠武将军，行右卫翊府中郎将。并仁明识远，在政□闻，德□词宏，邦家共达。君幼而聪敏，无所不精。寻授游击将军，行檀州白檀府右果毅，直中书省；虽司雄卫，恒理文轩。俄转夏州宁朔府左果毅都尉，直中书省内供奉。属边尘屡起，烽火时惊。以君宿善帷筹，早参师律，文乃□□□□□□军□弓旌□重，要之绥抚，倒载干戈，遂授朔方军总管。君以□□□□命□建奇，□九姓于□歼夷，三军晏然无事，凯歌旋入，高会星楼。天子以禄不足以酬能，特赐紫金鱼袋、衣一袭、物一百匹。俄属羌□氏□，河西胡亡，俾君招征，降如雨集。□俘操袂，内宴褒功，特赐口六、马十、物一百匹。授宣威将军，迁汾州清胜府折冲都尉，勋各如故。君植姓温恭，□神道德，无□官赏，恒怀耿洁。恐量不充位，能不济时，坐必俨然，目以定体。□人所利，□惠□□永平。积善无征，莫楷遄效，露晞朝蕰，魂敛夜台。以开元十一年六月廿八日终于汝州龙兴县之私第，春秋六十有一。夫人丹徒县君甘氏，左玉钤卫大将军罗之长女也。婉娩冲华，柔闲辅态。柳花浮吹，驻琴瑟而题篇；□色开颜，写文章于锦绪。作配君子，宜其室家，礼甚梁妻，贤逾班女。妆楼遽掩，桂月□□，以开元廿二年五月十八日终于汝州鲁山县之私第，春秋六十有七。男□□□，□极昊天，哀深触地，屠心叩臆，若坏墙然。粤以大唐开元廿二年十一月四日,合葬于汝州鲁山县东北原,礼也。呜呼!楚剑双飞,俱没沉碑之水;殷□俄合,同坟挥日之郊。乃为铭曰:

玄黄肇泮,家邦遂兴;四方岳立,万物陶蒸。其一。达率腾华,辽阳鼎贵;德迈将军,汾州冲尉。其二。气盖千古,誉重三韩;子孙孝养,恭维色难。其三。国籍英灵,作固邦宁;自君执节,扫孽边亭。其四。振旅犹饥,摧凶如渴;以寡当众,志不可夺。其五。还宴龙筵,陪嬉鸳沼;赏锡虽多,酬恩不少。其六。日月徒悬,金玉俱捐;痛缨紫绶,永置黄泉。其七。夫贵妻尊,鸾潜凤奔;楹间辙奠,松下埋魂。其八。君子所居,贤人之里;鲁阳挥戈,唐尧立祀。其九。烟云共暗,山川俱夕;辄慕清风,敢铭玄石。其十。

以开元二十二年岁次甲戌十一月戊午朔三日庚申书。

上录铭文中,就志主的民族、姓氏由来、父祖仕唐,以及志主本人在唐的生平事迹、居地、卒地与夫人的合葬地等诸多情况作了简要的追述。下边就《难元庆墓志》中所反映的这些问题试释于下。

一、志主的姓氏和族属

遍查汉文史籍,唐朝和百济无姓难氏者。而唐以前的正史中,虽有称曰"难楼"者,但却是作为乌桓大人的名字见于记载。据《后汉书·乌桓传》载,东汉末灵帝时,"乌桓大人上谷有难楼者九千余落,辽西有丘力居者众五千余落,皆自称王"。上谷郡治在今河北省怀来县东南,东距丘力居部所在辽西郡(初治今辽宁义县西)不远。北魏太和十四年(490年),百济军曾渡海与魏大战获胜遂据有辽西、晋平二郡,"自置百济郡"。①杜佑称,百济郡在"柳城、安平之间",②即今辽宁朝阳市至河北卢龙县和北京密云县一带。《宋书·蛮夷传》则谓,百济略有辽西后,"所治谓之晋平郡晋平县"。而晋平郡治疑为今辽宁锦州市。史称,东汉末年,居住于上谷的

---

①《南齐书》卷58《百济传》;《南史》卷79《百济传》。
②《通典》卷185《边防典一·百济》。

乌桓大人难楼，在辽西乌桓丘力居死后，曾率部落尊奉丘力居之子楼班为单于，并立丘力居的侄子蹋顿为王。[①]这就是说，随着乌桓诸部互为表里和统一趋势的增强，必有难楼部人移居和羽翼辽西乌桓者。《后汉书·乌桓传》透露，乌桓"氏姓无常，以大人健者名字为姓"。可知徙居辽西的某些上谷乌桓部人，当以难氏为姓。既然以晋平为中心的辽西地区于北朝时曾一度为百济所有，那么出自乌桓难楼部落的难氏余裔归化于百济，则当有其人。而难元庆自称祖上"仕辽任达率官"，并以"辽阳鼎贵"为家族渊源，这个"辽"决不会是指辽东高丽，因为设达率官职者只有百济，除百济本土外，也只有在辽西地区才可能有这种官称。由是可知，难元庆家族的姓氏，当来自乌桓难氏。只是因归化于百济，为攀附百济王族扶余氏之政治需要，才又自称其为"扶余之尔类焉"。但这个家族又自谓"其先黄帝之宗也"，则当因其家族史上曾经历过汉化→百济化→再汉化的过程。乌桓民族原居地为乌桓山（即大兴安岭山脉南端），汉武帝元狩四年（前119年），汉军击破匈奴后，原为匈奴所役属的乌桓遂为汉附，并被迁徙到上谷、渔阳、右北平、辽西、辽东等五郡塞外。由于同内地汉人世代交往，该族呈现浓重的汉化倾向和产生与汉族认同的心理，这种情况亦反映于同属东胡民族的鲜卑人之中。"言语、习俗与乌桓同"的鲜卑，[②]因入主中原后接受了汉人的文化和民族意识，遂自称为黄帝少子昌意之后。[③]既然难氏家族应出自乌桓，其祖上既然曾经历过汉化洗礼，当然亦可以托为"黄帝之宗"。只是这个"黄帝之宗"后来又归化于百济，直到显庆五年（660年）苏定方破灭百济，难氏家族才中断了百济化过程，并开始了再次汉化的历史。至是，这个家族就更有理由自认为黄帝的裔孙。

应特别指出的是，志主对难姓的由来则有自己的说法："妙以治民之难，因为姓矣。"此种牵强附会解释的实质，是为了掩饰其祖上出自东胡民族的真相。由于受"中华为根本，四夷如枝叶"观念的熏染，久居中土且

---

① 《后汉书》卷120《乌桓鲜卑传》。并见《三国志》卷30《魏志·乌桓传》。
② 《后汉书》卷120《乌桓鲜卑传》。并见《三国志》卷30《魏志·乌桓传》。
③ 《魏书》卷1《序纪》。

汉化极深的难元庆家族，不愿也不可能承认自己的远祖来自乌桓。

二、难元庆高祖的官称和父祖的仕唐

志称"高祖珇，仕辽任达率官，亦犹今宗正卿焉"。辽为辽东（即辽河以东地区）、辽西（即辽河以西地区）的合称。难珇即为"辽阳鼎贵"，表明上谷难楼部人或始迁地为辽东，以辽阳地处辽河以东也。其实，该地早在西汉时就有乌桓的一支迁入。但难珇所任，却是百济的达率官，则又说明至少在难珇一代，其家族就已徙居以今锦州市为中心的百济辽西地区，或直接迁到百济国本土。难氏究竟如何地迁来迁去，这有待于继续发掘史料，姑且不议。这里应交代的是，百济达率，是否相当于唐朝的宗正卿？回答是否定的。在中国的正史中，达率见于《周书》和《北史》的《百济传》以及《隋书·东夷传》。诸史均称：百济"官有十六品"，"达率（按，《隋书》谓"大率"）三十人二品"；国都之外"有五方"，"各有方领一人，以达率为之"；"方有十郡，郡有将三人"，"以德率四品为之"；每郡统兵700–1200人，故领有十郡的达率则统兵7000–12000人。由此可知，达率为一方的最高领兵长官，近似唐代的一道都督、大都督或节度使。但两《唐书·黑齿常之传》又认为，达率"犹中国之刺史也"。[1]《难元庆墓志》则称"犹今宗正卿焉"。其实这两种比拟都不很确切。按：唐朝官品，大都督为从二品，宗正卿为正三品，上州刺史为从三品。[2]也只有大都督与百济的达率相若。再从职掌看，"宗正卿掌皇九族六亲之属籍，以别昭穆之序，纪亲疏之列"；都督、大都督"掌督诸州军兵马、甲械、城隍、镇戍、粮禀"；[3]刺史"掌宣德化，岁巡属县，观风俗、录囚、恤鳏寡"。[4]可知唐宗正寺长官宗正卿为专司皇家宗籍等事务的中央官吏，都督、大都督为一方最高军事首脑。而刺史则管理所领州县的民政事务。也只有掌地方（一道）

---

①《旧唐书》卷109《黑齿常之传》；《新唐书》卷110《黑齿常之传》。

②《旧唐书》卷42《职官志》。

③《唐六典》卷16《宗正寺》、卷30《都督》。

④《新唐书》卷49下《百官志下》。

军事的都督、大都督或节度使与达率相似。故宗正卿云，实在同达率风马牛不相及。

自难珇至难元庆应为五世，志缺二世（即曾祖）记载。古称一世为30年，自迄五世元庆卒年（723年），共150年。也就是说，难珇应为北周、杨隋时代的人，即至少曾历经百济史上的威德王扶余昌（554—598年在位）→惠王扶余季明（598—599年在位）→法王扶余宣（599—600年在位）三朝。

如果说难珇纯为百济之臣，在初唐应已谢世，同唐不应有瓜葛的话，那么至其孙难汗、曾孙难武时，则因唐灭百济，难氏转而仕唐任蕃州（即唐于百济故地所置羁縻府州）高官，与唐结下荣辱与共的关系。唐于显庆五年（660年）破灭百济后，为了对百济民众进行有效的管理，采取了"华官参理""以蕃治蕃"双管齐下的政策。所谓"华官参理"，则是唐大将直接就任蕃州的都督、刺史并以百济上层人士充上佐的管理模式。如龙朔元年（661年）所置熊津都督府（治今韩国忠清南道公州）就是以"右卫郎将王文度为熊津都督"，并"总兵以镇之"。[1]而以难汗为都督府长史（见上录《难元庆墓志》）。长史为都督的上佐，其地位仅次于都督，在都督未到任或离去时，长史总理都督府事务，实际为代理都督，但名分上并不是都督府的最高长官。然而这种管理模式，因麟德元年（664年）朝廷派原百济王子扶余隆为熊津都督所破坏。[2]所谓"以蕃治蕃"管理模式，就是蕃府、蕃州、蕃县的都督、刺史、县令等长官均以蕃人的酋长渠帅充任，并皆得世袭。像难汗之子难武就任支浔州（在今韩国忠清南道礼山一带）刺史，武则天时代的名将黑齿常之入唐前曾任沙洋州（在今韩国全罗南道罗州一带）刺史。此外，在设置熊津州都督府的同时，还建有马韩、东明、金涟、德

---

①《旧唐书》卷199上《东夷·百济传》。又据《资治通鉴》卷200唐高宗龙朔元年三月条、卷201唐高宗麟德元年十月庚辰条,唐大将刘仁愿、刘仁轨先后继王文度为熊津都督或代理熊津都督。

②《资治通鉴》卷201唐高宗麟德元年十月庚辰条:"以扶余隆为熊津都尉。"疑《通鉴》误。

安四都督府，"擢酋渠长治之"。①说明这四府都督均非唐将担任。与此种情况相异的是，个别蕃州刺史却有唐将为之。如大将刘仁轨就一直任带方州（今韩国全罗北道南原市）刺史。②唐朝本土曾累积设置羁縻府州八百多个，几乎都是以蕃人酋长为都督、刺史，而以汉人为长史之类的佐官。像以汉人如王文度、刘仁轨等为府州长官者，极为少见。至于唐朝是否派有汉官任百济境内的蕃州上佐，虽有待发掘史料论证，但我坚信其有。言归正传，难汗、难武父子正是在如上的蕃州体制下被擢熊津州都督府长史和支浔州刺史的。他们之所以受到朝廷信任，这当与他们自身所具备的优势条件有关。由于蕃州官长是以蕃区酋长的"部落大小"和"位望高下"为初授原则，③而难氏父子为出自"辽阳鼎贵"的二品达率之家，故世代官宦、酋望崇高的难汗得授五品以上的长史，其子难武即授从四品的文散官中大夫，复兼代品级更高的支浔州刺史，且不仅掌理该州的民政，还作为朝廷的差遣官管统一州军队（即所谓"使持节支浔州诸军事"）。应当说明的是，唐在百济故地的蕃州，设置不久就土崩瓦解。由于百济民众纷纷起义，反对唐的占领，而原与唐朝结盟的新罗也乘乱侵夺百济土地，迫使蕃州官员不得不另谋去就，如扶余隆在熊津都督位上席不暇暖，就因畏惧新罗侵逼而"寻归京师"。④及至上元二年（675年），新罗又同唐军"大小十八战，皆胜之"，⑤致使唐军于次年全线退出百济。于是，许多蕃州不得不废弃，个别蕃州则迁唐朝本土。正是在这种严峻形势下，熊津州都督府于上元三年（676年）二月侨治于建安故城（今辽宁盖县东北青石关），"其百济户口先徙于徐、兖等州者，皆置于建安"。⑥身为长史的难汗当然应随督府迁徙，而以建安城为新居。其子难武任刺史的支浔州更可能在此前就已废弃，很有可能"先徙于徐、兖等州者"就含有支浔州的官民。无论怎么说都排除

①《新唐书》卷220《东夷·百济传》。

②《旧唐书》卷84、《新唐书》卷108《刘仁轨传》。

③《资治通鉴》卷200唐高宗显庆二年十二月条。

④《旧唐书》卷199上《东夷·百济传》。

⑤《三国史纪》卷7《新罗本纪七》。

⑥《资治通鉴》卷202唐高宗仪凤元年二月条。

不了难武亦迁入唐土的事实，这从其晚期的官称迁改为"行右卫翊府中郎将"可知。因为此种高层次职事武官专掌宿卫宫禁，难武已成为京师禁军头领，不再具有蕃州官长的身份，或者说他已由在蕃蕃将转变为不再拥有蕃兵蕃户的入朝蕃将。①

三、难元庆事迹

志称难元庆以61岁卒于开元十一年（723年），由此推断其出生当为龙朔三年（663年）。而在百济所置羁縻府州的废弃或侨迁，开始于麟德元年（664年）。②也就是说其出生地应在百济，即其父任职所在的支浔州。但不久因支浔州废弃和乃祖的熊津府的侨治建安故城，其童年时当追随父母或祖父历经颠沛流离之苦，其少年时代极有可能与祖父难汗生活在一起，故起家能于居地（建安故城）就近授行檀州（治今北京密云县）白檀府（在密云县东北）右果毅。③右果毅（即右果毅都尉）为府兵制下的外府（即折冲府）的两副将之一（其长官称折冲都尉）。果毅主要任务，一是协助长官折冲都尉于冬闲操练本府兵，二是率领府兵轮番到京城宿卫，三是被征发打仗。也许因乃父难武为京城中郎将府（即内府）的长官，所以元庆更多的时间是在中书省（为天子草拟诏敕的中央最高机关之一）内当值，即所谓"虽司雄卫，恒理文轩"。这种情况在其迁转夏州（治今陕西靖边县东北白城子）宁朔府（在今靖边县东）左果毅都尉后仍在继续。

但难元庆的职守并不单纯是"直中书省内供奉"。50岁以后，他还多次参加征战活动，并因此屡建殊功。难元庆处于多事之秋的时代，由于唐高宗晚年失政和武周时期对民族关系处理不善，当元庆还只有十六七岁的时候，东突厥二十四州同时造反，经前仆后继，终于建立起强大的后突厥汗

①拙著《唐代蕃将》（三秦出版社1990年版）对两类蕃将曾有详说，这里不赘。

②《新唐书》卷43下《地理志七下·羁縻州》。

③唐代官制：以小官兼代大官事，谓之守某官；以大官兼管小官事，称行某官。难元庆初授武散官阶品从五品下的游击将军，而职事官品为正六品上的右果毅，是以大官兼做小官事，故曰："行白檀府右果毅。"其父的文散官为中大夫，官品低于刺史，故曰："守支浔州刺史。"而后来迁转的忠武将军衔，阶品要高于中郎将，故曰"行右卫翊府中郎将"。

国，并成为武周迄开元时帝国北边的最大威胁。因后突厥阿史那默啜可汗等几乎年年季季犯边，所以《难元庆墓志》称"边尘屡起，烽火时惊"，一些仕唐的"三韩"名将，如高丽人泉献诚、[①]王毛仲、[②]百济人黑齿常之、[③]沙吒忠义、[④]扶余文宣[⑤]等，都会统军备边并与后突厥鏖战。难元庆在夏州宁朔府任上，亦曾参与对反叛的后突厥降户的征讨。开元四年（716年）后突厥默啜可汗被铁勒拔曳固部人袭杀，并将默啜首级献于朝廷。于是后突厥一派混乱，许多突厥部落和原为默啜所役使的九姓铁勒纷纷内附归降唐朝。但不久因默啜的侄子默棘连被拥立为毗伽可汗，"突厥降户处河曲者，闻毗伽立，多复叛归之"，[⑥]连某些九姓铁勒部落（如阿跌部）也主动卷入叛潮。反叛的中心地带在河曲（即今内蒙古河套地区），南距夏州不远。为镇压叛逃，朝廷调集东（并州兵）、西（朔方兵）两路大军征讨。从《难元庆墓志》记载看，元庆在这次军事行动中表现得最为出色。他因"宿善帷筹，早参师律"，所以擅长于攻心战，致使敌人在其"绥抚"下"倒载干戈"，并以"奇"取胜，将叛逃的"九姓""歼夷"。因战功卓著，天子赏赐丰厚，并授元庆朔方军总管。朔方军当与唐初在河东道所置朔方经略军和以后由朔方行军大总管改置的朔方藩镇有别，疑朔方军置于夏州朔方县（即夏州州治所在的今靖边东北白城子），当系为边将屯防者所设。两《唐书》无朔方军建置记载，难氏墓志可补正史之缺。难元庆的转为边将，是朝廷对他倚重的最好说明。难元庆最后一次征战活动是开元九年（721年）参与平六胡州之叛。六胡州是指高宗调露元年（679年），于灵州（治今宁夏灵武县西南）、夏州南境以突厥降户中的昭武九姓胡所置鲁、丽、含、塞、依、契六州。开元九年兰池州（治今甘肃山丹县境）胡人康待宾诱诸

①《全唐文补遗·泉献诚墓志》。

②《旧唐书》卷106《王毛仲传》。

③《旧唐书》卷109、《新唐书》卷110《黑齿常之传》。

④《资治通鉴》卷205武则天延载元年三月条、卷206武则天神功元年四月条、圣历元年八月条、卷208唐中宗神龙二年十二月条。

⑤《新唐书》卷215上，《突厥传上》。

⑥《资治通鉴》卷211唐玄宗开元四年八月条。

降户同反，"攻陷六胡州，有众七万，进逼夏州"，叛胡还与这一带的党项羌（即墓志中所谓"羌氏"）"通谋"，攻取银城（在今陕西横山县境）、连谷（在今陕西神木县西北），"据其仓庾"。①夏州一带正是朔方军总管难元庆的驻防地，于是元庆积极配合朝廷派遣的王晙、郭知运、王毛仲、张说等所统数路大军，仍采用征讨与招安并用的办法，取得"降如雨集"的辉煌战果。天子褒功，"授宣威将军，迁汾州清胜府折冲都尉"。宣威将军为从四品上武散官，上府折冲都尉为正四品上的职事官。汾州治所在今山西隰县。难元庆自边防前沿内调迁转至河东地区，应当是照顾性优待，因为开元九年（721年）的元庆，已是59岁的老人。

四、难元庆的家居地卒地和与夫人合葬地

难元庆的祖父迁居建安故城，其中土的籍贯地当然应与乃祖同。若追得更远的话，辽阳则应当为其郡望。乃父在京城做官，当然唐都长安也为其家族所在。由于高宗晚年和武周时期以东都洛阳为政治中心，故不排除其父祖又迁居洛阳及洛阳附近。其卒于"汝州龙兴县之私第"，并不表明难氏家族最终置家于龙兴县（今河南宝丰鲁山县接界地方置）：是县有可能为难元庆末年任官所在（由汾州清胜府折冲都尉迁转何官，墓志缺记）。从其夫人甘氏在开元二十二年（734年）"终于鲁山县之私第"看，难氏家族的最终居地应为今河南鲁山县。叶落归根，其夫妇的合葬地为鲁山县东北原（即今鲁山县张店乡张飞沟村），更证明难氏应为落户鲁山的原百济人。鲁山北距洛阳百余公里，这当是难氏居家于此的主要原因。

鲁山县地灵人杰，自古就是出人才的所在：尧帝的裔孙御龙氏刘累在夏代隐居于此，故刘累立尧祠于尧山（今鲁山西境石人山），鲁山县并获"豢龙故里"之雅称②；先秦诸子百家中的墨圣更是地道鲁山人，至今该县犹有墨子的后代和墨学的传人；③战国时鲁阳公挥戈"日反三舍"的故事就

---

①《资治通鉴》卷212唐玄宗开元九年七月条。

②《左传》鲁昭公二十九年。

③郭成智：《墨子鲁阳人考论》，黄山书社，1999年。

发生在今库区乡昭平湖一带。[1]远自三韩迁来的难氏家族以做鲁山人为荣，难元庆夫妇更以能"同坟挥日之郊"而含笑九泉。所以《难元庆墓志铭》中对这块风水宝地所诞生的先哲圣贤如数家珍："君子所居，贤人之里；鲁阳挥戈，唐尧立祀。"

附图版：难元庆墓志铭拓片

（原载《鲁山文史资料》第十七辑，2000年12月）

---

[1]《淮南子·临冥训》。

评章群先生《唐代蕃将研究》

在香港、台北高校执教的章群教授，积三十年研究之所得，撰成《唐代蕃将研究》一书（以下简称《研究》）。①自陈寅恪大师于二十世纪五十年代正式提出有关唐代蕃将研究的命题，数十年后始有章氏鸿篇巨制问世。《研究》洋洋数十万言，论及唐代蕃将的一系列重大学术问题，从而为唐史学界全面讨论和解决这些问题创造了良好的前提与机会。所以，章氏大作一经出版，就迅即受到海峡两岸学者的欢迎和关注。

一部学术著作价值之大小，取决于它为该学术领域提供新东西之多少。为说明章氏及其大作的新贡献，有必要回顾半个多世纪以来的唐代蕃将研究状况。

自二十世纪三十年代冯承钧先生的《唐代华化蕃胡考》发表，②和日本学者桑原骘藏的《隋唐时代西域归化人考》的译文介绍给国人，③国内一度出现了唐代蕃将研究热，由是向达先生的《唐代开元前后长安之胡化》、④

---

① 章群：《唐代蕃将研究》,联经出版事业公司,1986年。
② 冯文载于1930年9月《东方杂志》。
③ 译文载于1935年10月、1936年6月《师大月刊》。
④ 向文载于1933年6月《国风半月刊》。

何建民先生的《隋唐时代西域人华化考》①等涉及唐代蕃将的论文和专著相继刊载和出版。至四十年代，蓝文徵先生的《隋唐五代史》②更以占全书三分之一的篇幅叙述唐代诸蕃"归化"人物，而"归化"者中大多为蕃将。二十世纪五十年代，姚薇元先生的专著《北朝胡姓考》③虽主旨不在蕃将，但对唐代蕃将姓氏渊源亦多有考证。又，岑仲勉先生的《突厥集史》于1958年由中华书局出版，全书凡854000言，是一部大型的有关东突厥的史料汇编。书中录有大量的东突厥等族出身的蕃将资料，为学者研究"北狄"系统的唐代蕃将提供了很大的检索方便。1957年陈寅恪大师的题为《论唐代之蕃将与府兵》和1977年日本学者谷口哲也的《唐代前半期的蕃将》的刊行，④不仅拓宽了唐代蕃将研究的对象和内容，而且对蕃将在唐前期的历史作用和在国家武力构成中的地位给予应有的评价。

然而，二十世纪三十、四十年代的唐代蕃将研究，都偏重于蕃将族属考证和汉化情况介绍，且多以西域胡人入唐者为研究对象，并没有从宏观角度全面地考察蕃将，所涉及的有姓名可考的蕃将，充其量不过二三百人。至五十年代，《北朝胡姓考》《突厥集史》等虽颇具分量，但前者仍局限于对部分唐代蕃将的族源考辨，后者由于内容限制，除"北狄"外，没有也不可能触及其他蕃系统的蕃将。陈寅恪大师的有关唐代蕃将的文章，从某种意义上讲，尽管有开拓新研究领域的性质，但只是就唐代前期的蕃将作部分的原则性论断，包括以后的日本学者谷口哲也的大作，从中都难以窥到唐代蕃将的全豹。

《研究》一书的出版，将唐代蕃将研究推向一个新的更高的境界，它既荟萃了作者自己数十年心得，又广征博引前贤和作者同代人的研究成果，并在此基础上，建立了章氏蕃将研究体系。下边概说章氏写书经过和《研究》的成就。

---

① 何著由中华书局于1939年出版。
② 蓝著由国立编译馆于1946年出版。
③ 姚著由科学出版社于1958年5月出版。
④ 谷口哲也文载于1977年日本《史朋》。

其一，锲而不舍，积数十年之功。

据章氏自云，早在1954年，就曾发表《唐代降胡安置考》（刊于1955年《新亚学报》创刊号）。1979年，又成《唐代蕃将初探》一文（刊于1981年《东方文化》第19卷1期）。此外，在《研究》一书问世前，章氏尚有《唐史》《中国文化史》等大部头学术著作出版。①可见成书于1986年的《研究》，是作者积数十年功力之大成就。又有消息说，《研究》续编，业于新近出版。②学无止境，锲而不舍，章氏深谙此道。这也正是《研究》成功之所在。

其二，博采众长，摒弃门户之见。

任何一个有成就的学者，对前人和同时代人的研究成果都应兼收并蓄，章群教授在这方面尤其突出。他虽身居港台，但对大陆学者的隋唐史研究动态给予很大的关注。1988年，章氏还曾亲赴广州参加陈寅恪国际学术讨论会，并将其代表作《唐代蕃将研究》赠予大会。而章氏在《研究》中不仅采纳有日本、欧美等学者的学术成果，对大陆学者的成就，亦持欢迎的态度。即使在某些论点上有重大分歧，亦遵循实事求是原则和谦恭的态度，进行有益的商榷。当他在批评陈寅恪大师的有关蕃将的论点时，又称道"陈氏史学之精，近代少出其右，本人仰之如泰斗"，且无限抱憾地表示："惜不能起先生于地下以就正。"（第五章《贞观至天宝间蕃将之战绩·评陈寅恪的论点》），其在书中所引出版物，以大陆学者的著作居首位。如吴天墀的《西夏史稿》、张博泉等的《东北历代疆域史》、张正明的《契丹史略》、周连宽的《〈大唐西域记〉史地研究丛稿》、王治来的《中亚史》、黄文弼的《西北史地论丛》、冯承钧的《西域南海史地考证论著汇辑》等、岑仲勉的《突厥集史》和《隋唐史》、向达的《唐代长安与西域文明》、唐长孺的《唐书兵志笺证》、谷霁光的《府兵制度考释》、皮锡瑞的《经学通论》、陈垣的《二十史朔闰表》、陆峻岭等的《中国历代各族纪年表》等北

---

①章群：《唐史》（三册）香港龙门书店1979年版。章群：《中国文化史》（上下册），香港教育出版有限公司1978年版。

②章群：《唐代蕃将研究》（续编）联经出版事业公司1989年版。

京和其他出版社出版的专著以及近年大陆学术期刊上发表的如胡如雷、熊德基、程溯洛、王谠、陈国灿、张国刚等老中青学者的论文，都一概作为"参考书目"被章氏《研究》一书引用。这种不拘门户、不受地域限隔、不为社会制度约束，敢于大胆沟通海峡两岸文化思想的诚实作风，确乎难能可贵，亦为笔者敬佩。

其三，直抒己见，不迷信权威结论。

《研究》一书的价值，还在于作者并不拘泥于自己过去的心得成果，从《唐代降胡安置考》到《唐代蕃将初探》，再到《唐代蕃将研究》，整个写作脉络反映了作者不断修正错误、求真求实的作风。尤其值得称道的是，作者尊重权威，但不迷信权威，书中几乎每个章节都有同有影响的学者商榷的文字，特别是对陈寅恪大师的某些论断，曾多次提出质疑和批评。如章氏以贞观十九年发朔、并等九州兵备薛延陀和征高丽有折冲都尉曹三良等参与，认为陈寅恪"府兵不堪攻战"说不确（第五章《贞观至天宝间蕃将之战绩》）。又以玄宗一朝参与战役的部落酋帅出身的蕃将有二十七人，而无部族的蕃将仅十一人，一方面说明开元四年（716年）后的蕃人参战"重心在其部族"，另一方面否定了陈寅恪的关于朝廷任用蕃将由太宗时"部落酋长"到玄宗时"寒族胡人"的演变的论断。并谓"陈氏只看到有部落与无部落之分，而不知有边族蕃与西域胡之分。西域胡入唐，本无部落，陈氏也不知道安禄山本是西域胡而又将之与部落酋帅比观，遂以为安氏是寒族胡人了。"（第五章《贞观至天宝间蕃将之战绩·评陈寅恪之论点》）等等。姑且不论章氏的批评是否正确，单就作者不迷信权威，敢于直抒己见，就足以表明作者鄙弃学术讨论中的庸俗作风，《研究》中之所以处处可见新的论点，正是作者在学术研究中创新精神的表露。

其四，资料翔实，体例别具一格。

《研究》还以资料翔实、体例别致著称。作者认为，蕃将是《研究》一书的主题，"则蕃将事迹，自宜务求其详"。因此作者据《册府元龟》，依时代先后，列各蕃将事迹，并以两《唐书》及《资治通鉴》补正之，制作了《唐代蕃将表》。表中列数百人，等于作数百篇小传（见《前言》和正文后附《唐代蕃将表》)。像这样全面系统地辑录和介绍唐代蕃将资料,迄今为止还没有一个学者做过。又,全书不计《前言》《例言》,共710印刷页,正文253页,分十章36节论述。[1]插附图、表20(图9表11)457页。而《唐代蕃将表》一项,就达315页,远逾正文页数。这样的体例,使人耳目一新,在大陆学者的史学专著中,罕有人敢于如此打破常规体例进行写作。

其五,力求创新,建立章氏蕃将研究体系。

章氏自云,其写作动机,在于尝试解答五大问题:

第一,唐代的蕃将是在怎样的情形下出现的?

第二,他们在当时的情况下是怎样的?譬如是否皆是边内安置的蕃族?是否皆是酋帅?是否皆与其部族有关?

第三,他们之出现,是否仅限于一段时间,还是自唐初至于唐亡,始终都存在?如果是,其间有无演变?

第四,他们对唐代的国势盛衰有何影响?

第五,这些历史事实,有何意义?应该怎样解释?又如何评估它在中国历史上的地位?(《前言》)

作者以上问题的回答中,不乏精辟的见解和诸多创新及发现。

如对第一个问题的回答,作者从岑仲勉先生说过的"府兵是游牧社会的落后兵制"[2]受到启发,认为唐代的府兵制实际上"仿自以部落为兵",并由之得出答案:"太宗固然有君临天下之志,希望夷狄进至于爵,然而另一方面,自太宗以下,朝野未尝不严夷夏之辨,而用蕃将如故,用蕃族为兵如故,原因即在唐代本来就是北朝的进一步发展。"(第十章《结论·唐代属于哪个历史阶段?》)

作者确实是抓住了问题的关键。如果说北朝社会是汉族与"五胡"的综合体的话,那么唐朝则是在旧的民族大融合社会里脱胎出来复又综合新

---

①《研究》十章标题为:第一章绪论;第二章蕃将总论;第三章羁縻州府与边族安置;第四章西域之安、康两姓;第五章贞观至天宝间蕃将之战绩;第六章安禄山之叛;第七章仆固怀恩与李怀光之反叛;第八章蕃将与方镇;第九章评天可汗制度说;第十章结论。

②岑仲勉:《隋唐史》上册第20-21节,中华书局1982年版。

附诸蕃（如突厥、铁勒、契丹、奚、内徙之昭武九姓胡、吐谷浑、党项、沙陀等）的更高阶段的民族大融合社会。在这样的社会里，汉区蕃化（如河朔等地）和蕃区汉化（如高昌等地）的倾向交互进行，尽管有"夷夏之辨"的不谐调之音响，但较之时代进步的总趋势，它毕竟是支流。总的说来，唐代社会的汉蕃界线并不严格。就以统治阶级的上层社会言，姑且不论有诸多将相、达官、贵族祖上出自北朝蕃姓或唐代新附蕃酋，[①]即便"朕即国家"的皇上，不仅继承有蕃人血统，而且酷爱蕃风夷俗、广嫁皇女于蕃酋子弟，乃至在政治上"下行可汗事"。[②]存在决定意识，作为"华夷共主"的天子，由于历史的和现实的原因，他们不愿也不可能过多地猜忌少数民族。有唐三百年，朝廷始终任用蕃将为国家武力的主要部分，正是这种继北朝之后在更高阶段上的民族融合成果之具体反映。

章氏尝试解答的二、三两个问题，实际上是要对唐代蕃将的含义、类别、演变等问题作出分析和判断。在这些方面，作者通过《研究》建立了一套全新的唐代蕃将研究体系。

首先，在唐代蕃将的含义上，《研究》有重大突破。《新唐书》的撰者有鉴于唐代蕃将之多和重要，特立《诸夷蕃将传》一卷，集中介绍了著名蕃将阿史那大奈等二十一人。从这些蕃将的族属看，几乎都是唐帝国境内的少数民族。从他们的任职地方看，基本上都是在朝内或内地地方（含部分边州要塞）充职。又，两《唐书》有传的蕃将还有哥舒翰等80余人，他们的情况，大体上与阿史那大奈等相同。这就是说，在两《唐书》撰者的心目中，所谓唐代蕃将，是指那些在朝廷或内地地方任职的少数民族将领。而《研究》则打破了这个框模，全书辑录蕃将2536人，而"放还蕃者"，竟达1540人，占总数的61%（《蕃将总论·蕃将的人数及类别》及附表三《蕃将人数表》）。在这些放归本蕃的人中，既有羁縻府州的都督、刺史及其所遣宿卫人员，亦有属国贡使，还有同唐期并无隶属关系的远国绝域的来客。总之，凡是曾被唐帝国授予军衔的蕃人，即使得到的是名义上的礼

---

①《新唐书》卷71上-75下《宰相世系表》，卷110《诸夷蕃将传》。
②《资治通鉴》卷193唐太宗贞观四年三月条。

仪上的官号，即使是匆匆来去的过客，统可归入蕃将之列。（附表《唐代蕃将表》）根据章氏的唐代蕃将含义，几乎全部唐代民族关系史和部分唐代中外交往史，均可纳入唐代蕃将研究的范畴。

其次，在唐代蕃将类型的划分上，章氏做了极为周详细致的工作。《研究》中的唐代蕃将，划分为"边族蕃"和"西域胡"两大系统（《前言》）。边族蕃指唐代自东北至西北沿边诸族（第一章《绪论·关于蕃胡的说明》），即突厥、回纥、党项、吐谷浑等有部落组织的民族（第二章《蕃将总论·西域胡和边族蕃》）；西域胡则谓入华居住的无部落组织的昭武九姓国胡人，即安、康、米、何、石、曹、火寻、戊地、史等中亚九国来华胡人（第二章《蕃将总论·西域胡与边族蕃》、第四章《西城胡之安·康两姓》）。此外，章氏又在《蕃将分类表》中，析蕃将为七大类，一曰"参与战争者"372人；二曰"军中推立或藩镇世袭"20人；三曰"羁縻州府刺史、都督"60人；四曰"国王或首领来朝来降"402人；五曰"入为宿卫者"119人；六曰"放还蕃者"1540人；七曰"其他"23人（第二章《蕃将总论》附表二）。并把无部族的蕃将根据入华时间的长短区分为"客将"和"蕃将世家"（《前言》、第二章《蕃将总论·客将与蕃将世家》）。像这样精细的蕃将分类，还不曾有人做过。

关于唐代蕃将的演变，章氏在评论陈寅恪大师论点的同时，至少讲了九个方面的演变：开元四年（716年）前，以酋帅为主，此后"重心在其部族，而不在酋帅"；"客将"到"蕃将世家"的演变；由蕃将只有诸卫将军名号到节度使的演变；蕃将方镇由朝廷直接控制到纳质于朝、"等同藩国"的演变；由河陇、朔方系统蕃将与河北系统蕃将对抗到安史之乱的演变；由哥舒翰陇右驻屯系统的神策军到北衙劲旅的演变；由朔方系统同河西陇右系统的蕃将的矛盾到仆固怀恩、李怀光之反叛的演变；由河朔蕃将割据到部分蕃将"向化"的演变；等等（第一章《绪论·军衔及军制的演变》、第二章《蕃将总论》、第三章《羁縻州府与边族安置》、第五章《贞观至天宝间蕃将之战绩》、第六章《安禄山之叛》、第七章《仆固怀恩与李怀光之反叛》、第八章《蕃将与方镇·河北部分蕃将之向化》、第十章《结论·蕃将之汉化》）。作者通过对唐代蕃将前后差异的论述，揭示了蕃将自身的矛盾和变化，使读者对唐帝国各个历史时期和阶段的蕃将情形有一个基本的认识。值得注意的是，《研究》还曾谈到蕃将演变的某些历史条件，如认为"君主精神意志之改变""国力之盛衰""政策运用之不同"，都是"唐代蕃将进退之关键所在"（第一章《绪论》）。当分析安史之乱以降屡有蕃将反叛的原因时，不仅注意到军制变化的影响，而且还特别重视河西、陇右、朔方三镇的对立和力量消长所起的作用，并兼顾到其他诸多因素。（第六章《安禄山之叛》、第七章《仆固怀恩与李怀光之反叛》）这种试图透过迷雾捕捉事物本质的论史方法，应当说是可取的。

章氏试图解答的四、五两题，着重在讲唐代蕃将所起的历史作用。其议论归纳起来主要有五点：①蕃将是唐初武力的重要部分。如"太宗之伐吐谷浑，征高丽，讨薛延陀，无役不有蕃将参加"（第十章《结论·蕃将与部落组织》）。②自玄宗始，朝廷对蕃将更呈"日见依赖之势"（第六章《贞观至天宝间蕃将之战绩》）。③安史之乱中，交战双方的主角都是蕃将，平叛功臣图形凌烟阁的有12人为蕃将（第六章《安禄山之叛》）。④代宗之后，拥戴朝廷的方镇蕃将，在征讨四方反叛、练兵等方面事迹显著（第八章《蕃将与方镇》）。⑤河朔诸镇蕃将之"向化"，"在分崩离析之局中，出现了一些向心力，对于唐代皇权的维系，也并非全无作用"（同上），等等。

章氏以上所论，自成体系，既廓清了前人对蕃将问题的某些误解，又填补了唐代蕃将研究课题中一系列重大空白，可见作者撰书过程中用功之勤。也正因为如此，《研究》才不失为蕃将研究之佳作。

然而，由于章氏大作是一项关于唐代蕃将研究的空前浩繁的文字工程，加之可以借鉴的他人成果又实在太少，《研究》中难免有一些议论欠妥乃至不确等失误。试说如下：

其一，在蕃将含义上前后矛盾。

《研究》所录蕃将"以当时是否仍有部落或国家存在为断。见于《魏书·官氏志》者，除慕容一姓，部分为吐谷浑，其他五胡余裔，皆不收录。"（《例言》）章氏既对唐代蕃将的含义做了如此的限定，就应该在行文中体现，可是在正文和附表中又随意将它打破。如武后、中宗时代的大将沙吒忠义，唐后期的大将扶余准，其国家（百济）和部族早已为新罗和渤海所瓜分，①可是《研究》照录不误（见于《唐代蕃将表》）。又如，玄宗时代的大将夫蒙令卿、夫蒙灵詧、钳耳大福等，为唐代关中羌人出身，都是典型的"五胡余裔"，②而《研究》还是把他们收录在《唐代蕃将表》中。诸如此类的事例，在书中随处可见。

应当说，视这些人为蕃将，从而将他们收录到书中，是正确的。因为这些人虽然已无部落或国家，虽然有的是"五胡余裔"，但只要他们还未完全融于汉族之中，只要唐人还目他们为蕃人，就应当认为他们是蕃将。

由之，笔者为唐代蕃将的含义做如下规定：唐代蕃将是指那些在汉区（京师或内地地方）或蕃区（羁縻州、属国）任职的以及远国来人既受朝廷所颁军衔复又还蕃的唐朝蕃人将领。简言之，即唐朝的蕃人将领。这样的规定，虽有违章氏初衷，但与《研究》的正文和附表所录不悖。

其二，蕃将分类疏漏惊人，且繁复不得要领。

《研究》将唐代蕃将分为"两大系统""七大类"，从表面看似乎很严密且包罗万象，实际上疏漏很大且不得要领。书中将族属复杂的蕃将仅划分为"边族蕃"和"西域胡"两大系统，并把"西域胡"限定为昭武九姓胡内徙者，且把"边族蕃"限制为自东北至西北沿边诸族，这就大大缩小了唐代蕃将的内涵和外延。章氏既然认为羁縻府州的都督、刺史应"视为军职"，属于蕃将之列（第一章《绪论·军衔与军制及其演变》），却又将隶于剑南、江南、岭南等道的235个蛮州③的都督、刺史排除于蕃将之外。按，唐代羁縻府州共856个，而蛮州占总数的四分之一强。章氏的"两大系统"的划分，疏漏之大，实在惊人！又，在"边族蕃"中，高丽等东夷亦除外（《前言》）。由是，加上南蛮，"四夷"之中竟缺其二！再，"西域

①《旧唐书》卷199上《东夷·百济传》；《新唐书》卷220《东夷·百济传》。

②据《元和姓纂》卷3、5和马长寿先生《碑铭所见前秦至隋初的关中部族》（中华书局1985年1月版），夫蒙、钳耳等为唐代关中渭北羌姓，皆北朝胡姓余裔。

③《新唐书》卷43下《地理志七下·羁縻州》。

胡"中，只及昭武九姓，龟兹等亦被置于两大系统之外（《前言》）。如是评论《研究》，作者也许会不以为然，因为在无所不包的《唐代蕃将表》中，亦列数了蛮夷及其他诸色蕃将。可是读者要问，既然如此，蕃将"两大系统"之划分，又有何意义？"七类"蕃将的区分，也大有问题，因为"参与战争者"，可能同时为"羁縻州府刺史、都督"，又同时为某一部族之首领；"放还蕃者"之中，也不乏若干部族之首领，"国王或首领来朝、来降者"，也可能同时或以后为"参与战争者"，"羁縻州府刺史、都督""入为宿卫者"，也有可能为"其他"，甚至在唐后期有为"军中推立或藩镇世袭者"。这种你中有我、我中有他的分类是不够科学的，连作者自己都意识到"未必恰如其分"（第二章《蕃将总论·蕃将的总数和分类》）。

笔者认为，为唐代蕃将分类，一要注意政治上"质"的差异，二要作数量"全"的考虑，三要避免繁复。因此，划分他们的类型，首先得从他们与朝廷的政治关系的远近亲疏上着眼，要考虑他们在唐帝国所处的政治地位。拙著《唐代蕃将》①划蕃将为两大类型：入朝蕃将和在蕃蕃将。所谓入朝蕃将，是指那些基本上脱离了本蕃并在内地（中央或地方）任职、直接受朝廷调遣的蕃人将领；在蕃蕃将则谓在帝国蕃区（羁縻府州或属国）拥有部族并为大唐册命且以世袭官职、受边州都督都护押领为特征的蕃人将领。如是，章氏之"两大蕃将系统""七类蕃将"以及"客将""蕃将世家"，统可包容在入朝和在蕃两类蕃将之中。

其三，蕃将演变论支离破碎。

上边曾介绍过章氏关于唐代蕃将演变的许多论点，并如前云其中固然不乏真知灼见。但就总体而言，失之琐碎。笔者认为，唐代蕃将的演变是否应在三个方面论述：在蕃将的类型上，由在蕃蕃将向入朝蕃将演变；在历史活动上，由单纯的军事活动到广泛参与朝政的演变；在文化心理上，由蕃人到"华心"的演变。

一般说来，蕃将在最初都属于"在蕃"型，即拥有部落或国家。如大

---

①1990年6月三秦出版社出版。

唐开国功臣阿史那大奈，原为西突厥特勤（即王子），隋大业中，随其主处罗可汗归降，炀帝分其部落于楼烦（今山西静乐），并仍以大奈为部落酋帅。大业十三年（617年），李渊起兵太原，"大奈率其众以从"。因从平长安和以后追随太宗征讨，"功殊等"，累迁右武卫大将军、检校丰州都督，[①]大奈遂以隋末在蕃蕃将转为唐初入朝蕃将。其子史仁表尚太宗女普安公主。定居长安，更彻底脱离本蕃，成为完全意义上的入朝蕃将。[②]像史大奈父子身上所体现的蕃将类型的演变，在唐代蕃将中极为普遍。当然，也有个别蕃将在既为"入朝"型后，复又返归"在蕃"型。如西突厥酋长阿史那弥射、阿史那步真于贞观中为入朝蕃将，至高宗时代"早归阙庭、久参宿卫"的他们，复以天子之命，"各为一部可汗"。[③]再如唐后期的河朔方镇，其蕃人镇帅、大将，溯其源，本人或祖上多为入朝蕃将，但至其人，则以土地传子孙，所据方镇颇同于羁縻府州，也就是说，他们由"入朝"型倒退为"在蕃"型。这种个别情况，从表面上看，似乎有违蕃将由"在蕃"向"入朝"演变的一般规律。实则不然，观弥射、步真子孙最终归班入朝蕃将，[④]观河朔蕃人镇帅之裔"向化""暴忠纳诚"，说明蕃将演变的局部曲折，末了还是要受一般规律的制约。

唐代蕃将的历史活动情况，基本上是沿着由早期只从事单纯的军事活动到中晚期广泛参与朝政乃至试图改朝换代的轨迹演变。在唐前期的调露元年（679年）前，蕃将虽然为早期统一战争阶段（618—629年）和大统一战争阶段（630—678年）的功臣，但罕有参与国家政治活动者。调露元年，东突厥二十四州同时叛变，万岁通天中（696年），契丹都督李尽忠、刺史孙万荣起兵营州，则标志着在蕃蕃将不甘于军事上的驱使而谋求政治上有更大的独立性。自此以后，入朝蕃将亦以从未有过的姿态投身于朝廷上层权力争夺，西突厥人阿史那斛瑟罗等拥戴武则天称帝，百济人黑齿常之等

①《旧唐书》卷194下《突厥传下》;《新唐书》卷110《史大奈传》。

②《元和姓纂》卷6《六止》;《新唐书》卷83《诸帝公主传》。

③《全唐文》卷12高宗《分立弥射为兴昔亡可汗步真为继往绝可汗诏》。

④《新唐书》卷215下《突厥传下》。

以"谋反"罪系狱自缢，靺鞨人李多祚等多次充宫廷政变中坚，高丽人王毛仲等"有宠于上"并为百官"辐凑"，安禄山觊觎相位并与杨国忠等钩心斗角，就是入朝蕃将强烈参政意识的外露。在唐后期，尽管安禄山、史思明的改朝换代之举以失败告终，但其余孽在河朔盘根错节，政治上半独立于朝廷百余年。至于拥护朝廷的蕃将，不仅有位至"三公"兼使相的李光弼（契丹人）、李光颜（铁勒阿跌部人）等，且有浑瑊（铁勒浑部人）等真拜宰相者。这种蕃将由单纯军事活动的主要参加者，到政治舞台上重要角色的演变，至唐亡后仍在持续，五代时期有三朝都为唐末蕃将李克用系统所建，就是最好的说明。

唐代蕃将的演变还表现在其汉化过程上。特别是入朝蕃将，由于久处内地为汉俗所染，由于世代与汉人通婚，由于受传统的儒家文化熏陶，由于同汉人有共同的经济生活，他们渐具"华心"，并最终融于汉族的共同体之中。这种汉化演变过程开始于唐初，而完成于唐末。唐朝蕃将余裔之所以能于五代为中原天子数十年，并能为中原士庶所接受，当与唐代蕃将的汉化有一定的联系。关于蕃将的汉化演变，拙著《唐代蕃将》有专章数万字论述，此不赘述。

其四，"西域胡入唐，本无部落"说不确。

章氏在评论陈寅恪大师的论点时云："西域胡入唐，本无部落。"（第五章《贞观至天宝间蕃将之战绩·评陈寅恪的论点》）这种说法，不全符合实际。

西域胡入唐，不少人是有部落的。贞观初年，安国贵族出身的安胐汗，由突厥中"率所部五千余人入朝，诏置维州，即以胐汗为刺史、拜左武卫将军，累授左卫、右监门卫二大将军，封定襄县公"。[1]是西域胡安胐汗入唐后仍拥有部族，维州之设乃即其部落所置。又，胐汗卒后，其子附国袭维州刺史，至调露二年（680年）卒。[2]这就是说，安胐汗父子入唐后，继续领有其部落的时间至少有半个世纪。又，1981年4月在洛阳龙门东山北

①《文苑英华》卷920李致远《唐维州刺史安侯神道碑》。
②《文苑英华》卷920李致远《唐维州刺史安侯神道碑》。

麓发现的一座唐墓里有安菩墓志一合，志文称菩"其先安国大首领"，菩本人则为置于灵、夏二州南境的"六胡州大首领""领衔帐部落"，"封定远将军"，卒于麟德元年（664年）。[1]安菩子名金藏，以"忠义"著称，两《唐书》有传。[2]金藏于武周时为太常寺乐工，可知至金藏时西域胡酋安菩一支始与部落脱离。再，安禄山的族人康阿义屈达干，其先世为"北蕃十二姓之贵种"，父、祖为"部落都督"。其本人，年23就已是后突厥汗国的宰相。后因汗国破亡，遂于天宝元年（742年）携四子并与可汗妃嫔公主等率部落五千帐入朝，因授左威卫中郎将，并"充部落都督"。[3]当然，这些西域胡入唐，多由自突厥。但史无明文讲他们所统都是突厥人，即使是，亦否定不了他们入唐前后领有部族、为部落酋帅的身份。正因为如此，所以陈寅恪大师才称不拥有部落的"孤贱""牧羊小丑"安禄山为"寒族胡"。[4]

其五，其他种种。

作者的写作宗旨，在于尝试解答"五大问题"，也许是作者欲收言简意赅之效，每个问题的回答都非常简略且极为分散，犹如蜻蜓点水，给人以零乱和不深不透的印象。

唐代文献中，有一些蕃将使用制度方面的资料，从中可见蕃将享有诸多权利和对国家履行的种种义务，这是对唐代蕃将的基本情况和其在帝国所处地位的最具说服力的史料。惜乎《研究》很少使用这方面的文献，这不能不说是本书的一大缺憾。

所录蕃将名有错讹现象。如武周时来降的契丹酋帅李楷洛（光弼之父），《研究》作李楷其（第二章《蕃将总论·客将与蕃将世家》）。当为章

①赵振华、朱亮：《安菩墓志初探》，载《中原文物》1982年第3期。

②《旧唐书》卷187上《安金藏传》；《新唐书》卷191《安金藏传》。

③《全唐文》卷342颜真卿《康公神道碑》。

④陈寅恪：《唐代政治史述论稿》，生活·读书·新知三联书店1956年版；《论唐代之蕃将与府兵》，载《中山大学学报》1957年第1期。

氏对《李楷洛碑》碑文断句之误。[1]又，德宗时兼将相之任的铁勒浑部酋长出身的浑瑊，"本名日进"。[2]而《研究》将一人误为"浑瑊""日进"两人（同上）。还有把两人错判为一人的，如开元二年（714），因讨击契丹兵败被玄宗处死的胡将李思敬，本为靺鞨李谨行之子，[3]而《研究》却误断为高丽人李仁德之子（《唐代蕃将表》）。按，李仁德卒于开元二十一年（733年），其长子亦名思敬，仁德的葬礼就为思敬操办。[4]若开元初被朝廷处以极刑的李思敬为李仁德之子，又何来20年后其人犹健在！诸如此类的人名错讹现象，《研究》中还有一些。

《研究》一书的诸多论点，尽管有待于继续商榷，但毋庸讳言，我们今天能讨论这些学术问题，实在是受了《研究》的启迪。它毕竟是当今第一部关于唐代蕃将的专著，而且不失为一部观点新颖、内容翔实的好书。笔者在撰写《唐代蕃将》书稿时，无机会拜读章氏大作，直待拙稿交付三秦出版社出版之后才有幸看到《研究》。在匆匆浏览之后，即急就上篇。错误一定不少，望章群教授和读者正之。

（原载《唐史学会年会论文集》，1989年。）

---

[1] 杨炎《唐赠范阳大都督忠烈公李公神道碑铭》云："李公讳楷其本出于陇西。"据杨炎《云麾将军李府君神道碑》，"楷"后脱"洛"字。章氏既未审脱字，复于"其""本"二字之间断句，故有是误。杨炎二碑载《全唐文》卷422。

[2] 《旧唐书》卷134《浑瑊传》。

[3] 廖彩梁：《乾陵稽古》附《李谨行墓志铭》，黄山书社，1986年。

[4] 《唐文拾遗》卷66《李仁德墓志铭》。

一部关于中国民族史理论和实践的奠基性著作
——评周伟洲《中国中世西北民族关系研究》

中国民族关系史是一门方兴未艾的科学。虽然它作为民族学或历史学的分支派生出来的独立学科，只是二十世纪八十年代以来的事，[①]可是它一经出现，就显示强大的生命力。该学科业已成熟的重要标志，是拥有一大批老中青三结合的研究队伍，且出版一系列论述学科范畴及相关理论的研究成果。我们所要评说的《中国中世西北民族关系研究》（以下简称《研究》），就是其中之一。

作者周伟洲，为西北大学文博学院教授，此书于1992年9月由西北大学出版社出版。虽然这是一部断代的（魏晋南北朝隋唐）、地域性的（限定为今陕、甘、宁、青、新等五省区）民族关系史专著，但它涉及的领域极广，特别是在民族关系史学科建设的理论问题上有许多新的见解，其出版象征着中国民族关系史理论性问题的研究向纵方面迈进了一大步。

---

① 1981年5月下旬，中国民族研究学会和中国社会科学院民族研究所在北京召开了新中国第一次全国性中国民族关系史研究学术座谈会。来自全国十五个民族的一百三十多位学者，提交了五十余篇民族关系史的论文。其中三十四篇于会后被选编成册（即中国社会科学院出版社于1984年12月出版由翁独健主编的《中国民族关系史研究》）。这次盛会的召开和论文集的出版，标志着中国民族关系史已成为一门独立的学科。

理论方面主要表现于作者在《研究》的绪论中，就学术界讨论的有关本学科的基本理论问题，提出了许多独到的精辟的见解。

其一，关于历史上的中国及其疆域、民族问题。史学界就此问题至少讨论了四十多年，并产生了两种分歧意见：一是以今天的中国疆域为准，认为凡是历史上在这个疆域内活动的民族及其所建政权，不仅现在，而且在当时，也都是中国一部分，他们的疆域就是中国的疆域；一是认为历史上的中国就是历代汉族所建的王朝，当时已经与汉族融合或归入汉族王朝版图的，就属于国内性质，否则就是外族和外国。

《研究》针对这两种倾向和观点，认为历史上的中国不是指地域的、文化的概念，不是文化类型或政治地位的概述，也不完全是指历史上那些自称为"中国"或被其他政权称为"中国"的中国，它是我国历史上统一时期的多民族国家和分裂时期诸政权的总称。当统一的多民族国家处于统一时期，中国就是指当时的统一的多民族政权，即由汉族或其他少数民族所建立的中央集权制国家；在统一的多民族政权处于分裂时期，则在原统一的多民族国家管辖的民族里或地区中出现的政权，都是当时中国的一部分。

其二是关于历史上民族关系的主流和支流问题。作者依据史学界在此一问题上的讨论成果，发挥白寿彝等先生的"友好合作不是主流，互相打仗也不是主流"的观点，认为历史上民族关系的主流或总的趋势，应该是各民族的互相接近、互相融合，推动历史向前发展。而历史上民族间的战争与和平，究竟谁是主流，谁是支流，只能根据具体时期来定，不能统而言之。因为不论"战争"与"和平"，矛盾的双方在不断地互相转化，一并都能引出民族间的相互接近、互相融合，以产生推动历史前进的作用。

其三是关于民族战争与民族英雄问题。作者根据前述关于历史上的中国及其疆域民族问题的论点，将民族战争划分为国外民族战事和国内民族战争两种形式。少数民族及其所建政权没有成为当时中国统一的多民族国家的部分之前，它与当时的统一多民族国家的战争具有侵犯与反侵犯性质；若这些民族已为当时统一的多民族中国所统一，以后再分裂，并建立割据政权，则他们之间的战争应具国内战争的性质。至于国内民族战争的定性，即"正义"和"非正义"等性质之区分，应作具体分析，不能绝对肯定或否定。

关于"民族英雄"，《研究》认为"民族英雄"就是中国历史上的杰出人物。对杰出人物，应当运用关于个人在历史上的作用等辩证观点去分析，以其对历史发展（包括民族的发展）起的进步作用来衡量，对其功与过均应注意，不能绝对化或神化，但也应指出其功过之大小，从而确定其是否为中国历史上的民族英雄。

其四是关于民族融合和民族同化问题。针对史学界关于"民族融合"和"民族同化"概念的争论，作者主张不应拘泥于马克思主义经典著作中对此一问题的论断，在使用这些概念时要遵从符合中国国情的习惯用法。他认为"民族融合"是泛指历史上两个以上的民族因错居杂处，相互通婚，逐渐形成为第三种民族，或者大民族将小民族融合的现象。至于历史上统治民族强迫其他民族运用自己民族语言文字、风俗等，促成压迫民族最后融入统治民族之中，这种现象才能称之为"强迫同化"或"同化"。

以上中国民族关系史的重大理论问题，均为中国大陆史学界长期争论的焦点。作者不仅总结学者的讨论成果，更重要的是发明新的见解，而且把这些见解贯穿于《研究》正文的章节之中。

关于中国民族关系史的研究内容和研究方法，作者亦有不少精辟的看法。如作者认为：①应以历史上中国统一的多民族国家形成、发展和巩固以及中华民族的形成为纲，贯穿民族关系史研究之中，对周边民族的研究，应着重探讨这些民族与内地政权和汉族之间的关系。②研究政治、军事（民族战争）固然重要，研究经济、文化交融、迁徙和融合，也同样十分重要。因而《研究》中特设专章论述。③历史上各民族建立的政权及其对被统治民族所采取的政策，应是民族关系史研究的主要内容，具有重要的现实意义。④自然条件、地理环境、交通状况虽非民族关系史研究的主要内容，但这些因素对民族及民族关系的发展有一定的影响，因此也应给予足够的注意。

由于作者把理论等问题的思考贯穿于整个写作之中，并把这些认识跟翔实的史料有机地结合，由之使《研究》成为高水平的学术著作。

《研究》共分上、下两编。上编讲魏晋南北朝时期的西北民族关系，下编讲隋唐时期的西北民族关系。全书共有十章，并有大小一百个题目，魏晋以降迄隋唐近七百年间，大凡在西北地区出现过的民族和政权，都为《研究》论述的对象。而各个时期和阶段的民族迁徙和分布、一些民族的崛起和衰亡、两种形式的民族战争、最高统治者的民族思想和民族政策、诸民族在经济文化方面的互相影响和交流、西北民族对中西交通的贡献、民族融合的规律和特点、隋唐统一时期西北与内地经济的一体化、西化诸族对光辉灿烂的唐文化的巨大影响等诸多问题，更是探讨的重点。尤其值得称道的是，作者在论述这些包罗万象的内容时有以下几个突出的特点：

第一，由于作者长期从事西北民族史和民族关系的研究，特别对西北大部分民族的历史文化做过深入的研究，先后出版一系列专著，如《敕勒与柔然》（1983年，上海人民出版社），《吐谷浑史》（1985年，宁夏人民出版社），《唐代党项》（1988年，三秦出版社），《南凉与西秦》（1986年，陕西人民出版社），《汉赵国史》（1985年，山西人民出版社）等，因此，其对这一时期西北民族关系的研究就建立在雄厚的数据和研究的基础之上，此乃其他研究者所不及。

第二，魏晋南北朝及隋唐时的西北民族种类繁多，相互关系极为复杂，向为治史者视为畏途。然而，作者凭借自己研究民族史的深厚功力和明晰的理论指导，将复杂纷纭之民族关系整理得条缕分明，头头是道。

第三，在资料的应用方面，作者也力求作到全、新、稳。所谓全，是指作者在本书中尽可能详尽地掌握史料，本书引用的文献古籍、近现代学者的专著就多达一百五十余种。所谓新，是指作者特别重视文物考古资料和敦煌学、吐鲁番学、藏学的最新研究成果，在《研究》中随处可见这些方面新资料使用。所谓稳，是指作者在引用史料时一般都能做到去伪存真，力求稳妥可信，并尽量避免使用孤证资料。

此外，作者在写作技巧方面也富有特色，如完备的体例，凝练而流畅的语言、理论和例证关系的处理，前呼后应、首尾贯通的严密文章结构，无不见其深厚的功力和效果。

但《研究》也有一些不足之处。如书名"中世"，就欠确切。历史学者通常将介乎古代奴隶制与近代资本主义之间的时代称为"中世纪时代"（即"封建制时代"），简称"中世"或"中古"，而作者以"中世"命名其书，连自己都觉得欠妥，遂在"绪论"做了解释，并云其书名中的"中世"，并非严格的科学意义上的"中国中世纪"。既然如此，又为什么要以此为书名？令人不得其解。又就全书的总分量看，上编详，下编略，给人一种头重脚轻的感觉。而根据作者的研究宗旨和探讨重心，理应把统一时期的隋唐西北民族关系的研究置于最突出的地位。事实上这一时期，西北诸族确有许多大文章可作，如唐朝对西北民族的管理体制就是一个很有意义的研究题目。史称唐于西北诸蕃所在，曾设羁縻府八十，羁縻州二百八十八，各以首领为世袭都督、刺史。这些"以唐官官之"的在蕃君长，既受边州都督、都护押领，要对朝廷履行"奉唐正朔"、受唐遣发、贡纳、入觐、充质等封建义务，从而表明西北蕃区同内地汉区政治一体化的国家大一统状况。作者疏于此类题目的研究，不能不让人感到某种缺憾。此外，也许是出版部门的责任，全书错别字大大超过应有的限度，有损这部上乘作品之声誉。

尽管如此，本书仍是一部从思想、内容到写作方法上都具有鲜明个性的学术著作。它的问世，必将给处于上升阶段的中国民族关系史研究带来更大更多的活力。

（原载香港《东方文化》第三十三卷，1995年。）

后　记

　　先师马驰教授长期从事史学研究，精于民族史及唐代蕃将研究，出版专著数部，发表论文数十篇，特别是《唐代蕃将》一书在海内外产生了重大的影响。先师早年毕业于陕西师范大学，至宝鸡市一所中学任教，后调入西藏民族学院任教，又于上世纪八十年代调入陕西师范大学从事教学科研工作，曾担任唐史研究所、历史地理研究所副所长，协助史学大师史念海教授负责两所的日常教学科研及行政事务。还曾任中国唐史学会秘书长、副会长，为唐史学会的发展做出了重大贡献。

　　先师指导培养研究生多名，在学业上对学生极为严格，要求学生每天必须写读书日志，落实到每个小时读了什么书，或干了什么。每周必须写一篇读书札记，且不得泛泛而谈，必须有学术内容，最好是考证性的札记。一个月要写一篇小的学术论文，要求必须有新意，决不能"炒冷饭"。由此使得我们这些学生快速进步，特别是对我等年龄偏大的学生真正进入学术殿堂起了极大的促进作用。先师为人正派、坦荡，不仅对自己的学生在学术上严格要求，在生活上关心爱护。还对所里的一些年轻教师给予了许多帮助支持，特别是拜根兴教授早年留学韩国攻读博士学位时，学校要求有人担保他学成必须回到陕西师范大学工作，先师毅然决然写了担保书，并言："本人愿意担保其（即拜根兴）学成归来，为我校做出更大贡献，如果情况有变（即离开陕西师范大学），学校可以从我的工资中扣除一切经济损失。"这些话何等感人，拜根兴教授一提到此事即感动不已。

　　这部学术论文集的编辑出版，缘于陕西师范大学历史文化学院多年来的一项很好的学术传统，即为已退休甚至去世的知名学者出版一部论文集，汇辑精心之作，使得更多的学人了解这位学者的学术渊源及研究成果，也让学术界了解陕西师范大学历史文化学院的整体学术研究实力。去年我与师弟、师妹商量决定编辑论文集，得到学院前后任领导的赞许，又征得师母高玉芬老师及其家人的同意之后，于去年编订了论文目录，今年三月底最终整理完成书稿。此论文集大致分为"唐代民族等问题研究"、"唐代蕃将研究"、"唐代文献研究及书评"三个部分，是从先师所撰写的学术论文中挑选了二十八篇组成。同时以先师《我的学术经历》代为前言，以便于学者了解先师的非凡学术经历及其学术论文之精华所在。

今年新冠疫情虽然有所缓解，但是仍然对我们行动产生了诸多不便，也使得这部论文集的整理编辑受到一些影响。今年四月初向学校申报了2021年优秀学术著作出版基金，五月获得学校批准资助，随即又得到学院领导的大力支持，出版经费全部落实到位。此后又得到山西人民出版社的赞同，出版发行此论文集。不过在此论文集的编辑整理过程中还是遇到了诸多困难，具体来说，由于先师的论文刊发的时间不同，又分散在数十种刊物或学术会议论文集中，所以格式有异，特别是脚注不统一，有的论文甚至没有脚注，而是采用篇中注释的格式，因此首先要统一格式。还有这些论文大多发表于二十世纪后半叶，没有电子版，这就需要先扫描为PDF格式，然后转换成Word文档。此外，有的论文纸张变色发黄，在转换过程中出现了一些错误，需要校正，费时颇多。由于诸多原因，从先师学习且获得学位的学生较少，仅有我和马文军、刘永连、张玉玮、岳东、姜清波六人，所以在这半年中大家付出了艰辛的努力：先由我将论文扫描成PDF格式，再由陕西文晟数字科技有限公司转化为Word文档，然后我和同门师弟师妹各自承担一些论文的校对整理工作。这中间永连师弟的学生们也参与其中，付出了辛苦劳动。

本书的出版得到历史文化学院的前任现任领导特别是现任的党怀兴院长、罗永辉书记、李秉忠副院长的赞许支持，在此表示衷心的感谢。而散布全国各地的师弟师妹们也为此书的编辑出版付出了艰辛的劳动，谢谢大家！此外，还要感谢山西人民出版社总编辑梁晋华以及我旧日的学生崔人杰编辑，在此书出版有难时，他们毅然接受书稿，按时出版了此论文集。同时感谢我的学生保宏彪、葛洲子，他们为此书的校对付出了艰辛的劳动。最后也要感谢陕西文晟数字科技有限公司的郭庆华总经理，他们公司为此书的文字转换付出颇多，保证按时交稿。

先师马驰教授已仙逝两年多了，祝他老人家在天堂幸福、快乐！并希望借助这部学术论文集，使先师学术思想能够发扬光大。

弟子 黄寿成 谨记

2021 年 6 月 16 日